教育部哲学社会科学研究后期资助项目

家庭关系传承与变革中的民法问题研究

Study of Civil Law Issues in the Inheritance and Transformation of Family Relationships

朱晓峰／著

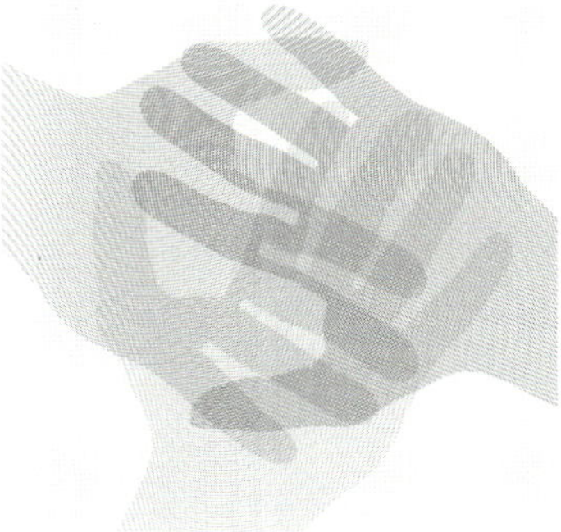

法律出版社
LAW PRESS · CHINA
北京

图书在版编目（CIP）数据

家庭关系传承与变革中的民法问题研究 / 朱晓峰著.
北京：法律出版社，2025. -- ISBN 978-7-5197-9864-2

Ⅰ. D923.04

中国国家版本馆 CIP 数据核字第 2025VN4840 号

家庭关系传承与变革中的民法问题研究
JIATING GUANXI CHUANCHENG YU BIANGE ZHONG DE MINFA WENTI YANJIU

朱晓峰 著

策划编辑 沈小英 陈 妮
责任编辑 陈 妮 李晶晶
装帧设计 贾丹丹

出版发行 法律出版社
编辑统筹 法治与经济出版分社
责任校对 王 丰 郭艳萍
责任印制 吕亚莉
经 销 新华书店

开本 710 毫米×1000 毫米 1/16
印张 20.25 字数 437 千
版本 2025 年 1 月第 1 版
印次 2025 年 1 月第 1 次印刷
印刷 北京盛通印刷股份有限公司

地址：北京市丰台区莲花池西里 7 号（100073）
网址：www.lawpress.com.cn
投稿邮箱：info@lawpress.com.cn
举报盗版邮箱：jbwq@lawpress.com.cn

销售电话：010-83938349
客服电话：010-83938350
咨询电话：010-63939796

书号：ISBN 978-7-5197-9864-2
定价：98.00 元

凡购买本社图书，如有印装错误，我社负责退换。电话：010-83938349

前　言

人不是孤独的存在，而是始终生活在社会关系中。在这些关系中，家庭关系因在人的生存发展中所具有的基础地位而始终是法律关注的重点。在我国传统社会中，对于家庭关系的调整，主要是以“礼”为核心，围绕“五伦”“十义”等伦理规范展开，要求“父子有亲，君臣有义，夫妇有别，长幼有序，朋友有信”（《孟子·滕文公上》），“父慈、子孝、兄良、弟悌、夫义、妇听、长惠、幼顺、君仁、臣忠”（《礼记·礼运》）。这种具有显著伦理性特征的礼法规范一方面有助于家庭关系的稳定和以此为基础构造起来的社会整体秩序的维系；另一方面也将人完全束缚在家庭关系内，个人尤其是在家庭关系中处于卑位的妇、子、幼的自由、尊严难以得到保障。

清末以降，传统的以“礼”为核心的家庭伦理规范因剧变的时代背景而越来越多地受到挑战。清末修律与嗣后中华民国政府所进行的法典编纂活动事实上始终都是在是否及如何继受传统法制经验的争论声中展开的。[①] 1949 年中华人民共和国成立以后，人民政府对以往封建主义、资本主义的旧法统采取全面废止的立场，以建设全新的社会主义法制体系，并在政治、经济及社会生活领域采取了广泛彻底的措施，以期全面建成社会主义。这种时代背景的变化深刻影响并重新塑造了个人生活与家庭关系，要求立法者在家庭领域采取与新的个人生活与家庭关系相适应的法律变革。在此

---

① 参见张晋藩：《中国法律的传统与近代转型》（第 4 版），法律出版社 2019 年版，第 359 页以下。

背景下,1950年《中华人民共和国婚姻法》(以下简称《婚姻法》)在婚姻家庭关系领域全面确立了男女平等、婚姻自由、婚姻登记制、所有子女法律地位平等、对妇女实行特殊照顾等制度,并改革了夫妻财产关系等,以满足在变化后的时代背景下现实生活对制定法的需求。此后,尽管婚姻家庭领域的制定法屡次被修改,但在该领域已获承认的男女平等,婚姻自由,所有子女法律地位平等,对妇女、未成年人、老人等实行特殊照顾等获得了社会的普遍认同,成为我国当代法律体系中构建家庭关系的基石性原则。《中华人民共和国民法典》(以下简称《民法典》)第1041条等对这些基本原则再次予以明确规定。①

与新的个人生活相适应的家庭关系悄然发生变化,并逐步在立法上获得关注的同时,作为传统社会家庭关系调整规范的礼法规范却因时代背景剧变的缘故而在晚清以降的持续社会变革中逐渐被制定法淡忘。但不容忽视的是,这些被制定法遗忘的礼法规范在中国人长期的社会实践中已经深刻影响并实质塑造了中国人的民族精神或者说是国民性,而这种民族精神则绵延不绝地流淌在普通民众的日常生活观念中。即使自清末以降我国社会历经了翻天覆地的变革,但这些深入民族精神内部的生活法则,却仍能再次浮出水面并展现出勃勃生机。时至今日,父慈子孝、长惠幼顺等传统礼法规范中的合理成分在我国当代社会生活中仍广泛存在并发挥作用,影响着社会普通民众的价值判断与生活方式。相应地,在我国当代司法实践中,法院通常也会将这些传统家庭伦理规范中的有益成分作为家庭美德而在其法律效果评价的正当性论证中使用,以强化相应法律效果评价的可反驳性和可接受性。例如,在最高人民法院指导案例93号于某故意伤害案的裁判要点中法院即指出:"防卫过当案件,如系因被害人实施严重贬损他人人格尊严或者亵渎人伦的不法侵害引发的,量刑时对此应予充分考虑,以确保司法裁判既经得起法律检验,也符合社会公平正义观念。"②2020年最高人民法院发布人民法院大力弘扬社会主义核心价值观十大典型民事案例,其中的自愿赡养老人继承遗产案,法院以"中华孝道"为正当性论证基础,认为对祖父母没有法定赡养义务的高某翔能专职侍奉生病的祖父母多年直至老人病故,是良好社会道德风尚的具体体现。其结合继承法对高某翔的赡养行为予以高度肯定的同时,确定了高某翔作为非法定继承人享有第一顺位的继承权利,实现了情理法的有机融合,弘扬了团结友爱、孝老爱

① 参见黄薇主编:《中华人民共和国民法典婚姻家庭编解读》,中国法制出版社2020年版,第10页。

② 于某故意伤害案,最高人民法院指导案例93号(2018年)。

亲的中华民族传统美德。[①] 这些司法实践清晰表明，在我国当代社会背景下，尽管传统家庭伦理规范不再被制定法明确规定，但早已融入我国民族精神的传统家庭伦理规范，仍影响着社会生活中每个人的思想观念和生活方式，使相应法律实践亦需深切关照并灵活应对由此形成的社会需求。[②] 在此背景下，《民法典》第 1043 条第 1 款明确将“家庭应当树立优良家风，弘扬家庭美德，重视家庭文明建设”作为倡导性规则，[③]使传统家庭伦理规范的合理成分在与我国当代社会主义法治精神兼容的基础上仍能继续发挥其对家庭关系的规范调整功能。[④]

由此显现的中国特色社会主义法治体系下对家庭关系规范调整的整体图景是：一方面，围绕《民法典》第 1041 条宣示的国家保护婚姻家庭、婚姻自由、一夫一妻、男女平等及妇女、未成年人、老年人、残疾人的合法权益受特殊保护的基本原则所构建起来的调整家庭关系的制定法体系日趋完善；另一方面，立法者同时将家庭关系的调整规范向制定法之外的其他规范开放，《民法典》第 1043 条作为内含传统家庭伦理规范合理构成部分的倡导性规则对婚姻家庭关系亦能发挥规范调整功能。[⑤] 其中，前者构成我国当代家庭关系法律调整的基础；后者构成前者的补充，在与前者内外在体系不相矛盾的前提下发挥作用。特别是在社会主义核心价值观融入法治建设的背景下，最高人民法院通过发布指导意见明确要求法院应立足时代、国情、文化，综合考量法、理、情等因素，强化法官运用社会主义核心价值观释法说理的能力，不断提升司法裁判的法律认同、社会认同和情理认同，[⑥]为传统家庭伦理规范的合理部分通过《民法典》第 1043 条进入关于婚姻家庭的司法裁判领域提供更广阔的空间。

当然，由于传统家庭伦理规范的核心是父权、夫权和家庭集体，所以其经由《民法典》第 1043 条在法院对家庭关系的司法裁判中发挥作用时必须经过以个人的人

---

① 参见《最高法发布弘扬社会主义核心价值观十大典型民事案例》，载中国法院网 2020 年 5 月 13 日，https://www.chinacourt.org/article/detail/2020/05/id/5215132.shtml。

② 参见《民法典婚姻家庭编部门座谈会简报》，载《民法典立法背景与观点全集》编写组编：《民法典立法背景与观点全集》，法律出版社 2020 年版。

③ 参见最高人民法院民法典贯彻实施工作领导小组主编：《中华人民共和国民法典婚姻家庭编继承编理解与适用》，人民法院出版社 2020 年版，第 36 页。

④ 参见张力：《我国〈民法典〉中优良家风条款的规范效力》，载《暨南学报（哲学社会科学版）》2022 年第 3 期。

⑤ 参见黄薇主编：《中华人民共和国民法典婚姻家庭编解读》，中国法制出版社 2020 年版，第 20～21 页。

⑥ 参见最高人民法院《关于深入推进社会主义核心价值观融入裁判文书释法说理的指导意见》（法〔2021〕21 号）第 1 条第 3 项、第 4 条第 3 项。

格尊严、人格自由为价值基础的社会主义法治精神的检验。只有那些与社会主义法治精神不相冲突的传统家庭伦理规范才可以作为我国当代家庭关系的调整性规范，并能在法院的司法裁判中作为优良家风与家庭美德的具体表现形式而发挥释法说理的功能，提升法院相应裁判法律效果评价的可反驳性和说服力，增强判决结果的法律认同、社会认同和情理认同。在此意义上，如何将传统家庭伦理规范中那些与当代法律实践的现实需求和法治精神相吻合的内容予以清晰界定，并能使之与调整家庭关系的现行制定法规范结合起来，共同作用于具体案件之法律效果评价的正当性与合法性论证，增强相应评价的可反驳性和说服力，是处理《民法典》第1041 条所彰显的现代法治精神与第 1043 条蕴含的家庭美德二者在现行法律体系中之规范关系的核心。①

本书正是以家庭关系在传统与现代的传承和变革中所显现的规范调整问题为着眼点，运用案例分析法、规范分析法、比较分析法和历史分析法等，试图在时代背景下重新厘定现行法秩序中的家庭概念，并在此基础上围绕家庭关系中的核心领域即婚姻关系、夫妻关系、亲子关系和赡养关系展开讨论，对婚姻关系中的同性婚姻问题、夫妻关系中的忠实义务问题、生育权行使问题、夫妻共同债务问题、亲子关系中抚养纠纷问题以及赡养关系中的孝敬问题等作出回答，以此管窥家庭关系传承与变革中的传统家庭伦理规范与社会主义法治共同作用于我国当代家庭关系调整的具体方式，最终助益《民法典》第 1041 条第 1 款宣示的国家保护婚姻家庭的目的的实现。

① 参见朱晓峰：《孝道在民法典婚姻家庭编的表达及适用》，载梁慧星主编：《民商法论丛》第 72 卷，社会科学文献出版社 2021 年版。

目 录

第一章　家庭关系:家庭概念的厘定

既有研究主要从社会学和人类学两个维度对家庭概念展开讨论,但法律维度的家庭概念亦不能被忽视,因为家庭的基础在于人际关系。法律承认家庭是为了管理人际关系,因为存在人际关系的地方就存在冲突。[①] 事实上,长久以来,家庭即因为是伦理性社会生活的基石和国家生活的最小细胞而理所当然地被各时期的法律所关注。在我国传统社会的礼法规范体系中,家庭呈现家国同构的特征:家庭是社会的基本构成单位,承担经济、生育、教化、组织、护卫等功能;其结构通常表现为数代同堂、人口众多的大家庭,这种家庭结构比较稳定,成员之间相互依存度高;家庭关系则围绕父权家长制展开,[②]家长居于尊位而其他人处于卑位。传统礼法规范通过户籍制度惩治非法另户、分割家产以保障大家庭的结构稳定,如唐代的《永徽律》第155条规定"诸祖父母、父母在,而子孙别籍异财者,徒三年"。[③] 因此,我国传统社会中的家庭在礼法规范中主要有两种类型:一种是以户籍为标准识别家庭,主旨在于通过严格的管理保证家庭结构的稳定;另一种是以血缘为标准识别家庭,主旨在于通过血缘纽带保证家族的存续和繁衍。这两种家庭观念在我国当代的

---

① See Enrique H. Ceballos, *The Concept of Family in Spanish Law*, 5 International Journal of the Jurisprudence of the Family 145 (2014).

② 参见张晋藩:《中国法律的传统与近代转型》(第4版),法律出版社2019年版,第114页。

③ 参见蒋月:《20世纪婚姻家庭法:从传统到现代化》,中国社会科学出版社2015年版,第83~84页。

家庭生活中仍有重要影响。

在我国当代法律体系中，家庭概念同样具有重要地位。以现行法律体系中的制定法为例，在作为根本法的《中华人民共和国宪法》（以下简称《宪法》）中，家庭概念共出现了5次，尤其是第49条第1款将家庭与婚姻、母亲和儿童置于同等受国家保护的位置，彰显了家庭的重要地位。在《民法典》颁布前，《中华人民共和国民法总则》（以下简称《民法总则》，已废止）（2017年）、《中华人民共和国物权法》（以下简称《物权法》，已废止）（2007年）、《中华人民共和国合同法》（以下简称《合同法》，已废止）（1999年）、《婚姻法》（2001年修正）、《中华人民共和国继承法》（以下简称《继承法》，已废止）（1985年）、《中华人民共和国保险法》（以下简称《保险法》）（2015年修正）、《中华人民共和国刑法》（以下简称《刑法》）（2020年修正）、《中华人民共和国农村土地承包法》（以下简称《农村土地承包法》）（2018年修正）、《中华人民共和国反家庭暴力法》（以下简称《反家庭暴力法》）（2015年）、《中华人民共和国妇女权益保障法》（以下简称《妇女权益保障法》）（2022年修订）等制定法中，作为语义学意义上的单纯词的家庭概念亦不鲜见。另外，这些制定法中出现频次较高的与家庭相关的概念，还包括家庭经营、家庭财产、家庭所有、家庭关系、家庭生活、家庭共有财产、家庭承包、家庭暴力、家庭成员、家庭权益、家庭出身等。事实上，如果将相关行政法规、规章、司法解释及其他规范性法律文件考虑进来，那么家庭概念在现行法秩序中的重要地位可能给人更深刻的印象。在《民法典》的制定过程中，如何规范统一现行法律体系中的家庭概念问题未得到立法上的充分关注，导致《民法典》未能有意识地对家庭概念作出科学、体系性的安排。由此，《民法典》颁布之前现行法中既存的各规范性法律文件频繁使用家庭概念并以其为基础构建各种具体规则，但却未体系性地考虑家庭概念彼此之间的规范衔接，这导致家庭概念在实践中呈现出五花八门的界定标准和样态，以至于严重阻碍具体规则适用时的体系协调性，而威胁法秩序权威性问题依然存在。因此，在《民法典》施行的背景下，有必要进一步厘清当前法律实践中家庭概念的界定标准及其引发的问题，[①]并在此基础上确定《民法典》家庭概念应包含的一般法律思想及与之相适应的具体界定标准，从而为正确规范现行法秩序中的不同家庭提供砖石支持。

---

① 概念论与定义论是否可以混用以及二者的关系如何，学理上仍然存在分歧。本书未对二者予以界分，但这并不意味着界分二者没有意义。学理上的讨论参见雷磊：《定义论及其在法典编纂中的应用》，载《财经法学》2019年第1期；《法律概念是重要的吗》，载《法学研究》2017年第4期。

一、现行法中家庭概念的界定标准

何谓家庭,我国学理上如《民法典》权威释义书给出的定义是,“家庭,或可称家,为以永久共同生活为目的而同居的家属团体”。[①] 但我国现行制定法并未提供明确答案,对此只能通过法律解释方法的运用,在内含家庭概念的具体规则中厘定家庭概念的内涵外延。现行法相关法律规则在使用家庭概念时基于不同立法目的而未采取统一标准,因此,其中家庭概念的内涵并不完全一致。概括而言,其主要表现为如下四种类型。

(一)户籍标准

在我国,将户籍与家庭概念联系起来并以其作为界定法律上家庭概念的核心标准,具有极其悠久的历史。[②] 当代法律实践亦继承了该传统。民法领域的《物权法》(2007 年)、《农村土地承包法》(2018 年修正)等,行政法领域的《中华人民共和国土地管理法》(以下简称《土地管理法》)(2019 年修正)、《中华人民共和国户口登记条例》(以下简称《户口登记条例》)(1958 年)以及社会法领域的《廉租住房保障办法》(2007 年)等规范性法律文件,均采此标准。《民法典》第 330 条维持了原《物权法》(2007 年)第 124 条的做法。在此需要厘清的问题有二:(1)法律上户的内涵为何?(2)现行法中家庭与户的规范关系为何?

对于第一个问题,依据《户口登记条例》(1958 年)第 5 条规定的“户口登记以户为单位。同主管人共同居住一处的立为一户,以主管人为户主。单身居住的自立一户,以本人为户主。居住在机关、团体、学校、企业、事业等单位内部和公共宿舍的户口共立一户或者分别立户。户主负责按照本条例的规定申报户口登记”,可以确定,作为属概念的户包含家庭户、单身户和集体户三项。[③] 其中,作为种概念的家庭户的规范内涵应为:同主管人共同居住一处的为一户,以主管人为户主,并在户口登记机关办理户籍登记。

对于第二个问题,我国当代社会背景下的农村与城市的二元结构依然普遍存

---

① 参见黄薇主编:《中华人民共和国民法典婚姻家庭编解读》,中国法制出版社 2020 年版,第 8 页。

② 参见杨际平:《秦汉户籍管理制度研究》,载《中华文史论丛》2007 年第 1 期。

③ 此处的家庭户要区别于人口普查时的家庭户。在人口普查时:“有家庭成员关系的人口(或者还有其他人口)居住并生活在一起的作为一个家庭户;单身居住的也作为一个家庭户。”参见胡湛、彭希哲:《中国当代家庭户变动的趋势分析——基于人口普查数据的考察》,载《社会学研究》2014 年第 3 期。

在。[①] 与此相一致,法律上的户与家庭也因此被规定在不同的规范性法律文件中。在农村,依据《民法典》第330条、《农村土地承包法》(2018年修正)第3条第2款的规定,农村土地承包经营权的取得以家庭承包为基础;同时,《农村土地承包法》(2018年修正)第16条第1款规定,采取家庭承包方式的承包方是本集体经济组织的农户。依据文义解释、体系解释方法,“家庭承包经营为基础”和“承包方是本集体经济组织的农户”的规范表述,表明该法中的家庭概念与户的概念在内涵外延上完全一致。依据相同的解释方法,《民法典》第55条、第56条第2款所使用的“家庭”与“户”的内涵外延亦属于完全相同的概念。

在城市,也有规范性法律文件将城镇家庭概念与户的概念同等对待。如《廉租住房保障办法》(2007年)第2条规定,该办法适用于“城市低收入住房困难家庭的廉租住房保障及其监督管理”;第6条规定,“根据当地家庭平均住房水平、财政承受能力以及城市低收入住房困难家庭的人口数量、结构等因素,以户为单位确定廉租住房保障面积标准”;第17条第1款第1项又规定,“申请廉租住房保障的家庭,应当由户主向户口所在地街道办事处或者镇人民政府提出书面申请”;等等:依文义解释、体系解释方法,这里的家庭与户的概念的内涵外延完全相同。

基于家庭概念在现行法中时而称“家”时而称“户”的现实,学理上有时亦将二者统称“家户”。[②] 有分歧的是,学理上有一种观点认为,家庭包含农户、个体工商户和农村承包经营户等,反映了我国现行法上仍留有以家庭(户)为计算单元的“历史遗迹”。[③] 该观点实质上承认家庭为户之属概念,家庭的外延广于户但内涵较窄。另一种观点认为,二者均是由亲缘关系成员或以亲缘关系成员为主形成的组织,内涵外延存在重合之处:家庭将非同居共爨但收支基本一体的亲、子等近亲属视为成员,而户仅包括共同生活且共同登记于同一户主之下的户口登记簿中的人。[④] 此种观点实质上承认家庭是与户存在交集但内涵外延并非与其完全一致的并列概念。事实上,尽管对家庭与户的内涵外延在规范理解上仍有分歧,但这些分歧并不影响现行法律实践将家庭与户联系起来,以及依据户在现行法中的界定标准确定家庭

① 参见王跃生:《当代家庭结构区域比较分析——以2010年人口普查数据为基础》,载《人口与经济》2015年第1期;《中国城乡家庭结构变动分析——基于2010年人口普查数据》,载《中国社会科学》2013年第12期。

② 参见鲁晓明:《从家户并立到家庭统摄——我国民事法上家户制度的问题与出路》,载《法商研究》2018年第5期;耿卓:《家户视角下的妇女土地权利保护》,载《法学》2016年第1期;王跃生:《中国当代家庭、家户和家的“分”与“合”》,载《中国社会科学》2016年第4期。

③ 参见朱庆育:《民法总论》,北京大学出版社2016年版,第475页。

④ 参见王跃生:《中国当代家庭、家户和家的“分”与“合”》,载《中国社会科学》2016年第4期。

概念的内涵外延。例如,各地的农村土地承包法实施办法普遍规定,制定法中“家庭承包”的承包方,是指户籍在当地公安机关登记在册的本集体经济组织的农户①;此处的具体“登记在册”事宜以《户口登记条例》(1958 年)的规定为准。

(二)亲属关系标准

与《民法典》“物权编”、《土地管理法》(2019 年修正)、《农村土地承包法》(2018 年修正)等围绕土地这一财产内容来确定人与人之间的权利义务关系不同,《婚姻法》(2001 年修正)等则主要是按照亲属关系标准确定人与人之间的权利义务关系。②《婚姻法》(2001 年修正)中家庭概念的界定亦是如此。《民法典》“婚姻家庭编”完全维持了《婚姻法》(2001 年修正)的立场。

在《民法典》“婚姻家庭编”中,“家庭关系”(第三章标题)包括“夫妻关系”(第三章第一节标题)与“父母子女关系和其他近亲属关系”(第三章第二节标题)。在司法实践中,夫妻关系主要是指通过有效的婚姻登记而形成的男女之间的权利义务关系,在例外情形下也包括事实婚姻中男女双方之间形成的权利义务关系;③父母子女关系和其他近亲属关系,包括父母子女关系、祖父母/外祖父母与孙子女/外孙子女关系、兄弟姐妹关系等。父母子女关系又可以区分为自然血亲关系与拟制血亲关系两种:前者包括婚生子女、非婚生子女与生父母的关系;后者则包括通过收养而形成的养父母子女关系以及通过事实抚养关系的存在而形成的继父母子女关系等。④

事实上,依据《民法典》“婚姻家庭编”中第三章“家庭关系”及其项下规定的具体内容来看,该章规定的各种亲属关系构成该编家庭关系的核心,该编承认的法律上的亲属之间形成的法律关系即为该编调整的家庭关系。⑤ 换言之,《民法典》“婚姻家庭编”中家庭概念的核心在于成员之间是否存在该法承认的近亲属关系。依据《民法典》“婚姻家庭编”第 1045 条第 2 款的规定,该编调整的家庭关系涵盖了法

① 参见《四川省〈中华人民共和国农村土地承包法〉实施办法》第 6 条第 2 款。

② 参见曾培芳、王冀:《议“家庭”概念的重构——兼论家庭法学体系的完善》,载《南京社会科学》2008 年第 11 期。

③ 对于事实婚姻的认定,户口(《最高人民法院民事审判庭关于李玲与王景年婚姻纠纷案的复函》〔82〕民他字第 13 号)、以夫妻名义(最高人民法院《关于适用〈中华人民共和国婚姻法〉若干问题的解释(一)》法释〔2001〕30 号)第 5 条、同居生活、周围群众认可(《最高人民法院关于符合结婚条件的男女在登记结婚之前曾公开同居生活能否连续计算婚姻关系存续期间并依此分割财产问题的复函》〔2002〕民监他字第 4 号)等具有重要意义。

④ 参见原《婚姻法》第 28 条(祖父母/外祖父母与孙子女/外孙子女关系)、第 29 条(兄弟姐妹关系)、第 25 条(非婚生子女与生父母的关系)、第 26 条(养父母子女关系)、第 27 条(继父母子女关系)。

⑤ 参见黄薇主编:《中华人民共和国民法典婚姻家庭编解读》,中国法制出版社 2020 年版,第 9 页。

律上具有权利义务关系的近亲属。这一立场与我国婚姻法学理论上的主流观点相一致。①

事实上,除《民法典》"婚姻家庭编"外,我国现行法律体系下通过亲属关系标准界定家庭概念的规范性法律文件并不鲜见。例如,《唐山市农村居民最低生活保障暂行办法》第9条第1款即通过种加属差定义法规定:"家庭是指基于婚姻、血缘或收养的法律事实而产生的具有法定赡养、扶养、抚养关系的亲属间的社会生活组织。"以此为基础,该条第2款还规定:"家庭包括下列成员:(一)夫妻;(二)共同生活的父母或成年子女;(三)未成年子女或在外地院校学习无工资收入需要父母供养的成年子女;(四)法律规定的具有赡养、扶养、抚养关系的其他人员。"另外,《保险法》(2015年修正)事实上也通过亲属关系标准确定投保人的家庭成员。②

学理上有观点认为,现行法中的家庭应采广义概念,不仅限于夫、妻与子女组成的小家庭,也包括由祖父母、外祖父母、子女、孙子女、外孙子女等组成的大家庭。③ 该观点实质上支持《民法典》"婚姻家庭编"依据亲属关系标准界定家庭概念的做法。对此的反对观点则认为,现代社会中的家庭应当是以虚拟的亲密团体面貌出现的市民私人生活单位,家庭成员范围不应当仅局限于以婚姻、血缘和法律拟制为纽带的亲属,其也可以是异性非婚同居者,还可以是同性恋者,甚至可以是遗赠扶养协议的参与方。④ 当然,该观点在我国现阶段并未获得法律实践的有力支持。例如,依据《反家庭暴力法》(2015年)第2条、第37条的规定,单纯的生活共同体并不会被法律承认为属于具有规范意义的家庭,同居伴侣关系在该法中并不被承认为家庭关系,同居伴侣之间实施的暴力行为,仅可参照适用《反家庭暴力法》(2015年)的相关规定;⑤而同性伴侣关系在我国当前的法律实践中未被承认,在此背景下同性伴侣共同生活的共同体被承认为家庭更无从谈起。⑥

---

① 参见夏吟兰:《民法典体系下婚姻家庭法之基本架构与逻辑体例》,载《政法论坛》2014年第5期。

② 参见《保险法》(2015年修正)第31条第1款:"投保人对下列人员具有保险利益:(一)本人;(二)配偶、子女、父母;(三)前项以外与投保人有抚养、赡养或者扶养关系的家庭其他成员、近亲属……"

③ 参见王利明等:《民法学》(第6版),法律出版社2020年版,第409页。

④ 参见曾培芳、王冀:《议"家庭"概念的重构——兼论家庭法学体系的完善》,载《南京社会科学》2008年第11期。

⑤ 参见《反家庭暴力法》(2015年)第37条。

⑥ 参见同性婚姻登记案,湖南省长沙市中级人民法院(2016)湘01行终452号行政判决书。学理上的讨论见朱晓峰:《普遍主义共同法实现视野下的比较法学方法论》,载《澳门法政学刊》2016年第4期;郝铁川:《荒谬的同性婚姻第一案》,载《法制日报》2016年1月14日,第7版;黄燕:《维护同性恋者作为公民依法享有的权利≠同性婚姻在我国法律中被认可》,载《人民法院报》2016年4月14日,第3版。

（三）“亲属关系＋共同生活”标准

社会学领域的研究通常以同居之亲属标准界定家庭概念。[①] 对于同居，存在不同理解：一种认为同居即共同生活，强调同居共爨，强调亲属团体属于同一经济单位。[②] 另一种则认为，共同生活，也包括两地分居的配偶，以及因上学而离家但仍受家庭供养的子女，同居共爨并非必需，强调代际关系。[③] 这两种社会学意义上的家庭概念界定标准皆对现行法中家庭概念的界定产生了影响。

在当前的法律实践中，有规范性法律文件采纳了通过亲属关系加共同生活的二元界定标准来定义法律上的家庭概念。例如，《城市居民最低生活保障条例》（1999 年）第 8 条规定，应区分不同情况对符合享受城市居民最低生活保障待遇条件的家庭，给予全额或差额最低生活保障待遇，对此判断的核心要素是家庭人均收入。该条例第 2 条第 1 款规定，持有非农业户口的城市居民，凡共同生活的家庭成员人均收入低于当地城市居民最低生活保障标准的，均有从当地人民政府获得基本生活物质帮助的权利。依据文义解释、体系解释方法，家庭成员及家庭平均收入等以家庭概念之厘定为前提的类概念，实质上要求必须同时满足两项界定标准：存在特定亲属关系加共同生活的事实。至于家庭成员是否需要在同一户籍中，实践中则存在两种不同做法：一种是必须具备同一户籍，否则即使存在亲属关系加共同生活的事实，也不得依据该条例享有相应的被救济权。[④] 另一种并不要求共同生活的具有特定亲属关系的自然人必须具备同一户籍。也就是说，非属于同一户的数个自然人也可能形成该条例所承认的家庭；但该家庭内的成员是否皆可享有该条例所规定的被救济权，则会因是否具备同一户籍而在不同地方有不同做法。例如，《吉林省实施〈城市居民最低生活保障条例〉办法》（2004 年）第 9 条规定，家庭成员中既有非农业户口又有农业户口的，仅保障非农业户口家庭成员的最低生活。但在计算家庭收入时，农业户口中有劳动能力的家庭成员的收入计入家庭收入，由此确定该家庭人均收入是否低于当地城市居民最低生活保障标准。与此不同，《厦门市最低生活保障办法》（2014 年修正）第 2 条规定，只要具备本市户籍的，不再进一步区分农业户口和非农业户口，一体承认其均享有从户籍所在地人民政府获得基本生活物质帮助的权利，此处的家庭成员例外情况下甚至还包括户籍迁出本市的

---

① 参见费孝通：《江村农民生活及其变迁》，敦煌文艺出版社 1997 年版，第 68 页。

② 参见王跃生：《中国当代家庭、家户和家的“分”与“合”》，载《中国社会科学》2016 年第 4 期。

③ 参见沈崇麟、杨善华主编：《当代中国城市家庭研究》，中国社会科学出版社 1995 年版，第 4 页；宋健：《“四二一”结构：形成及其发展趋势》，载《中国人口科学》2000 年第 2 期。

④ 参见《济南市经济适用住房管理办法》第 12 条。

在校学生。

依据逻辑解释方法，第二种做法中家庭概念的界定显然未以户为单位，否则同一家庭内就不会同时存在具有非农业户和农业户两种法律属性的家庭成员。另外，《民法典》"婚姻家庭编"所采取的亲属关系标准在《城市居民最低生活保障条例》中也未被采纳，因为不具备该法所承认的亲属关系的自然人如公婆/岳父母与儿媳/女婿之间，只要存在为该条例所承认的"共同生活"关系，亦属于同一家庭；而《民法典》"婚姻家庭编"依据亲属关系标准所确定的家庭关系，也并不当然属于该条例所承认的家庭关系，如已结婚成家的兄弟姐妹之间。① 这一推论在刑事法领域尤其明显，例如，最高人民法院、最高人民检察院《关于办理盗窃刑事案件适用法律若干问题的解释》（以下简称《盗窃刑事案件解释》）（2013 年）第 8 条即规定，"偷拿家庭成员或者近亲属的财物，获得谅解的，一般可不认为是犯罪；追究刑事责任的，应当酌情从宽"，依据文义解释方法，行为人的近亲属显然并非当然与行为人存在家庭关系，亦即家庭关系显然并非单纯通过亲属关系来界定的。另结合最高人民法院、最高人民检察院、公安部、司法部印发的《〈关于依法惩治性侵害未成年人犯罪的意见〉的通知》（以下简称《关于依法惩治性侵害未成年人犯罪的意见》）第 25 条第 1 项、第 26 条第 2 款所使用的"共同家庭生活关系"等概念，可以推论出刑事法领域的家庭概念界定标准实际上要严格于《民法典》"婚姻家庭编"中的单纯亲属关系标准，其在亲属关系标准上还强调共同生活标准。该标准显然与社会学领域的观察结果更吻合。

（四）"亲属关系 + 共同生活 + 户籍"标准

当代社会生活中家庭的主要社会功能包括通过婚姻生活满足生理与心理需要的功能，生育功能，生产、分配以及消费的经济功能，教育功能，供养功能，护卫功能，情感交流功能，娱乐功能，满足归属需要功能，先赋性资源功能，政治功能，宗教功能等。② 基于此，国家出于社会治理的需要，在制定相关规范性法律文件或出台政策性文件时，往往通过扩大或限缩家庭概念内涵的方式来强化家庭特定功能的保障和落实。

限缩家庭概念内涵的，如《民法典》"物权编"、《农村土地承包法》（2018 年修正）、《土地管理法》（2019 年修正）等规定，农村土地承包经营权以及宅基地使用权等用益物权只能以家庭为单位取得，将家庭概念与户等同起来实行包产到户。在

① 参见《北京市实施〈城市居民最低生活保障条例〉办法》第 4 条（已失效）。

② 参见王玉波：《中国家庭史研究刍议》，载《历史研究》2000 年第 3 期。

当前城乡二元结构的基本社会现状未完全改变,①并且农村土地依然担负着实质性的社会保障功能的社会背景下,②国家将相关的用益物权人(家庭)与蕴含着行政管理意味的户等同起来对待而忽略二者的显著差异,③从而达到限制家庭的社会治理目的。

扩大家庭概念内涵的,如《中华人民共和国老年人权益保障法》(以下简称《老年人权益保障法》)(2018 年)等社会法,对家庭概念的界定采取了相当宽松的标准。依据该法第 18 条第 2 款等的规定,相互负有义务的家庭成员范围并不限于共同生活且同属一户的亲属。之所以如此,主要是考虑到当前社会经济发展水平参差不齐且社会养老水平较低,④国家需要尽可能地扩展家庭概念内涵以达到减少公共资源支出并分担社会养老负担的目的。⑤

但如果涉及共同体无法回避的社会保障问题且共同体必须支出必要的共同资源以解决相应主体的迫切需求时,那么共同体可能会再次严格限缩家庭概念的内涵以减少公共性财政支出。例如,《哈尔滨市城市居民最低生活保障办法》(1999 年,已失效)第 7 条规定:"凡共同生活的家庭成员,按户月人均收入低于城市居民最低生活保障标准的,均可申请享受城市居民最低生活保障待遇。共同生活的家庭成员是指同一户口并依法形成赡养、抚养或者扶养关系的人员。"⑥另外,结合《城市居民最低生活保障条例》(1999 年)第 8 条等的规定,此处家庭概念的界定标准实质上是结合了户籍、亲属关系和共同生活三项标准的综合体。这意味着,判断相关自然人是否在同一家庭,必须同时满足同一户口、存在特定亲属关系并且存在共同生活事实这三项标准。需要注意的是,这里的家庭成员之间要求亲属关系的存在,但并不一定彼此之间要存在近亲属关系。如儿媳或女婿与公婆或岳父母并不属于近亲属关系,但可能彼此之间存在家庭关系。当然,存在近亲属关系的自然人之间也并不一定存在家庭关系,如已另立门户且未与父母共同生活的成年已婚子女,与父母之间即不再存在家庭关系,但近亲属关系依然存在。

---

① 参见鲍海君、吴次芳:《论失地农民社会保障体系建设》,载《管理世界》2002 年第 10 期。

② 参见郑尚元:《宅基地使用权性质及农民居住权利之保障》,载《中国法学》2014 年第 2 期。

③ 参见王跃生:《中国当代家庭、家户和家的"分"与"合"》,载《中国社会科学》2016 年第 4 期。

④ 即使在上海,社会保障制度对人们基本生活保障的作用依然有限,家庭在保障老年人的体面生存方面仍然具有不可替代的功能。相关论述参见杨雄、程福财:《社会转型对上海家庭结构的影响——对 500 个家庭的入户调查》,载《上海社会科学院学术季刊》2002 年第 1 期。

⑤ 参见余飞跃:《家庭养老的困境与出路——兼论孝与不孝的理性》,载《重庆大学学报(社会科学版)》2011 年第 5 期。学理上对此存在不同观点,参见杨善华、贺常梅:《责任伦理与城市居民的家庭养老——以"北京市老年人需求调查"为例》,载《北京大学学报(哲学社会科学版)》2004 年第 1 期。

⑥ 黑龙江省哈尔滨市人民政府令 1999 年第 42 号。

二、现行法中家庭概念界定标准与具体法律规则的适用

必须承认的现实是，基于家庭生活不断变化的本质，家庭的内涵必然是变动不居的，但这种变动不居本身并不意味着法律本身内外部体系亦应同样难以确定。法律的目的与体系必须清晰，由此才能更好地规范个人生活中产生的权利义务关系。[①] 构成我国当代法律体系之基石的诸规范性法律文件中的家庭概念界定标准的不统一，可能导致以家庭概念为基础的具体规则在适用时无所适从，从而影响法秩序外在体系形式逻辑上的严谨性，有损社会主义法治本身的威严。

（一）具体法律规则适用标准混乱

在演绎推理主导的规则适用过程中，作为大前提的具体规则必须由内涵外延相对比较清晰的基础概念构成。若基础概念本身模糊不清，则可能导致相关规则适用的复杂化和无序化，以此探寻实然世界中法律的“唯一正确答案”亦会导致诸多尴尬情形的发生。[②] 因此，即使实践中人之理性的有限性以及语言文字自身的局限性等导致法律文本中存在大量的不确定概念，但为了法的确定性，也应努力探寻使不确定概念相对确定化的方法与路径。[③] 对于法律上的家庭概念而言，探寻界定其内涵外延的统一界定标准也刻不容缓。

这种迫切性在涉及家庭概念的刑法领域中表现得尤为突出。因为刑法文本尤为强调法律规则的确定性，从而使“人们对刑法禁止的行为的法律后果可以预测”；[④]而作为法律规则之砖石基础的家庭概念的界定标准是否明晰，直接关涉罪责刑是否相适应的问题。《刑法》（2023 年修正）中涉及家庭概念的法律规则主要表现在两个方面：一是家庭与第三人之间形成的法律关系，如第 262 条规定的拐骗儿童罪；二是家庭成员之间形成的法律关系，包括因人身、财产犯罪而在家庭成员彼此之间形成的罪与罚的关系。就人身犯罪而言，《刑法》规定了虐待罪、遗弃罪和其他一般侵犯人身权利的犯罪。其中，《刑法》（2023 年修正）第 260 条规定的虐待罪专门调整家庭成员之间因积极侵害行为形成的法律关系；第 261 条规定的遗弃罪专门调整扶养义务人因消极的拒不抚养行为形成的法律关系；其他涉及一般人身犯

---

① See Olivia Egdell-Page, *The Concept of Family Law: Understanding the Relationship between Law and Families*, 3 North East Law Review 68 (2015).

② 参见尹建国：《不确定法律概念具体化的说明理由》，载《中外法学》2010 年第 5 期。

③ 参见苏力：《解释的难题：对几种法律文本解释方法的追问》，载《中国社会科学》1997 年第 4 期；王贵松：《行政法上不确定法律概念的具体化》，载《政治与法律》2016 年第 1 期。

④ 梁根林：《罪刑法定视域中的刑法适用解释》，载《中国法学》2004 年第 3 期。

罪的法律条款则调整包括家庭成员在内的所有社会成员彼此之间因人身伤害所形成的法律关系。就财产犯罪而言,虽然《刑法》本身没有关于家庭成员之间犯罪的专门规定,但相关司法解释如《盗窃刑事案件解释》第8条、最高人民法院《关于审理抢劫、抢夺刑事案件适用法律若干问题的意见》(以下简称《审理抢劫、抢夺刑事案件解释》)第7条第3款、最高人民法院《关于审理未成年人刑事案件具体应用法律若干问题的解释》(以下简称《审理未成年人刑事案件解释》)第9条第3款等,都明确规定了家庭成员彼此之间为特定侵害财产行为的定罪量刑问题。

在当前的刑事法律实践中,若行为人与受害人之间存在家庭关系,那么这种家庭关系既可能构成其行为自由的严格限制,在特定场合引起加重刑事制裁的法律效果,也可能会产生行为人不因特定行为而定罪,甚至被减轻或者免于刑事制裁的法律效果。例如:依据最高人民法院《关于贯彻宽严相济刑事政策的若干意见》第23条的规定,对于普通的不涉及严重家庭伦理道德判断的因家庭矛盾激化引发的家庭成员彼此间的人身伤害行为,在定罪量刑上应酌情从宽处罚。① 依据《关于依法惩治性侵害未成年人犯罪的意见》第25条第1项的规定,对严重违反家庭伦理道德底线的人身伤害行为,例如,与未成年人有共同家庭生活关系的家庭成员实施强奸、猥亵犯罪的,应从重处罚。但对于较少涉及家庭伦理道德判断的财产犯罪,家庭关系的存在会构成行为人无罪或者免责的重要依据。例如,依据《盗窃刑事案件解释》第8条的规定,行为人盗窃家庭成员的财物,获得谅解的,一般可不认为是犯罪;追究刑事责任的,应当酌情从宽。依据《审理抢劫、抢夺刑事案件解释》第7条第3款的规定,为个人使用而抢劫、抢夺家庭成员财产的,一般不以抢劫罪定罪处罚;教唆或者伙同他人劫取家庭成员财产的,可以抢劫罪定罪处罚。依据《审理未成年人刑事案件解释》第9条第3款的规定,已满16周岁不满18周岁的人盗窃自己家庭财物的,可以不按犯罪处理等。

可以发现,此处涉及的定罪量刑之具体规则的准确适用与家庭概念本身的内

---

① 参见最高人民法院《关于贯彻宽严相济刑事政策的若干意见》。在司法实践中,被法院认定为属于婚姻家庭纠纷的典型家庭关系包括夫妻关系(相关判决参见赵某兰故意伤害案,广东省高级人民法院(2013)粤高法刑四终字第105号刑事裁定书;王某某故意杀人案,安徽省高级人民法院(2015)皖刑终字第00077号刑事裁定书)、父母子女关系(相关判决参见郭某新故意杀人案,山东省高级人民法院(2015)鲁刑四终字第55号刑事裁定书;王某财故意杀人案,湖南省高级人民法院(2015)湘高法刑三终字第116号刑事判决书)、已经分家别居的兄弟关系(相关判决参见张某华故意杀人案,山东省高级人民法院(2015)鲁刑四复字第14号刑事裁定书;赵某杰故意杀人案,广西壮族自治区高级人民法院(2016)桂刑终107号刑事裁定书)等。实践中,舅舅与外甥之间的纠纷被认定为婚姻家庭纠纷,如孙某桂故意杀人案,江西省高级人民法院(2015)赣刑一抗字第5号刑事裁定书;女婿与岳父母之间的纠纷亦被认定为婚姻家庭纠纷,如白某胜故意杀人案,河南省高级人民法院(2015)豫法刑执字第00543号刑事裁定书。

涵关系密切。只有明确家庭概念,才能确定家庭结构、家庭成员范围、家庭成员之间的规范关系等概念,并确定相应的具体规则的解释适用。由于刑法领域的规范性法律文件并未就家庭概念予以清晰界定,所以势必要回到民法领域并使用相关规则与界定标准来确定家庭概念的内涵。但现行民事制定法中因存在多种不同的家庭概念界定标准而无法为刑事法领域相关规则的准确适用提供确定统一的技术支持,所以前述相关法律规则在实践中往往导致对于具体规则理解适用不统一的问题,从而引发对罪责刑是否相一致的普遍质疑。①

(二)法律外在体系构成部分彼此冲突

法律体系由内在体系和外在体系构成:前者主要指贯穿于具体概念与制度之间的法律思想体系,构成法律体系的灵魂;后者则指法律概念、规范和制度体系,构成法律体系的骨骼与肌肉。② 在理想状态下,法律体系应是完整和谐的统一体,所以法律体系化、科学化一直以来都是理论界和实务部门共同追求的目标。③ 要实现法律体系化、科学化,势必要求构成法律体系的基础概念、规则以及相应的制度以明确、清晰、严谨的语言表达;概念、规则以及制度要明确显现彼此的异同,从而清晰展现彼此之间的逻辑关系,最终使包含这些要素的法律条文形成具体的,各司其职、彼此协调的法律部门。④ 因此,微观意义上的各种规范性法律文件中频频出现的内涵外延差异显著的家庭概念,显然影响宏观意义上的法律体系化,这具体表现在以下两个方面。

1. 规范性法律文件内部的概念协调

如前所述,《民法典》“婚姻家庭编”以亲属关系标准来界定家庭概念,这可以从该编第三章的标题“家庭关系”的表述及该章的具体规定中反映出来。依据该法得出的较为典型和直观的结论是,夫妻之间必然存在家庭关系,父母子女之间必然存在家庭关系。但该章所持的通过亲属关系标准界定家庭概念的基本立场并未在该编中贯彻始终。例如,依据该编第 1050 条规定的“登记结婚后,按照男女双方约定,女方可以成为男方家庭的成员,男方可以成为女方家庭的成员”,可以推论出:结婚的男女双方经约定,女方加入男方家庭成为该家庭成员,此为传统婚姻家庭中的主流婚姻形式;男方加入女方家庭成为该家庭成员,此为传统婚姻家庭中的非主

---

① 参见李新、余响铃:《刑事法中“家庭成员”之界定》,载《人民检察》2015 年第 12 期。

② 参见[德]卡尔·拉伦茨:《法学方法论》,陈爱娥译,商务印书馆 2003 年版,第 316、348 页。

③ 参见孙宪忠:《我国民法立法的体系化与科学化问题》,载《清华法学》2012 年第 6 期。

④ 参见孙宪忠:《防止立法碎片化、尽快出台民法典》,载《中国政法大学学报》2013 年第 1 期。

流婚姻形式即入赘；[①]已婚男女既不加入男方原来家庭，也不加入女方原来家庭，而是双方从原来各自的家庭中独立出来形成新的独立家庭，这是我国当代社会主流的家庭形式，其以夫妻轴为主的家庭关系取代了之前以亲子轴为主的家庭关系；[②]已婚的女方不加入男方家庭，男方也不加入女方家庭，而是各自留在原家庭，这是当前户籍管理与教育、社会保险、社会福利等其他社会资源绑定后出现的新常态。《民法典》第1050条的推论进一步表明，婚姻并不必然在男女之间建立家庭关系，已婚男女是否存在家庭关系及其以何种形式存在，取决于当事人的约定以及是否登记在同一户籍之下等，这实际上就违背了该编以亲属关系为家庭概念界定标准这一要求。

同样的问题在《老年人权益保障法》（2018年修正）中也存在。依据该法第13条的规定，老年人养老以居家为基础，家庭成员应当尊重、关心和照料老年人。依据文义解释的方法，既然养老以“居家”为基础，那么共同生活自然应是界定家庭概念的核心标准。但从该法第14条及第18条第2款来看，这一标准亦未贯彻始终。因为该法第14条依据亲属关系标准将第13条的家庭成员区分为赡养人和赡养人之外的其他家庭成员如赡养人的配偶等，而该法第18条第2款又强调，即使是不存在共同生活关系的人，也可能属于和老年人同处一个家庭的家庭成员，事实上司法实践中法院亦经常如此认定。[③] 这种忽视家庭概念严谨性的现象，实质上反映了立法者因经济社会发展水平无法满足社会养老需求而希冀通过家庭这一社会组织实现社会保障目标的迫切心理。[④] 这种通过不同标准在制定法中随意限缩或扩大家庭概念内涵的做法，实际上将法律上的家庭概念置于一种不稳定的状态当中，加重了作为实体存在的家庭以及家庭内部成员的法律义务，有顾此失彼之嫌。

2. 规范性法律文件彼此之间的概念冲突

规范性法律文件彼此之间的分歧冲突，既存在于同一部门法领域内，也存在于不同部门法之间。这种冲突凸显了当前法秩序中法律逻辑体系存在的不严谨、不协调现象，不利于相关法律规则的准确适用。例如，民法领域内调整人身财产关系的《民法典》“婚姻家庭编”强调亲属关系在家庭概念界定以及家庭成员之间权利义

---

① 参见郭松义：《从赘婿地位看入赘婚的家庭关系——以清代为例》，载《清史研究》2002年第4期。

② 参见王跃生：《中国城乡家庭结构变动分析——基于2010年人口普查数据》，载《中国社会科学》2013年第12期。

③ 参见曾某1分家析产纠纷案，北京市第二中级人民法院（2022）京02民终1762号民事判决书。

④ 参见杨琳琳：《从家庭照顾迈向社会照顾：德国和日本儿童照顾政策及其启示》，载《理论月刊》2022年第3期。

务分配时的基础地位,而调整财产关系的《民法典》"物权编"则强调户籍与家庭概念之间的规范关系,由此导致《民法典》中的家庭概念界定标准并不统一。这既可能影响法律规则的协调适用,也可能导致在解释适用时与民法基本概念存在牵连关系的其他部门法规则的困惑。例如,刑法领域规定的行为人基于与受害人之间存在特定的家庭关系而可能在定罪量刑上出现无罪,免于、减轻或加重刑事制裁的法律效果,①而此处的家庭关系在民事一般法层面进行界定时,就会产生究竟依据何种界定标准展开的疑问。

在不同部门法之间,如民法与社会保障法之间,则会因对家庭概念的不同功能定位而在规则设计上存在显著分歧:前者强调民事主体基于平等原则而发生的财产、人身关系,以此为前提确定的家庭概念更多强调平等的家庭成员之间权利义务的分配与确定,②因此其家庭概念相对比较确定,尽管规范性法律文件之间彼此存在分歧,但依据各自标准所确定的规则是明确清晰的;而后者则强调共同体对社会成员基本生活需要和经济发展享受权的保障,以此为前提确定的家庭概念则更多强调的是家庭成员承担共同体无法负担或者不愿负担的社会保障职能,因为共同体希冀家庭承担更多理应由共同体履行的职能。③ 因此,其尽可能地模糊家庭概念的清晰界定标准而依据立法目的扩大或者限缩家庭的内涵,希冀以此实现分担社会保障功能的目的。在此情形下的家庭概念界定标准就显得尤其混乱,亦导致家庭成员所负担的义务界限不明晰。

三、家庭概念标准不一的主要原因

当前制定法中的家庭概念之所以存在多重界定标准以及由此而困扰理论界与实务界的诸多问题,事实上与家庭概念本身的复杂性、当前的社会经济发展状况以及立法碎片化等相关。要准确回应家庭概念界定所面临的问题,势必要分析探讨影响规范意义上家庭概念形成的主客观因素。

法规范中概念的形成过程就是抽象化的过程,而抽象化是"由具体事物中分离出来,将规定具体事物的诸要素一般化的过程"。抽象化思考不是以所有的构成部分及其组合而成的丰盈的"具体的概念"来掌握感官认识的客体,而是把握其中具

① 参见李新、余响铃:《刑事法中"家庭成员"之界定》,载《人民检察》2015 年第 12 期。

② 参见朱贻庭:《现代家庭伦理与传统亲子、夫妻伦理的现代价值》,载《华东师范大学学报(哲学社会科学版)》1998 年第 2 期。

③ 参见郑重:《传统家庭结构与现代社会治理》,载《人民法院报》2014 年 7 月 25 日,第 7 版;郝力挥、刘杰:《家庭职能与离婚立法》,载《政法论坛》1986 年第 6 期。

有一般性的因素并以此形成抽象程度高、涵摄能力强、能保障法之安定性的一般概念。① 所以，在规范意义上家庭概念的形成过程中，立法者势必要面对现实生活中的具体家庭样态。由于当前社会实践中具体家庭样态的事实素材异常丰富且错综复杂，故而进一步加剧了家庭概念抽象化的难度。

(一)变动不居的客观现实

影响规范意义上家庭概念形成的客观现实不胜枚举，如人口流动、子女数量、人口老龄化、阶层分化、婚姻以及住房等因素，均影响规范意义上家庭概念内涵外延的界定。囿于篇幅，下文仅从其在民族、地域、城乡三方面存在的差异展开，讨论这三个方面对于家庭概念形成所可能产生的影响，以期管中窥豹之效。

1. 民族性

我国是多民族国家，虽然 1949 年之后特别是改革开放后，随着国家经济社会的迅猛发展，历史上普遍存在过的各民族在家庭生活方面表现出来的巨大差异正在逐渐消失，取而代之的是生活观念及生活方式等的不断趋同，如一夫一妻制已被广泛采纳，男女平等观念日益深入人心，但各民族一定程度上仍保留其独特性。

在家庭结构上，以扩大家庭为主的有云南普洱的傣族、纳西族；以核心家庭为主的有撒拉族、彝族、裕固族、维吾尔族；以主干家庭为主的有哈萨克族；核心家庭与主干家庭共同居于主导地位的有回族、保安族、东乡族；单亲家庭居主的主要是延边朝鲜族自治州的朝鲜族。② 另外，内蒙古自治区、新疆维吾尔自治区、西藏自治区、广西壮族自治区以及宁夏回族自治区五个自治区的少数民族直系家庭数量高于汉族，而单人户数量低于汉族。③

在家庭关系上，瑶族强调男女平等，在命名、婚嫁、继承、家庭地位以及赡养老

---

① 参见[德]卡尔·拉伦茨：《法学方法论》，陈爱娥译，商务印书馆 2003 年版，第 318 页。

② 参见刀洁：《金平县普耳寨傣人的家庭结构和社会生活》，载《学术探索》2002 年第 4 期；和少英：《东巴教圣地纳西族的家庭结构与社会生活——中甸县白地水甲村的田野调查报告》，载《云南民族学院学报(哲学社会科学版)》2000 年第 6 期；高永久：《对撒拉族家庭的民族社会学考察》，载《西北民族研究》2002 年第 1 期；乔亨瑞：《云南少数民族婚姻家庭的变迁——以傣族、彝族、纳西族为例》，载《学术探索》1999 年第 4 期；董晓波：《裕固族乡村家庭变迁调查——以肃南县红石窝乡巴音村为例》，载《民族研究》2006 年第 4 期；李晓霞：《维吾尔族家庭规模初探》，载《新疆社会经济》1993 年第 3 期；沙彦奋：《经济文化类型变迁对哈萨克族婚姻家庭结构的影响——基于伊犁 ZKT 村落的调查》，载《北方民族大学学报(哲学社会科学版)》2013 年第 4 期；文化：《甘肃穆斯林家庭结构解析》，载《西北民族大学学报(哲学社会科学版)》2007 年第 1 期；温蓉：《社会变迁中的东乡族家庭：结构、功能及家庭成员关系》，载《社科纵横》2007 年第 4 期；朴婷姬：《朝鲜族社会家庭结构变迁与性别平等研究》，载《东疆学刊》2006 年第 4 期；金香兰：《当代朝鲜族家庭结构及其伦理的嬗变》，载《延边大学学报(社会科学版)》2006 年第 4 期。

③ 参见王跃生：《五个民族自治区家庭结构分析——基于 2000 年、2010 年人口普查数据》，载《广西民族研究》2014 年第 6 期。

人等方面均对男女一视同仁;普洱傣族的女性在家庭中的地位较高,家庭内务及财政大权多由女性掌管,子嗣传宗观念淡薄,儿女皆可继嗣;回族、保安族、东乡族、维吾尔族、朝鲜族、彝族、纳西族、撒拉族、哈萨克族、裕固族等男尊女卑观念较为突出,成年男性如父亲、丈夫或年长者是家长,在家庭中具有较大权威,有父系继嗣和幼子继承的传统,女子基本无继承权。①

在家庭养老问题上,撒拉族父母通常随幼子而居,但分居的儿子们对父母均负有赡养义务;瑶族年长的父母由成年子女共同赡养;哈萨克族多由幼子继承全部家庭财产并负责赡养父母。另外,哈萨克族还存在"还子"习俗,即长孙作为"还子"与祖父母或外祖父母共同生活并负责赡养老人,若幼子或长孙无力赡养,则父母也可以与其他的一个子女共同生活或由孩子们共同赡养父母。②

事实上,各民族婚姻家庭方面存在的前述差异仅是"冰山一角";然而即使是这微小的一部分,也足以彰显家庭概念抽象化任务的复杂性。

2. 地域性

我国幅员辽阔,南北方、东西部因地理空间的不同而在社会经济、文化生活方面存在广泛差异。这种差异在家庭领域表现得尤为明显,并且这种差异未因当代各地区间的交往日益便利化而完全被消弭。

以家庭结构为例,经济发达地区当前的家庭结构主要呈现核心家庭居于主导地位的显著特征:夫妇核心家庭以及隔代直系家庭比例上升,标准核心家庭明显下降;家庭规模小型化;单身户尤其是中老年人单身户增多。③ 另外,东部发达地区城

---

① 参见蓝仕明:《白裤瑶族婚姻家庭形态述议》,载《广西民族研究》1995 年第 2 期;刀洁:《金平县普耳寨傣人的家庭结构和社会生活》,载《学术探索》2002 年第 4 期;文化:《甘肃穆斯林家庭结构解析》,载《西北民族大学学报(哲学社会科学版)》2007 年第 1 期;拜合提亚尔·吐尔逊:《现代农村维吾尔族家庭规模与结构、家庭关系及家庭功能初探》,载《西域研究》2005 年第 3 期;金香兰:《当代朝鲜族家庭结构及其伦理的嬗变》,载《延边大学学报(社会科学版)》2006 年第 4 期;乔亨瑞:《云南少数民族婚姻家庭的变迁——以傣族、彝族、纳西族为例》,载《学术探索》1999 年第 4 期;和少英:《东巴教圣地纳西族的家庭结构与社会生活——中甸县白地水甲村的田野调查报告》,载《云南民族学院学报(哲学社会科学版)》2000 年第 6 期;高永久:《对撒拉族家庭的民族社会学考察》,载《西北民族研究》2002 年第 1 期;沙彦奋:《经济文化类型变迁对哈萨克族婚姻家庭结构的影响——基于伊犁 ZKT 村落的调查》,载《北方民族大学学报(哲学社会科学版)》2013 年第 4 期;董晓波:《裕固族乡村家庭变迁调查——以肃南县红石窝乡巴音村为例》,载《民族研究》2006 年第 4 期。

② 参见高永久:《对撒拉族家庭的民族社会学考察》,载《西北民族研究》2002 年第 1 期;蓝仕明:《白裤瑶族婚姻家庭形态述议》,载《广西民族研究》1995 年第 2 期;文化:《甘肃穆斯林家庭结构解析》,载《西北民族大学学报(哲学社会科学版)》2007 年第 1 期。

③ 参见周双海、卞佳颖:《上海家庭结构特征分析》,载《科学发展》2014 年第 1 期;黄向梅:《家庭人口规模和代际结构变动研究——基于江苏省"五普"、"六普"数据》,载《中共南京市委党校学报》2014 年第 4 期;黄佩芳:《嬗变中的东部发达地区农村人口性别比例及家庭结构和婚姻圈——以浙江省萧山后坛村为例》,载《中华女子学院学报》2004 年第 2 期。

市的外来人口对流入地的家庭结构模式产生了重要影响,而外来人口家庭主要集中在夫妇核心家庭、一人户家庭和标准核心家庭上,且户主年龄普遍在 40 岁以下。①

经济欠发达地区的家庭结构存在诸多与发达地区一致的特征,如:家庭规模小型化,1 人户、2 人户和 3 人户成为主流;家庭结构简单化,1 人户比重增长迅速;有老年人口的家庭户比重上升,纯老人户数量增多。② 但也存在显著差异,如西藏自治区居于主导地位的家庭结构模式是直系家庭而非核心家庭,并且单人户比例很高。③ 甘肃省则是核心家庭与大家庭并存,变异家庭如空巢家庭、隔代家庭、单亲家庭、再婚家庭所占比重不低,出现了多种家庭结构并存的模式。④

家庭结构的差异性显现的地缘属性,在省际范围内也非常明显。例如,在江苏省,同样是以核心家庭和主干家庭为主,睢宁县、邳州市两地的核心家庭占比超过 60%,主干家庭占比不超过 40%;扬州市和无锡市两地则正好相反,核心家庭占比不超过 50%,主干家庭占比正好超过 50%。这表明,苏北核心家庭占有绝对优势,而苏中、苏南主干家庭是最主要的家庭模式。⑤

3. 城乡性

由于城乡二元结构长期存在所产生的影响,城市与农村的家庭在城乡一体化的背景下仍然存在显著差异。以家庭结构为例,结合 2010 年全国第六次人口普查的数据分析,在北京市、上海市、广东省、浙江省、江苏省等地,尽管城市与农村的家庭结构都以核心家庭为主要类型,但在具体表现形式上仍存在明显不同:

就核心家庭而言,除广东省外,其余四地夫妇核心家庭和标准核心家庭在城市所占的比例均显著高于农村(尤其是上海市),占比均超过 10%;五地城市的单亲核心家庭比例均在 4% ~5%,而农村的则在 2% ~8% 振荡。就直系家庭而言,五地城市三代及以上直系家庭所占比例均显著低于农村所占比例;除上海市城市、农村所

---

① 参见周双海、卞佳颖:《上海家庭结构特征分析》,载《科学发展》2014 年第 1 期。

② 参见王晓燕、洪洁:《中国西南地区家庭规模和结构的定量研究》,载《湖北社会科学》2013 年第 8 期;王平:《西北城镇回族聚居区婚姻家庭结构的变迁——以甘肃省临夏市八坊地区为个案》,载《青海民族大学学报(社会科学版)》2012 年第 1 期;王跃生:《五个民族自治区家庭结构分析——基于 2000 年、2010 年人口普查数据》,载《广西民族研究》2014 年第 6 期。

③ 参见王跃生:《五个民族自治区家庭结构分析——基于 2000 年、2010 年人口普查数据》,载《广西民族研究》2014 年第 6 期。

④ 参见王平:《西北城镇回族聚居区婚姻家庭结构的变迁——以甘肃省临夏市八坊地区为个案》,载《青海民族大学学报(社会科学版)》2012 年第 1 期。

⑤ 参见袭开国、殷飞:《江苏农村地区家庭结构现状及区域差异》,载《南京人口管理干部学院学报》2007 年第 2 期。

占比重极为接近外，其余四地城市二代直系家庭所占比例均显著低于农村；除上海市、北京市的城市、农村所占比重极为接近外，其余三地农村隔代家庭所占比例均显著高于城市。

同样，在甘肃省、青海省、新疆维吾尔自治区、西藏自治区以及云南省，即使在核心家庭居主的情形下，也存在城乡家庭结构显著不同的现象。例如，五地城市夫妇核心家庭均高出农村 10% 以上，尤其显著的是西藏自治区，高出了 25%；除甘肃省外，其余四地标准核心家庭农村占比均高于城市，新疆维吾尔自治区超出 10% 以上；五地城市单亲核心家庭均比较接近农村所占比重。就直系家庭而言，五地农村三代及以上直系家庭占比均显著高于城市，除新疆维吾尔自治区外，其余四地占比均接近或超过 20%；另外，五地城市二代直系和隔代直系家庭均低于农村。①

另外，社会学领域的研究结果还显示，城乡家庭结构变动的区别还有：城市核心家庭构成缩小，单人户明显增加，直系家庭稍有降低；农村核心家庭构成降幅较大，单人户增多，直系家庭比例上升等。②

4. 小结

除民族、地域和城乡等方面存在的差异外，时间因素还导致家庭概念本身的界定标准并非静态的，即家庭概念的界定标准一直处于变动不居的动态调整过程中。③ 尤为显著的是，在我国社会尚处于转型期的当下，现代化、工业化、市场化以及都市化浪潮等使人口流动、子女数量、人口老龄化、阶层分化、婚姻和住房情况等因素均呈现异常复杂的特性。④ 这些客观情况使家庭概念的这种变动不居的特性尤其加剧了民族、地域以及城乡因素等导致的家庭概念界定时的困难。

（二）错综复杂的主观认识

变动不居的客观现实使家庭概念的界定自始即面临巨大困难。从认识论的角度讲，主体通过发挥主观能动性，观察和分析客观现象并抽丝剥茧，总能逐渐接近认识对象的本质并总结出方便他人认识的一般性知识。与此相对，理性的有限性以及对认识对象先在的固有观念，可能构成科学、准确界定处于发展变化状态中的

---

① 参见王跃生：《当代家庭结构区域比较分析——以 2010 年人口普查数据为基础》，载《人口与经济》2015 年第 1 期。

② 参见王跃生：《中国城乡家庭结构变动分析——基于 2010 年人口普查数据》，载《中国社会科学》2013 年第 12 期。

③ 参见杨雄、程福财：《社会转型对上海家庭结构的影响——对 500 个家庭的入户调查》，载《上海社会科学院学术季刊》2002 年第 1 期。

④ 参见苏娜、万小艳：《中国城市家庭结构变迁及其对婚姻家庭的影响》，载《人口学刊》1998 年第 6 期；王跃生：《中国城乡家庭结构变动分析——基于 2010 年人口普查数据》，载《中国社会科学》2013 年第 12 期。

认识对象的障碍。就法律上的家庭而言,影响其概念界定的主观因素主要包括以下两个方面。

1. 立法碎片化

应然状态下的法律体系应当是由合乎法治精神与一般法律思想的内在体系与受此种精神指导的由抽象概念构成的外在体系合逻辑地构筑起来的。法律体系应当具备科学性、体系性的基本特征。但从实然角度讲,构成我国当前法律体系的各单行法律法规,在制定时间上存在跨越期限过长的问题,部分重要的法律制度是新中国成立后即制定的,未充分体现改革开放以后市场经济条件下逐渐恢复和发展起来的市民社会的基本精神。同时,改革开放后不同时期制定的法律制度也存在相互不衔接甚至矛盾的情况,部分法律法规制定时未能考虑既有规范性法律文件的存在,也未能考虑整体法秩序的科学性、体系性,而是仅考虑其自身是否自成一体,因而当前法律实践中存在普遍的立法碎片化现象。①

这种立法碎片化现象在涉及家庭概念的制定法范围内屡见不鲜。就家庭概念而言,由于各具体法律法规是基于不同立法目的而制定的,为保证立法目的的实现,充分强化家庭某一或某些功能的发挥,各具体制定法在遵循的价值理念、坚持的立法意旨、采取的具体界定标准甚至选择的立法技术方面,都存在显著不同。例如,在《民法典》物权编、《农村土地承包法》(2018 年修正)及《土地管理法》(2019 年修正)等制定法中屡次出现的家庭概念,是通过户籍标准来界定并与农村土地承包经营权、宅基地使用权的获取相联系的。此处采纳户籍标准的主要考虑,就宏观方面而言,是"为了维护国家基本经济制度",反映了我国经济体制改革中的农村改革经验,有利于农村经济活动的进行,有助于保障农村经济的健康发展和维护我国广大农村的社会生产秩序。② 就微观方面而言,通过与户关联的家庭建立土地承包经营权、宅基地使用权制度,是为了使"集体经济组织成员作为集体土地所有人中的一分子而获得一项财产",这是农民家庭的独立权利和基本权利。③ 同时,其也为农村集体经济组织成员就业所必需,是其获得生活来源的法律保障,具有重要的社会保障意义。④ 承认农民家庭取得土地承包经营权和宅基地使用权,除了展现立法

---

① 参见孙宪忠:《我国民法立法的体系化与科学化问题》,载《清华法学》2012 年第 6 期。

② 参见全国人大常委会法制工作委员会民法室编:《中华人民共和国物权法条文说明、立法理由及相关规定》,北京大学出版社 2007 年版,第 124 页;高富平:《物权法原论》,法律出版社 2014 年版,第 337 ~ 338 页;王利明等:《民法学》(第 6 版),法律出版社 2020 年版,第 429 页。

③ 参见孙宪忠:《中国物权法总论》,法律出版社 2014 年版,第 154、159 页。

④ 参见梁慧星、陈华彬:《物权法》(第 7 版),法律出版社 2020 年版,第 293 页;崔建远:《物权法》(第 5 版),中国人民大学出版社 2021 年版,第 272 页。

具有深刻的民权思想外，也反映了农村社会的基本现实。[①] 因为从家庭经济功能的发挥来看，以户为单位的家庭承包与当时农村的生产能力相吻合，[②]有助于最大限度地调动个人的积极性并发挥家庭的经济功能。

在《民法典》婚姻家庭编以及与之相关的继承编等部分屡被提及的家庭关系主要是通过亲属关系来界定的。制定法如此考虑的核心理由在于：家庭是社会的基石，包含了社会最基本的利益需求。[③] 法律首先需要宣示通过婚姻、血亲以及姻亲纽带形成的为社会主流价值普遍认同的家庭生活模式的正当性基础，解决未成年人的抚育和老年人的养老问题。[④] 对于我国当前的婚姻家庭法来说，经由婚姻建立的家庭以及因此产生的具有特定亲属关系的家庭成员彼此之间的权利义务关系，其正当性基础首先在于受法律承认的且被社会广泛认同的具有伦理属性的亲属关系。[⑤] 当代的婚姻家庭制度，虽然根植于人格独立以及婚姻自由的基本价值之上，但仍然具有维护基本人伦秩序、抚养子女成长并赡养老人安度晚年的基本功能；制定法就是要发挥法律的导向与指引功能，通过亲属关系标准明确家庭成员彼此间的法律关系，弘扬文明的家庭伦理道德观，维护社会主义家庭制度。[⑥]

2. 生活观念多元化

在我国当代社会，个人本位文化兴起，[⑦]人格尊严、人格自由受到法律的充分重视和保护。在此背景下，个人秉持的不与一般法律思想或法律基本价值相违背的生活观念以及受此指引的行为，在家庭生活领域愈加显示出多元化的特征来，此种多元化的特征反过来又积极作用于家庭内涵本身的界定。这种多元化特征主要体现在以下几个方面。

第一，生活方式选择多样化。在传统观念中，经由婚姻建立的家庭生活方式应是个体的当然选择。在当代社会，除了传统的家庭生活方式外，独身生活、同居生

---

① 参见孙宪忠：《中国物权法总论》，法律出版社2014年版，第154页。

② 参见全国人大常委会法制工作委员会民法室编：《中华人民共和国物权法条文说明、立法理由及相关规定》，北京大学出版社2007年版，第124页；王利明：《物权法》（第2版），中国人民大学出版社2021版，第231页。

③ 参见蒋月：《婚姻家庭法前沿导论》，法律出版社2016年版，第6～18页。

④ 参见费孝通：《乡土中国　生育制度》，北京大学出版社1998年版，第187页；夏吟兰、薛宁兰主编：《民法典之婚姻家庭编立法研究》，北京大学出版社2016年版，第12页。

⑤ 参见陈苇：《中国婚姻家庭法立法研究》，群众出版社2010年版，第89页；王歌雅主编：《婚姻家庭继承法学》，中国人民大学出版社2013年版，第34页。

⑥ 参见夏吟兰、薛宁兰主编：《民法典之婚姻家庭编立法研究》，北京大学出版社2016年版，第11页；杨大文、龙翼飞主编：《婚姻家庭法》（第8版），中国人民大学出版社2020年版，第59页。

⑦ 参见苏娜、万小艳：《中国城市家庭结构变迁及其对婚姻家庭的影响》，载《人口学刊》1998年第6期。

活、同性伴侣生活等亦渐次被社会认可,实践中选择传统家庭生活方式外的其他生活方式的人亦不鲜见。① 更有甚者,为了应对孝道导致的社会压力,有同性恋人采取形式婚姻作为策略性解决方案。为融入主流群体,采取形式婚姻的双方需要形成欧文·戈夫曼(Erving Goffman)意义上的"剧班"进行协作式表演,并且社交媒体的发达使形式婚姻中夫妇的伪装实践变得更复杂。这种生活方式使婚姻当事人在服从主流价值观和秩序的背面,通过达标表演等策略解决自己的认知失调,从而在沉重的社会压力下寻找生存的价值。② 在此背景下,功能主义家庭观希望将家庭法的调整范围扩大,如将某些非婚同居关系纳入家庭法的调整范围。③ 与此相适应,我国的《反家庭暴力法》(2015 年)将同居关系等纳入调整范畴。另外,虽然我国立法上尚不承认通过同性伴侣关系及同性婚姻关系组成的家庭,但对于我国公民在承认这些生活方式的国家所建立的同性伴侣关系以及由此形成的特殊人身关系等对家庭财产的分割及通过代孕所育子女的抚养权确定等所产生的影响,我国司法实践中也有法院予以一定程度的承认。④ 这彰显了司法实践对个人自主选择的生活方式不同程度的尊重。

第二,生育观念。传统社会中多子多福的观念,已因时代背景变化而在当代中国遭遇了重大转变。计划生育政策的强制化,子女抚育成本的高昂化,个人自由、独立自主生活观念的普遍化以及养老方式的多样化等,导致个人生育意愿直线下降,少子化、无子化现象突出,横向亲属关系减少。⑤

第三,共同生活观念。在传统社会中,家庭的共同生活意味着家庭成员之间在空间、时间、情感、经济等要素上存在密切联系,普遍要求同居、⑥共财共爨。在当代社会,由于社会背景的剧烈变化,传统的共同生活观念发生了重大转变,"空巢老人""留守儿童""周末夫妻"等社会现象强烈冲击着传统的共同生活观。因此,当代家庭的共同生活观事实上已经不再强调空间、时间、情感、经济等任一因素的不可或缺性,而是重视主观上具备永久共同生活的目的和客观上存在共同生活的客

---

① 参见夏吟兰主编:《中华人民共和国婚姻法评注:总则》,厦门大学出版社 2016 年版,第 8 ~ 12 页。

② 参见丁依然、董晨宇:《制造夫妻:中国形婚群体的剧班协作、达标表演与身份失调》,载《妇女研究论丛》2021 年第 6 期。

③ 参见陈苇:《中国婚姻家庭法立法研究》,群众出版社 2010 年版,第 16 页。

④ 参见赵某与姜某物权确认纠纷案,江苏省高级人民法院(2019)苏民申 7886 号民事裁定书。

⑤ 参见苏娜、万小艳:《中国城市家庭结构变迁及其对婚姻家庭的影响》,载《人口学刊》1998 年第 6 期。

⑥ 参见费孝通:《江村农民生活及其变迁》,敦煌文艺出版社 1997 年版,第 68 页。

观事实的综合判断。[①]

第四,平等观念。传统社会中的家庭伦理观强调男尊女卑,重视孝道纲常的维护,导致家庭成员之间地位的严重不平等,权利义务的分配严重失衡。[②] 在当代社会,平等观念在思想领域深入人心,在法律层面被充分保障,使传统家庭伦理观中的不平等现象发生了显著变化:家庭领域内男女平等观念获得了普及;亲子关系围绕未成年人最大利益原则展开;绝对服从的传统孝道理念让位于内含人格尊严、人格平等的新型孝道观。

第五,自由观念。在传统社会,囿于客观现实和社会主流道德观:性观念极端保守,"男女授受不亲""饿死事小、失节事大"等性禁忌丛生;婚恋观上普遍强调"父母之命、媒妁之言",坚守"从一而终";父母关系上奉行"子当有顺无违,天下无不是的父母"的孝道观[③];等等。个人在家庭生活领域的自由受到严格限制。在当代社会,自由成为受法律保护的基本权利;在不影响他人合法权益的前提下,个人得依据自主意志为或不为特定行为,以实现自身人格自由的发展。在此背景下,性自由、婚姻自由以及家庭成员不受传统家庭伦理约束的行为自由等蔚然成风,未婚生育现象突出,离婚率大幅上升,传统家庭结构加剧解体并导致家庭碎片化现象日趋严重。

当然,传统家庭伦理观并未完全隐退,其依然隐匿在当代家庭生活的一般伦理观念当中,时不时会浮出水面并显出勃勃生机来。另外,个人的道德观念、教育程度、生活态度、消费观念等,无一例外都会影响、塑造当代社会的整体家庭形象。[④] 这些主观因素同客观因素一样,在丰富家庭内涵的同时,也为法律上认识和界定家庭概念制造了困难。

四、家庭概念在法律实践中及学理上的争论

现实生活中主客观情况的错综复杂和家庭变动不居的特性,使在法律上创建完全统一的家庭概念没有现实可能性。[⑤] 但这并不影响在现行法框架下通过确立

---

① 参见沈崇麟、杨善华主编:《当代中国城市家庭研究》,中国社会科学出版社 1995 年版;宋健:《"四二一"结构:形成及其发展趋势》,载《中国人口科学》2000 年第 2 期。

② 参见蒋月:《20 世纪婚姻家庭法:从传统到现代化》,中国社会科学出版社 2015 年版,第 99 ~ 102 页。

③ 参见瞿同祖:《瞿同祖法学论著集》,中国政法大学出版社 2004 年版,第 51 页。

④ 参见杨雄、程福财:《社会转型对上海家庭结构的影响——对 500 个家庭的入户调查》,载《上海社会科学院学术季刊》2002 年第 1 期。

⑤ See Olivia Egdell-Page, *The Concept of Family Law: Understanding the Relationship between Law and Families*, 3 North East Law Review 68 (2015).

家庭概念的核心标准并在此基础上厘清不同家庭概念彼此之间的规范关系,而为相应规则的解释适用提供便利的努力。对此,法学研究应在结合现实需求的基础上展开比较研究,并提出妥当的应对方案。

(一)家庭概念界定标准的法律实践

在面对同样错综复杂的现实问题时,不同的应对方案之间也存在显著分歧。概括而言,主要存在以下三种家庭概念的界定标准。

1. 主客观双重标准论

该概念界定标准既强调团体成员主观方面的共同生活意愿,也强调客观方面的同居、亲属关系等客观事实的存在。例如,1931 年《中华民国民法》即持此立场。该法第 1122 条规定:"称家者,谓以永久共同生活为目的而同居之亲属团体。"第 1123 条规定:"家置家长(第 1 款)。同家之人,除家长外,均为家属(第 2 款)。虽非亲属而以永久共同生活为目的同居一家者,视为家属(第 3 款)。"可以发现,此处的家庭概念需要满足主、客观两方面的要求:前者要求永久共同生活的目的,后者要求同居的客观事实和亲属关系。其中,欠缺亲属关系要素但具备其他两项要素的,亦被视为家属,这实质上是对严格概念论的一种缓和立场,也使家庭概念更具开放性,能够及时适应急剧变化的社会现实生活。由此亦可发现,这里的共同生活要素构成双重标准中的核心。[①] 另外,虽然 1931 年《中华民国民法》中的家以共同生活为目的,但法律并未给这里的家规定相应的家产制度,实践中同居者实际上亦多为父母子女两代,所以学理上亦有观点认为,1931 年《中华民国民法》中的家庭制度已经丧失其存在的基础和价值了。[②]

2. 客观标准论

该标准不强调家庭概念的主观要件,仅强调某一或某些客观事实是否存在或被满足。《菲律宾民法典》中家庭概念的界定即采此标准。该法第 216 条规定:"家庭是公共政策珍爱和保护的基本社会组织。"第 217 条规定:"家庭关系包括:丈夫与妻子之间的关系;父母与子女之间的关系;其他尊亲属和他们的卑亲属之间的关系;兄弟和姐妹之间的关系。"[③]由此可见,此处的家庭以客观存在的亲属关系为判定要件,囊括婚姻、姻亲和血亲在内的所有亲属关系。与此种立场相近,《奥地利普通民法典》亦以亲属关系为唯一标准界定家庭概念。该法第 40 条规定:"家庭,包括历代祖先及其所有后裔。其相互之间的关系,称为血亲;夫妻一方与他方的血亲

---

① 参见石碧波:《民法上的"家"——兼论我国民法上"家"的二元结构》,载《当代法学》2003 年第 7 期。

② 参见王泽鉴:《民法概要》,北京大学出版社 2011 年版,第 574 页。

③ 参见《菲律宾民法典》,蒋军洲译,厦门大学出版社 2011 年版,第 35 页。

之间的关系，称为姻亲。"第 44 条规定："家庭关系因婚姻契约而成立。"[①]以亲属关系为标准确定家庭概念的优点在于标准清晰、明确，易于操作，并且与一直以来人类社会关于家庭的普遍认知密切相关。但缺点在于客观标准过于僵化，在急剧变化的现代社会中可能无法灵活应对现实需求对制定法提出的挑战。

3. 限制的亲属关系论

该标准将家庭的界定标准限制在一定范围内的亲属关系上，采狭义的亲属关系标准，而非菲律宾和奥地利的民法那样，对亲属关系采广义标准。当然，这实质上也是客观标准。《意大利民法典》即采此标准。该法第 230 条第 3 款第 1 分句规定："家庭成员，系指配偶、三亲等以内的血亲、二亲等以内的姻亲。"第 75 条规定："直系血亲是那些生育自己的和自己所生育的上下各代人们之间的关系；旁系血亲是那些既非生育自己也非自己所生育的有同一祖先的人们之间的关系。"第 77 条规定："法律不承认超出六亲等以上的血亲关系，特别法的规定不在此限。"第 78 条规定："姻亲是配偶一方与配偶他方的血亲之间的关系。配偶一方的亲系亲等的血亲，是配偶他方的该亲系亲等的姻亲。"[②]由此可见，该法中的家庭概念以特定的亲属关系存在为前提，并非存在亲属关系即有被民法承认的家庭关系。与此类似，英国法上的家庭通常指核心家庭或直系血亲家庭。当然，虽然英国的大部分家庭法判例都是关于核心家庭（父亲、母亲和孩子）的，而非大家庭（祖父母、外祖父母、姨婶、叔舅和外甥、侄子女）的，但核心家庭以外的其他家庭成员也可以向法院提出申请。[③] 以限定的亲属关系标准确定家庭概念的优点在于，可以进一步清晰界定家庭概念并使与家庭相关的权利、义务配置更准确，富有可操作性；但缺点在于其进一步限缩了家庭的外延，使时代发展所导致的新型关系如同居关系、同性伴侣关系等无法通过对家庭概念的扩大解释而被纳入法律的调整范畴。[④]

事实上还有不少国家或地区基于对当事人自主选择生活方式这一基本人权的尊重及"功能主义家庭观"，将非婚同居和同性伴侣关系等纳入家庭范畴并使之受家庭法调整。[⑤] 也就是说，家庭概念已不再局限于传统的理解范畴内，而是向着"包

---

① 参见《奥地利普通民法典》（修订截至 2016 年 1 月 1 日），戴永盛译，中国政法大学出版社 2016 年版，第 12～13 页。

② 《意大利民法典》，费安玲等译，中国政法大学出版社 2004 年版，第 29、62 页。

③ 参见[美]凯特·斯丹德利：《家庭法》，屈广清译，中国政法大学出版社 2004 年版，第 7～8 页。

④ See Ioana Nicolae & Georgeta-Bianca Spirchez, *The Legal Concept of Family: Topical Issues of the ECHR Case Law and European Union Law*, 1 Pandectele Romane 80 (2017).

⑤ See Mirela Zupan, *The Family Concept in European International Family Law: Do Human Rights Influence the Change in Approach*, 24 Pravni Vjesnik 141 (2008).

括各种类型的家庭,包括双亲家庭、单亲家庭、无子女的配偶家庭……及事实伴侣关系和成年人的同居关系"的方向上发展。①

当然,尽管存在着明确在制定法或判例法上界定家庭概念的做法,但学理上亦有观点认为,与个人体验相联系的家庭处于永恒的流变状态,因此,制定法上的家庭存在不同的表述方式,并且需要不同的法律机制对此提供适当的权利和规范。②法律上的家庭和通常生活中所说的家庭在概念上有重合之处,但又不完全相同;因此在家庭作为法律概念被使用时,特别要注意此种区分。在解释有关条文时,不能将其中的家庭作通常意义上的理解,而需要根据条文的目的对其进行解释。但在特定场合,又应当按照其通常意义理解家庭概念,也应当结合宪法保护的目的及其历史背景理解家庭概念。③ 此处所谓的通常意义即在日常语言的意义上来理解家庭,这种理解具有正当性基础。在法治国家,对存有疑义的概念进行解释时,日常语言也同样具有优先性。④

这里解释上的优先性问题,实质上涉及如何理解立法者和解释者二者的关系问题。一般而言,当立法者特意选择使用日常语言作为法律概念时,即可推论其具有让相关规范之对象在日常语言的通常意义上来理解或解释该概念的目的。立法者在制定法中使用日常语言中通用的概念本身即表明其认同该概念在日常生活中的通常意义,解释者对此应予尊重。⑤ 此亦表明,在制定法中确定性地给予家庭概念以清晰的界定标准,并不排除具体的法律实践中亦需依具体场景来理解家庭概念。

(二)学说理论中关于家庭概念的界定标准

与法律实践上界定家庭概念所使用的基本标准相似,当前我国学说理论中关于家庭概念的界定标准主要表现为如下两种。

1. 亲属关系论

该立场仅强调亲属关系,对其他要素不作要求。相关表述主要有两种:一种认为,我国现行法当中的家庭应当采取广义的概念,即不仅限于夫、妻与子女组成的

---

① See Enrique H. Ceballos, *The Concept of Family in Spanish Law*, 5 International Journal of the Jurisprudence of the Family 145 (2014).

② See Olivia Egdell-Page, *The Concept of Family Law*: *Understanding the Relationship between Law and Families*, 3 North East Law Review 68 (2015).

③ 参见[德]迪特尔·施瓦布:《德国家庭法》,王葆莳译,法律出版社2010年版,第2页。

④ 参见[德]罗伯特·阿列克西:《法　理性　商谈:法哲学研究》,朱光、雷磊译,中国法制出版社2011年版,第78页。

⑤ 参见雷磊:《法律概念是重要的吗》,载《法学研究》2017年第4期。

小家庭,也包括由祖父母、外祖父母、子女、孙子女、外孙子女等组成的大家庭。① 另一种认为,法律上所称的家庭成员通常是指法律上具有权利义务关系的亲属,包括夫妻、父母、子女、兄弟姐妹、祖孙关系。② 尽管这两种表述并未直接表明家庭概念界定标准的学理定义所列举的类型不完全相同,但从具体列举的家庭成员类型看,核心都是客观标准论中的亲属关系。二者的区别在于,前者的亲属关系具有开放性,而后者仅限于有权利义务关系的亲属。

2. 限制的客观标准论

该立场既强调亲属关系,又强调共同生活。持此立场的学者普遍认为,我国法上的"家庭是共同生活的成员间互享法定权利、互负法定义务的亲属团体"。③ 依据该观点,为法所承认的家庭具备两个基本客观要件:一是存在同居或者共同生活的客观事实,强调家庭是一个社会生活单位。④ 二是由相互间具有权利义务关系的一定范围内的亲属构成的亲属团体。换言之,只有亲属关系中那些相互之间具有权利义务关系的人才可能形成被法所承认的家庭;而具有权利义务关系的家庭成员包括夫妻,父母子女,兄弟姐妹,祖父母、外祖父母与孙子女、外孙子女。⑤ 也就是说,只有婚姻法上承认的这些相互之间具有权利义务关系的亲属之间共同生活,才能够组成法律上的家庭。当然,学理上对于应否将亲属关系限定在法律上具有权利义务关系的近亲属关系上,仍然存在较大争议。有观点认为,"家庭是指在亲属间以共同生活为基础形成的共同体。该共同体不依赖户籍登记,具有自治性,以亲情伦理为维系纽带,具有民事法意义"。⑥

整体而言,与实践中家庭概念界定标准极混乱的现状略有不同,民法学理上对家庭概念的界定标准相对比较统一。这种统一的现实基础在于以下几个方面。

第一,民法学理围绕婚姻法讨论家庭概念,对于婚姻法外的其他部门法领域中的家庭类型及特质未予充分考虑。

第二,民法学理关注的重点是家庭概念内部的家庭成员彼此之间的权利义务构造关系,对于家庭概念外部关系所涉及的公共管理、社会保障等未予关注。

---

① 参见王利明等:《民法学》(第6版),法律出版社2020年版,第409页。

② 夏吟兰:《民法典体系下婚姻家庭法之基本架构与逻辑体例》,载《政法论坛》2014年第5期。

③ 参见杨大文、龙翼飞主编:《婚姻家庭法》(第8版),中国人民大学出版社2020年版,第3页。

④ 参见巫昌祯、夏吟兰主编:《婚姻家庭法学》,中国政法大学出版社2016年版,第5页;王歌雅主编:《婚姻家庭继承法学》,中国人民大学出版社2013年版,第2页。

⑤ 参见夏吟兰主编:《中华人民共和国婚姻法评注:总则》,厦门大学出版社2016年版,第7页。

⑥ 鲁晓明:《从家户并立到家庭统摄——我国民事法上家户制度的问题与出路》,载《法商研究》2018年第5期。

第三，民法学理中的家庭概念本质上仍是传统家庭观念的反映，对于 20 世纪 60 年代以来基于对个人自主选择生活方式之基本人权的尊重而生的不同家庭结构，①尤其是当代我国家庭功能的持续演进未能充分体现。

五、家庭概念界定应遵循的法律思想与具体的解释路径

传统主义者认为：家庭反映的是一种个人之间的道德关系，虽然法律可能提供家庭一词的定义并界定和执行父母和子女之间的义务，但这些定义和义务在逻辑上与家庭的道德观念和家庭生活的道德责任相分离并独立存在；家庭不仅可以独立于规范它们的法律而存在，而且在有法律制度之前很久就存在人类家庭和家庭内部的道德关系。② 该观点可能反映了家庭与法律二者关系的本质，但不容否认的是，在当代实证法律体系中，家庭这种个人之间的人际关系完全无法摆脱法律的介入和影响。③ 因此，换个角度看，在制定法中适当地规定家庭，可以为这种个人关系的实现提供更为充分的保障。并且，如果法律体系中的不同家庭彼此之间能够和谐共存，而非各行其是，那么家庭中的这种个人关系在法律规范上的处理亦会更妥帖。以此为目标来解释围绕《民法典》展开的现行法秩序下各种家庭彼此之间的规范关系，恰是解决前述实践中因家庭概念界定标准不一而引发的法律问题的关键。

（一）家庭概念界定遵循的一般法律思想

从《民法典》内部体系和外部体系融贯的角度出发，结合我国当前法律实践中涉及家庭概念的具体法律规则在解释适用时存在的问题以及现实生活的实践需求，对于作为外部体系砖石基础的家庭概念的理解与界定，应在遵循如下一般法律思想的前提下展开。

1. 家庭概念应与主流社会认可的一般生活方式相一致

我国《民法典》中的家庭概念，反映的应当是共同体成员对于人之基本生活方式的一般选择与价值坚守。诚然，在当代社会背景下，对人之基本权利的尊重尤其是对个体自由选择生活方式的尊重，以及“充分尊重个体的生存事实本身所具有的伦理价值”越来越多地获得了认可。④ 越来越多的国家通过修改法律，承认同居、同

---

① See Margaret Somerville, *Is the Family a Natural Reality or Just a Cultural Concept*, 4 International Journal of the Jurisprudence of the Family 435 (2013).

② See Laurence D. Houlgate, *Must the Personal Be Political-Family Law and the Concept of Family*, 12 International Journal of Law, Policy and the Family 107 (1998).

③ See Enrique H. Ceballos, *The Concept of Family in Spanish Law*, 5 International Journal of the Jurisprudence of the Family 145 (2014).

④ 参见薛军：《人的保护：中国民法典编撰的价值基础》，载《中国社会科学》2006 年第 4 期。

性伴侣等生活方式,并将因此形成的个人关系纳入家庭范畴。在我国,虽然现实生活中亦有同性恋人主张法律上的平等对待并取得了学说理论及部分社会力量的支持,但即便法律承认同性伴侣以及社会生活中广泛存在的同居、独居等生活方式的法律地位,也不能表明主流家庭观念在共同体生活和法律地位上的必然削弱。[①] 事实上,家庭这个父母子的三角结构是人类社会生活中一个极重要的创造。这个社会的基本结构在人类历史上曾长期地维持着人类种族和文化的绵续,它现在不但存在于任何地方的社区里,而且至今还没有发生根本的改变。[②] 甚至可以说,家庭是独立于国家存在的社会实体,立法仅能在尊重现实中既有的家庭结构的基础上对其予以规制。[③] 所以,对于规范民事基本生活的《民法典》的准确理解与适用,亦应以此为家庭概念的精神内核来展开。

2. 家庭概念的内部构造应与通过家庭实现的立法目的相统一

《民法典》规定家庭概念的核心目的在于使共同体中主流观念所坚守的家庭生活方式能够以足够清晰的样态呈现出来,并以此作用于通过此种生活方式所欲完成的社会功能。在现实生活中,家庭事实上承担着丰富多样的社会功能。[④] 但是,就制定法而言,其所关注并作为助益于自己所欲之目的达成手段的家庭功能,会在社会学观察视阈下的家庭功能范围内作出适当调整。对我国当代的制定法而言,在其关注的家庭功能范围内,那些不适于国家、社会承担或其暂时尚无力承担的功能,应交由家庭承担,如生育功能;那些适于国家、社会承担且其有能力承担的功能,应由其独立承担,如护卫功能;那些介于家庭、社会、国家之间的功能,应依三者之间的力量对比而在制定法中分情况区分处理,如经济功能、教育功能、供养功能。对《民法典》中家庭概念具体构造的理解首先应注意排除那些由社会、国家承担的功能。家庭概念应被合理界定并承担相应的处于三者之间的功能,着力于应当由其承担的功能。在解释论的视角下看,《民法典》规定家庭概念的目的应当是通过对家庭概念内部构造的清晰划分来实现家庭功能的合理分担,最终助益于立法目的的实现。

---

① See Mirela Zupan, *The Family Concept in European International Family Law: Do Human Rights Influence the Change in Approach*, 24 Pravni Vjesnik 141 (2008).

② 费孝通:《乡土中国　生育制度》,北京大学出版社1998年版,第187页。

③ See Martin Lohnig, *The Evolution of the Concept of Family and the Special Protection of Family and Marriage in German Law*, 4 Journal on European History of Law 9 (2013).

④ 参见王玉波:《中国家庭史研究刍议》,载《历史研究》2000年第3期。

3. 家庭概念的具体构造应分层处理

家庭实际具备的功能并不都是制定法所关注的,制定法仅关注那些与法的作用对象相符合,有调整可能且有必要调整的内容。相应地,被纳入制定法关注范畴的家庭功能亦不会被置于同等重要的位置而在法律上获得完全一体化的对待。制定法一般会依据家庭功能之于社会共同体存续的重要程度及共同体所欲实现的理想目的而区分处理。① 对于家庭而言,因为"人类创制这家庭的基本结构,目的是在解决孩子的抚育问题,使每个孩子能靠着这个社会结构长大,成为可以在社会中生活的分子"。② 保存和繁衍问题关系到共同体存续本身,③因此它长久以来都是制定法所关注的头等重要的大事,当然居于法律上家庭概念构造的核心。在当代社会背景下,尽管传统养家糊口型的家庭模式已受到冲击,其他非传统型的家庭模式亦越来越多地被法律所关注④,但围绕家庭的生育功能发展起来的经济功能、教育功能以及供养功能等亦在法律的关注视野之内。这些功能被制定法重视的程度取决于共同体本身的发展程度及其希冀通过家庭实现的目的本身。

4. 家庭概念应体现安定与开放相结合的特点

现实生活中的家庭概念既内含父母子这种相对稳定的三角结构,亦会因厕身其间的具体人的现实需求以及时代背景的转换而在父母子三角结构的基础上相应地进行增减。⑤ 事实上,"社会事业的发达,集体责任的加强,私有财产制度的消蚀,很可能改变抚育的有效方式。那时候婚姻是否需要也成了问题,至少它的性质会发生极大的变化"。⑥ 今天,越来越多的人选择婚姻之外的生活方式,即使选择婚姻的,其中也有相当一部分人选择少生甚至不生;而选择生育的人群中的相当一部分,又因现代化的工作及生活而参与抚育的时间、精力等愈来愈少。在此背景下,传统的围绕抚育构筑起来的家庭及以此为基础反映在制定法中的抽象家庭概念,既要重视一直以来人类社会对于家庭的基本认识,也不能完全囿于传统而墨守成规,置已经发生了变化的现实生活与具体人的现实需求于不顾。也就是说,法律体系中的家庭概念既要满足法的确定性和可预见性要求,也要向丰富的现实生活开

① 参见冉启玉:《我国未来民法典中的家庭》,载《中华女子学院学报》2017 年第 1 期。

② 费孝通:《乡土中国 生育制度》,北京大学出版社 1998 年版,第 190 页。

③ See Enrique H. Ceballos, *The Concept of Family in Spanish Law*, 5 International Journal of the Jurisprudence of the Family 145 (2014).

④ See Mirela Zupan, *The Family Concept in European International Family Law: Do Human Rights Influence the Change in Approach*, 24 Pravni Vjesnik 141 (2008).

⑤ 参见王跃生:《当代中国家庭结构变动分析》,载《中国社会科学》2006 年第 1 期。

⑥ 费孝通:《乡土中国 生育制度》,北京大学出版社 1998 年版,第 167 页。

放,保持制定法的适当灵活性。[①] 只有这样,才能随着时代的发展和现实生活中具体人的需求的变化而随时将新事物纳入法律上家庭概念的涵摄范围。

(二)家庭概念具体构造的解释进路

以构造家庭概念应遵循的一般法律思想为出发点,结合界定家庭概念的普遍法律实践经验及当前我国社会生活的现实需求,《民法典》家庭概念具体构造的解释应通过表达的开放与标准的明确两方面来确定。

1. 家庭概念的具体表达

家庭概念在已有的法律实践中的具体表达主要存在以下三种方式:

第一种是 1931 年《中华民国民法》第 1122 条采用的种加属差法或者说实质定义法,即根据被定义项即家庭概念这一种概念/下位概念的属概念/上位概念以及家庭概念与其属概念之下的其他种概念在内涵上的差别,来确定民法中的家庭概念。这种表达的公示是:被定义项 = 种差 + 邻近的属概念。依此,该法第 1122 条的"家庭" = "以永久共同生活为目的而同居之亲属" + "团体"。在认识论上,由于此种表达强调被定义项与其他种概念在内涵上的本质差别,若能准确把握被定义项的本质,就能将概念彼此间的内涵清晰地展现出来。民法学理上的家庭概念多运用这种方式来界定。但在本体论上,类似家庭概念这样的被定义项在现实生活中通常变动不居而呈现多义性的特征,[②]这就导致其本质很难被揭示。考虑到法律上的概念通常都是单义的,[③]若像该法第 1122 条一般将"以永久共同生活为目的而同居"作为家庭与相邻种概念的属差,可能更会使法典中的抽象概念难以涵摄现实生活中那些亟须调整的情形,从而进一步加剧制定法规则的确定性与向现实生活开放二者之间的紧张关系。或正是基于此种考虑,该法第 1123 条第 3 款另规定了准用条款即"虽非亲属而以永久共同生活为目的同居一家者,视为家属",用以缓和第 1122 条所导致的问题。

第二种是《菲律宾民法典》第 216 条采取的语词定义法,即通过揭示标志概念的词语意义来进行定义。从该法第 216 条的具体表述来看,其自始即回避了通过家庭性质进行定义所可能陷入的窠臼,而是通过对家庭进行说明性解释来界定家庭概念,即"家庭是公共政策珍爱和保护的基本社会组织"。由于说明性解释或者描述并不揭示被定义项的本质,所以其可以极大提高抽象概念的涵摄能力,解决种加

---

① See Olivia Egdell-Page, *The Concept of Family Law: Understanding the Relationship between Law and Families*, 3 North East Law Review 68 (2015).

② 参见[德]迪特尔·施瓦布:《德国家庭法》,王葆莳译,法律出版社 2022 年版,第 1 ~ 2 页。

③ 参见徐庆凯:《定义五问》,载《辞书研究》2007 年第 4 期。

属差法定义家庭所可能导致的难题。问题是，该定义法确定的概念的具体表述实质上并未清晰界定家庭概念的内涵，在法律涵摄时可能会将并非家庭的事项不恰当地纳入其中，既不符合民法外在体系关于基础概念之逻辑周延性的要求，亦无益于制定法关于家庭之特定立法目的的实现。或正是基于此种考虑，《菲律宾民法典》第217条通过明确规定家庭关系，限定了第216条家庭概念的涵摄范围，从而实现了制定法的安定性和向现实生活适当开放之间紧张关系的缓和。

第三种是回避直接定义家庭概念，仅规定家庭内的权利义务关系，如《瑞士民法典》在第二编"亲属法"内第二分编"亲属关系"的第九章以"家庭共同体"为题，详细规定了该共同体内的帮助义务、家长权和家庭财产，但是何为家庭共同体，该法并未规定；[①]或仅规定家庭成员的范围而不定义家庭概念本身，如《奥地利普通民法典》第40条和《意大利民法典》第230条第3款第1分句结合第75、77、78条。[②]回避得最彻底的是法典中的家庭概念仅在某些具体规则中出现，至于其内含的权利义务关系、成员范围等，法典不再统一规定，如《德国民法典》《法国民法典》等。这些法典之所以采取此种立场的核心理由在于，家庭概念随社会的发展不断变化，这种发展有时会造成概念内涵的缩小，有时又会导致概念内涵的扩展，因此法典上的家庭概念不宜被固化；在解释有关制定法条文时，应根据条文的目的对其进行解释而不能依其在生活中的通常意义进行理解。有例外的是，《德国基本法》中使用的家庭概念应当按照其通常意义理解，也应当结合宪法保护的目的及其历史背景来理解。[③] 家庭概念的该种表达方式能最大限度地保证制定法规则向社会生活开放，但若如德国法一样完全将家庭概念交给法官，由其依据法律目的解释规则予以确定，则可能无益于制定法规则安定性的实现。相比较而言，瑞士、意大利的立法模式在平衡处理制定法的安定性和向社会生活开放性二者之间的关系方面可能更稳妥。

我国《民法典》"婚姻家庭编"并未直接定义家庭概念，该编中与家庭概念内涵的确定密切关联的条款是第1045条。该条规定："亲属包括配偶、血亲和姻亲。（第1款）配偶、父母、子女、兄弟姐妹、祖父母、外祖父母、孙子女、外孙子女为近亲属。（第2款）配偶、父母、子女和其他共同生活的近亲属为家庭成员。（第3款）"另外，该编第三章与原《婚姻法》一致，以"家庭关系"为题，具体规定了夫妻关系、父

---

① 参见《瑞士民法典》，戴永盛译，中国政法大学出版社2016年版，第124～127页。

② 参见《奥地利普通民法典》，戴永盛译，中国政法大学出版社2016年版，第12～13页；《意大利民法典》，费安玲等译，中国政法大学出版社2004年版，第29、62页。

③ 参见［德］迪特尔·施瓦布：《德国家庭法》，王葆莳译，法律出版社2010年版，第1～2页。

母子女关系以及祖父母/外祖父母/兄姐与孙子女/外孙子女/弟妹关系中的权利义务。比较分析,我国《民法典》中家庭概念的具体表述方式主要表现为:

第一,《民法典》未采取种加属差法或语词定义法直接定义家庭概念,而是如瑞士法等一样回避了这个问题。

第二,《民法典》第1045条第3款规定了家庭成员的二元界定标准:一是配偶、父母、子女,这部分人以单纯的亲属关系标准界定是否属于家庭成员;二是其他近亲属,其若要成为家庭成员则需同时具备"共同生活要素+近亲属关系要素"。这里的亲属关系未采取域外法上通常采用的亲等进行限制,而是保持了我国原《婚姻法》等一直坚持的近亲属标准。

第三,《民法典》保持了原《婚姻法》的做法而在第三章"家庭关系"中具体规定了家庭成员彼此之间的权利义务关系,这实质上是对家庭概念内部结构的规范处理,与瑞士法的基本立场一致。

整体来看,我国《民法典》虽然没有采取下定义的方式界定家庭概念,但其通过对家庭成员设置清晰的界定标准并明确规定主要家庭关系类型及其权利义务,实质上实现了对家庭概念的定义。此种处理方案,既有对法律实践经验的参考,也有对我国现实生活需求以及相应法律实践的理性回应,为学理所肯定。[①] 问题是,以共同生活+近亲属关系标准界定家庭成员,并且坚持家庭关系类型法定的立场,可能会导致以此为基础推论出来的家庭概念的内涵有限,无法充分实现对现实生活的涵摄。

2. 家庭概念内涵界定的核心标准

前已述及,我国当前法律实践中的做法及已有的法律实践经验表明,法律上家庭概念的核心要素包括主、客观两方面。其中,主观要素强调永久共同生活的目的;客观要素相对比较复杂,主要集中在判断亲属关系、同居、户籍等要素上。不同的制定法基于不同的立法目的在界定家庭概念时通过控制这些要素的增减以及各要素内涵的扩展或限缩,来确定家庭概念的具体构造,以强化家庭特定功能的发挥,助益立法目的的实现。

(1)主观要素

关于主观要素,对《民法典》而言:其一,厕身其间的自然人构成的联合体,不管是法人、非法人组织这种法律明确规定了主体地位的实体,[②]还是像婚姻、家庭这样

---

① 参见夏吟兰:《民法典体系下婚姻家庭法之基本架构与逻辑体例》,载《政法论坛》2014年第5期。

② 参见张新宝:《〈中华人民共和国民法总则〉释义》,中国人民大学出版社2017年版,第202页。

法律未明确规定其主体地位的实体,当然应当以有完全行为能力的自然人的自愿联合为基础,故制定法的具体规则重复强调此种联合的主观意志显然不是必要的。其二,即使制定法中明确规定家庭以永久共同生活为目的,但是具有自由意志的家庭成员随时可以从特定家庭的束缚中退出而另建家庭或选择其他生活方式。[①] 其三,西方社会通常认为家庭始于婚姻合意的理论,[②]并不能准确解释我国当代的家庭生活实践。因为对后者来讲,“恰当的家观念应在于,人从家而生,自由对应的只是成年阶段,而家涵盖了人生命的完整阶段,是对自由否定之否定的扬弃”。[③] 就此而言,《民法典》并未将主观要素明确规定为家庭的一般界定标准,而仅是在第1050条规定“登记结婚后,按照男女双方约定,女方可以成为男方家庭的成员,男方可以成为女方家庭的成员”,为将第1045条确定的封闭且狭窄的家庭概念的界定标准予以扩展提供了解释空间,值得肯定。

(2)客观要素

关于客观要素,相对而言,其以固有的确定性、可预见性与可操作性更能清晰界定家庭概念的内涵,有助于《民法典》所追求的立法目的的实现。前已述及,《民法典》“婚姻家庭编”第1045条采夫妻、父母、子女关系和“近亲属关系+共同生活”二元标准,而《民法典》“物权编”第330条仍采户籍标准来界定家庭概念。对此,究竟应以何种客观要素为一般性规定来指引家庭概念的认定?

首先应予排除的是户籍要素,学理对此普遍予以认同,并且法律实践经验亦表明了同样的立场。对此的核心理由是:户为公法概念,强调管控,在民事立法中强调户籍管理,以户籍标准界定民法上的家庭概念会导致私法公法化,不利于家庭自治,无法回应实践中频繁发生的一家多户与多家一户的家户不一问题,而户籍登记的法定性因素等亦会导致家庭概念的僵化、封闭,使之不能及时回应社会变革对于法律上的家庭概念提出的涵摄要求。[④] 本书亦认同此立场。尽管《民法典》第330条仍采户籍标准界定家庭概念,但在解释论上,仍应将《民法典》物权编的规定与《民法典》婚姻家庭编的规定理解为特别与一般的关系。《民法典》“物权编”中的规定并不影响《民法典》“婚姻家庭编”对于家庭所采取的一般立场。

---

① 参见张龑:《论我国法律体系中的家与个体自由原则》,载《中外法学》2013年第4期。

② See Enrique H. Ceballos, *The Concept of Family in Spanish Law*, 5 International Journal of the Jurisprudence of the Family 145 (2014).

③ 张龑:《论我国法律体系中的家与个体自由原则》,载《中外法学》2013年第4期。

④ 参见鲁晓明:《从家户并立到家庭统摄——我国民事法上家户制度的问题与出路》,载《法商研究》2018年第5期。

关于共同生活,在我国当代社会背景下,“共同生活的维持,依然是家庭最高的目标,而这个目标则是由人类繁衍、幼童抚养的客观规律以及男女间彼此扶持、长相厮守的心理要求所决定的”。① 因此,《民法典》第1045条第3款规定的“配偶、父母、子女和其他共同生活的近亲属为家庭成员”,事实上反映的是现实生活对于《民法典》中的家庭概念在共同生活方面的要求。只是对于该条中“共同生活”的理解,应在同居共爨的经济属性与伦理道德的代际关系中综合把握。② 这是因为,我国当代社会生活中立基于非契约关系的家庭正处于变革时期,对于共同生活要素的认定,既要理性对待强调婚姻合意基础的家庭成员个人独立、自由的平权关系,③审慎对待因此而生的家庭生活中的经济理性、商业算计、个人自我中心主义等,亦要合理继承传统家庭制度中的忠诚、奉献、义务等亲情伦理要求。④

关于亲属关系,学说理论上普遍承认,家庭的核心在于成员之间的身份关系,⑤而家庭身份关系的基础在于家庭承担人类繁衍、子女抚养的使命及男女间的差异事实。⑥ 前述法律实践经验支持以亲属关系为核心构造民法上的家庭也是因为,“父亲、子女、兄弟、姊妹等称谓,并不是简单的荣誉称号,而是一种负有完全确定的、异常郑重的相互义务的称呼,这些义务的总和便构成这些民族的社会制度的实质部分”。⑦ 另外,从我国当代社会的现实情况看,尽管对于家庭的理解仍因错综复杂的主客观因素的影响而存在分歧,但以亲属关系为家庭概念的核心标准,仍能获得实践中与理论上最广泛的共识和支持。问题是,应否限定作为家庭概念界定标准的亲属关系?若应限定,则如何限定?

对于应否限定的问题,我国一直以来的现实需求以及相关的生活经验,都无一例外地表明应对亲属关系予以适当限定的立场,这种限定本质上与家庭承担的社会功能相适应。至于如何限定,则存在共同生活、亲等、血亲、近亲以及服制等标准

---

① 张翔:《论家庭身份的私法人格底蕴及其历史演变》,载《法律科学(西北政法大学学报)》2011年第2期。

② 参见沈崇麟、杨善华主编:《当代中国城市家庭研究》,中国社会科学出版社1995年版,第4页;宋健:《“四二一”结构:形成及其发展趋势》,载《中国人口科学》2000年第2期。

③ 参见唐灿:《家庭现代化理论及其发展的回顾与评述》,载《社会学研究》2010年第3期。

④ 参见方乐:《法律实践如何面对“家庭”?》,载《法制与社会发展》2011年第4期。

⑤ 参见鲁晓明:《从家户并立到家庭统摄——我国民事法上家户制度的问题与出路》,载《法商研究》2018年第5期。

⑥ 参见张翔:《论家庭身份的私法人格底蕴及其历史演变》,载《法律科学(西北政法大学学报)》2011年第2期。

⑦ [德]弗里德里希·恩格斯:《家庭、私有制和国家的起源》,载《马克思恩格斯选集》第4卷,中共中央马克思恩格斯列宁斯大林著作编译局译,人民出版社1972年版。

的分歧。对于《民法典》中的家庭概念而言,其应以塑造我国家庭生活为目标,通过共同生活要素确定并正当化亲属彼此之间的权利义务关系。以此为基点,《民法典》第 1045 条第 3 款规定了家庭成员的界定标准为“近亲属 + 共同生活标准”,第 2 款规定配偶、父母、子女、兄弟姐妹、祖父母、外祖父母、孙子女、外孙子女为近亲属,这实质上是将家庭概念的亲属关系限制在近亲属关系的范围内。《民法典》的这种做法更符合当代我国社会生活实践,亦与现行法中的既有规定最大限度地保持一致,①符合立法者编纂民法典的基本设想。②

3. 家庭概念外延的适当扩展

由于家庭本身是能动的要素,它从来不是静止不变的,而是随着社会背景的变化不断发展的。③ 通过封闭且限定家庭概念界定标准的方式在《民法典》中表达家庭概念,会导致家庭概念内涵极为狭窄,难以适应纷繁复杂的现实生活的需要。因此,应通过对《民法典》第 1045 条、第 1050 条以及第 330 条等的体系性解释,实现民法中家庭概念对于现实生活的适当开放。此种解释的合法性基础与具体路径是:

第一,尽管《民法典》第 1045 条第 3 款通过配偶、父母、子女以及“其他近亲属关系 + 共同生活”的二元标准规定了家庭成员的范围,属于典型的确定性法律规则,但从文义及逻辑解释的角度理解,该款并未将家庭的内涵完全等同于“配偶、父母、子女和其他共同生活的近亲属”。也就是说,配偶、父母、子女和其他共同生活的近亲属是家庭成员,但家庭成员并不限于配偶、父母、子女和其他共同生活的近亲属。事实上,《民法典》第 1050 条规定的家庭成员如女婿或儿媳即不在第 1045 条第 2 款规定的家庭成员范围之内。这表明,《民法典》第 1045 条第 3 款确定的家庭概念并不是完全封闭的,而是存在扩展的规范空间。

第二,尽管《民法典》第 1045 条第 3 款确立的关于家庭概念的内涵是开放的,但这种开放并非没有限制。如前所述,我国立法者基于特定的立法目的而在《民法典》“婚姻家庭编”中将当代社会中居于主流地位的生活方式明确规定下来使其受法律保护,这一规定构成我国现行法律体系中家庭概念的一般性内涵。立法者同时也充分考虑了家庭概念内涵的丰富性以及家庭实际具备的功能的多样性,因此也承认在《民法典》“婚姻家庭编”规定的家庭的一般形象之外,法律也可以基于其他立法目的而规定特别的家庭形象。如《民法典》“物权编”第 330 条通过户籍标准

---

① 参见夏吟兰:《民法典体系下婚姻家庭法之基本架构与逻辑体例》,载《政法论坛》2014 年第 5 期。

② 参见朱晓峰:《动物侵权责任主体概念论》,载《法学评论》2018 年第 5 期。

③ 参见[德]弗里德里希·恩格斯:《家庭、私有制和国家的起源》,载《马克思恩格斯选集》第 4 卷,中共中央马克思恩格斯列宁斯大林著作编译局译,人民出版社 1972 年版,第 25 页。

界定家庭概念并因此确定的家庭形象，即属于《民法典》第 1045 条第 3 款确定的家庭形象的例外。《民法典》第 1045 条第 3 款内部构造的特点及其与第 330 条、第 1050 条所体现出来的一般与特别的规范关系，实质上表明了立法者意欲使家庭概念的确定性与开放性之间实现平衡的基本立场：一方面，家庭的一般形象与核心内涵经由《民法典》第 1045 条第 3 款得以确立，这表明家庭概念的确定性；另一方面，家庭的内涵并不限于《民法典》第 1045 条第 3 款所规定的范围，其他法律规则如《民法典》第 330 条、第 1050 条可以基于特别立法目的而在不违反《民法典》第 1045 条第 3 款所确立的家庭概念的一般法律思想的基础上对家庭概念的内涵予以适当变化，这表明了家庭概念的开放性。

当然，从《民法典》第 1045 条第 3 款与第 330 条、第 1050 条等的规范关系来看，第 1045 条第 3 款所确立的家庭概念内涵的扩展是受到限制的。这种限制既包括来自《民法典》第 1045 条第 3 款得以确立的一般法律思想对于特别规定在内在价值体系上的限定，也包括只能通过法律、行政法规等效力位阶较高的立法形式对家庭概念内涵予以扩展的外在规范形式上的限定。这实质上就排除了实践中通过法律效力位阶极低的规范性法律文件界定家庭概念内涵的做法。当其他法律如《刑法》（2023 年修正）未就家庭概念的内涵作出特别规定时，原则上应依据作为一般规定的《民法典》第 1045 条第 3 款确定相应的家庭概念的内涵。借此，围绕《民法典》第 1045 条第 3 款所确立起来的关于家庭概念的一般与特殊界定标准之间所形成的规范适用关系即可形成，这样既能保障抽象概念适应变化了的社会现实，亦能保证法秩序内的体系和谐，避免概念、规则彼此之间的矛盾冲突。

六、本章结论

整体而言，家庭是一种高度个人化的体验，它永远处于无限可变且不断变化的状态，法律必须适应这种可变性。① 为了避免直接定义法所可能导致的谬误，我国《民法典》合理吸收我国既有法律实践中的有益经验的基础上，通过规定家庭成员的界定标准与家庭关系具体类型中的权利义务，来调适《民法典》家庭概念界定中法典安定性和向现实生活适度开放之间的矛盾，整体上来说是值得肯定的。对于其中存在的问题，亦应围绕立法者在家庭领域所欲实现的立法目的，交由“婚姻家庭编”确定的家庭概念所构筑起来的规则体系一并解决，从而保障《民法典》所欲之

---

① See Olivia Egdell-Page, *The Concept of Family Law: Understanding the Relationship between Law and Families*, 3 North East Law Review 68 (2015).

目的的实现。对于那些不宜通过《民法典》"婚姻家庭编"调整保障的家庭所负担的功能，应在将之交由特别法处理的同时，保持《民法典》与特别法的沟通协调，避免不同标准的家庭概念以及因此构筑起来的具体规则在适用上的冲突龃龉，实现法秩序内在体系与外在体系的融贯，最终助益于法秩序内规范性的家庭概念与现实生活中事实上的家庭概念的有序对接，以期最大限度地缓和制定法的安定性和向社会生活保持开放性之间的紧张关系。

第二章 婚姻关系：比较法视阈下的同性婚姻立法

在我国传统社会中，男女之间通过婚姻建立夫妻关系以家族之存续为核心宗旨。所谓“婚礼者，将合二姓之好，上以事宗庙，而下以继后世”（《礼记·昏义》），即明确表达了婚姻的目的在于宗族的延续和祖先的祭祀。这显然完全是以家族为中心的，既非个人的，也非社会的。[①] 在此意义上，婚姻缔结产生夫妻关系，婚姻关系与夫妻关系同义，构成家庭关系的基础。[②] 在这样的夫妻关系当中，夫指男性，妻为女性，男女二人通过婚姻结为夫妻，延续宗族并祭祀祖先，为礼法规范承认并保护。相应地，同性恋因与婚姻延续宗族的目的相悖而长期未获得传统家庭伦理规范的承认。[③] 调整婚姻家庭关系的礼法规范普遍歧视甚至制裁同性恋行为，例如，在我国宋代，相应的法律实践中就曾出现过对男同性恋进行惩罚的记载。[④] 在我国当代社会，随着社会宽容度的逐步提高以及自由、平等观念在社会主义法治建设中日益深入人

---

① 参见瞿同祖：《瞿同祖法学论著集》，中国政法大学出版社2004年版，第106页。

② 参见夏吟兰：《民法典体系下婚姻家庭法之基本架构与逻辑体例》，载《政法论坛》2014年第5期。

③ 参见薛英杰：《反同性恋立场：西方明清男风研究中的文化误读》，载《文史哲》2020年第1期。

④ （宋）陈师道撰、朱彧撰《萍洲可谈》记载：“政和间始立法告捕，男子为娼，杖一百，告者赏钱五十贯。”官府甚至认为“宜断其钻刺之根，兼塞其迎送之路”。参见王威：《性的历程：从两宋到明清》，湖北人民出版社2011年版，第4页。

心,司法实践中也出现了同性恋人希冀通过司法程序获得法律上平等对待的案件。2015 年 6 月 23 日,同性恋人孙某某与胡某某相约前往湖南省长沙市芙蓉区民政局婚姻登记部门登记结婚,登记部门以登记当事人不符合原《婚姻法》(2001 年修正)规定的结婚登记条件为由拒绝为其办理婚姻登记。孙、胡二人以芙蓉区民政局行政不作为侵犯其合法权利为由,于 2015 年 12 月 16 日向芙蓉区人民法院提起行政诉讼,请求法院判令民政局为其办理结婚登记。芙蓉区人民法院于 2016 年 4 月 13 日公开审理并认为,我国婚姻法明确规定结婚的主体仅指向符合法定结婚条件的男女双方,而均属男性的孙、胡二人作为申请结婚登记的主体并不适格,因此驳回了原告的诉讼请求。该案从起诉、受理到最后法院作出判决,过程一波三折,引起社会普遍关注,被称为我国同性恋婚姻维权第一案。[①] 在民法典编纂过程中,尽管有观点认为应在民法典中承认同性婚姻,但由于争议过大,涉及公序良俗和一般社会观念的接受能力等深层次问题,所以《民法典》没有承认同性婚姻。[②] 正如美国支持同性婚姻法案多数意见的安东尼·肯尼迪(Anthony Kennedy)法官在判决中引用《礼记·哀公问》中孔子对家庭与婚姻的论述来支持同性恋人关于结婚诉求的那样[③],不同国家和地区对待同性恋人是否有权缔结婚姻关系的立场所显现出来的整体图景是,不同国家或地区因为社会习俗、历史传统、文化观念、宗教信仰、伦理道德以及经济发展等方面存在显著差异导致的制定法在同性恋法律问题上原本存在的明显分歧,却在特定的历史时空下存在被消弭的可能。由此产生的疑问是,民族国家形成之后因强调作为独立存在之个性特征的国家,在对法之形成具有垄断地位之后,缘何会容忍与个别主义精神明显相违背的彰显普遍主义精神的法的构成要素存在于国家法中?如何认识国家法中共存的个别主义精神与普遍主义精神?在法之发展的历史进程中,如何处理个别主义精神与普遍主义精神的紧张关系才

① 参见郝铁川:《荒谬的同性婚姻第一案》,载《法制日报》2016 年 1 月 14 日,第 7 版;黄燕:《维护同性恋者作为公民依法享有的权利≠同性婚姻在我国法律中被认可》,载《人民法院报》2016 年 4 月 14 日,第 3 版。

② 参见最高人民法院民法典贯彻实施工作领导小组主编:《中华人民共和国民法典婚姻家庭编继承编理解与适用》,人民法院出版社 2020 年版,第 16 页。

③ See Syllabus of Supreme Court of the United States, No. 14 – 556, Argued April 28, 2015—Decided June 26, 2015, Supreme Court of the United States(June 27, 2015), http://www.supremecourt.gov/opinions/14pdf/14 – 556_3204.pdf. 当然,对肯尼迪大法官引用孔子的话来论证同性恋的正当性基础是否准确,学理上存在不同意见,相关讨论参见张祥龙:《儒家会如何看待同性婚姻的合法化?》,载《中国人民大学学报》2016 年第 1 期;白彤东:《儒家如何认可同性婚姻?——兼与张祥龙教授商榷》,载《中国人民大学学报》2020 年第 2 期。

能更有利于法之目的本身的实现,以为不同性取向的人提供制度保障?[①] 下文拟尝试通过功能分析方法,检视同性恋在欧洲法上的发展历程,为这些问题尤其是同性婚姻的平等对待问题提供分析视角。

一、同性恋平等法律对待的肇始

欧洲在世界同性恋解放运动史,尤其是有关同性恋的法律发展史上具有重要地位。这种地位可以通过这样几个“第一”得到证明:

第一个“第一”是1869年匈牙利的报刊作家卡罗里·玛利亚科特伯尼(Karoly Maria Kertbeny)首次使用“同性恋者”(homosexuell)一词;同一时期,一位无名人士向普鲁士司法部长莱昂哈特(Leonhardt)要求废除刑法中的“反常性行为”条款:这些事件见证了欧洲同性恋群体想把“同性恋”和“同性恋者”的历史纳入身份认同,并争取同性恋解放进程的开始,从而使1869年至1919年成为欧洲同性恋历史上的重大转折时期。[②]

第二个“第一”是1897年5月14日,人道主义科学委员会(Wissenschaftlich-humanitäres Komitee,WhK)在柏林创建。这是同性恋史上具有奠基意义的事件,因为这是世界上创立的第一个保卫同性恋权利的组织。该委员会的首要目标就是废除《德国刑法典》第175条。在该委员会的领导下,德国在20世纪初开展了声势浩大并卓有成效的同性恋解放运动,并在1905年将《德国刑法典》第175条的问题提交帝国议会审议。[③]

第三个“第一”是18世纪末至19世纪初,西方世界第一批对同性性行为去罪化的国家出现在欧洲。首先是法国,其次是继受法国法的荷兰、比利时和卢森堡等国。

第四个“第一”是,丹麦颁布了世界上第一部《丹麦登记同性伴侣关系法》,该法于1989年6月7日公布并且在1989年10月1日生效。其第1条明确规定,“两个同性可以登记结成同性伴侣”,并进一步规定了登记条件、登记效力和同性伴侣关系的解除,开辟了以登记生活伴侣关系法而不是婚姻法调整同性恋共同生活的立法模式。

第五个“第一”是,2000年12月19日《荷兰同性婚姻法》被议会通过,2000年

---

① 参见张晓冰:《我国青年同性恋群体的尴尬处境:传统与自我的对抗》,载《中国青年研究》2018年第10期。

② 参见[法]弗洛朗斯·塔玛涅:《欧洲同性恋史》,周莽译,商务印书馆2009年版,第23~24页。

③ 参见[法]弗洛朗斯·塔玛涅:《欧洲同性恋史》,周莽译,商务印书馆2009年版,第76~77页。

12 月 21 日,荷兰国王与司法部长签署通过了该议案,2001 年 4 月 1 日正式开始施行。《荷兰同性婚姻法》的颁布和实施,使荷兰成为世界上第一个承认同性婚姻的国家,并在欧洲引起了一轮波及至今的同性婚姻立法浪潮。

这五个“第一”,欧洲同性恋立法的发展是欧洲独特的政治、文化、科学和宗教的产物。因此,揭示欧洲各国关于同性恋的立法进程,分析欧洲各国同性恋立法的内容以及对欧洲各国立法实施效果进行分析和评价,具有重要的意义。

二、欧洲同性恋立法进程

在欧洲历史上,关于同性恋的立法经历了普遍禁止和严厉刑罚、同性性行为去罪化和合法化、民事伴侣关系的确立和同性婚姻的承认等几个阶段。

(一)普遍禁止并采取严厉刑事制裁时期

在普通法时期,基督教思想对欧洲的同性恋立法具有实质性的影响。[①]《旧约·利未记》第 20 章第 13 节明确提出:“男人与男人同寝,像与妇人同寝一样,两人都做了可憎的事,必须处死。他们要自行承担丧命的血债。”受基督教思想影响,中世纪欧洲各国的法律对同性性行为基本上都持严厉禁止的态度。13 世纪下半叶,整个欧洲的法律几乎都规定,对男同性性行为应处以死刑。1532 年神圣罗马帝国皇帝查理五世(Charles Ⅴ)颁布的,具有广泛影响力的《加洛林纳刑法典》第 116 条即明确规定,所有类型的同性性行为都应被科以火刑。[②] 英国亨利八世(Henry Ⅷ)时期颁布的 1533 年《英国鸡奸法案》,也以成文法的形式规定对同性性行为者施以绞刑。[③]

近现代各民族国家的刑事立法继承了这一态度。在英国,1885 年其议会通过的《英国 1885 年刑法修正案》[④]第 11 条明确禁止男性之间的性行为。在奥地利,由于其是神圣罗马帝国的核心所在,因此很长一段时间里,《加洛林纳刑法典》第 116 条对同性性行为者处以死刑的规定一直有效,而 1768 年奥地利皇帝特蕾西亚颁布的《特雷西亚刑法典》第 74 条继承了《加洛林纳刑法典》第 116 条的规定;1787 年奥地利改革了刑法,对同性性行为的刑事制裁由死刑过渡到强制劳役、监禁和流放;1852 年《奥地利刑法典》规定,对同性性行为者处以 1 年到 5 年不等的监禁。在德

---

① 关于宗教对同性伴侣关系的影响详见 Christa Spilling-Nöker, Wir lassen Dich nicht, Du segnest uns denn, LIT Verlag, 2006。

② 这一时期关于同性恋的刑罚制裁详见 Byrne Fone, *Homophobia: A History* , Picador, 2000。

③ 英国 1533 年的《英国鸡奸法案》(the Buggery Act)。

④ 该法后被 1967 年《英国性犯罪法案》所替代。

国,1794 年的《普鲁士普通国家邦法》废除了对同性性行为者处以死刑的规定,该法第 1069 条和第 1070 条分别规定对于发生同性性行为的人施以监禁或流放。1851 年《普鲁士刑法典》第 145 条规定,对于男性之间发生性行为者,应处以 4 个月到 6 年不等的监禁并同时剥夺其结婚权。[①] 这一规定被 1871 年通过的《德意志帝国刑法典》第 175 条继受,成为德国同性恋立法史上著名的同性性行为入罪条款。该条规定:"违反自然的通奸,即男子同性之间或人兽之间的性行为,可以被判处监禁,剥夺公民尊严。"[②]在法国,法国大革命之前的法律实践普遍认为同性性行为是严重的犯罪,甚至在 1750 年,法国巴黎的沙滩广场还曾公开以火刑的方式处决过一对同性恋者。

(二)刑事法律对同性性行为去罪化时期

18 世纪末 19 世纪初,世界上出现了第一批将同性性行为去罪化的国家。首先是法国,深受启蒙思想影响的法国法律界逐渐认识到,只要不损害他人,则人有权做任何他想做的事情。[③] 因此,1791 年的《法国刑法典》就不再对同性性行为科以刑罚。1810 年《拿破仑刑法典》继受了这一做法,由此实现了法国刑法中相互协商同意的成年人间的私密同性性行为的去罪化。1792 年卢森堡和比利时等国以及 1811 年的荷兰都继受了法国的这一做法,它们共同成为世界上第一批实现同性性行为去罪化的国家。需要注意的是,这里同性性行为的去罪化,只是针对有完全独立自主意志的成年同性性行为者而言的。因此,如果发生同性性行为的一方不是法律明确规定的成年人,依然要受刑法上的处罚。

进入 20 世纪以后,尤其是第二次世界大战以后,伴随着欧洲民主化进程,欧洲各国立法加速了同性性行为去罪化的进程。首先是在英国,经过漫长且周密细致的调查工作,1967 年《英国性犯罪法案》在英格兰和威尔士生效;该法案规定,21 周岁以上的成年男性之间相互同意私密发生性行为,不构成犯罪。1980 年苏格兰通过《刑事司法法案》;1982 年北爱尔兰依据欧洲人权法院对德贞诉联合王国(Dudgeon v. United Kingdom)案所作判决发布了《同性恋犯罪指令》。[④] 在内容上,苏格兰的法案和北爱尔兰的指令与 1967 年《英国性犯罪法案》是一致的。由此,该

---

① § 145 des Allgemeinen Landrechts für die Preußischen Staaten von 1794.

② § 175 StGB-Deutschland (1871): „Die widernatürliche Unzucht, welche zwischen Personen männlichen Geschlechts oder von Menschen mit Thieren begangen wird ist mit Gefängniß zu bestrafen; auch kann auf Verlust der bürgerlichen Ehrenrechte erkannt werden."

③ See Ian Sumner, *Going Dutch-A Comparative Analysis and Assessment of the Gradual Recognition of Homosexuality with Respect to the Netherlands and England*, 9 Maastricht Journal of European and Comparative Law 29(2002).

④ See Homosexual Offences (Northern Ireland) Order 1982, No. 1536 (N. I. 19).

法案在全英国范围内获得普遍适用。当然，该法案仍然保留了鸡奸罪和严重猥亵罪，直到 2003 年对《英国性犯罪法案》修改时，这两项罪名才被废除。在德国，1969 年 9 月 1 日后生效的《德国刑法典》第 175 条规定：男性之间发生性行为，如果双方均已经超过 21 周岁或者均未达 18 周岁，不受刑事制裁；如果仅一方超过 21 周岁，则该方将被刑事制裁而另一方不受制裁；如果双方均在 18 周岁到 21 周岁之间，则双方都要受到刑事制裁。[①] 奥地利在 1971 年对 1852 年《奥地利刑法典》进行了修改，废除了制裁同性性行为的第 129 条。但是，针对同性性行为的歧视还普遍存在，如该法第 210 条、第 220 条与第 221 条分别禁止男性之间的性交易行为，禁止同性性行为的广告和禁止促进同性性行为者结社。同时，基于对未成年人保护的考虑，该法第 209 条规定，禁止超过 18 岁的成年男子与 14 岁到 18 岁的未成年男子发生性关系，违者将被处以 6 个月到 5 年的监禁。

(三)同性恋合法化和要求平等待遇时期

一方面，随着同性性行为的去罪化以及同性性行为的宗教罪孽和违法犯罪的污名洗清，刑法领域里对不平等的清算仍在继续。如荷兰，1811 年《荷兰刑法典》第 248 条规定，发生性行为的双方当事人都必须年满 21 周岁。但 1911 年修改的《荷兰刑法典》第 248 条规定，同性双方相互同意发生性行为的最低年龄为 21 周岁，未达该法定年龄而发生性行为者，应受刑罚制裁。异性伴侣之间相互同意发生性行为的年龄是年满 16 周岁。在同性恋组织及其支持者的推动下，该规定在 1971 年《荷兰刑法典》修正时被正式废除。[②] 在法国，在去罪化之后很长一段时间，关于同性恋的立法由于种种原因处于停滞倒退的状态。在同性恋组织的推动下，直到 20 世纪 80 年代初，法国才通过对《法国刑法典》的修改，废止了维希政府在 1942 年 8 月 6 日引入《法国刑法典》第 331 条第 2 款[③]关于禁止未满 18 周岁的同性间进行性行为的规定，实现了异性恋与同性恋在此问题上的平等对待。在奥地利，尽管对同性性行为的去罪化在 20 世纪 70 年代基本实现，但歧视性规定仍存在。依据这一时期《奥地利刑法典》第 209 条的规定，男性之间的同性性行为的最低法定年龄为 18

---

① See Ian Sumner, *Going Dutch-A Comparative Analysis and Assessment of the Gradual Recognition of Homosexuality with Respect to the Netherlands and England*, 9 Maastricht Journal of European and Comparative Law 29(2002).

② 这也得益于荷兰政治家同时也是同性恋者的爱德华·布朗格斯玛(Edward Brongersma)对废止《荷兰刑法典》第 248 条的努力和贡献。

③ 关于同性性行为的法定首次接触的最低年龄的特别限制，在 1810 年的《法国刑法典》中并不存在。1942 年 8 月法国维希政府首次在《法国刑法典》第 334 条引入这种歧视性规定，1945 年 2 月 8 日刑法改革时将该条并入第 331 条。

周岁,第206条等条款规定的关于女性之间的同性性行为以及异性之间的性行为的最低法定年龄为14周岁。因此,长期以来,奥地利以社会民主党、绿党和同性恋组织为代表的势力从未成年男子的性自决权出发,要求废除《奥地利刑法典》第209条,并多次向宪法法院提起控诉,要求宣布《奥地利刑法典》第209条违宪。在这种努力下,2002年奥地利联邦宪法法院宣布《奥地利刑法典》第209条违宪。在此背景下,其议会于同年通过法律修改,废除了《奥地利刑法典》第209条,同时在第207b条中统一规定,凡是未成年人与未满16周岁的未成年人发生性关系,一律予以刑事制裁。这意味着,刑法中对于同性性行为的歧视,在奥地利同性恋组织等社会力量的共同努力下,终于被废除。

另一方面,随着去罪化和对同性恋歧视的逐步消除,同性恋者的合法化诉求超越刑法领域发展到宪法和其他法律部门,并最终集中表达为结婚权利的诉求。在荷兰,1946年荷兰最大的同性恋组织文化与娱乐中心(Center for Culture and Leisure,COC)成立并获得法律上的许可,标志着同性恋结社自由的诉求获得法律承认。1955年以后,阿姆斯特丹的迪厅等公共娱乐场所向同性恋开放。20世纪60年代以后,欧洲同性恋者逐渐公开承认自己的身份,并发起反对歧视同性恋者的运动。1973年《荷兰兵役法》向同性恋开放。1978年荷兰变性人通过变性手术变性后的性别获得了法律的认可。到20世纪70年代中后期,代表同性恋利益的社团已经遍及荷兰的党团、劳工联盟、高校、卫生组织、警察和军队等组织和部门。20世纪80年代中期,荷兰同性恋者开始明确提出同性婚姻的诉求;到20世纪90年代初,荷兰有同性恋者依据《荷兰民法典》第30条的规定向登记机关要求结婚。在遭到拒绝后,当事人向法院提起行政和宪法诉讼,诉登记机关不作为,请求法院确认同性恋者有权结婚,并判决登记机关拒绝登记的行为侵害了个人权利。该诉讼请求虽然没有得到法院的支持①,但是,受丹麦1989年颁布的《丹麦登记同性伴侣关系法》的影响,荷兰政府的立法咨询委员会迅速于1991年成立第一科特曼委员会(The First Kortmann Committee)②,研究荷兰制定登记伴侣关系法的可行性。经过几年的准备,《荷兰登记伴侣关系法》于1997年5月1日通过,并于1998年1月1日开始实行。但是,无论是在《荷兰登记伴侣关系法》立法过程中,还是在该法确立之后,对该法的批评就没有停止过,而同性恋组织关于同性婚姻的诉求也没有停止。基于此,荷兰司法部任命的民事婚姻向同性伴侣开放民事婚姻委员会(Com-

---

① See Nancy G. Maxwell, *Opening Civil Marriage to Same-Gender Couples: A Netherlands-United States Comparison*, 18 Arizona Journal of International and Comparative Law 143(2001).

② 该委员会的名称是根据委员会主席科特曼(S. C. J. J. Kortmann)教授命名的。

mittee on Opening Up Civil Marriage to Same-Gender Partners)，亦即第二科特曼委员会，于 1997 年 10 月提交了荷兰承认同性婚姻的论证报告。在报告中，该委员会主要针对《荷兰登记伴侣关系法》实施过程中在收养、父母子女关系等方面暴露的问题，深入研究了向同性伴侣开放婚姻的可行性。在报告中，该委员会提出了两种方案：第一种方案是维持婚姻和伴侣关系两分法的立法现状；第二种是承认同性婚姻，但在父母子女关系上对同性配偶进行限制。在各种政治力量的推动下，1999 年荷兰政府正式向国会提交法律修改议案。该议案于 2000 年 12 月 19 日通过，于 2000 年 12 月 21 日被国王与司法部长签署，于 2001 年 4 月 1 日正式实施；由此，同性婚姻制度在荷兰被正式确立。①

在法国，20 世纪 60 年代同性恋者开始进行维权运动，倡导新的家庭观，表达同性恋群体对社会歧视的抗争；1971 年，法国同性恋组织即"革命运动同性恋阵线"建立。此外，法国家庭法领域中亲权、亲子关系等内容，也在 20 世纪 70 年代进行了重大修改，平等自由、保护子女利益成为法国家庭法修改的主旋律；20 世纪 80 年代，法国卫生部宣布同性恋不再属于疾病；20 世纪 80 年代末到 90 年代，法国法院受理了一系列同性恋主张企业福利、配偶保险福利和租赁权等的案件。这标志着法国同性恋群体主张各种平等权利的努力达到了前所未有的深度和广度。1999 年 11 月 15 日，法国《紧密关系民事协议法》(Pacte Civil de Solidarité, PACS)颁布，该法规范两个同性或异性的成年人之间为组织共同生活而签订协议的行为，规定协议订立的实质与形式要件、伴侣之间人身和财产方面的权利与义务、协议的终止等内容。进入 21 世纪以后，在"波尔多同性婚姻案"前后，法国围绕同性婚姻问题展开了新的争论；2006 年 6 月 23 日法国《紧密关系民事协议法》被修改，增加了关于伴侣的继承权规定。法国 2006 年 1 月 25 日公布了《关于家庭与儿童权利的议会报告》。该报告建议增加法国《紧密关系民事协议法》在财产、税收和继承领域的权利。2012 年 5 月，弗朗索瓦·奥朗德(François Hollande)当选法国总统，按照其竞选时承诺的法律改革日程表，有关同性婚姻合法化的法律草案于 2013 年第一季度进行立法表决。2013 年 2 月 12 日法国国民议会以 329 票支持对 229 票反对的表决结果批准了《开放同性伴侣结婚 344 法案》。2013 年 4 月 12 日法国参议院以 171 张支持票与 165 张反对票批准该法案并且对其进行部分修订，最后法国国民议会以 331 张支持票与 225 张反对票表决通过婚姻法案的参议院版本。同性婚姻制度在

① See Nancy G. Maxwell, *Opening Civil Marriage to Same-Gender Couples: A Netherlands-United States Comparison*, 18 Arizona Journal of International and Comparative Law 143(2001).

法国被正式确立。

在德国,1994 年同性性行为去罪化完成后,德国同性恋者开始主张民事法律上的平等权利。由德国绿党成员伏尔克·贝克(Volker Beck)起草的《德国登记生活伴侣关系法草案》使同性婚姻的支持者和基督教团体达成妥协,该草案使登记的生活伴侣享有几乎与婚姻配偶相同的权利。2001 年该草案在德国社会民主党和绿党组成的政府推动下获得通过;2002 年德国联邦宪法法院针对 3 个州的政府向宪法法院提出《德国登记生活伴侣关系法》违宪的诉讼,宪法法院裁决《德国登记生活伴侣关系法》合宪,理由是:《德国基本法》给予婚姻的特殊保护并不排除法律承认其他生活方式并给予该生活方式和婚姻关系平等的权利。① 2004 年,德国联邦议会修改《德国登记生活伴侣关系法》,赋予登记的同性伴侣关系以更多的权利,其中最为重要的是承认了登记的生活伴侣对继子女的收养权。② 2008 年,德国联邦宪法法院承认变性人缔结婚姻的权利,要求立法机关在 1 年内修改相应的法律。2009 年,德国联邦宪法法院在"退休金案"中进一步指出,法律上赋予生活伴侣关系与婚姻关系平等的权利,不只是退休金,所有基于婚姻关系产生的权利义务都应给予登记的生活伴侣。同年,在德国执政党公布的政府计划当中,包括了消灭登记生活伴侣与婚姻配偶的所有差异的计划。2010 年,德国联邦宪法法院在一项判决中明确指出,登记生活伴侣关系中的生存伴侣支付遗产税时,应和婚姻关系中的生存配偶同等对待。同年 3 月,柏林州议会宣布将在德国联邦议会推动同性婚姻法案的制定,这一提议在 2011 年获得汉堡议会的支持。2017 年 6 月 30 日,在历经数十年的艰难谈判后,德国联邦议院以 393 票支持、226 票反对、4 票弃权通过了将同性婚姻合法化的法案。此后,德国的同性伴侣可以登记结婚,并拥有领养子女的权利。

在奥地利,1989 年《丹麦登记同性伴侣关系法》颁布之后,奥地利就出现了要求立法平等对待同性恋和针对同性伴侣立法的讨论和呼声。2003 年 7 月欧洲人权法院就"卡尔纳诉奥地利"(Karner v. Austria)一案作出了第一个关于同性恋的判决,认定奥地利法院对《奥地利租赁法》第 14 条第 3 款的解释涉嫌歧视同性恋者。2004 年 8 月,奥地利人民党议会社团克里斯托夫(Christopher)等提出立法应当平等对待同性恋者;这一提议"一石激起千层浪",在奥地利引发了关于同性恋平等问题的大讨论。2005 年 10 月,奥地利宪法法院作出关于法定医疗保险的判决,判决不允许无收入的同性伴侣共同入保构成违宪。这类判决进一步推动了立法进程。

---

① See FamRZ, 2002, S. 1169, 1171 ff.

② Vgl. Nina Dethloff, Familienrecht, C. H. Beck, 2009, S. 462.

2009 年年底,《奥地利同性伴侣法》正式通过;但由于反对势力强大,该法中仍存在歧视性规定。直到 2017 年 12 月 5 日,奥地利最高宪法法院判决宣布同性婚姻合法,同性恋情侣从 2019 年 1 月 1 日起可以登记结婚,享有平等权利。①

在意大利,自 1986 年起,意大利同性恋组织阿西盖(Arcigay)以及同情和支持同性恋的政治力量即开始在议会上讨论同性伴侣的民事结合等涉及平等对待的法律问题。但是受天主教影响,关于登记生活伴侣关系及同性婚姻的立法在意大利进展缓慢。意大利法院的一些判例也对同性恋者共同生活关系进行了一定的保护,如勒佐艾米利亚法院在一例关于意大利公民与乌拉圭的同性伴侣在西班牙缔结的同性婚姻是否应在意大利获得承认的判决中指出:依照意大利关于配偶的法律规定,应该承认依照外国法律缔结的婚姻。因此,当一个意大利人与非意大利人在西班牙缔结了同性婚姻时,那么该意大利人的同性配偶即享有家庭团聚权,有权在意大利居留。该判决被认为是同性恋在意大利获得法律上的平等待遇进程中具有重要意义的转折点。鉴于意大利的同性恋人之间不能合法地结合,无法拥有继承权、医院探视权、医疗方案决策权等,2015 年欧洲人权法院判定意大利未能给同性伴侣提供合法的保护而违反了《欧洲人权公约》第 8 条"尊重私人和家庭生活的权利"。在多方力量的推动下,2016 年 5 月 11 日,意大利议会下议院以 372 票同意、51 票反对、99 票弃权的结果通过了有关同性婚姻合法化的法案,同性婚姻在意大利得到了法律认可。

在北欧,在同性恋运动的推动下,在 1989 年正式颁布《丹麦登记同性伴侣关系法》之前的 1968 年,迫于同性恋运动的压力,丹麦社会人民党就提出过立法案,建议允许同性恋结婚。后该提案因社会各界强烈反对而流产。② 在此后进行的关于同性恋合法化的讨论中,丹麦社会就同性恋者有权自由选择生活方式,同性之间的关系和异性之间的关系一样是建立在爱与互负责任的基础上等观点达成了共识。丹麦议会于 1984 年成立专门的委员会论证同性伴侣立法的必要性。1988 年该委员会在对丹麦同性恋者的生活现状进行广泛考察后指出,应当消除法律对同性恋者的歧视并改善他们的法律状况。为此,该委员会的报告中还创造性地提出了关于登记伴侣关系的立法方案,即建议制定一个仅向同性开放的类似于婚姻但又不完全等同于婚姻的制度,这在一定程度上回应了同性恋者提出的平等对待的诉求。③ 该

---

① See Registering to get married,奥地利政府官方网站:https://www.oesterreich.gv.at/en/themen/familie_und_partnerschaft/partnerschaft-und-ehe/heirat/3/seit.070100.html,最后访问时间:2024 年 4 月 15 日。

② 参见王森波:《同性婚姻法律问题研究》,复旦大学 2011 年博士学位论文,第 38 页。

③ See Report No. 1127/1988: The Conditions of Homosexuals.

委员会的建议得到了丹麦社会民主党、左翼党派以及社会自由党的全力支持，他们依据该委员会的报告在1988年11月22日之前向议会提交了《丹麦登记同性伴侣关系法》议案。该议案在议会中引起了广泛热烈的讨论，最后以71票赞成、47票反对和5票弃权在1989年6月7日获得通过，并于1989年10月1日生效。

（四）登记伴侣关系法和同性婚姻法时代

1989年6月7日在丹麦通过的世界上第一部登记伴侣关系法，以一种类似于婚姻的制度，将调整同性恋者共同生活关系的类似于戏剧式的幻想在立法史上变成了现实，并在欧洲乃至整个世界范围内产生了巨大的示范效应。在《丹麦登记同性伴侣关系法》通过后不久，欧洲多个国家如挪威①、瑞典②、冰岛③、荷兰④、比利时⑤、法国⑥、芬兰⑦、德国⑧、瑞士⑨、卢森堡⑩、英国⑪、西班牙⑫、安道尔⑬、斯洛文尼

---

① Act on Registered Partnerships, No. 40 (Apr. 30, 1993). 该伴侣关系(partnerskapsloven)嗣后于2000年和2001年分别被修正，主要涉及民事身份与居住(Act of December 21, 2000, No. 104)和收养(Act of June 15, 2001, No. 36)。

② Lag om registrerat partnerskap [Law on Registered Partnership] (Svensk författningssamling [SFS] 1994:1117).

③ Act on Registered Partnership, No. 87 (June 12, 1996). 该法于1996年6月27日生效，2000年被修正，其中引入了第二父母收养制度，并且在国外登记的伴侣关系也被承认。See Act. No. 52/2000.

④ Staatsblad van het Koninkrijk der Nederlanden [Stb.] [Official Gazette of the Kingdom of the Netherlands] July 5, 1997, No. 324. 该法于1998年1月1日生效。

⑤ Loi instaurant la cohabitation légale, Wet to invoering van de wettelijke samenwoning [Law founding legal cohabitation] (1998). 该法于1999年12月14日由皇家法令(Royal Decree (Arrêté royal) of 14 December 1999)的通过而生效。

⑥ Pacte civil de solidarité (PACS)，中文译名法国《紧密关系民事协议法》，法国议会于1999年11月15日通过。

⑦ Laki rekisteröidystä parisuhteesta [Act on Registered Partnerships], Sept. 28, 2001, No. 950/2001. 该法于2009年被修订，之后同性伴侣可以收养对方伴侣亲生的未成年子女。

⑧ Gesetz zur Beendigung der Diskriminienmg gleichgeschlechtlicher Gemeinschaften: Lebenspartnerschaften [Act on Ending Discrimination of Same-Sex Unions: Life Partnerships], Feb. 22, 2001, BGBI. I at 266.

⑨ Bundesgesetz Ober die eingetragene Partnerschaft gleichgeschlechtlichen Paare [Federal Law on Same-Sex Partnerships] June 18, 2004, SR. 211, 231. 该法于2007年1月1日生效。

⑩ Loi relative aux effets lgaux de certains partenariats [Law relating to the effects of certain legal partnerships] Nov. 1, 2004, No. 4946.

⑪ United Kingdom Civil Partnership Act, 2004, c. 33.

⑫ 尽管在2005年之前，西班牙并没有国家层面的立法明确承认登记的伴侣关系制度，但是西班牙具有自治权的各地区却普遍性地承认了登记的伴侣关系。See Cristina González Beilfuss, *Non-marital Cohabitation, Registered Partnershp and Same-Sex Matmage in Private Internatonal Law, The Spanish Perspective*, 6 Yearbook of Private International Law 185(2004).

⑬ Unió estable de parella, No. 25 [Act on Registered Cohabitation] (Aug. 17, 2005).

亚[①]、捷克[②]、奥地利[③]、爱尔兰[④]等相继颁布了同性伴侣法。

这些国家登记伴侣关系法的相继颁布并没有阻挡同性恋者和同性恋组织以及其他有关力量谋求建立同性婚姻制度的努力。登记伴侣关系法在各国司法实践中暴露出来的同性伴侣与异性婚姻配偶法律待遇不平等的问题,进一步加速了这一进程。因此,在欧洲各国的法律实践中:一方面,各国不断通过修改法律来消除各种登记伴侣关系法中所存在的同性伴侣与婚姻配偶不平等的状况,如丹麦 1999 年对《丹麦登记同性伴侣关系法》进行了修改。根据 1989 年的《丹麦登记同性伴侣关系法》第 4 条第 1 款的规定,同性伴侣不能共同收养子女,伴侣一方也不能收养对方的子女。修改后的该法第 4 条第 1 款第 2 句则允许同性伴侣一方收养对方的子女。[⑤]《挪威同性伴侣关系法》第 4 条最初明确禁止同性伴侣收养子女,[⑥]2001 年 6 月法律修改后则允许登记伴侣收养继子女。《瑞典伴侣关系法》的原始版本第 3 章第 2 条也明确禁止登记伴侣收养未成年子女,但 2002 年 6 月 5 日第 603 号法案删除了这个规定,取而代之的是一个概括性的规定;据此,登记伴侣享有与婚姻配偶夫妻一样共同收养他人子女或伴侣另一方的子女的权利。[⑦] 在荷兰,依据原始的《荷兰登记伴侣关系法》,同性伴侣不能收养继子女。2001 年 4 月 1 日生效的《荷兰收养法》则赋予同性伴侣与异性伴侣相同的收养权。[⑧] 在德国,2001 年通过的《德国登记生活伴侣关系法》没有赋予同性伴侣以生活共同体名义收养未成年子女的权利。但 2005 年修改法律后则允许一方伴侣收养对方伴侣的亲生的未成年子女(第 9 条第 7 款)。[⑨] 另一方面,在同性恋组织和相关力量推动下,一系列国家径直开始了同性婚姻立法进程。荷兰政府在 1997 年前后推动通过《荷兰登记伴侣关系法》的同时,就设立了专门的委员会用以讨论是否在荷兰将婚姻向同性开放的问题。该委员会最后形成的报告采多数成员的意见,认为婚姻范畴应当随着时代的

---

① Act of 22 June 2005 (Števìlka 001 – 22 – 52/05). 该法于 2006 年 6 月 23 日生效。

② Registered Partnership Act (July 1, 2006).

③ Eingetragene Partnerschaft Gesetz, 30. Dec. 2009, BGBl. I at 135. 该法于 2010 年 1 月 1 日生效。

④ Civil Partnership and Certain Rights and Obligations of Cohabitants Act 2010.

⑤ Vgl. Thomas A. Brandt, Die Adoption durch eingetragene Lebenspartner im internationalen Privat-und Verfahrensrecht, Lang, 2004, S. 30.

⑥ Vgl. Thomas A. Brandt, Die Adoption durch eingetragene Lebenspartner im internationalen Privat-und Verfahrensrecht, Lang, 2004, S. 33 – 34.

⑦ Vgl. Thomas A. Brandt, Die Adoption durch eingetragene Lebenspartner im internationalen Privat-und Verfahrensrecht, Lang, 2004, S. 36 – 37.

⑧ Vgl. Thomas A. Brandt, Die Adoption durch eingetragene Lebenspartner im internationalen Privat-und Verfahrensrecht, Lang, 2004, S. 39 – 40.

⑨ Vgl. Nina Dethloff, Familienrecht, C. H. Beck, 2009, S. 462.

发展而发展,将婚姻向同性开放,并不会破坏传统的婚姻制度,而且只有将婚姻向同性开放,才能够表明同性与异性伴侣在法律上的地位平等。但基于对未成年人的保护等理由,异性婚姻中关于法律上父亲的推定制度,不适用于同性婚姻。该委员会还认为,立法承认同性婚姻制度是时代发展的趋势,荷兰采取这种措施,既可以满足同性伴侣平等对待的法律诉求,也可以激发国际社会其他国家给予同性伴侣以更公平的法律待遇的实践热情。以该委员会的报告为基础,1999 年荷兰政府向议会提交修改法律承认同性婚姻的议案。2000 年 9 月 12 日,该议案在下议院被以 109 票赞成、33 票反对的绝对多数赞成票通过。2000 年 12 月 21 日,荷兰国王与司法部长签署通过该议案,2001 年 4 月 1 日该法正式生效。在 2001 年 4 月 1 日《荷兰同性婚姻法》正式施行之后,先后有多个欧洲国家如比利时①、西班牙②、挪威③、瑞典④、葡萄牙⑤、冰岛⑥、丹麦⑦、法国⑧、芬兰⑨、德国⑩、奥地利⑪、意大利⑫等陆续承认同性婚姻制度。迄今为止,全世界已有多个国家正式颁布法律以调整同性恋者的共同生活关系。这其中既包括已经承认同性婚姻的国家,也包括承认登记伴侣的国家。

三、欧洲同性恋立法目标的实现效果与发展展望

自 1989 年 6 月 7 日《丹麦登记同性伴侣关系法》颁布以来,迄今欧洲国家登记伴侣关系法和同性婚姻法的立法历程已历 30 多个寒暑。回顾欧洲诸国关于同性恋

---

① 比利时的同性婚姻制度于 2003 年通过并于 2003 年 6 月 1 日生效。

② See Proyecto de Ley por la que se modifica el Código Civil en material de derecho a contraer matrimonio (B. O. E. 2005, 121/000018). See Katharina Boele-Woelki, *Family Law: The Legal Recognition of Same-Sex Relationships Within the European Union*, 82 Tulane Law Review 1949(2008).

③ 挪威的同性婚姻制度于 2008 年通过并于 2009 年 1 月 1 日生效。

④ 瑞典同性婚姻制度系通过修改其民法典而确立的(2009/253),并于 2009 年 5 月 1 日生效。See Michael Bogdan, *Private International Law Aspects of the Introduction of Same-Sex Marriages in Sweden*, 78 Nordic Journal of International Law 253(2009).

⑤ 葡萄牙同性婚姻制度的立法于 2010 年 2 月被国民议会通过,并于 2010 年 3 月被宪法法院认为合宪,其于 2010 年 6 月 5 日生效。

⑥ 冰岛同性婚姻制度的立法于 2010 年 6 月 11 日通过,2010 年 6 月 27 日生效。

⑦ 丹麦同性婚姻制度的立法于 2012 年 6 月 7 日在众议院通过,6 月 12 日在参议院通过,2012 年 6 月 15 日正式生效。

⑧ 法国同性婚姻制度的立法《法国开放同性伴侣结婚 344 法案》(Projet de loi ouvrant le mariage aux couples de personnes de même sexe, n° 344)于 2013 年 4 月 12 日通过。

⑨ 芬兰确定同性婚姻制度立法于 2014 年 12 月 12 日通过,2017 年 3 月实施。

⑩ 德国确定同性婚姻制度立法于 2017 年 6 月 30 日通过,2017 年 7 月实施。

⑪ 奥地利于 2017 年 12 月 5 日承认同性婚姻合法。

⑫ 意大利于 2016 年 5 月 11 日通过同性婚姻制度立法。

的立法和司法实践进程，我们可以看到，欧洲诸国关于同性恋的立法从同性性行为的“去罪化”到“合法化”再到登记伴侣关系法和同性婚姻制度的最终确立：一方面是同性恋群体“反对歧视”“争取平等权利”的运动，西方社会普遍的人道主义情怀和广义的平等民主权利范围的扩展的结果；另一方面，从微观上看，欧洲诸国关于登记伴侣关系的立法和同性婚姻的立法也承载着一系列其他的具体立法目标。以世界上第一个承认登记伴侣关系制度的国家丹麦为例，根据文献记载，《丹麦登记同性伴侣关系法》的主要立法目标，是使同性伴侣关系获得像婚姻等其他共同生活形式的关系一样的平等的法律地位。这包括：

其一，使同性伴侣享有与婚姻配偶相同的权利与义务。如婚姻家庭法及其他法律上的权利义务；如住房保障、社会救济、移民以及就业等权利。

其二，为同性伴侣提供按照个人意志安排生活的机会。

其三，通过《丹麦登记同性伴侣关系法》保障同性伴侣建立长期稳定的共同生活关系。

其四，通过登记程序，为同性恋者提供在法律形式化和非法律形式化之间选择的权利。

其五，通过法律支持同性之间长期稳定的同居关系，以期减少暂时性的同性性行为并有效降低艾滋病的感染率。① 在当时，这是一个重要的立法目标。根据德国学者的论述，“公共安全的考虑对于断然放弃传统上被视为是理所当然的异性婚原则起着关键的作用：由经验可以确定的事实是，在同性恋中的免疫缺陷症‘艾滋病’，在他们相互乱交的情况下，就会导致艾滋病的传播。为阻止艾滋病的进一步传播人们决定，通过登记赋予同性的二人关系以强大的法律约束力”。②

这些目标是欧洲各国同性伴侣关系法和同性婚立法的共同目标。关于这些立法目标能否实现，在《丹麦登记同性伴侣关系法》生效时，德国的学者忧心忡忡地发问：“丹麦将成为女同性恋者和男同性恋者的乐园吗？许多人对该法作为解放运动的成果而欢呼雀跃，但该法将有多少使用的可能性还将拭目以待！”欧洲各国实际情况表明，与轰轰烈烈的立法实践相比，同性伴侣法和同性婚姻法的实践过程却显得相对沉寂。根据现有数据，各国同性伴侣关系法和同性婚姻法适用的人数相当有限，绝大多数的同性伴侣并不选择以法律的形式将自己的同性同居生活公之于众。

---

① See Linda Nielsen, *Family Rights and the "Registered Partnership" in Denmark*, 4 International Journal of Law and the Family 297 (1990).

② Andreas Wacke, Die Registrierung Homosexueller Partnerschaften in Dänermark, FamRZ 1990(4), S.9.

(一)同性伴侣与同性婚姻立法的实践效果

事实上,各国选择以登记结婚的方式为同性同居生活表现形式的实际上只占国家同性恋情侣的一小部分,大部分人选择不公开自己的同性共同生活。这一状况至少说明以下两点。

第一,欧洲各国同性婚姻立法虽然基本实现同性伴侣或者同性配偶的平等权利,但是这并不意味着其全部立法目标的实现。因为客观意义上的同性伴侣和同性婚姻法律只有经由同性伴侣缔结该种身份关系的法律行为才能在当事人间引起相应的法律关系发生,从而实现法律调整的目标。从实践价值的角度看,同性伴侣法和同性婚姻法只是为同性伴侣建立一种受法律保护的共同生活关系提供了享受法律上平等权利的机会,其价值更多在于对同性恋这一少数群体平等权利的承认的体现。至于立法者当时想通过这一举措抑制艾滋病传播等预想,一方面早已随着科学的进步、人们对艾滋病认识的发展而被立法者摒弃;另一方面,如果大部分同性恋者不行使法律赋予的这一权利,仍愿意以非法律的形式共同生活,那么防止艾滋病的目标也无从谈起。至于立法者保障同性恋者长期稳定的生活关系的立法目标,也被实践证明是不切实际的幻想。因为,在很多国家,登记伴侣关系的解除和同性婚的离异数据一般都高于异性婚。①

第二,这一状况也说明,同性伴侣关系法和同性婚姻立法只是同性恋群体"反对歧视""争取平等权利"运动的阶段性成果的里程碑;在欧洲乃至世界范围内真正消除对同性恋者歧视的目标,还任重道远。在《丹麦登记同性伴侣关系法》颁布之时,德国学者充满疑虑地指出,"那些想要避免自己的私生活被曝光的人士也许宁可作为传统的已婚人士以秘密的方式进行同性关系。对于打上同性恋标签的恐惧由于担心登记表格的数据的滥用而被强化"。② 2011 年 3 月 14 日国际人权观察组织(International Human Rights Watch)发布的全球同性恋婚姻合法化进程和歧视问题调查报告显示,过去 10 年里,全球已有 10 个国家先后实现了同性婚姻合法化。这些国家的宪法允许同性恋伴侣登记结婚,并享有等同于异性婚姻的权利,但对同性恋者的误解和歧视行为依然普遍存在。这 10 个国家虽然有 3 个不是欧洲国家(阿根廷、加拿大、南非),但仍能从一个侧面说明问题。

---

① 比较典型的如丹麦,2007 年丹麦的同性伴侣关系的解除率远高于异性婚姻的解除率。丹麦统计数据参见:《丹麦统计数据:人口发展 2007》。该出版物以及 2005 年一个较旧的名为《婚姻与离婚:离婚后的孩子》的出版物包含更为具体的数据,比如,进入登记关系者的社会和经济数据。

② Andreas Wacke, Die Registrierung Homosexueller Partnerschaften in Dänermark, FamRZ 1990(4), S.9.

（二）同性伴侣关系法和同性婚姻法的发展前景

一般认为，欧洲各国同性伴侣制度的优点在于通过立法创造出了一个类似于婚姻又不是婚姻的制度，并通过该制度创造了一个新的法律身份将同性伴侣与婚姻配偶区分开来：一方面在一定程度上满足了同性恋者的婚姻诉求；另一方面又避免了同性伴侣这一少数群体与坚持异性婚姻的多数群体在思想意识上的冲突。但创造出同性伴侣制度的立法技术是一把"双刃剑"，它在成就同性伴侣制度的优点的同时，也显现了同性伴侣制度的缺陷。现有的研究成果认为，同性伴侣制度至少有三大不足：

第一，授民事伴侣以口实，使之认为法律没有赋予民事伴侣权利，是对民事伴侣的歧视。

第二，从立法技术上看，伴侣立法模式虽然有其优势，但也存在不足。这种不足表现为：民事伴侣关系法对民事伴侣的权利与义务的规定与异性婚姻配偶的权利义务越接近，其中所存在的少许差异就越明显，与婚姻对照的可能性就越大，则期间所体现的不平等就越突出。

第三，伴侣式立法模式和立法旨意间存在矛盾。因为从立法目的上看，伴侣式立法模式是要赋予同性伴侣与异性配偶相同的权利与义务，但在形式上又通过立法技术将二者区分。这是一个悖论。因此，有人认为，同性伴侣制度是一个过渡性的立法模式。

对上述观点可以进行这样的分析：同性伴侣和婚姻配偶权利义务差异的形成原因有三。第一，立法者由于对社会上反对同性恋势力、歧视同性恋者的妥协，刻意在立法中体现对同性恋的歧视。如奥地利同性伴侣法制定时就伴侣关系成立的登记地点，社会各界存在激烈争议；以人民党为代表的保守力量拒绝给予同性伴侣在办理结婚登记的户籍登记处办理缔结同性伴侣关系的登记，以期避免社会公众产生同性伴侣关系是婚姻或婚姻的一种形式的印象，并最终迫使持相反意见的社会民主党作出让步。第二，是由于当时立法者认识的局限，如关于同性伴侣收养子女的问题，许多国家拒绝赋予同性伴侣共同收养子女的权利是因为在立法当时，立法者认为如果孩子生活在同性伴侣家庭中，"将在多大的程度上对孩子的身体和心灵造成影响，还需要假以时日，才能有结论"；另外，"同性性倾向会不会影响孩子的心灵，同性性倾向是否部分受教育的影响，也可能是一个这类收养被拒绝的理由”。[①] 第三,是由于性别上的原因。一些婚姻的规则无法适用于同性伴侣,如婚姻法中关于子女出生时母亲的丈夫被推定为该子女法律上的父亲的规定无法适用于同性伴侣关系。

出于前两类原因造成的差别通过修改法律是可以解决的。如前所述,关于同性伴侣收养子女的法律在各个实施同性伴侣法的国家都经历了修改,立法政策从严格禁止或限制转变为许可。可见前两类差异的产生是出于人为的原因,这种差异的解决取决于社会文明的进步和科学研究的发展。[②] 当社会公众就完全平等地对待同性伴侣生活已经达成共识,当科学研究发展确定生活在同性伴侣家庭中不会成为儿童幸福成长的障碍,那么这些人为的差异就可以通过修改法律而被消除。第三类差异在同性婚姻法中也是存在的。因此,当前两类差异通过修改法律被消除之时,同性伴侣关系法与同性婚姻法的差异也就只剩下法律形式上即称谓和名称上的差异了,同性伴侣法也就将被更能够体现同性伴侣平等诉求的同性婚法所代替了。因此,与其说是因为同性伴侣法的不足和缺陷导致了它是一种过渡性的立法模式,倒不如说,特定国家制定法律时特定的伦理背景是同性伴侣法产生的根源和土壤。因此,我们与其从纵向上关注某些国家登记伴侣关系法被同性婚姻法取代的历史过程,不如从横向上把登记伴侣关系法和同性婚姻法作为可供立法选择的两种模式,根据立法当时的社会条件择一而行之。

但欧洲的经验也告诉我们,在越来越多的国家放弃伴侣关系法改采同性婚姻法的同时,仍会有一部分国家选择伴侣关系法作为同性伴侣共同生活合法化的法律形式。甚至还有国家从特定的国情出发只对同性恋者的共同生活进行局部保护和调整。上述立法选择的不同主要根源于各国特定的伦理背景,即社会和民意对同性恋共同生活在民事领域合法化的态度。这可能才是欧洲登记伴侣关系和同性婚姻的立法给予我们最主要的经验。

四、荷兰同性恋立法的历史进程与主要成果

在荷兰,具有重要意义的同性伴侣这种生活形式,长久以来处于被法律忽视的

① 很多国家伴侣关系法的原始版本不承认同性伴侣共同收养子女或者一方伴侣收养他方伴侣继子女的原因在于:第一,如果孩子生活在同性家庭中,这种家庭环境将在多大的程度上对孩子的身体和心灵造成影响,还需要假以时日,才能有结论。第二,同性性倾向不会影响孩子的心灵吗?由于同性性倾向部分归咎于教育,这可能也是一个这类收养被拒绝的理由。Vgl. Andreas Wacke, Die Registrierung Homosexueller Partnerschaften in Dänermark, FamRZ 1990(4), S.9.

② 关于同性恋者不是精神疾病患者而是受大脑结构影响的不同性取向选择者的研究,参见冯雨瑶、包爱民:《从脑科学角度看待同性恋》,载《浙江大学学报(人文社会科学版)》2019 年第 2 期。

角落。[①] 即使在20世纪90年代初，荷兰法院也依然拒绝承认同性伴侣享有缔结婚姻的权利。然而由于社会情势的变革，同性伴侣在法律上要求平等对待的主张，在社会上获得愈来愈多的同情和支持。在同性伴侣和支持者的共同努力下，立法者对于同性伴侣关系的态度，在20世纪90年代后期发生了根本性的变化：他们不仅在1997年通过制定《荷兰登记伴侣关系法》而赋予同性伴侣以婚姻中配偶所能享有的大部分权利，还在2000年正式承认了同性伴侣缔结婚姻的权利，并由此成为世界上第一个确立同性婚姻制度的国家。[②]

（一）荷兰20世纪90年代以前同性恋法律实践

同性伴侣在荷兰明确主张法律上的平等对待并寻求法院支持婚姻缔结权的诉求，开始于20世纪80年代中期。[③] 在此之前荷兰对待同性恋的法律实践态度，主要表现为两种：一是在较早的时候，同性伴侣关系非但得不到法律应有的支持和尊重，而且还被法律歧视甚至被以刑事制裁的方式禁止。二是随着时代背景的变化，基于个体自由意志而选择同性伴侣的生活方式，逐渐缓慢地被社会谅解和接受；与之相适应的是，法律对同性性行为的歧视程度也逐渐缓和。

1. 普遍禁止并对同性性行为予以刑事制裁的时期：尼德兰联省共和国时期

尼德兰联省共和国时期（1581～1795年），同性性行为是被法律所明确禁止的，进行同性性行为的人，将遭受刑事制裁。这种敌视同性性行为的法律实践态度，与基督教教义保持一致。在普通法时期，由于基督教文化的强烈影响，整个西欧社会普遍认为，同性恋是对基督教教义的严重悖反，同性恋者也因此被视为犯“反自然之罪”而遭受社会舆论的谴责，甚至被法律严厉打击和制裁。在13世纪下半叶，对于同性伴侣，特别是男同性伴侣的法律制裁尤为严酷。这一时期，几乎在整个欧洲，男同性恋者都面临死刑的威胁。[④] 尽管后来的法律政策及相应的法律制度对同性恋行为的敌视程度因为社会的整体性发展，特别是基督教本身对社会控制的减弱，而在一定程度上有所缓和，但是这一时期法律对同性恋依然采取歧视态度，并且法律也明确否认同性伴侣享有受保护的法律地位。民族国家确立后，欧洲各民族国家早期的制定法在一定程度上也继承了之前普通法时期法律对于同性性行为

---

① Vgl. Dominique Jakob, Die eingetragene Lebenspartnerschaft im internationalen im internationalen Privatrecht, Dr. Otto Schmidt KG, 2002, S. 33.

② See Larry D. Barnett & Pietro Saitta, *Societal Properties and Law on Same-Sex Non-Marital Partnerschips and Same-Sex Marriage in European Union Nations*, 25 Journal of Civil Rights and Economic Development 639 (2010 - 2011).

③ 20世纪80年代中期，同性恋权利活动群体开始向荷兰政府主张同性婚姻缔结权。

④ Vgl. Christa Spilling-Nöker, Wir lassen Dich nicht, Du segnest uns denn, LIT Verlag, 2006, S. 21 - 78.

的敌视态度,于1581年获得独立的荷兰共和国也不例外。在荷兰共和国时期,鸡奸行为一直都被当作严重的刑事犯罪而被禁止。法律实践中被严厉制裁的行为主要包括男性间的鸡奸行为,而异性间的肛交等则很少被追诉。若一名女性同另外一名自认为是男性的女性结婚,当她们之间试图或已经进行了性行为,则她们也会被以试图鸡奸起诉。1730年以后,被以鸡奸罪起诉的男同性性行为者人数众多,其中约有200人被处死。

到了荷兰共和国晚期,鸡奸法是否应被废除的争议已经广泛存在。例如,在1777年左右有本被匿名发表的小册子——《关于特定道德之犯罪的思考》中,即公开要求废止鸡奸法。该书作者认为,与其通过刑事制裁禁止同性性行为,不如事先对此类行为进行预防,对此应通过鼓励结婚并让男孩和女孩一起接受教育来预防同性恋倾向。但这种呼声直到荷兰共和国结束也没有变为法律实践。1795年,受法国大革命影响在荷兰领土上建立的巴达维亚共和国(1795~1806年),对同性性行为的敌视态度依然未发生根本性变化,这一时期被以鸡奸罪起诉的人数激增。但是,较之荷兰共和国时期动辄以死刑制裁鸡奸者不同,这一时期法律在适用具体制裁方式时的严厉程度有所降低,有同性性行为的人通常被处以监禁等刑罚。

2. 普遍歧视且不承认同性伴侣关系时期:1806年荷兰王国成立到1997年

1806年以后,同性性行为在荷兰法律实践中逐渐开始实现去罪化。其中最重要的转折是,1810年荷兰王国被拿破仑帝国合并并开始适用《拿破仑刑法典》;而在该部法典中,成年人彼此同意的同性性行为不再被视为犯罪。拿破仑帝国结束后,获得独立的荷兰王国沿用了之前《拿破仑刑法典》中不予制裁同性性行为的做法。由此,同性性行为在荷兰的去罪化就完成了。同时,去罪化之后的荷兰法律实践中,关于同性伴侣关系的歧视依然普遍存在。在荷兰立法实践中最具有代表性的《荷兰民法典》和《荷兰刑法典》中,就存在这样的问题。

(1)《荷兰民法典》中的歧视性条款

早在1810年法国占领荷兰期间,荷兰即被强制适用《法国民法典》;在该法典中,同性之间的性行为是明确被歧视的。[①] 例如,尽管该法没有明确规定结婚的双方当事人必须是异性,但是在法律实践中,只有异性才可以缔结婚姻被认为是不证自明的道理。因此,法典不对缔结婚姻的当事人性别进行明确规定,就显得顺理成章了。该结论也可以通过《法国民法典》第197条关于非婚生子女的规定获得证

① See Nancy G. Maxwell, *Opening Civil Marriage to Same-Gender Couples: A Netherlands-United States Comparison*, 18 Arizona Journal of International and Comparative Law 143(2001).

实："……如果男女双方公开地共度夫妻的生活……"该句表明，《法国民法典》中的婚姻，只能是男女两性间的结合，而不包括同性间的结合。《法国民法典》中关于同性性行为的歧视性规定，对后来的荷兰立法产生了深远影响。尽管拿破仑战争以后获得独立的荷兰于1836年重新制订了自己的民法典，但以《法国民法典》为模板的《荷兰民法典》，无论是主要内容还是立法精神，都与前者保持高度一致。[①] 例如，在规定婚姻缔结的《荷兰民法典》第一编第30条当中，对有权缔结婚姻的主体是否必须为异性没有明确规定。但依据荷兰法院嗣后的判决可以确定，关于《荷兰民法典》第30条所使用的措辞，不能通过文义解释规则推导出同性间也可以缔结婚姻的结论。在法院看来，依据该法典被制定时立法者的目的以及当时社会对婚姻的普遍态度，婚姻只能是异性之间的结合，这被认为是不言而喻的，无须法律予以特别说明。[②]《荷兰民法典》歧视同性恋并拒绝承认同性伴侣婚姻缔结权的做法，一直持续到2000年荷兰法律修改的时候。在这之前，荷兰对于同性性行为的歧视一直存在。[③]

(2)《荷兰刑法典》中的歧视性条款

受《拿破仑刑法典》的影响，荷兰1811年通过的《荷兰刑法典》中，也没有普遍禁止同性性行为；但是，对于同性性行为的歧视依然普遍存在。依据该法的规定，若同性性行为发生在公共场合，则行为人将被制裁。1911年，保守的基督教党团执政后，荷兰立法中加强了对同性性行为的歧视内容，这主要表现在《荷兰刑法典》第248条的规定当中。依据之前的法律实践，同性性行为和异性性行为首次允许性接触的最低法定年龄都是16周岁，但在该政府推动下的法律修改却改变了该条规定。依据修改后的《荷兰刑法典》第248条，同性伴侣之间与异性伴侣之间在准许性接触的法定年龄上存在较大差异。该条规定，同性双方相互同意发生性行为的最低年龄为21周岁，未达到该法定年龄而发生性行为者，应受刑罚制裁。该法对于异性伴侣之间准许性接触的法定年龄远低于同性伴侣的规定，只需年满16周岁即可。从1911年开始到1971年该条被废止，共有5000人因该条禁止的性行为被追诉，其中男性占99%。

---

① Vgl. Franz Wieacker, Privatrechtsgeschichte der Neuzeit: unter besonderer Berücksichtigung der deutschen Entwicklung, 2 Aufl., Vandenhoeck & Ruprecht, 1996, S. 345.

② See Rb Amsterdam 13 februari 1990, NJCM-Bulletin 1990, p. 456 – 460, m. nt. K. Boclc-Woelki en P. C. Tange.

③ Vgl. Dominique Jakob, Die eingetragene Lebenspartnerschaft im internationalen im internationalen Privatrecht, Dr. Otto Schmidt KG, 2002, S. 33.

除前述两部最重要的法典都明确歧视同性性行为外，这一时期荷兰法律实践中存在歧视同性性行为的还包括：1930 年被引入的禁止男性在卫生间站立超过 5 分钟的规定；对于发生在公共场所的猥亵，男同性恋者甚至要遭受严于前述《荷兰刑法典》第 248 条的惩罚；女同性恋者不得不面对这样的限制，即她们不得在公共场所出入、不得泡吧等，而仅在她们的行为表明自己是同性恋以后，她们才可以忽略这些规则，但如果她们这样做了，她们就会被当作妓女对待等。这些歧视性内容的存在，表明了同性伴侣关系在这一时期所遭遇的普遍困境。也正因如此，同性伴侣才在嗣后的法律实践中执着地寻求法律上的平等对待。

3. 宽容性因素渗入立法实践：荷兰共和国晚期

荷兰共和国晚期，受启蒙主义思想影响，整个荷兰社会逐渐开始检讨法律实践对同性恋的严厉禁止是否正当的问题。部分启蒙思想家明确反对法律对鸡奸者予以刑事制裁，他们明确支持同性之友这种关系。但存在的问题是，这一时期同性恋的支持者们并没有明确指出，这种同性之友间的亲密关系应保持在何种程度，或者说身体的哪些部位可以彼此接触等。另外，对于这一时期同性恋的实证研究表明，这一时期女性间的关系可以分为三类：第一类是传统的女性间的朋友关系，这种关系非常亲密但同时又保持适当圣洁；第二类是装扮为男性的女性与传统女性的关系，有时这种女性甚至以一种特有的传统方式与另一女性结婚；第三类通常来自下层被归为双性恋的女性，她们通常既和男性发生性关系，也和女性发生性关系，并且她们其中的一些人经常卷入轻微的刑事犯罪和卖淫的行列之中。尤其是第二类和第三类关系表明，即使这一时期荷兰法律对同性性行为进行严厉的限制，社会中同性恋现象依然普遍存在。这种事实上普遍存在的同性恋现象，构成法律上实现对同性性行为去罪化的社会基础。

(1) 荷兰早期刑事立法中同性性行为的去罪化

荷兰共和国时期同性性行为的社会实践以及启蒙思想家对于同性性行为的基本观点，促使荷兰王国废除了通过严厉的刑事制裁措施禁止同性性行为的做法，并使荷兰成为西欧历史上首批在法律上承认成年人之间相互协商同意发生同性性行为合法的国家。此处需要注意的是，尽管前述荷兰社会实践构成这一法律转变的现实基础，但在理解这种宽容的社会实践转变为立法的过程时，必须将之与法国社会联系起来。历史上，虽然法国社会对那些被他们称为恋童癖的男性极为厌恶，但后来深受启蒙思想熏陶的法国法基本原则却认为，只要不损害他人，则人有权做任何他想做的事情。这种自由主义观点，使法国刑法实现相互协商同意的同性成年人之间的私密性行为去罪化。后来，《拿破仑刑法典》随着拿破仑帝国的扩张进入荷兰,这导致了《荷兰刑法典》中相应同性性行为的去罪化。[①] 从《荷兰刑法典》第248条等所确立的规定看,如果同性伴侣在达到法定年龄即年满16周岁时相互同意而发生性行为,不再属于刑法的制裁范畴。尽管后来荷兰的法律实践曾在年龄限制上因同性性行为与异性性行为适用标准的不同而存在差别对待,但相较于同时代其他国家的法律实践,《荷兰刑法典》的规定已显得非常宽容。以保守严苛著称的德国刑法实践直到1994年才完全在《德国刑法典》中实现同性性行为的去罪化。

(2)宽容的历史传统在荷兰立法上的持续演进

荷兰嗣后的法律实践继承了宽容对待同性恋的法律传统,与这种宽容相适应的立法实践还包括卖淫的合法化(存在一定管制)、允许使用节育措施以及自由堕胎政策的出现等。[②] 对于同性恋予以宽容的法律对待,在1971年以后的荷兰表现得尤为明显,其主要表现在以下几个方面。

第一,准许性接触法定年龄上的同等对待。如前所述,1971年之前的《荷兰刑法典》尽管很早即已实现了对同性性行为的去罪化,但在对待同性性行为的一般态度上,仍存在歧视。对于同性间相互同意的性接触,该法规定的最低法定年龄较异性间的要晚5年。1971年荷兰议会废止了《荷兰刑法典》第248条,从而使同性伴侣和异性伴侣在准许性接触的法定年龄上,再一次实现同等对待。在废除《荷兰刑法典》第248条的歧视性内容时,作为政治家的同性恋者爱德华·布朗格斯玛(Edward Brongersma)发挥了至关重要的作用:正是在他的参与和大力推动下,由他所倡导的在道德上更为自由的立法观点,才能被法律实践所接受。

第二,一般性的非歧视性条款在荷兰宪法上的确立。1814年生效的《荷兰宪法》第1条规定:"在荷兰,所有人都应在平等条件下受到平等待遇,不得因宗教、信仰、政治观点、种族、性别的不同而受到歧视。"1983年,获得修正并予以通过的《荷兰宪法》第1条在前述内容的基础上插入了"或者其他任何理由"的表述,该条即变为:"在荷兰,所有人都应在平等条件下受到平等待遇,不得因宗教、信仰、政治观

---

① See Ian Sumner, *Going Dutch-A Comparative Analysis and Assessment of the Gradual Recognition of Homosexuality with Respect to the Netherlands and England*, 9 Maastricht Journal of European and Comparative Law 29(2002).

② See Nancy G. Maxwell, *Opening Civil Marriage to Same-Gender Couples: A Netherlands-United States Comparison*, 18 Arizona Journal of International and Comparative Law 143(2001).

点、种族、性别的不同或者其他任何理由而受到歧视”。① 学理上将该修改后的第 1 条所确立的基本原则视为一般性的非歧视性条款。持这种观点的学者认为,该条款包括禁止基于性取向的歧视。当然,对此也存在不同的看法,如在涉及同性伴侣主张婚姻缔结权的案件中,原告主张婚姻登记机关拒绝给其颁发结婚证书的行为构成对《荷兰宪法》第 1 条所确立的非歧视性条款的违反,但荷兰最高法院认为该条所确立的禁止歧视原则,并不能改变《荷兰民法典》第 30 条所确立的婚姻缔结标准,即登记机关的拒绝行为并不构成对该原则的违反。②

第三,《荷兰刑法典》制裁基于性取向而发生的歧视行为。1992 年后,基于性取向而发生的歧视行为,成为受《荷兰刑法典》调整的刑事犯罪行为。③《荷兰刑法典》中基于性取向而发生的歧视行为主要包括:第 137c 条规定的“公开、故意以口头表示、书面方法或图画形式进行侮辱”;第 137d 条规定的“公开以口头、书面或图画挑起仇恨、歧视和暴行”;第 137e 条规定的“公开发表或散播第 137c 条与第 137d 条所表述的内容,客观性的发表除外”;第 137f 条规定的“参与或以行为、经济或者其他任何以歧视为目的的支持”;第 429 条规定的“运用某人职务上的职权进行歧视”等。以这些方式歧视同性价值取向的人,将被处以监禁或罚金等刑法上的制裁。④

第四,非歧视原则在民事领域的扩张适用。1994 年通过的《荷兰平等对待法》对《荷兰宪法》第 1 条确立的非歧视原则在民事领域的适用范围上予以扩展。它对基于宗教、信仰、政治观点、种族、性别、国籍、性取向或雇佣关系领域的民事地位、住房、教育、保健、照顾老人以及公共性的商品和服务供给的歧视提供保护。⑤ 依据该法的规定,基于性取向而产生的差别对待,可以被认定为构成歧视。另外,荷兰 1995 年成立的平等对待委员会(Equal Treatment Commission)被授权调查和调解前述歧视案件中存在的争议。

从整体上看,尽管荷兰历史上也存在歧视同性恋的法律实践,但受发展了的社

---

① Ian Sumner, *Going Dutch-A Comparative Analysis and Assessment of the Gradual Recognition of Homosexuality with Respect to the Netherlands and England*, 9 Maastricht Journal of European and Comparative Law 29(2002).

② HR 19 oktober 1990, NJ 1992, p. 192, m. nt. EAAL en EAA.

③ See Nancy G. Maxwell, *Opening Civil Marriage to Same-Gender Couples: A Netherlands-United States Comparison*, 18 Arizona Journal of International and Comparative Law 143(2001).

④ See The Netherlands: Legal meaures to combat racism and intolerance in the member States of the Council of Europe, Situation as of 1 December 2006, p. 6 – 8.

⑤ See The Netherlands: Legal meaures to combat racism and intolerance in the member States of the Council of Europe, Situation as of 1 December 2006, p. 3.

会实践特别是启蒙主义思想中自由主义思潮的影响，这种歧视逐渐缓慢地向平等对待转变。事实上，在立法上没有给予同性伴侣以平等对待的法律地位之前，差别待遇或法律上的歧视是一直存在的。毕竟在立法上没有获得明确承认的法律关系，很难通过司法或者其他法律实践获得。这也是荷兰后来之所以需要在立法上明确承认同性伴侣的因素。

（二）20 世纪 90 年代初荷兰法院对同性婚姻的态度

1. 荷兰同性伴侣主张法律上平等对待的前提

对于现实生活中的同性伴侣而言，前述实践呈现的图景意味着：一方面，尽管立法中越来越多地出现了对同性伴侣有利的规定，但同性伴侣关系在法律上仍处于被歧视的位置，因此同性伴侣要取得更为平等的法律对待，尚需要进一步的努力。另一方面，立法对于性取向的一般态度趋于人性化，更多反歧视的法律制度获得确立，这表明同性伴侣在法律上争取更为平等的对待，存在现实可能性。

同性伴侣遭遇的歧视待遇，因 20 世纪中后期以后婚姻关系本身遭受的剧烈变革而显得尤为明显。这种凸显法律给予同性伴侣平等对待之必要性的社会变革主要表现为：自 20 世纪 60 年代开始，婚外同居越来越为社会所接受，来自社会各个阶层越来越多的人不再结婚，而是径行生活在一起并生育子女。① 婚姻本身不再被认为是终身的，离婚率迅速增长。② 不仅是异性伴侣间的非婚同居变得越来越普遍，同性伴侣关系本身也不再被视为对社会道德的悖反，社会主流观点逐渐接受这种生活方式。③ 在国际法层面，对于《欧洲人权公约》第 8 条中的“家庭生活”，欧洲人权法院认为它不仅和以婚姻为基础的家庭生活相关，而且也与事实性的家庭生活相关，这意味着同性伴侣关系也可以构成该公约所规定的家庭生活。④ 这些社会变

① See Wendy M. Schrama, *Registered Partnership in The Netherlands*, 13 International Journal of Law, Policy and the Family, 315 (1999).

② See Ian Sumner, *Going Dutch-A Comparative Analysis and Assessment of the Gradual Recognition of Homosexuality with Respect to the Netherlands and England*, 9 Maastricht Journal of European and Comparative Law 29(2002).

③ 依据学者的观点，这一结论可从当时荷兰法律对于同性伴侣关系的态度转变中推导出来。在 1971 年，依据 20 世纪初制定的《荷兰刑法典》第 248 条的规定，同性恋被视为犯罪，属于刑法规范的对象；而到了 1973 年，荷兰同性恋组织“同性恋运动”(Homosexuality Movement)获得了法律上的正式承认。从那时起，该组织具有法律人格并可获得政府相应的财政资助。See Wendy M. Schrama, *Registered Partnership in The Netherlands*, 13 International Journal of Law, Policy and the Family, 315 (1999).

④ See ECHR, 13 June 1979, Marckx v. Belgium, Series A – 31; ECHR, 18 December 1986, Johnston v. Ireland, Series A – 1 12; ECHR 26 May 1994, Keegan v. Ireland, Series A – 290; ECHR 27 October 1994, Kroon and others v. The Netherlands, Series A – 297 – C; ECHR 22 April 1997, X, Y and Z v. United Kingdom ECHR reports, 1997 – 11/35, 619.

革表明,传统社会通过法律赋予婚姻制度本身的重要价值,已逐渐被现代社会生活实践中的个体所忽视,而与婚姻制度本身相对应的其他类型的生活形式,则逐渐被社会和法律所接受。当婚姻制度本身应当具有的价值因为社会实践的变革而被掏空时,如果法律依然拒绝承认同性伴侣孜孜以求的婚姻缔结权,那么这种更多地体现形式价值的制度就会蜕变为对同性伴侣的单纯歧视。因此,从这一意义上讲,法律上的婚姻制度本身不应抱残守缺或墨守成规,它应当适当地向已逐渐被社会普遍承认的其他生活方式开放。事实上,同性伴侣也正是基于这一点而争取法律上更为平等的对待。

2. 荷兰司法实践中同性伴侣争取婚姻缔结权所遭遇的困难

荷兰的同性伴侣曾试图通过司法途径寻求法律上的平等对待。这种努力集中体现在20世纪90年代初的若干起民事诉讼中,此类案件的案情大致是:某同性伴侣前往婚姻登记机关,要求登记为婚姻关系,被婚姻登记机关拒绝。其拒绝的理由是:婚姻登记机关仅依法登记异性之间的婚姻,对同性伴侣关系不予登记。被拒绝的同性伴侣遂以登记机关为被告,向法院提起诉讼,请求法院确认同性伴侣也有权缔结婚姻,并判决婚姻登记机关拒绝登记的行为侵害了其个人权利,违反了平等对待和非歧视性原则。①

在此类案件中,作为原告的同性伴侣所主张的诉讼请求主要有二:一是对于《荷兰民法典》第一编第30条所使用的婚姻概念的解释,即该条是否可以如请求权人所主张的,作为同性伴侣主张婚姻缔结权的基础;二是婚姻登记机关拒绝同性结婚登记的请求,是否侵害特定个人的权利并违反平等对待和非歧视性原则。

(1)《荷兰民法典》第一编第30条的婚姻概念是否包含同性婚姻

这一争议的主要起因在于,《荷兰民法典》第一编第30条并没有明确规定缔结婚姻的双方当事人必须是异性。因此,主张同性伴侣也有权缔结婚姻的原告认为,既然该条没有明确规定缔结婚姻的双方当事人必须是异性,即应当推定,该法并不反对同性之间的婚姻缔结行为。阿姆斯特丹地方法院和荷兰最高法院对于请求权人的这一主张,均给予了否定性的回答。②

阿姆斯特丹地方法院原则上同意依据原告所主张的文义解释规则,确实能够推导出以《荷兰民法典》第30条为依据而缔结婚姻的双方当事人不仅限于异性之

---

① See Nancy G. Maxwell, *Opening Civil Marriage to Same-Gender Couples: A Netherlands-United States Comparison*, 18 Arizona Journal of International and Comparative Law 143(2001).

② See Nancy G. Maxwell, *Opening Civil Marriage to Same-Gender Couples: A Netherlands-United States Comparison*, 18 Arizona Journal of International and Comparative Law 143(2001).

间。然而该法院认为,不宜单独适用文义解释规则来确定该条的适用。故该法院所作的判决恰是以历史解释和目的解释规则来确定该条的适用的。在该法院看来,《荷兰民法典》被制定时,婚姻仅限于异性间是不证自明的法理,故在具体的法律条文制定中,就不需要再进一步明确规定婚姻缔结双方必须是异性。因此,即使《荷兰民法典》第 30 条的措辞并没有限制缔结婚姻的个体必须是异性,依据法律被制定时立法者的本意也可以发现,该条所指向的仅是异性间的婚姻缔结,而不是如请求权人所理解的,同性伴侣也可以依据该条主张婚姻缔结权。①

荷兰最高法院基本遵循了阿姆斯特丹地方法院对《荷兰民法典》第 30 条的分析思路。针对请求权人主张的婚姻缔结权,荷兰最高法院认为,将制定法使用的概念理解为法律也不禁止同性彼此间缔结婚姻,是以文义解释的规则为基础进行的解释。然而如果依据这种规则解释《荷兰民法典》第一编的一系列条款,就会导致对很久以前颁行的该法典第一编的误读,如本案中请求权人主张的同性亦可缔结婚姻的请求,就是对婚姻缔结要件的典型误读。该法院进一步指出,即使在《荷兰民法典》颁布后,随着社会环境的变化,法律禁止同性间缔结婚姻的观念已不再被社会普遍认为正当的情形下,这也并不意味着,社会观念的转变能够用于支持对法典的重新解释。特别是在涉及那些通过法律上的确定而显得非常重要的关乎公共秩序的事项时,尤为如此。②

(2)婚姻登记机关拒绝同性婚姻登记是否侵害特定个人权利并违反平等对待和非歧视性规则

作为原告的同性伴侣还引入《欧洲人权公约》第 8 条③、第 12 条④、第 14 条⑤以

---

① See Rb Amsterdam 13 februari 1990, NJCM-Bulletin 1990, p. 456 – 460, m. nt. K. Boclc-Woelki en P. C. Tange.

② See HR 19 oktober 1990, NJ 1992, p. 192, m. nt. EAAL en EAA.

③ 《欧洲人权公约》第 8 条第 1 款规定:人人有权享有使自己的私人和家庭生活、家庭和通信得到尊重的权利。第 2 款规定:公共机构不得干预上述权利的行使,但是,依照法律规定的干预以及基于在民主社会中为了国家安全、公共安全或者国家的经济福利的利益考虑,为了防止混乱或者犯罪,为了保护健康或者道德,为了保护他人的权利与自由而有必要进行干预的,不受此限。

④ 《欧洲人权公约》第 12 条规定:达到结婚年龄的男女根据规定结婚和成立家庭权利的国内法的规定享有结婚和成立家庭的权利。

⑤ 《欧洲人权公约》第 14 条规定:应当保障人人享有本公约所列举的权利与自由。任何人在享有本公约所规定的权利与自由时,不得因性别、种族、肤色、语言、宗教、政治的或者是其他见解、民族或者社会的出身、与少数民族的联系、财产、出生或者其他地位而受到歧视。

及《公民权利和政治权利国际公约》第 23 条[①]和第 26 条[②]作为婚姻缔结请求权的基础。其认为,婚姻登记机关拒绝给予同性伴侣颁发结婚证的行为,侵害了前述《欧洲人权公约》第 8 条、第 12 条和《公民权利和政治权利国际公约》第 23 条保障的缔结婚姻的自由和成立家庭的自由,并且违背了《欧洲人权公约》第 14 条和《公民权利和政治权利国际公约》第 26 条规定的禁止歧视原则。[③] 除此之外,阿姆斯特丹地方法院审理的案件中的请求权人还认为,登记机关拒绝给其颁发结婚证还违背了《欧洲人权公约》第 3 条[④]规定的禁止侮辱规定;而在荷兰最高法院审理的案件中,请求权人还增加了前述拒绝行为违反了《公民权利和政治权利国际公约》第 2 条第 1 款[⑤]规定的基本权利保护规则的请求。对此,两个法院给予了完全不同的回答。[⑥]

阿姆斯特丹地方法院拒绝就此问题予以裁判。其认为,原告在诉讼中提出的问题,应交由立法机关通过立法加以解决。该法院的理由在于:第一,登记机关拒绝给请求权人颁发结婚证的行为是否违反前述公约,并不在该法院司法管辖权范围之内。第二,通过个案的司法判决支持同性伴侣缔结婚姻的请求,将会对整个社会产生巨大影响。为慎重起见,该问题应交由立法机关加以解决,而不是通过个案判决这种过于草率的行为予以处理。[⑦]

荷兰最高法院则从下述三个方面正面回应了同性伴侣所提出的问题:

首先,对请求权人所宣称的登记机关拒绝给其颁发结婚证的行为,是对《荷兰宪法》第 1 条规定的禁止任何理由的歧视原则的违反,该法院予以否定性的回答。

---

① 《公民权利和政治权利国际公约》第 23 条第 1 款规定:家庭是天然的和基本的社会单元,并应受社会和国家的保护。第 2 款规定:已达结婚年龄的男女缔婚和成立家庭的权利应被承认。第 3 款规定:只有经男女双方的自由的和完全的同意,才能缔结婚姻。第 4 款规定:本公约缔约各国应采取适当步骤以保证缔结婚姻双方在缔结婚姻、结婚期间和解除婚姻时的权利和责任平等。在解除婚姻的情况下,应为儿童规定必要的保护办法。

② 《公民权利和政治权利国际公约》第 26 条规定:所有的人在法律前平等,并有权受法律的平等保护,无所歧视。在这方面,法律应禁止任何歧视并保证所有的人得到平等的和有效的保护,以免受基于种族、肤色、性别、语言、宗教、政治或其他见解、国籍或社会出身、财产,出生或其他身份等任何理由的歧视。

③ See Nancy G. Maxwell, *Opening Civil Marriage to Same-Gender Couples*: *A Netherlands-United States Comparison*, 18 Arizona Journal of International and Comparative Law 143(2001).

④ 《欧洲人权公约》第 3 条规定:不得对任何人施以酷刑或者是使其受到非人道的或者是侮辱的待遇或者是惩罚。

⑤ 《公民权利和政治权利国际公约》第 2 条第 1 款规定:本公约每一缔约国承担尊重和保证在其领土内和受其管辖的一切个人享有本公约所承认的权利,不分种族、肤色、性别、语言、宗教、政治或其他见解、国籍或社会出身、财产、出生或其他身份等任何区别。

⑥ See Nancy G. Maxwell, *Opening Civil Marriage to Same-Gender Couples*: *A Netherlands-United States Comparison*, 18 Arizona Journal of International and Comparative Law 143(2001).

⑦ See Rb Amsterdam 13 februari 1990, NJCM-Bulletin 1990, p. 456 – 460, m. nt. K. Boclc-Woelki en P. C. Tange.

该法院认为，该条规定的禁止歧视原则并不能改变《荷兰民法典》第 30 条的立法意旨，即婚姻的缔结仅限于异性之间。① 对于《荷兰宪法》所确立的基本原则在这里为什么不构成对《荷兰民法典》等一般法中之具体规则的基本法约束，该法院没有进一步说明。

其次，对于登记机关的拒绝行为是否违反了公约中的婚姻缔结自由与成立家庭自由的基本原则，荷兰最高法院依据欧洲人权法院在一例涉及变性人寻求缔结婚姻的判决中所持的理由，否认了该案中婚姻登记机关的拒绝行为违反了前述公约中的基本原则。欧洲人权法院在审理变性人主张婚姻缔结权的案件中认为，英国法所持的婚姻标准与《欧洲人权公约》第 12 条所保障的权利相一致，即婚姻是生物学意义上的异性之间的结合。在一些缔约国中已经发生的改变传统婚姻概念的相关实践，并未表明任何一般意义上的关于放弃传统婚姻概念的迹象。因此，欧洲人权法院以 14∶4 的绝对多数票，拒绝了变性人依据《欧洲人权公约》第 12 条主张的权利。② 荷兰最高法院据此认为，本案中关于该点的争议，也应受欧洲人权法院所作判决的约束。③ 荷兰最高法院还认为，本案中涉及的对《公民权利和政治权利国际公约》第 23 条的理解，也应依据前述判决所确立的标准来理解。另外，《欧洲人权公约》第 8 条规定的基本原则是否存在被违反的嫌疑，要以《欧洲人权公约》第 12 条中婚姻概念的判定为前提。既然公约所规定的婚姻必须在异性之间成立，那么同性恋当然不能因为婚姻登记机关拒绝给其颁发结婚证，就主张《欧洲人权公约》第 8 条规定的对于婚姻家庭的尊重被侵犯时的权利。④

最后，对于是否存在违反公约规定的禁止歧视原则问题，荷兰最高法院认为，尽管较之《公民权利和政治权利国际公约》第 2 条的保护范围，该公约第 26 条包含更广泛的歧视禁止与平等保护。然而即便如此，该案中的拒绝行为也不涉及对第 26 条的违反。因为民事婚姻很久以来即被理解成男性与女性之间的持久性结合，这种结合关系所引发的一系列法律后果中的一部分，就涉及性别差异和与孩子出

---

① See HR 19 oktober 1990, NJ 1992, p. 192, m. nt. EAAL en EAA.

② See Cossey v. United Kingdom, European Court. H. R. 27 September 1990 Series A Vol. 184. 该法院所持观点在嗣后的司法实践中被推翻，如在克里斯蒂娜·古德温诉联合王国（Christine Goodwin v. United Kingdom）案中，一个通过变性手术而以女性身份生活的变性者诉请与另一男性结婚，对此欧洲人权法院认为，请求权人享有《欧洲人权公约》第 12 条中规定的婚姻缔结权，并着重指出，生育能力在此并非必须。案情详见：Christine Goodwin v. United Kingdom, European Court of Human Rights, July 11, 2002。

③ 荷兰最高法院的这一观点亦受到学理上的支持，即欧洲人权法院对此所持之观点以及相应的推理亦可适用于之后非变性的同性主体间的婚姻解释上。See Robert Wintemute, *International Trends in Legal Recognition of Same-Sex Partnerships*, 23 Quinnipiac Law Review 577（2004 –2005）.

④ See HR 19 oktober 1990, NJ 1992, p. 192, m. nt. EAAL en EAA.

生相关的后果。并且婚姻所具备的这些特点，也不是荷兰法律所独有的，在其他很多国家都是如此。[①]

(3)对前述司法判决的分析与推论

荷兰法院的判决表明，在立法未明确赋予同性伴侣缔结婚姻权之前，司法实践无论如何也不能在既存的法律体系内，推导出支持同性伴侣婚姻缔结请求权的基础。司法实践的这种无奈，在阿姆斯特丹地方法院判断婚姻登记机关的拒绝行为是否违反《荷兰宪法》等所确立的基本原则时，表现得尤为明显。因为该法院并未断然就原告所提出的诉讼请求给予明确的回答，它认为该问题应交由立法机关解决。该法院回避给该法律争议以明确的回答，显然表明其本身对争议问题的法律判断还犹疑不定。因为在此之前，海牙上诉法院在一例同性伴侣主张婚姻缔结权的判决中已经明确认定此类请求权并不构成对前述公约条款的违反。[②] 阿姆斯特丹地方法院未直接采取前述海牙上诉法院采取的处理措施，而是间接承认：对同性伴侣是否应给予和异性伴侣一样的婚姻缔结权，在荷兰社会仍存在广泛的分歧。其认为贸然通过司法判决的形式确定该类社会分歧所针对的社会争议，可能会在整个社会掀起轩然大波。因此在该法院看来，此类问题应交由立法机关解决。尽管荷兰最高法院的态度非常明确，即无论是《荷兰民法典》第30条还是《欧洲人权公约》第12条等所确立的婚姻制度，都是传统意义上的男女两性之间的长久结合，同性伴侣所主张的婚姻缔结权，依据荷兰既存的法律制度，无论如何也无法推导出来；但如同前述阿姆斯特丹地方法院所明确承认的那样，荷兰最高法院也承认，并不能证明婚姻的法律效果不能适用于同性关系这种生活方式。其之所以拒绝同性伴侣主张的婚姻缔结权，仅是认为承认同性伴侣的婚姻缔结权不是法院的任务，而是立法者的任务；在立法者未就此表明自己的态度之前，法院不会贸然支持同性伴侣有权缔结婚姻。[③]

因此，对于同性伴侣是否可以同异性伴侣一样也享有婚姻缔结权之问题的解决，从前述法院相应判决中明确表达出来的观点来看，并不能希冀通过具体解释规则的适用，由法院从既存的法律体系中直接推导出来。尽管荷兰法院并未支持同性伴侣关于缔结婚姻的请求权，但是其在判决中表达出来的观点，却为同性伴侣争取婚姻缔结权指明了奋斗的方向，即由立法机关对争议的问题予以明确规定。

---

① See HR 19 oktober 1990, NJ 1992, p. 192, m. nt. EAAL en EAA.

② See Hof Den Haag 2 juni 1989, NJ 1989, 871.

③ See Wendy M. Schrama, *Registered Partnership in the Netherlands*, 13 International Journal of Law, Policy and the Family 315 (1999).

(三)争取平等对待的努力和初步成果:荷兰登记伴侣关系制度

时代背景的变迁驱使着同性伴侣追求法律上完全平等对待的欲望。虽然他们试图通过诉讼的方式从既存的法律体系中寻求完全平等对待意义上的权利基础,但法院最后的判决却表明,即使社会情势已经发生了与传统法律婚姻制度不相适应的变革,制定法中已经存在尊重和保护同性生活方式的制度规范,但在立法没有明确赋予同性伴侣以婚姻缔结权的情况下,司法实践通常也并不会支持同性伴侣主张的权利诉求。因此,正如荷兰法院在否定同性伴侣主张的婚姻缔结权时所指出的那样,将法律实践中已经出现的平等对待趋势转化为可以明确支持同性伴侣婚姻缔结权的法律制度,只能由立法解决。受此影响,同性伴侣争取婚姻缔结权的努力就转移到了立法领域。

1. 争取平等对待的努力

事实上,在20世纪90年代初,同性伴侣通过民事诉讼主张婚姻缔结权之前,荷兰的同性伴侣就已经通过一系列努力而在法律实践中的特定领域取得了相应平等对待的法律地位。在结社自由方面:1946年荷兰最大的同性恋组织文化与娱乐中心成立并获得法律的认可,该组织后来成为推动同性伴侣关系获得平等法律地位的最有力的社会力量。1955年以后,阿姆斯特丹等地的诸如迪厅、宾馆及桑拿馆等公共场所向同性伴侣开放,这意味着前述法律实践中禁止女同性恋出入公共场所的歧视性规定被社会实践抛弃。20世纪60年代以后,同性恋者开始公开承认自己的身份,这一时期同性恋组织也开始发起运动反对对同性恋的歧视,并且取得了巨大成果。除前面已经述及的对同性伴侣关系平等对待的立法成果之外,这一阶段取得平等对待的领域还包括:1973年荷兰开始向同性恋开放兵役法;1978年通过变性手术的变性人的法律地位被承认,并且变性手术所需的费用也可以由国家医疗救助基金会支付;20世纪70年代后期,政治党团、劳工联盟、高校、卫生组织、警察和军队中,都逐渐开始形成代表同性恋利益的社团。在这种巨大的社会力量的推动下,荷兰政府开始支持同性恋者主张的平等对待的权利诉求,因此前述的一系列有利于同性伴侣关系的规范性法律文件被逐渐制定出来。也正是基于这种社会现实,荷兰的同性伴侣才可能在20世纪80年代中期以后开始主张婚姻缔结权,并于20世纪90年代初将这种权利主张提交给法院,并且希望后者能够明确支持他们的权利诉求。当同性伴侣主张的婚姻缔结权被法院拒绝后,他们随之改变了争取平等对待的策略,即通过同性恋组织的社会力量,希冀由立法改变法律实践中依然存在的对同性伴侣关系的歧视。

(1)事实性的登记伴侣关系在荷兰出现

在同性伴侣向法院主张在婚姻登记机关注册婚姻关系的诉讼失败以后,同性伴侣转而寻找其他途径,以作为前述婚姻登记机关注册婚姻的替代。巧合的是,由于荷兰法律允许市政府所属的登记机关的数量不受限制,所以同性伴侣请求将其伴侣关系在被称为“婚姻登记机关”的新型的市政府所属的登记机关注册。1991年,荷兰首例同性伴侣关系在代芬特尔市镇注册成功,截至1992年年底,荷兰已有超过140个市镇的相应登记机关可以办理同性伴侣关系的注册登记。尽管当时市政府所属的登记机关给同性伴侣办理的注册并不产生任何相应的法律效力,但市政府提供此类登记的意愿,表达了至关重要的政治上的象征意义:它至少表明了公权力机关对于之前屡被歧视的同性伴侣以及他们所采取的生活方式的事实上的承认。[①]

(2)法律上登记伴侣关系制度在丹麦等国确立

在荷兰的同性伴侣寻求婚姻登记机关之外的其他登记机关注册他们的伴侣关系并取得成功的同时,欧洲其他国家关于给予同性伴侣关系以明确法律地位的政治呼声也日渐高涨。特别是丹麦,在1989年首次以立法的形式,创造性地发展出了“登记伴侣关系”制度,从而在法律上明确回应了同性伴侣的相应权利要求。[②] 丹麦通过立法开创的新型法律制度,有效回避了社会传统力量对于法律直接承认同性伴侣婚姻缔结权的反对,为同性伴侣在立法上取得更多的平等对待找到了新的途径。此后不久,挪威(1993)[③]、瑞典(1994)[④]、冰岛(1996)[⑤]等北欧国家纷纷以此为例,通过立法确立了登记同性伴侣关系制度,很大程度上满足了同性伴侣争取法律上平等对待的权利期望。事实上,丹麦等国开创并践行的登记伴侣关系制度,也为荷兰同性伴侣关系问题在法律上的最终解决提供了思路。

---

① See Nancy G. Maxwell, *Opening Civil Marriage to Same-Gender Couples: A Netherlands-United States Comparison*, 18 Arizona Journal of International and Comparative Law 143(2001).

② See L. Nielsen, *Family Rights and the Registered Partnership in Denmark*, 4 International Journal of Law and the Family 297(1990).

③ See Act on Registered Partnerships, No. 40 (Apr. 30, 1993). 该法中的伴侣关系嗣后分别于2000年和2001年被修正,主要涉及民事身份与居住(Act of December 21, 2000, No. 104)和收养(Act of June 15, 2001, No. 36)。

④ See Lag om registrerat partnerskap [Law on Registered Partnership] (Svensk författningssamling [SFS] 1994:1117).

⑤ See Act on Registered Partnership, No. 87 (June 12, 1996). 该法于1996年6月27日生效。该法2000年被修正,其中引入了第二父母收养制度,并且在国外登记为伴侣关系也被承认。See Act. No. 52/2000.

(3)《荷兰登记伴侣关系法》正式确立

在前述实践背景下，荷兰政府的立法咨询委员会在 1991 年迅速组成了立法起草委员会，即“第一科特曼委员会”。该委员会在 1991 年的报告中指出，应在荷兰制定类似前述丹麦所制定的《丹麦登记同性伴侣关系法》；该报告还认为，登记伴侣关系制度应被预设为同时适用于同性伴侣与那些被禁止缔结婚姻的异性伴侣。但在 1994 年被提交给议会审议的荷兰登记伴侣关系法草案中，却没有包含前述关于特定情形下异性伴侣关系登记的内容。①

荷兰政府在 1995 年公开出版的《政府备忘录》中建议修改前述草案。其中，引起最大争议的问题是，该备忘录再次建议将登记伴侣关系制度向异性伴侣开放。荷兰政府希望通过这种制度，为异性伴侣提供一个双层体系的选择模式，使他们能够在婚姻与登记伴侣关系之间作出取舍。② 荷兰政府还希望通过该制度减轻主要来自荷兰最大的同性恋组织——文化与娱乐中心方面的压力。因为在后者看来，草案中规定的登记伴侣关系制度，实质上是将登记伴侣关系视为第二等级的婚姻。他们认为，应允许同性伴侣与异性伴侣以同样的方式缔结婚姻。③

荷兰登记伴侣关系法草案创设的制度所产生的广泛分歧及由此产生的社会压力，直接导致了荷兰政府在 1997 年另行设立了“第二科特曼委员会”。该委员会的主要任务就是调查同性伴侣缔结婚姻是否可行，以此来决定是否应通过立法的形式确认同性伴侣的婚姻缔结权。关于第二科特曼委员会的工作成果，下文还会论及。与此同时，荷兰议会以第一科特曼委员会提交的草案为基础，在 1997 年 5 月 1 日审议并通过了《荷兰登记伴侣关系法》；该法于 1998 年 1 月 1 日正式施行。④ 该法的最终颁行，标志着荷兰同性伴侣在争取法律上的平等对待方面取得了阶段性的巨大成功。

---

① See Nancy G. Maxwell, *Opening Civil Marriage to Same-Gender Couples: A Netherlands-United States Comparison*, 18 Arizona Journal of International and Comparative Law 143(2001).

② See Kamerstukken Tweede Kamer, 1994/95, 22700, nr. 5, 5. See Nancy G. Maxwell, *Opening Civil Marriage to Same-Gender Couples: A Netherlands-United States Comparison*, 18 Arizona Journal of International and Comparative Law 143(2001).

③ See Kamerstukken Tweede Kamer, 1994/95, 22700 nr. 5, 5; Kamerstukken, Tweede Kamer, 1995/96, 23761, nr. 7, 10. See Ian Sumner, *Going Dutch-A Comparative Analysis and Assessment of the Gradual Recognition of Homosexuality with Respect to the Netherlands and England*, 9 Maastricht Journal of European and Comparative Law 29(2002).

④ Vgl. Dominique Jakob, Die eingetragene Lebenspartnerschaft im internationalen im internationalen Privatrecht, Dr. Otto Schmidt KG, 2002, S. 35.

2. 登记伴侣关系制度

从立法技术角度看,《荷兰登记伴侣关系法》并非一部独立的制定法,其事实上是通过对《荷兰民法典》的修改而制定的。立法机关在《荷兰民法典》第一编新增的第五节第 80a 条至第 80e 条内,加入了登记伴侣关系方面的内容。同时,立法机关还修改了《荷兰民法典》第一编与《荷兰民事诉讼法典》中的相关规定,以使既存的法律制度与当时新通过的同性伴侣关系制度保持协调。在《荷兰登记伴侣关系法》中,立法者试图使登记伴侣关系的法律规则能够尽可能地独立适用并规范相应的社会实践。因此,该法所涉及的内容非常广泛,这有别于《丹麦登记同性伴侣关系法》:后者仅规定了足够的寥寥可数的几个基本规则,其余内容则交给它充分信赖的整体性援引条款来解决;前者则因细节意识而专注于一个更全面和详细的规则设计。① 这主要包括以下几个方面。

(1)登记的前提条件

《荷兰登记伴侣关系法》确定的注册为登记伴侣关系的前提条件,依其内容可以分为实质要件与程序要件。

①实质要件。首先是性别。正如之前荷兰政府在法律制定时所预期的,该法并未对登记伴侣关系注册人的性别进行特别限制,这意味着登记伴侣关系向所有性别的自然人主体开放。② 其次是年龄。关于登记伴侣关系注册人的最低法定年龄,该法援引适用婚姻缔结时法定最低年龄的要求,即注册人的法定最低年龄须不低于 18 周岁。基于特别重大的原因,例如在怀孕的情形下,未满 18 周岁的未成年人在经过其父母的同意后,也可以注册为登记伴侣关系。③ 再次是认知能力。关于注册人认知能力的要求,必须满足《荷兰民法典》第 1:32 条的规定。④ 最后是注册的障碍。如果打算注册为登记伴侣关系的双方当事人之间存在特定的血亲关系⑤,或注册请求人已经在另一个登记伴侣关系或婚姻关系中⑥,则不予注册。

②程序要件。这里最重要的程序要件是登记伴侣关系的注册,注册所导致的法律效果是登记伴侣关系的开始。⑦ 依据《荷兰登记伴侣关系法》的规定,关于注册

---

① Vgl. Dominique Jakob, Die eingetragene Lebenspartnerschaft im internationalen im internationalen Privatrecht, Dr. Otto Schmidt KG, 2002, S. 35.

② See Art. 1:80a Abs. 1.

③ Art. 1:80a Abs. 6 i. V. m. 1:31 Abs. 1, 3 BW.

④ Art. 1:80a Abs. 6 i. V. m. 1:32 BW

⑤ Art. 1:80a Abs. 6 i. V. m. 1:41 Abs. 2 BW.

⑥ Art. 1:80a Abs. 1, 2 BW.

⑦ Art. 1:80a Abs. 3 BW.

时所需要的公告、申诉与证人等,应适用《荷兰民法典》关于婚姻缔结时的规定。登记伴侣须在特定的民事身份登记处注册。① 这里主要分为如下两种类型:第一种是登记伴侣的居所地在荷兰境内。准备注册为登记伴侣关系的当事人,必须给伴侣关系中其中一人居所所在地的市属民事身份登记处以通知,并且提交有关其民事身份的数据;如果当事人之前曾注册另一登记伴侣关系或婚姻,则须指明前任伴侣或配偶的姓名。第二种是登记伴侣居所地不在荷兰境内。对于其中至少一人是荷兰国籍的两个准备注册的伴侣,住所地不在荷兰境内,但是彼此打算在荷兰的某市注册为登记伴侣关系,则前项通知须提交给海牙的市属民事身份登记处。这里需要注意的是,尽管负责注册的民事身份登记处在注册时并不进行实质性的审查,但如果其发现存在适用注册中断之规定的情形,②则有权不予配合制作未在此类伴侣关系注册范围内的登记伴侣关系的通知证书。③

(2)登记伴侣关系的法律效果

从整体上看,《荷兰登记伴侣关系法》使登记伴侣关系在法律上原则性地等同于婚姻。这意味着,《荷兰婚姻法》中关于婚姻法律效果的规定,也原则性地适用于登记伴侣关系;伴侣关系中的双方当事人亦需负担忠实、扶助与共同生活的义务,并且为共同的家事债务负责。④ 主要区分以下几点予以说明。

①财产关系。登记伴侣关系内财产关系的规范,适用婚姻共同体中财产关系的调整规则。如果伴侣双方未在伴侣关系协议内选择约定财产制度,则适用法定财产制度。⑤ 在伴侣关系解除后,双方互负生活扶养义务。另外,登记伴侣关系内伴侣双方的继承权,也比照婚姻配偶间的继承关系处理。⑥

②人身关系。因为人身关系较之财产关系涉及更多的传统伦理道德的判断以及伴侣在法律上享有的权利之间的规范冲突与调整,所以立法时就这一部分内容的设置存在较多争议。但从生效的相关法律确立的内容看,立法实质上也赋予了

---

① Art. 1:80a Abs. 4 BW.

② 《荷兰登记伴侣关系法》第1:80a条第5项第1段,以及经由该项引入的《荷兰民法典》第1:51条、第1:53条第2段与第3段、第1:54条到第1:56条,以及注册构成第1:31条、第1:32条、第1:41条与第1:80a条第1段和第2段所定义之内容。

③ Art. 1:80a Abs. 5 BW.

④ Vgl. Dominique Jakob, Die eingetragene Lebenspartnerschaft im internationalen im internationalen Privatrecht, Dr. Otto Schmidt KG, 2002, S. 38.

⑤ Vgl. Breemhaar, Eheliche Gemeinschaft, Partnerschaft und Vermögen im niederländischen Recht, In: Eheliche Gemeinschaft, Partnerschaft und Vermögen europäischen Vergleich, Dieter Henrich & Dieter Schwab (Hrsg.), Gieseking, 1999, S. 154 ff.

⑥ Art. 4:879a BW.

登记伴侣关系如同婚姻一样的法律地位。这主要表现在伴侣关系间姓名使用与未成年子女关系方面：在姓名权方面，伴侣一方有权将对方之姓冠于自己姓名之前，这与婚姻关系内配偶双方就姓名所享有的权利保持一致。① 在父母与未成年子女关系方面，该法对登记伴侣关系内生活伴侣与未成年人子女之间的法律关系，作了严格限制。这主要表现为：

第一，伴侣一方与对方伴侣所出之未成年子女间形成的不是家庭法意义上的关系，而是姻亲关系。当然，依据《荷兰民法典》的规定，允许该方伴侣申请一项一般意义上的父母抚养权。②

第二，依据最早通过的《荷兰登记伴侣关系法》，即使是对继子女，同性伴侣也无权收养。③ 但是，于 2001 年 4 月 1 日生效适用的《荷兰收养法》，则赋予了同性伴侣与异性伴侣一样的共同收养权：除被收养的未成年人的居住地必须在荷兰境内以及无法再指望其亲生父母抚养外，同性伴侣共同收养子女时需要满足的前提条件与异性伴侣完全一致。④

③对外关系。登记伴侣关系内的伴侣同婚姻内的伴侣一样享有平等的法律地位，这也反映在登记伴侣与国家之间的法律关系上。对此，生活伴侣也和婚姻配偶一样，享有税法、租赁法、社会保险法以及刑法上的权利并承担相应的义务。⑤

（3）登记伴侣关系的终止

《荷兰登记伴侣关系法》规定了以下几种导致登记伴侣关系终止的情形。⑥

①登记的伴侣一方死亡。如果登记的伴侣中一方失踪，且在该方当事人被宣布死亡时，登记伴侣关系在伴侣另一方注册为另一新的登记伴侣关系或婚姻的当天终止。⑦

②经双方协商同意终止伴侣关系。通过民事身份登记处制作一个有确定日期的申明，由登记伴侣双方以及一个或多个律师或公证人签字，明确表示于何时该登

---

① Art. 1:9 BW.

② See Maxwell, Mattijssen & Smith, *Legal Protection for all the Children: Dutch-American Comparison of Lesbian and Gay Parent Adoptions*, 17 Arizona Journal of International and Comparative Law 309(2000).

③ 荷兰最高法院在 1997 年 9 月 5 日所作的一例判决中，对此予以明确的拒绝。See RvdW 1997, 159.

④ Vgl. Dominique Jakob, Die eingetragene Lebenspartnerschaft im internationalen im internationalen Privatrecht, Dr. Otto Schmidt KG, 2002, S. 39 – 40.

⑤ Vgl. Dominique Jakob, Die eingetragene Lebenspartnerschaft im internationalen im internationalen Privatrecht, Dr. Otto Schmidt KG, 2002, S. 40.

⑥ Art. 1:80c BW.

⑦ Art. 1:80c Abs. 1, a, b, BW.

记伴侣双方已经作出了关于终止登记伴侣关系的协议。[①] 对于通过该种方式终止登记伴侣关系的，需要注意在《荷兰民法典》第1:80c条第一段c项意义上的经双方协商同意终止登记之伴侣关系是不可能的，如果伴侣出现如下情况：一是如果伴侣没有对其共同拥有的一个或多个未成年子女行使权力，无论是共同地还是分别地，或者根据《荷兰民法典》第1:253sa条或第1:253t条对一个或多个未成年子女共同行使权力。[②] 二是登记伴侣关系终止的协议，必须至少包括登记伴侣如下的声明，即他们的登记伴侣关系已经无可挽回地破裂了，并且他们想终止这一关系。此外，该协议还必须包括以下内容：[③]第一，为登记伴侣一方的利益支付赡养费，如登记伴侣一方没有足够的方法为自己提供赡养并且其被合理地相信，其自身不能获得此类赡养。第二，登记伴侣一方将是他们主要居住地之居住空间的承租人，或者在协议中约定的时间段内，该方当事人有权使用一方或双方共同所有的，或者虽然属于第三人但他们被允许使用的房屋与生活资料。第三，通过他们登记伴侣关系的注册，或者根据《荷兰民法典》第一编第八节规定的情形，以协商方式对所有财产进行分割。第四，养老金收益的处理或权利的均分。

③因登记伴侣或其中一方当事人请求而解除。对于这种形式登记伴侣关系的解除，该法主要是通过援引《荷兰民法典》关于婚姻关系终止等相关规定来加以规范的。主要包括如下内容：[④]第一，关于登记伴侣关系的解除，适用《荷兰民法典》第1:151条、第1:153条、第1:155条、第1:157条至第1:160条、第1:164条与第1:165条。第二，通过法院的注册实现登记伴侣关系的解除，或登记伴侣关系在民事身份登记处因登记伴侣或其中一方的请求而被解除的，适用《荷兰民法典》第1:163条第3段。

④由登记伴侣关系变更为婚姻。据《荷兰登记伴侣关系法》的规定，登记伴侣关系与婚姻是平行的法律制度。因此，当该关系变更为婚姻关系时，登记伴侣关系自然消灭。变更登记时需要注意以下事项：第一，变更登记的机关。当两人通知民事身份登记处他们想把登记伴侣关系变更为婚姻关系时，伴侣一方居所地的登记处将制作具备变更效力的证书。如果登记伴侣居住在荷兰之外且想将登记伴侣关系在荷兰变更为婚姻，而其中至少一人为荷兰国籍，此时该变更登记由海牙的市属民事身份登记处办理。第二，变更的效力。从变更的证书被登记于婚姻登记机关

---

① Art. 1:80c Abs. 1, c, BW.

② Art. 1:80c Abs. 3, BW.

③ Art. 1:80d BW.

④ Art. 1:80e BW.

时起,登记伴侣关系结束,婚姻关系开始。该变更不影响变更之前当事人与孩子出生相关的任何可能的法律上的家庭关系。①

3. 小结

从整体上看,《荷兰登记伴侣关系法》基本上实现了登记伴侣关系与婚姻关系在法律权利义务方面的平等对待;同性伴侣将伴侣关系依法予以登记,可以获得婚姻配偶所能享有的大部分权利。② 对屡被歧视而无从获得法律上明确承认的同性伴侣来讲,该法无疑实现了历史性跨越。因此,荷兰同性伴侣所争取的法律上的平等对待,因为该法的通过已基本获得了成功。但同性伴侣与异性伴侣在法律上的差别对待依然存在:异性伴侣可以注册为登记伴侣关系,而同性伴侣则不可以注册为婚姻。因此,与同性伴侣之前在司法实践中所诉求的一样,完全平等的法律对待并没有通过《荷兰登记伴侣关系法》获得根本性解决。同性伴侣关于婚姻缔结权的权利诉求,仍需通过立法获得最终解决。

(四)争取完全平等对待的努力和最终成果:荷兰同性婚姻制度

前述登记伴侣关系中的权利义务设置表明:一方面,与《荷兰登记伴侣关系法》颁布生效前相比,同性伴侣的法律地位有了实质变化。该法不但明确承认了同性伴侣关系的民事法律地位,也给予了该关系内的同性伴侣几乎等同于婚姻配偶所能享有的权利。另一方面,该法的通过实质上也表明,尽管登记伴侣关系与婚姻关系的缔结主体所享有的权利和承担的义务在某种程度上可以等量齐观,但这并不意味着两者在法律上享有完全平等的地位。最显著的问题是,同性伴侣只能登记为登记伴侣关系,而异性伴侣则可以在登记伴侣关系和婚姻关系两者之间进行选择。这表明,婚姻制度仅向异性伴侣开放而不面向同性伴侣。

针对《荷兰登记伴侣关系法》表现出来的这两个方面的特点,存在两种截然不同的观点。一种观点认为,《荷兰登记伴侣关系法》在实现同性伴侣关系与异性婚姻关系的变革方面走得太远,因为该法赋予了登记伴侣以太多本来仅能为婚姻所享有的权利。相反观点则认为,尽管两种生活方式中相应主体所实际享有的权利在现存的法律框架内确已不存在实质性差别,但在形式上,其与实现完全意义上的平等对待依然存在差距。微小差距所表现出来的实质问题是:登记伴侣关系本质上仍为第二等级的婚姻,这恰是同性恋者所不能接受的。他们希望通过进一步的努力,最终实现同性伴侣在法律上与异性伴侣完全一样的同等对待,即承认同

---

① Art. 1:80g BW.

② See Nancy G. Maxwell, *Opening Civil Marriage to Same-Gender Couples: A Netherlands-United States Comparison*, 18 Arizona Journal of International and Comparative Law 143(2001).

性婚姻。[1] 对这种截然相反的观点，荷兰立法究竟是如何选择的呢？

1.《荷兰登记伴侣关系法》引发的主要争议

《荷兰登记伴侣关系法》调整的对象属于在社会上存在较大争议的实践问题，因此即使像荷兰这样在性问题上持开放和宽容态度的国家，反对给予同性伴侣关系以类似婚姻关系之法律地位的呼声也从未停止过。同时，从《荷兰登记伴侣关系法》开始起草到最后颁布，时间上都非常仓促，因此在具体的制度设计上，难免存在不尽如人意的地方。[2] 例如，在父母子女关系方面，该法规定同性伴侣成为登记伴侣关系后，该登记伴侣关系不会对任何一方之未成年子女的法律地位产生任何影响，登记伴侣关系中的当事人甚至不能对伴侣彼此的未成年子女行使共同的父母权力。[3] 在未成年子女收养问题上，该法规定登记伴侣关系中的伴侣一方不得收养另一方伴侣的未成年子女，而在该法之后通过的立法则允许未婚的异性伴侣收养彼此的未成年子女。[4] 在国际私法适用方面，该法仅适用于荷兰公民，或者在荷兰有居住地的外国人。[5] 甚至在登记伴侣关系法定的解除机关上，也存在差别待遇，即登记伴侣关系可以不通过寻求法院的同意而径行解除，而婚姻关系的解除则必须通过法院的诉讼程序才能完成。[6] 就寻求完全平等的法律对待的同性伴侣而言，这些差别待遇显然不能让其满意。除此之外，《荷兰登记伴侣关系法》通过后，在同性伴侣关系完全平等对待的支持者和反对者之间，就下述两个问题产生了激烈争议。

(1)登记伴侣关系何以对同性伴侣和异性伴侣皆可适用？

依据《荷兰登记伴侣关系法》第 1:80a 条第 1 款的规定，登记伴侣关系不仅向同性伴侣开放，也向异性伴侣开放。对此存在的争议为是否支持同时向两者开放。

①持向两者都开放。荷兰政府是这一观点的主要支持者。依据其所持的观点，尽管异性伴侣对成为登记伴侣关系的需求极为有限，但从象征意义与宣誓角度

---

① See Shirley C. Ogata, *Are Wedding Bells Ringing for Same-Sex Marriages? The Legal Trends and Social Perspectives of Europe, Canada and the United States*, 6 European Journal of Law Reform 181(2006).

② See Wendy M. Schrama, *Registered Partnership in The Netherlands*, 13 International Journal of Law, Policy and the Family 315 (1999).

③ Art. 1:80c Abs. 3, a, b, BW.

④ Art. 227 BW.

⑤ Art. 1:80a Abs. 4, BW.

⑥ Art. 1:80c BW. 鉴于《荷兰收养法》中这种明显的不一致性以及由此可能发生的歧视待遇，荷兰立法机关在 2000 年通过立法，允许同性伴侣双方共同收养未成年子女。See Stb. 2001, 10.

出发,将异性与同性伴侣平等地纳入《荷兰登记伴侣关系法》的调整范畴,可以在形式上实现同性与异性关系的平等对待,并以此缓解来自同性恋组织方面反对的压力。① 如前所述,在荷兰,支持给予同性伴侣以完全平等法律对待的观点认为,登记伴侣关系只是第二等级的婚姻,是对同性伴侣的歧视。②

②反对向两者同时开放。持反对意见的观点认为:首先,除父母与未成年子女之间的法律关系外,登记伴侣关系与婚姻关系的法律效果基本相同。因此,如果从受相应法律关系约束的角度出发,那些不打算缔结婚姻的异性伴侣,也不会考虑注册为登记伴侣关系。这意味着,《荷兰登记伴侣关系法》将异性伴侣纳入其中,并无实际意义。③ 其次,基于对未成年人利益充分保护的考虑,立法应在登记伴侣关系中排除异性伴侣的注册,鼓励由法律上的双亲构成稳定的共同体并在其内生育子女。④ 对于前述观点,理论上存在不同看法。

第一,是否存在实践意义的实证说明。实际调查结果显示,在荷兰,1998 年总共有 4556 对登记伴侣关系被注册,其中异性伴侣有 1550 对,约占注册总人数的 1/3。这表明将登记伴侣关系向异性伴侣开放,实践中并非没有意义。因此,反对者基于逻辑推理得出的上述推论并不成立。同时,该数据还反映出,对于那些并不想在法律上获得承认的、稳定的生活共同体内建立父母子女关系的异性伴侣,登记伴侣关系也不失为一个理想的选择。

第二,登记伴侣关系涉及异性伴侣与未成年子女利益的保护。依据有关未成年人利益保护的观点,婚姻关系是男女两性之间长久稳定的结合。因此,未成年人父亲的推定应仅在婚姻关系中适用,登记伴侣关系中的未成年人,不能因为伴侣关系的登记而自动拥有一个法律上的父亲;男性登记伴侣在获得任何权利和义务之前,必须获得法律上的承认。⑤ 但从逻辑推理的角度来看,父亲推定不适用于婚姻

---

① See Kamerstukken Tweede Kamer, 1994/95, 22700 nr. 5, 5; Kamerstukken, Tweede Kamer, 1995/96, 23761, nr. 7, 10. See Ian Sumner, *Going Dutch-A Comparative Analysis and Assessment of the Gradual Recognition of Homosexuality with Respect to the Netherlands and England*, 9 Maastricht Journal of European and Comparative Law 29(2002).

② See Nancy G. Maxwell, *Opening Civil Marriage to Same-Gender Couples: A Netherlands-United States Comparison*, 18 Arizona Journal of International and Comparative Law 143(2001).

③ "Verstappen, het geregistreerd partnerschap", FJR 1997, 281. See Wendy M. Schrama, *Registered Partnership in the Netherlands*, 13 International Journal of Law, Policy and the Family 315 (1999).

④ See Wendy M. Schrama, *Registered Partnership in The Netherlands*, 13 International Journal of Law, Policy and the Family 315 (1999).

⑤ See Wendy M. Schrama, *Registered Partnership in the Netherlands*, 13 International Journal of Law, Policy and the Family 315 (1999).

关系之外的其他生活共同体，并不构成异性伴侣被排除出登记伴侣关系的正当理由。①

③最后的结论。就同性伴侣而言，尽管在实践效果上，《荷兰登记伴侣关系法》将同性与异性伴侣皆纳入其调整范畴，部分程度上确实有助于实现立法者立法时所欲实现的平等对待目的，但是这种平等对待，并未真正实现前述同性伴侣所希冀的理想目标。该法确立的平等对待的实际结果是，为异性伴侣提供了更充分的保护；但就同性伴侣而言，除了注册为登记伴侣关系外，他们并无更多的选择机会。他们并不享有选择注册为婚姻关系的权利，也不能基于婚姻关系而享有相应的父母子女关系中的权利。从这个意义上讲，前述立法者想通过该法给予同性伴侣以平等法律对待的愿望，并未真正实现。

(2)是否应该将婚姻关系向同性伴侣开放？

这一问题实质上是对前一问题的延伸。如前所述，《荷兰登记伴侣关系法》虽然给予了同性伴侣近似于婚姻中异性伴侣所能享有的法律地位，但这与完全意义上的平等对待之间依然存在差距。因此，持应当给予同性伴侣以婚姻缔结权观点的人士，主要通过以下两点来证立其观点。

①婚姻概念是变化的。依据反对给予同性伴侣以婚姻缔结权的观点，婚姻仅向男女两性以长久结合为目的的生活共同体开放，以之为基础的婚姻法对此之外的其他生活方式不予调整。但反对者据以支持其观点的核心论据，即婚姻概念本身的构成，却在实践中遭遇挑战。荷兰政府设立的配偶权利与义务委员会(Committee on the Rights and Duties of Spouses)，已经以婚姻本身为对象向政府提交了详细的报告。该报告主要涉及的内容是：是否应废除与同居职责及家事支出的分配有关的条款的建议，此外该报告还涉及婚姻中的财产问题。② 依据该委员会所提交的报告可以确定，即使婚姻概念本身，也并非一成不变的。既然婚姻关系内所涉及的最核心的同居职责等都可以被纳入是否废除的考虑范围，那么赋予同性伴侣以婚姻缔结权，也存在可予论证的现实可能性。

②既存婚姻规则中不存在排斥同性伴侣平等对待的充分理由。在荷兰，婚姻制度特别是婚姻财产制度所假设的主要前提是，要适用于那些有子女的异性伴侣，且伴侣一方的主要任务是照顾孩子的情形。因为在这种情形中，该伴侣的就业机会将被实质性限制，所以法律对其应予相应的特殊保护。同性伴侣期望一种不同

---

① See Wendy M. Schrama, *Registered Partnership in the Netherlands*, 13 International Journal of Law, Policy and the Family 315 (1999).

② See Committee on the Rights and Duties of Spouses, Report of December 1997.

于婚姻关系的生活方式,因此既存的婚姻财产方面的法律制度可能并不符合同性伴侣所预期的生活方式。据此,反对承认同性伴侣婚姻缔结权的观点认为,那些可以将财产予以分离的制度,将更适宜于同性伴侣。也就是说,既存的婚姻规则,特别是婚姻财产制度中确立的规则,并不利于同性伴侣利益的实现;因此,同性伴侣应为自己利益的充分实现而选择其他形式的制度。依照该观点的逻辑,并非不能承认同性伴侣缔结婚姻的权利,而是同性伴侣缔结为婚姻关系对同性伴侣而言并无利益,因此,法律不应将同性伴侣关系纳入婚姻关系的范畴。

这种反对给予同性伴侣以婚姻缔结权的观点较为隐蔽,但正如个人自由主义者密尔(Mill)所述,拥有自由意志的个人有权决定何种选择对其有利,而不应由其他人越俎代庖地为其作决定。① 因此,同性伴侣选择对其更为有利的其他法律制度,抑或选择对其并无利益的婚姻制度,是同性伴侣自己的事情。即使婚姻制度确实不利于同性伴侣利益的实现,也不能将之作为立法拒绝给予同性伴侣以婚姻缔结权的正当理由。事实上,在这种情形下,对同性伴侣而言,法律上的完全平等对待,较之婚姻制度是否有利于其本身利益的充分实现更重要。这意味着,除非有充分的理由证明存在其他情形,否则登记伴侣关系与婚姻应当享有相同的法律效果。②

③小结。登记伴侣关系制度仅仅是对前述社会变化所引发的同性伴侣在法律上的平等对待之诉求的部分回应,它并没有根本性地解决同性伴侣所追求的完全意义上的平等对待问题。立法者希望通过将异性伴侣也纳入《荷兰登记伴侣关系法》的调整领域,并在法律对待上尽量给予登记伴侣关系以等同于婚姻的地位,尽可能地减少立法中的纷争并实现同性与异性伴侣的平等法律对待。但实践效果却不理想,看似微小的形式差异却导致了实质性的争议。对于同性伴侣来说,法律是否承认其有权缔结婚姻这种形式上的差异,与实质意义上的权利内容同等重要。因此,同性伴侣所追求的法律上的完全平等对待,实质上是要求立法对于婚姻缔结要件不再以性别为前提,从而给予同性伴侣更多的有法律效果的自由选择权。③

2. 同性婚姻制度确立前的主要争议

鉴于前述争议的存在,第二科特曼委员会的主要任务是,研究将民事婚姻制度

---

① 参见[英]约翰·密尔:《论自由》,许宝骙译,商务印书馆1959年版,第13页。

② See Wendy M. Schrama, *Registered Partnership in the Netherlands*, 13 International Journal of Law, Policy and the Family 315 (1999).

③ See Wendy M. Schrama, *Registered Partnership in the Netherlands*, 13 International Journal of Law, Policy and the Family 315 (1999).

向同性伴侣开放的可行性。

(1)委员会内部的讨论

该委员会提交的报告显示,尽管该委员会一致同意法律上两人间的生活关系类型应不多于两种,但对于应被法律承认的生活关系的具体类型,该委员会内部存在不同意见。①

少数派意见反对将婚姻制度向同性伴侣开放。他们认为,法律上两人之间的生活关系类型应该包括登记伴侣关系和异性之间的婚姻关系。反对意见的核心观点首先在于,存在于两个男性或两个女性之间的长期性关系虽然类似于但又不完全等同于男女两性之间的长期性关系,特别是在繁衍后代方面。对于立法者是否有权以一种有效的方法,消除作为婚姻制度之核心要素的繁衍后代在婚姻关系中的地位,以此重新确定婚姻制度,该意见方持怀疑态度。其次,反对意见还坚持认为,婚姻制度向同性伴侣开放将产生严重的国际私法问题,而这一问题所导致的影响也不应被低估。在国际社会未就同性伴侣是否应在婚姻法上被完全平等对待表明意见之前,荷兰通过立法直接承认同性伴侣享有婚姻缔结权,可能会导致国际私法上的冲突并引起法律适用冲突等问题。

多数派意见主张在法律上给予同性伴侣以民事婚姻缔结权。同时,其认为要在同性婚姻与异性婚姻内部稍作区分,即在异性婚姻中规定未成年人法律上的父亲推定制度,而在同性婚姻中,伴侣一方对另一方的未成年子女,不享有如异性婚姻中所规定的父亲身份自动推定所形成的权利。持该观点的委员认为,仅在允许同性伴侣缔结婚姻的情形下,才可以说同性伴侣获得了法律上的平等对待;并且这种新型婚姻,并不构成前述少数意见方所担忧的对传统婚姻的破坏,因为婚姻本身也是一种灵活的应随着时代变化而与时俱进的制度。多数派意见还认为,报告中他们的意见代表了承认同性伴侣婚姻缔结权的一种时代趋势,并且荷兰采取这种立法措施,会激发国际社会其他国家承认同性伴侣法律地位的热情和实际行动。据此,前述少数派据以反对承认同性伴侣婚姻缔结权的理由,并不成立。

(2)对委员会报告的评论与采用

尽管存在分歧,但在两种意见一致认为法律上的两人间的关系不应超过两种类型的前提下,该报告为立法部门提供了可供选择的两种建议:一种建议是保持既存法律体系中关于异性伴侣与同性伴侣区别对待的做法,即婚姻关系仅能由异性

① See Nancy G. Maxwell, *Opening Civil Marriage to Same-Gender Couples: A Netherlands-United States Comparison*, 18 Arizona Journal of International and Comparative Law 143(2001).

缔结,而登记伴侣关系则同时向同性与异性伴侣开放。另一种建议是突破既存法律体系中区别对待同性伴侣和异性伴侣关于婚姻缔结权的规定,承认同性伴侣缔结婚姻的权利,同时在父母与未成年子女之间的法律关系上,就同性与异性伴侣所享有的权利予以必要区分。

从两种意见所持的理由来看,它们主要集中在婚姻本身的内涵外延是否应当予以必要扩展,以及扩展后可能导致的特别是国际私法上的后果应如何处理的问题上。总体来看,尽管赞成婚姻应该向同性伴侣开放的意见方居于主导地位,但其并未就其所主张的见解提供更为充分的合理性论证;而居于少数派的反对意见方,也未能提出更为合适的反对理由。与该委员会的报告所表现出来的犹疑不定的态度相近,对于婚姻是否应向同性伴侣开放的立法实践,在这一时期也是意见纷纭。其中,基督教民主党反对同性婚姻制度的立场非常明显;在其看来,婚姻只能向异性开放,如果承认同性婚姻制度,则会构成对长久以来社会传统的破坏。但是,由于该党在嗣后的选举中失败,其反对承认同性婚姻制度的立场无法在议会中获得多数票支持。在该委员会报告被提交后的4个月后,荷兰政府发布声明指出,将不再通过立法实现委员会多数派所推荐的婚姻向同性伴侣开放的建议,而是建议变革既存法律体系中扩大了的登记伴侣关系制度。然而作为立法机构的荷兰下议院并不同意荷兰政府在该声明中所持的立场,它要求政府为来年通过将婚姻制度向同性伴侣开放的立法,做好准备工作。而后上台的社会民主党、自由党与劳工联盟所组成的荷兰政府,也倾向于通过立法承认同性伴侣的婚姻缔结权,以实现并加强对同性伴侣法律上的平等对待。因此,在这种政治力量的强力推动下,前述给予同性伴侣以婚姻缔结权的立法建议,终于实质性地迈向了正式的立法程序。

3. 同性婚姻制度的确立与主要内容

1999年,荷兰政府正式向议会提交法律修改的议案。嗣后,议会内各政治党团针对这一议案进行评议。下议院在经过3天的全体会议辩论后,于2000年9月12日就该议案进行了表决,最后以109票赞成33票反对的绝对多数票通过了这一议案。接着,该议案依据法定程序被提交至上议院,在经过上议院3天的讨论后,该议案于2000年12月19日被通过。2000年12月21日,荷兰国王与司法部长签署通过了该议案,使其正式成为法律。紧接着,荷兰议会开始修改既存法律体系内的其他法律,以使其与新通过的法律保持内在协调。① 2001年4月1日,修改后的法

① See Ian Sumner, *Going Dutch-A Comparative Analysis and Assessment of the Gradual Recognition of Homosexuality with Respect to the Netherlands and England*, 9 Maastricht Journal of European and Comparative Law 29(2002).

律正式开始施行，这也意味着，同性婚姻制度正式在荷兰确立起来。此次法律修改涉及的内容主要包括以下几个方面。

(1)修改《荷兰民法典》第30条

本章第二部分中出现的争议案件，即以《荷兰民法典》第一编第30条为核心展开，主张婚姻缔结权的同性伴侣认为该条并未明确规定缔结婚姻关系须以双方当事人是异性为要件，被法院以该解释不符合该法制定时立法者的意图为由而否认。此次法律修改将该条修改为："婚姻可由异性或者同性的两人缔结；该法仅在民事关系内考虑婚姻。"从修改内容上看，该条首先变革了民事法律关系上婚姻的内涵，承认了同性别的两人也可以缔结婚姻。这无疑是接受了前述第二科特曼委员会所作报告内的主流意见，将婚姻制度向同性伴侣开放。但是，该条也并未完全将同性婚姻关系与异性婚姻关系视为平行的法律关系，因为该条所确立的法律关系仅规范民事法律关系，对此之外的法律关系并不具有当然适用的效力。

(2)修改《荷兰登记伴侣关系法》

既然同性伴侣也可以注册为婚姻关系，为使既存的法律体系与修改后的法律规则保持内在逻辑上的一致性，需要对既存法律中与修订条款相关联但存在冲突的内容予以必要修正，这主要包括对之前已经通过并施行的《荷兰登记伴侣关系法》的修订。其中最显著的修改是，增加了登记伴侣关系变更为婚姻关系的规则与消灭登记伴侣关系的规则。①

(3)明确同性婚姻与异性婚姻的区别

除前述《荷兰民法典》第30条修改时所能推知的差别外，这次法律修改还明确指出同性婚姻应在下述两个方面区别于异性婚姻。

首先是婚姻关系中父亲地位的推定。对婚姻关系存续期间出生之子女的父亲的推定，修改议案者接受了前述第二科特曼委员会多数派的意见，保持了同性配偶与异性配偶之间存在的差别。议案备忘录指出：如果在这里承认同性婚姻与异性婚姻享有同样的权利，将意味着在两个女性缔结的婚姻关系中出生的子女，在法律上将是该配偶双方所生。如果将这种情形扩展到现实生活，可能导致现实生活与法律之间的距离过大。因此，该议案并不涉及对《荷兰民法典》第一编第十一章以异性关系中出生的子女为基础的法律规则的调整。这意味着，对同性婚姻关系中出生的子女，自动的父亲推定规则并不适用。但对同性婚姻关系中因为事实性的照顾和抚养而建立起来的父母与未成年子女之间的关系，在法律上却是应予保护

---

① Art. 1:80g BW.

的。这种保护,在部分程度上已通过《荷兰民法典》第253t条等规定的未成年人父母及其伴侣对该未成年人共同管教的权利而得以实现,部分则通过同性伴侣收养制度的改革[①]以及婚姻关系或登记伴侣关系中对出生的未成年子女的自动共同管教权的确立[②]而得以实现。

其次是关于同性间缔结婚姻关系的国际承认。议案备忘录指出,如同第二科特曼委员会报告中少数派意见方所指出的,承认同性婚姻这一全新的婚姻制度涉及其他国家对公共秩序这一概念的解释,这种解释很多情形下与该国关于同性恋的普遍公众意见息息相关。依据第二科特曼委员会的调查结果,同性婚姻在欧共体成员国当中,仅被极少数的国家所承认。当然,除了承认同性婚姻外,还有诸如在其他国家与同性婚姻相联系的相应法律后果等,可能导致同性婚姻关系中的配偶双方在国外遭遇很多实践或者法律上的问题。这些都是未来同性配偶不得不考虑的东西。因此,对于这一部分的内容,修改议案者并未提出相应的解决办法。

4. 对同性婚姻立法的评论

随着希冀与争议诞生的荷兰同性婚姻制度,是世界上首例承认同性伴侣有权缔结婚姻的立法例。[③] 随着该制度的确立,前述荷兰同性伴侣所争取的法律上的完全平等对待,已经基本实现。从荷兰同性伴侣主张法律上的平等对待,到最后荷兰立法上确定给予同性伴侣以法律上的平等对待,存在如下几点需要注意的地方。

首先,关于同性伴侣的权利诉求与政治博弈选择之间的关系。正如本书所展示的,自从荷兰同性伴侣援引《荷兰民法典》修改前的第30条与《荷兰宪法》第1条等当中的基本权利作为其主张的婚姻缔结权的请求权基础在司法实践中被法院明确拒绝后,同性伴侣主张法律上平等对待的权利诉求即逐渐转变为通过立法清除既存法律体系中存在的掣肘同性伴侣获得平等对待的歧视性制度。立法上对于冲突的理念与利益诉求的权衡与取舍,实际上是利益群体之间的政治性博弈,这集中表现在荷兰历届政府因为构成党派所持基本政见的差异而对同性伴侣关系立法所持的基本态度上。同性伴侣婚姻缔结权最后获得法律上的承认,与由自由开放的社会民主党、自由党与劳工联盟等组成的政府的强力推动不无关系。

其次,同性婚姻最终得以确立,其实是各种争议观点妥协折中的结果,这其实可以看作前面权利诉求与政治博弈的延伸。尽管荷兰社会长久以来即对同性伴侣

---

① Parliamentary Papers Ⅱ 1998/1999, 26 673, 8 July, 1999.

② Parliamentary Papers Ⅱ 1999/2000, 26 673, 15 March, 2000.

③ See Leslie J. Harris, *Same-Sex Unions Around the World: Marriage, Civil Unions, Registered Partnerships-What Are the Differences and Why Do They Matter?* 19 Probate and Property 31(2005).

间的生活关系持普遍宽容的态度，但是在很长的一段时间内，在是否应当将同性伴侣关系纳入婚姻制度的调整范畴方面，宽容的社会传统距离真正意义上的法律上的平等对待，依然有着相当远的距离。这既表现在法院于具体个案中对婚姻本身内涵外延界定时所持的基本观点内，也反映在贯穿于整个立法过程不同意见的激烈交锋中。在给予同性伴侣以法律上的平等对待的呼声居于支配地位时，以婚姻长久以来形成的核心内涵为基础而反对承认同性婚姻的观点依然不绝如缕。这种支持与反对意见并存的局面，即使是在同性婚姻制度获得通过后，也依然存在。这主要表现为，同性婚姻中的同性伴侣在推定父亲制度与国际私法方面依然有别于传统意义上的异性婚姻。其中，第一项差异尤为学者所诟病，因为在他们看来，这依然是法律上歧视同性伴侣的主要表现。①

再次，荷兰立法最后确立同性婚姻制度，实际上是当代社会法律对于具体人之尊重这一承诺的践行。即使在荷兰被确立的同性婚姻与异性婚姻依然存在一些细微的差别，但是这并不影响同性婚姻制度确立所反映出来的制定法应对其所处的具体时代背景及相应的正当需求予以积极回应的特点。的确如第二科特曼委员会中多数派观点所表述的，婚姻概念是灵活而非僵化不变的，它的内涵和外延也是随着时代背景的变化而变化的。在现代社会背景下，法律的首要目的是帮助具体人的实现。包括婚姻制度在内的各项具体法律制度，都应与这一目的保持内在的一致性。对于依据自主意志选择同性生活方式的个体而言，在不影响其他人利益实现的情形下，他们有权自主选择以何种方式生活；而以具体人的实现为目的的法律，应当为此提供充分的制度上的支持和法律保障。因此，明确赋予同性伴侣以婚姻缔结权，确实是审慎地为生活于现实中的具体人在共同生活形式的选择上提供了更为充分的法律制度上的支持。②

最后，关于社会生活对法律制度的塑造与法律制度对社会生活的影响的关系。正如前述第二科特曼委员会多数派意见方在反驳少数派意见方时所主张的，即使当时国际社会普遍对同性伴侣缔结婚姻持保守观点，但鉴于给予个体以法律上的平等对待符合现代社会背景下的整体立法趋势，因此，荷兰在法律上明确承认同性伴侣的婚姻缔结权有助于推动国际社会在法律上普遍承认同性伴侣在更大范围上享有同等对待的权利。这一见解确实不无道理。荷兰社会一贯拥有对同性生活关

---

① See Nancy G. Maxwell, *Reflections on Frieda van Vliet's "Side Exit to No Man's Land?": Taking the Side Exit in the United States*, 17 Nemesis 14(2001).

② See Leslie J. Harris, *Same-Sex Unions Around the World: Marriage, Civil Unions, Registered Partnerships-What Are the Differences and Why Do They Matter?* 19 Probate and Property 31(2005).

系予以宽容谅解的社会传统,这种社会传统因为时代背景的变化而逐步强化,并最终促成了法律上正式明确承认同性婚姻制度。当荷兰在2000年通过立法确立同性婚姻时,国际社会中明确承认同性伴侣法律地位的国家寥寥可数,更不用说承认同性婚姻。但在荷兰承认同性婚姻制度后,欧洲国家通过立法明确承认同性伴侣法律地位的做法逐渐普遍起来。虽然并无证据表明国际社会对同性伴侣态度的转变与荷兰立法之间存在直接联系,但不可否认的是,荷兰同性婚姻立法的先驱意义功不可没。①

五、同性恋立法中的普遍主义精神与个别主义精神

一般而言,越是涉及伦理道德观念以及人之基本生活方式价值判断的社会关系领域,个别主义精神的倾向就越强烈,而普遍主义精神倾向就越是难以深入并发挥实质影响力,典型的如婚姻家庭领域。各国长期社会生活形成的传统主流伦理观念认为,只有男女两性间的结合合乎共同体的自然情感与利益要求,据此,他们强烈反对除此之外的其他类型的结合体。② 以此为基础的法律规范,在人类历史的很长一段时间,都仅承认男女两性结合所构成的生活共同体,除此之外的其他类型的生活共同体则不被承认;甚至在法的历史上还曾普遍性地出现过对同性生活共同体予以严厉刑事制裁的历史,这在中西方法律传统中都曾出现过。如前所述,在深受基督教文化影响的欧洲,③法律在很长的一段历史时间内尤其严厉禁止同性性行为,特别是在13世纪下半叶,男同性恋者几乎在整个欧洲国家都受到死刑的威胁。于16世纪初至18世纪末适用的《卡罗琳娜刑事法典》规定,所有同性间的性行为都应被施以火刑。④ 在我国历史上,宋代的法律实践中曾出现过对男同性恋者进行惩罚的记载。⑤ 因此,从整体上来看,在这一段时间,法律对同性性行为的规范模式在一定意义上是具有普遍性的,各民族普遍反对同性性行为。

(一)民族国家初立时国家法对同性性行为的态度

民族国家确立以后,规范同性性行为且彰显普遍主义精神的法律规范,因为各民族国家的不同选择而内在地分裂了,具有普遍意义的共同法时代就此结束了:部

---

① See Kees Waaldijk, *Others May Follow: The Introduction of Marriage, Quasi-Marriage, and Semi-Marriage for Same-Sex Couples in European Countries*, 38 New England Law Review 569 (2003–2004).

② See Cossey v. United Kingdom, European Court. H. R. 27 September 1990 Series A, vol. 184.

③ 关于宗教对同性伴侣关系的影响详见:Christa Spilling-Nöker, Wir lassen Dichnicht, Du segnes tuns denn, LIT Verlag, 2006, S. 2 ff。

④ 参见《卡罗琳娜刑事法典》第116条。

⑤ 参见王威:《性的历程:从两宋到明清》,湖北人民出版社2011年版,第4页。

分民族国家继续选择继承共同法时期法律对同性性行为予以严厉刑事制裁的做法；而部分民族国家则在刑法中放弃了制裁同性性行为的做法，其仅是在民事法律规范中未给予选择同性生活方式的主体以婚姻缔结权。

前者的典型例证如德国。德国早在1794年《普鲁士国家一般邦法》第1069条与第1070条中便规定，发生同性性行为的，将被处以监禁与流放。其在1851年开始生效的《普鲁士刑法典》第145条中继续规定，男性同性间发生性行为的将被处以6年以下的监禁，并同时剥夺其结婚的权利。于1872年生效的《德意志帝国刑法典》第175条则继承了前述《普鲁士刑法典》的规定。德国直到1994年才最终废除了对同性性行为的刑法制裁。①

后者的典型例证如荷兰。荷兰的法律实践对同性性行为的基本态度受到了法国法的深刻影响。虽然法国人对那些他们认为具有恋童癖的男性极为厌恶，但是，深受启蒙思想熏陶的法国人原则上认为，只要不损害他人，则人有权做任何他想做的事情。由此，相互协商同意的成年人之间的私密同性性行为在法律上被去罪化，这种思想被《拿破仑刑法典》所接受并使得同性性行为的去罪化成为现实。后来，该法典随着拿破仑帝国的扩张而进入荷兰，导致1811年《荷兰刑法典》中相应同性性行为的去罪化。② 在拿破仑战争后获得独立的荷兰重新制订的《荷兰民法典》也深受《法国民法典》的影响，前者在主要内容与精神气质上与后者保持了高度的一致。③ 反映在对同性间性行为的态度上就是，《荷兰民法典》也如《法国民法典》一般，只是明确地歧视同性性行为。④

（二）同性性行为立法中的普遍主义与个别主义

与共同法时期的法律对待同性性行为的普遍态度相比，尽管德国和荷兰在同性性行为的法律对待上发生了显著变化，但从功能主义分析方法的角度探讨就会

---

① 在这之前《德意志帝国刑法典》第175条的规定已经被修改，例如根据1969年9月1日生效的《德国刑法改革法》：同性双方均已超过21岁或均未超过18岁不受刑事处分；如双方仅有一方超过21岁，则此方将受刑事处罚，另一方则会免于处罚；如双方均在18至21岁之间，则双方都要受到刑事处罚。参见杜晓明：《同性伴侣关系在德国宪法法院、欧盟法院与欧洲人权法院司法实践中的变迁》，载梁慧星主编：《民商法论丛》第53卷，法律出版社2013年版。

② See Ian Sumner, *Going Dutch-A Comparative Analysis and Assessment of the Gradual Recognition of Homosexuality with Respect to the Netherlands and England*, 9 Maastricht Journal of European and Comparative Law 29(2002).

③ Vgl. Franz Wieacker, Privatrechtsgeschichte der Neuzeit: unter besonderer Berücksichtigung der deutschen Entwicklung, Vandenhoeck & Ruprecht, 1996, S. 345.

④ See Nancy G. Maxwell, *Opening Civil Marriage to Same-Gender Couples: A Netherlands-United States Comparison*, 18 Arizona Journal of International and Comparative Law 143(2001).

发现,不管是通过刑法制裁同性性行为的德国,还是放弃刑事制裁而仅在民事法律中歧视同性性行为的荷兰,实质上都没有突破人类社会长久以来在共同生活方面形成的传统伦理道德观念。在这种观念看来,唯有男女两性的结合才是合乎道德并能为法律所承认的生活方式,除此之外的生活方式是不道德的,而这种认识是符合普遍主义观念的;至于对这种不道德的行为应在法律上采取何种态度并予以何种规制,则因各民族国家不同的价值判断与利益衡量而表现为形式各异的国家法规则,这恰好反映了个别主义的精神。

当然,由于普遍主义精神与个别主义精神本身不是恒定不变的,它们也是随着时代背景的变化而不断发展的,所以将婚姻的核心内容限定为男女两性之间的结合这种具有普遍主义精神的伦理道德观念,在时代背景改变之后,将可能因为法律制度赖以存在并据以反映其本真所在的内容的变化而发生实质性变革。这种变化反映在普遍主义的自然法学家的视野里就是:法应当与人的普遍道德情感保持一致。因此,当人的普遍道德情感因时代背景的变化而发生变化之后,相应的法就应以之为基础及时作出调整。但这种变化在历史法学家的分析视野里就表现为:当时代背景的变化已模糊地改造并实质性地塑造了当代民族精神的核心内容时,法的当代历史使命就是对这种反映民族精神的实质性内容适时地予以发现并为法的形成提供技术支持。因此,针对同性性行为,兼具个别主义精神与普遍主义精神的德国法与荷兰法,在时代背景变化之后,将会因变化了的个别主义精神与普遍主义精神的推动,而再次向内涵变化了的个别主义精神与普遍主义精神发展。

(三)时代背景变化对调整同性性行为之法律的影响

第二次世界大战后,一些国家承诺尊重个体本身在法律上的充分实现,为此,它们逐步改变了原来法律实践中的一些与此不相适应的做法,这在同性性行为的法律对待上也有明确体现。当然,法律实践的这种变化,集中反应在时代背景的变化所导致的理性人对于法本身之认识的变化上。在荷兰,依据法学家的观点,尽管传统家庭法上的婚姻制度是关于男女两性之间生活关系的排他性安排,但是法律以规范现实生活为准则,因此当作为法律调整对象的社会生活本身已经发生了变化的时候,相应的法律规则亦应作出适时调整。对于传统婚姻制度而言,其在家庭法上的意义,应特别考虑以下社会现实并就此作出相应调整。①

首先,自 20 世纪 60 年代开始,婚外同居越来越为荷兰社会所接受,社会各阶层

---

① See Wendy M. Schrama, *Registered Partnership in the Netherlands*, 13 International Journal of Law, Policy and the Family 315 (1999).

中越来越多的人开始不再结婚，他们径行生活在一起并以这种关系生育子女。① 其次，婚姻本身不再被认为是终生不可分离的结合，与之相应的变化是离婚率的迅速增长。② 再次，不仅是异性伴侣之间的非婚同居变得越来越普遍，同性伴侣关系本身也不再被社会主流观点视为对道德的悖反而被谴责，它日益为社会所承认。③ 最后，一个重要的变革发生在国际社会层面，虽然它本身不是社会变革，但它涉及对特定社会变革的承认，即被欧洲人权法院所承认的，规定于《欧洲人权公约》第 8 条的"家庭生活"范畴，不仅与以婚姻为基础的家庭生活相关，也与事实性的家庭生活相关。④

这些变化了的社会现实所显现的主要图景集中在一点上，那就是传统法律意义上的婚姻概念以及相应的制度，已经不能保证对社会事实的充分涵摄和规范调整了。但是依据荷兰法院的实践观点，在法律本身未就婚姻制度作出相应变革之前，凭借已经变化的社会生活本身，并不能证成同性伴侣主张婚姻缔结权的请求权基础。⑤ 因此，在通过司法实践变革荷兰法中的婚姻制度的尝试被法院明确拒绝之后，支持同性恋者的力量另辟蹊径，又发展出来了一种与婚姻制度并行的适用于同性恋的登记伴侣关系制度，并由此最终促成同性恋在法律上获得被平等对待的地位。

德国社会公众对同性性行为的态度并不像荷兰那样，具有包容开放的历史传统，甚至在 1957 年德国联邦宪法法院的判决中，其还通过论证同性性行为构成对公序良俗原则的违反，来正当化刑事制裁同性性行为并不违反《德国基本法》第 2 条第 1 款的规定。该法院认为：在两性关系和性行为方面，社会要求其成员遵循一定

---

① See Wendy M. Schrama, *Registered Partnership in the Netherlands*, 13 International Journal of Law, Policy and the Family 315 (1999).

② See Ian Sumner, *Going Dutch-A Comparative Analysis and Assessment of the Gradual Recognition of Homosexuality with Respect to the Netherlands and England*, 9 Maastricht Journal of European and Comparative Law 29(2002).

③ 有学者认为，这一结论可从当时荷兰法律关于同性伴侣关系的态度转变中推导出来。在 1971 年，依据 20 世纪初制定的《荷兰刑法典》第 248 条的规定，同性性行为被视为犯罪行为，属于刑法规范的对象；而到了 1973 年，荷兰同性恋组织"同性恋运动"获得了法律上的正式承认。从那时起，该组织具有法律人格并可获得政府的相应财政资助。See Wendy M. Schrama, *Registered Partnership in the Netherlands*, 13 International Journal of Law, Policy and the Family 315 (1999).

④ 欧洲人权法院判例：ECHR, 13 June 1979, Marckx v. Belgium, Series A - 31; ECHR, 18 December 1986, Johnston v. Ireland, Series A - 1 12; ECHR 26 May 1994, Keegan v. Ireland, Series A - 290; ECHR 27 October 1994, Kroon and others v. The Netherlands, Series A - 297 - C; ECHR 22 April 1997, X, Y andZ v. United Kingdom, ECHR reports, 1997 - 11/35, 619。

⑤ 荷兰最高法院判决：HR 19 oktober 1990, NJ 1992, p.192。

的规则,而触犯该等规则,就被视为违背公序良俗。公序良俗只能根据社会公众的价值判断来确定,而在确定公众的价值判断时,德国的宗教团体尤其是基督教派别的观点起着举足轻重的作用。尽管《圣经》成书于数千年前,但是其中所表述的视同性性行为为犯罪的观点,仍为今天德国的公众所普遍接受。因此,这种对于为公众所普遍接受的伦理道德的违反,即为对公序良俗的违背。① 然而到了20世纪80年代中叶,在德国,同性伴侣关系已经不再因其"非道德性"而遭到来自社会主流道德观念的普遍谴责。② 迅猛的全球化进程以及多元又开放的各国间经济文化交流,使之前构成社会主流观点的传统伦理道德观念被越来越多的人抛弃。康德以来关于人之为人的哲学思考,以及与之相适应的法治国承诺的给予个体的人在法律上的充分实现和在法律上更完善的制度保障等,使具有独立意志的个体在不侵害他人利益的情形下依自主意志所为之个人行为,愈加为法律所重视。在此情形下,为前述法院所坚持的确定公序良俗原则的判断标准,实质上已悄然发生变化。依据前述法院判决中的论证逻辑,同性性行为是否违背公序良俗,在于公众的认知;而在公众的认知业已发生显著变化的情形下,以之为基础的传统观念中的公序良俗标准即应予以相应调整。在这种情形下,《德国刑法典》于1994年正式废除了对于同性性行为的制裁。

从法的历史看,荷兰与德国在对待同性性行为的法律态度上存在较大差异。前者的传统是宽容和开放的,而后者则是相对保守和封闭的。因此,尽管自民族国家确立以后,荷兰与德国在同性性行为的法律对待上皆普遍性地采取歧视态度,然而两者之间存在的差异也非常显著:荷兰对同性性行为的歧视仅限于民事法律规范层面,即民事法律并不承认同性间也可以如男女两性之间一样形成婚姻共同体。与此同时,荷兰法律实践继承了法国启蒙思想以来关于人之为人的基本思想,其承认那些具有独立自主意志的主体有权依据自主意志选择特定的生活方式,并在此基础上放弃了给予同性恋者以刑事制裁的做法。但德国对同性性行为的歧视,既存在于民事法律规范当中,也存在于刑事法律规范当中。对德国法而言,民族共同体中因历史原因形成的并且为公众即共同体的大多数个体所普遍承认的伦理道德与行为准则,应当构成约束具有独立自主意志之个体选择行为模式的基本标准;而违反该标准的,自然应当承担与之相适应的法律后果。因此,不管这种法律后果是民事的还是刑事的,都合乎与法律为人之行为所确立的行为模式相适应的法律

① 德国联邦宪法法院判决:BVerfGE 6, 389 ff。
② 德国联邦最高法院判决:BGH NJW1985, 130。

后果。

荷兰与德国在对待同性性行为的法律态度上所表现出来的共性与差异表明,即使存在共同的法律传统,也会因为民族国家及其反映的个别主义价值取向,而在法的形成过程中,荡涤反映普遍主义的法律传统,并给国家法的形成注入个别主义的精神内核。同时,具有普遍主义的否定同性性行为的法律传统,在民族国家形成之后,依然实质性地塑造了民族国家的制定法。如前所述的荷兰与德国,它们在相当长的历史时期内都因为这种历史传统而未承认同性恋和异性恋一样有权缔结婚姻共同体。这表明,法的形成依然受制于法制传统,而法制传统则构成影响法形成的时代背景因素。另外,法制传统本身也不是固定不变,尽管它存在相对稳定的特征,但它同时也是一个一直处于发展变化状态中的变量。因此,在决定这种稳定特征的核心内容改变了的情形下,法制传统就会由此种状态转变为彼种状态。这反映在对待同性恋的法律传统上就是:内含普遍主义精神而予同性恋以歧视的个别性的法律传统,因时代背景本身的变化,逐渐向平等对待同性恋的此类反映普遍主义精神的法律传统转变,它在法律上普遍性地给予了同性恋以尊重。

(四)同性伴侣立法中的个别主义与普遍主义

20 世纪 90 年代以后,荷兰首先在法律上给予同性伴侣关系与异性伴侣关系一样的法律地位。其在 1997 年通过制定《荷兰登记伴侣关系法》,明确给予那些依据自主意志选择同性伴侣生活方式的个体以组建同性生活共同体的权利,这种同性生活共同体即登记伴侣关系在法律地位上类似于异性间依婚姻法所组建的婚姻共同体。[①] 2001 年,荷兰在承认登记伴侣关系外,进一步承认了选择同性生活方式的个体有权缔结婚姻。这意味着,关于婚姻共同体仅能由男女两性组成的传统观念及相应的法律制度规范,完全被颠覆了。法律给予人以充分尊重的历史承诺,在新的时代背景下通过具体法律规则的改变而继续得以落实和推进。在荷兰,具有完全自主意志的主体,有权依据自主意志选择具体的生活方式,他/她既可以选择与其伴侣非婚同居,也可以与其伴侣登记为伴侣关系而不登记为婚姻关系,也可以径直登记为婚姻关系;其中,性别不再是决定法律上承认之生活方式的判断标准。

在德国,尽管直到 20 世纪 90 年代才完全废除《德国刑法典》中惩罚同性恋者的相关法律规则,但为满足时代背景下的法应当为具体人之实现提供更为充分的制度支持这一历史承诺,该国于 2001 年迅速地通过了承认同性生活伴侣关系的法

---

① Vgl. Dominique Jakob, Die eingetragene Lebenspartnerschaft im internationalen Privatrecht, Dr. Otto Schmidt KG, 2002, S. 35.

律即《德国登记生活伴侣法》。依据该法的规定,处于登记生活伴侣关系中的同性生活伴侣,在法律规定的范围内,比照婚姻范畴内关于权利义务的规定,享有权利和承担义务。在此可以发现,立法者希望通过对同性生活伴侣关系的明确承认而逐步减轻法律实践对于同性恋者的歧视。[①] 在历经数十年的艰难谈判后,德国于2017年通过了将同性婚姻合法化的法案,德国的同性伴侣自此之后也可以登记结婚,并拥有领养子女的权利。

自此,在同性恋法律对待上,德国和荷兰再次告别了个别主义精神而实现了向普遍主义精神的复归,只是这次共同立法所彰显的普遍主义精神是以尊重和保护同性恋为起点的,而之前的普遍主义精神则是以歧视和制裁同性恋为出发点的。从功能主义分析方法的角度考察可以发现,前述两种模式都在具体法律规则的设置上抛弃了歧视同性恋的法律传统,它们都尊重并承认建立在个体自由选择基础上的生活模式。这种法律观念以及与之相适应的具体法律规则的变化,实质上反映了近现代以来法律关于人之为人的思考以及对具体人的实现提供充分制度保障这一历史承诺的回应。事实上这也表明,在现代社会,尊重人本身的无害于他人利益的行为,是彰显普遍主义精神的共同法形成的前提条件。尽管荷兰和德国在对待同性伴侣关系的法律态度上存在细微差异,但是它们整体上都趋近于同一目的,这为其他国家相关法律实践的发展提供了可资借鉴的道路与方向。

整体而言,尽管承认同性恋法律上平等对待的各立法模式在形式上存在显著差异,但它们在内在精神气质上却高度一致:它们都是对法治国之首要目的即尊重个体人这一目的的具体实践,都表现为对人本身的尊重。当然,相关的具体实践与尊重在表现形式和程度上存在差异。与这些不同模式展现出来的高度一致的精神气质相适应的具体制度,都赋予了同性伴侣关系以接近但不完全等同于异性婚姻的法律地位:这一方面反映了两者都希冀通过立法给予同性伴侣以更可能充分的保护;另一方面也反映为法律传统对于法之塑造与形成延绵不绝的影响。对于将婚姻家庭法律领域内的传统观念荡涤得较彻底的荷兰等欧洲国家而言,其虽然在形式上完全承认了同性伴侣的婚姻缔结权,但在新型婚姻关系内部权利义务的设置上,却在区分同性婚姻和异性婚姻的基础上予以了不同的法律对待。这种区分对待尽管并未导致两者之间的实质性差异,但却反映了个别主义精神对彰显普遍主义精神的法之形成的影响。这种个别主义精神在有些欧洲国家的立法模式中表现得更突出,因为这些国家选择的立法模式及其嗣后的法律实践表明,应该在异性

① Vgl. Nina Dethloff, Familienrecht, C. H. Beck, 2009, S. 234.

的婚姻关系与同性的登记伴侣关系之间进行区分处理，即使这种区分是形式上的，这种形式上的象征意义在某些情况下也可以表明一定的伦理道德观念和价值选择。

六、本章结论

社会变革通常导致法律的修正。[①] 给予同性伴侣以法律上的平等对待，特别是赋予其婚姻缔结权，与现代社会背景下国家关于具体人的尊重这一历史承诺息息相关。然而将这种应然层面的法律理念转变为实然的制度规范，却因为历史惯性而面临实践障碍。承认同性伴侣婚姻缔结权的国家的历史进程与最终结果恰好表明了这一点。同性婚姻制度在荷兰被确立，昭示了在荷兰婚姻本身的内涵外延是与具体的社会背景相适应的。所以法律实践在考虑是否应当给予同性伴侣以婚姻缔结权的时候，应当充分考虑这一点，并由此确定立法在保证具体人的实现时所应采取的态度。从比较法上的经验来看，关于同性伴侣法律地位的承认，通常是经由法律的严厉惩罚，到放弃刑事惩罚但继续保持歧视，再到逐渐减缓歧视，继而逐渐扩大赋予的权利范围并明确承认其法律地位，最后实现与传统婚姻的平等法律对待。因此这一过程整体上是循序渐进、逐步实现的。[②] 在这一过程中，居于核心位置的是对人的尊严和人之生活形式多样化选择的尊重。[③] 对于那些寻求通过立法改变同性伴侣法律现状的国家，比较法上的相应实践经验所表现出来的审慎态度与经验，应引起其他国家的重视。

---

① See Wendy M. Schrama, *Registered Partnership in the Netherlands*, 13 International Journal of Law, Policy and the Family 315 (1999).

② See Kees Waaldijk, *Others May Follow: The Introduction of Marriage, Quasi-Marriage, and Semi-Marriage for Same-Sex Couples in European Countries*, 38 New England Law Review 569(2003 – 2004).

③ 参见韩大元：《人的尊严、宽容与同性恋者权利的宪法保障》，载《法学论坛》2016 年第 3 期。

第三章　夫妻关系(一):人身关系中的忠实义务

夫妻关系中的忠实义务指夫妻之间因婚姻而成立的以互负忠实义务为内容的法律关系,其主旨在于彰显法律对配偶权的尊重和保护。配偶权存在于夫妻关系之中,而后者作为家庭这种人类社会的基本构成形式与单位的基础,在法律上具有重要地位。各国法律普遍规定夫妻关系享有受人尊重而不被侵犯的地位。由于配偶权被法律所保护,所以对于该类权益的侵犯会导致各种法律责任的产生。[1] 在我国传统社会,夫妻关系围绕夫权制展开,一夫一妻多妾制的夫妻关系决定了忠实义务的单向性,即仅有妻子对丈夫负有忠实义务,以维护夫权并保证其血缘延续的纯洁性;违反该义务则构成对传统家庭伦理规范的严重破坏,相应的礼法规范无一例外地会严厉制裁违反义务的妻子和第三者。近现代以来,随着男女平等、一夫一妻等思想观念逐渐深入人心,夫妻关系中的忠实义务逐渐摆脱了原来的单向性而具有了双向性,对夫妻双方都产生约束力。但传统家庭伦理规范强调夫妻关系中的忠实义务以维护家庭稳定性的观念在我国当代社会生活中仍具有极强的生命力。在现行法律规范体系内,无论是在刑事法律规范层面还是民事法律规范层面,都有对夫

---

① 关于第三人侵扰婚姻关系的法律问题,《华东政法大学学报》于2013年第3期以"第三人侵扰婚姻关系法律问题的比较研究"为题组织学者对德国、法国、意大利、英国、美国、日本等国家、地区的相关法律实践与法学理论进行了详细讨论,明确了相关国家第三人侵扰婚姻关系的法律责任。

妻忠实义务的明确规定;因过错违反忠实义务致使夫妻关系中无过错方配偶权受损的,行为人不仅需要承担必要的民事责任,特定场合下情节严重的,行为人还可能承担刑事责任。[①] 例如,《民法典》第 1043 条规定夫妻应互相忠实,《刑法》(1997 年)第 259 条第 1 款就规定了与军人的配偶同居或者结婚的构成破坏军婚罪。在民事责任领域,虽然最高人民法院《关于适用〈中华人民共和国民法典〉婚姻家庭编的解释(一)》(以下简称《民法典婚姻家庭编解释一》)第 4 条规定,当事人仅以《民法典》第 1043 条为依据提起诉讼的,人民法院不予受理,已经受理的,裁定驳回起诉,但结合《民法典》第 1091 条等的规定,仍能确定违反忠实义务的一方在条件具备时应承担对无过错方的损害赔偿责任。存在的问题是,由于以忠实义务为核心内容的配偶权侵害既涉及夫妻双方和有过错的第三者,特定情形下也涉及社会公共利益的保护,而《民法典》第 1091 条等仅是原则性地规定了婚姻中无过错方以离婚为前提有权向过错方主张损害赔偿,并未就无过错方与第三者、第三者与过错方的规范关系进行明确规定,导致实践中出现的关于婚姻中无过错方是否有权向婚姻关系中的过错方甚至是有过错的第三者主张精神损害赔偿的问题仍悬而未决。[②] 在此背景下,仍有必要澄清配偶权侵害中损害赔偿规则适用的若干细节问题。

---

① 参见最高人民法院民法典贯彻实施工作领导小组主编:《中华人民共和国民法典婚姻家庭编继承编理解与适用》,人民法院出版社 2020 年版,第 35 ~36 页。

② 最高人民法院 2015 年 11 月 19 日发布的婚姻家庭纠纷典型案例共 30 例,河南省的 1 例涉及婚姻中过错方与第三者生子并被判处向无过错方承担精神损害赔偿责任,北京市的 1 例涉及婚姻中过错方在婚姻存续期间出轨而被判处向无过错方承担精神损害赔偿责任。事实上,在我国当前的司法实践中,婚姻中无过错方向过错方主张精神损害赔偿的,当过错方存在同居或与第三者婚外生子事实的,该请求权当然应被支持。[同居相关判决:王某等离婚纠纷案,北京市第二中级人民法院(2015)二中民终字第 02363 号民事判决书;许某与隗某离婚纠纷案,北京市第二中级人民法院(2015)二中民终字第 00764 号民事判决书;孔某与王某离婚纠纷案,北京市第一中级人民法院(2014)一中民终字第 09836 号民事判决书;申某与杨某离婚纠纷案,北京市顺义区人民法院(2014)顺民初字第 04896 号民事判决书;赵某与王某离婚纠纷案,北京市西城区人民法院(2014)西民初字第 01568 号民事判决书;梁某与王某离婚纠纷案,北京市西城区人民法院(2014)西民初字第 13924 号民事判决书;陈某与刘某离婚纠纷案,北京市通州区人民法院(2014)通民初字第 07428 号民事判决书。婚外生子的判决:刘某 1 与冯某离婚纠纷案,北京市第二中级人民法院(2015)二中民终字第 12469 号民事判决书;徐某等离婚纠纷案,北京市第一中级人民法院(2014)一中民终字第 3455 号民事判决书;郭某与王某离婚纠纷案,北京市丰台区人民法院(2013)丰民初字第 15473 号民事判决书];当过错方仅出轨而没有其他如婚外生子或同居事实的,则并不当然承担对无过错方的精神损害赔偿责任,于此基本上取决于审理法院的自由裁量[于此场合支持赔偿的判决参见尹某与康某离婚纠纷案,北京市第二中级人民法院(2014)二中民终字第 04725 号民事判决书;李某等离婚纠纷案,北京市第二中级人民法院(2014)二中民终字第 10092 号民事判决书;阎某与吴某离婚纠纷案,北京市海淀区人民法院(2014)海民初字第 21446 号民事判决书;傅某嘉与赵某平一般人格权纠纷案,北京市石景山区人民法院(2014)石民初字第 9030 号民事判决书。]

一、配偶权受侵权法保护

我国现行法律规范体系中并未明文规定配偶权,这导致相应的法学理论与司法实践在立场上存在严重分歧。司法实践中拒绝承认有过错的第三者应承担法律责任的观点认为,由于我国《民法典》并没有明文规定配偶权,所以主张由婚姻关系之外的第三者承担法律责任没有充分的法律依据。[①] 对于这种观点的主要反对意见则认为,以《民法典》没有明文规定配偶权为由而断然否定第三者对婚姻中的无过错方承担侵权责任,论证过于粗疏,说服力不足。[②] 就我国当前的社会状况而言,依据由存在过错的第三者承担法律责任的观点,婚姻仍是家庭与社会制度的基石所在,在当前的主流社会观念中,性的专属性仍是婚姻的本质之一,该专属性通过婚姻的传统与法律仪式向共同体成员公示,由此取得了任何他人皆不得肆意侵犯的绝对权性质。[③] 因此,不侵犯他人的婚姻既是法律上的义务,也是人之行为的道德底线。婚姻的此类特性为承认配偶权是受侵权法保护的对象奠定了社会基础。问题是,在配偶权遭受侵害的场合,婚姻中无过错方究竟能依据什么向谁主张什么样的法律责任?

(一)通过一般侵权条款涵摄

事实上,尽管《民法典》等制定法未明确承认配偶权为典型权利,但这并不影响配偶权在符合一般侵权条款涵摄要件时能通过一般规定获得保护。在我国现行民事法律体系下,一般侵权条款是指《民法典》第 1165 条第 1 款。就该款而言,由于其未对受侵权法保护的民事权益作性质上的限定,因此,原则上任何民事权益都可以通过该款获得救济。但司法实践往往会对那些非绝对权性质的民事权益在构成要件上适用更严格的标准,比如在过错的判断上适用故意标准,在因果关系上适用近因标准等,由此防止侵权法的过度负担并保护行为自由。因此,就配偶权而言,无论其是否具备绝对权属性,其原则上都属于该款的涵摄对象;至于个案中的当事人是否受侵权法保护,则有赖于审理法院对具体责任成立要件的把握以及自由裁量权的运用。[④] 另外,即使考虑到《民法典》"侵权责任编"保护的民事权益原则上

---

① 参见最高人民法院民事审判第一庭:《婚姻法司法解释的理解与适用》,中国法制出版社 2002 年版,第 104 页。

② 参见解亘:《第三人干扰婚姻关系的民事责任——以日本法为素材》,载《华东政法大学学报》2013 年第 3 期。

③ 参见《第三人侵扰婚姻关系法律问题的比较研究》,载《华东政法大学学报》2013 年第 3 期。

④ 参见倪某博、苏某等一般人格权纠纷案,湖北省汉川市人民法院(2021)鄂 0984 民初 2258 号民事判决书。

应具备绝对权的性质,配偶权也不能当然被排除出该编的涵摄范围;因为在学理上的主流意见看来,只要是法律已经规定或约定俗成地认为应当成为一种绝对权的权益,即受侵权法保护。就配偶权而言,考虑到我国当前社会背景下关于婚姻家庭的一般社会道德观念、行为准则以及婚姻本身所具备的在特定范围内的公示性特征等都符合绝对权的一般性特征,应将之归入具备绝对权属性的民事权益范畴,使其受该一般侵权条款涵摄。这也就是说,无论配偶权是否具备绝对权属性,都不影响其在现行侵权责任法体系下寻得涵摄依据。司法实践中,法院以没有法律依据为由完全拒绝配偶权被侵害场合下无过错方针对第三者主张的损害赔偿请求权的做法,并不适当。[①]

(二)配偶权是民事利益而非典型权利

当然,以未被法律明确承认的配偶权遭受侵害为由适用一般侵权条款作为请求权基础主张损害救济时,需要明确如下问题:偶权究竟是一种典型权利,还是仅是一种应受法律保护的利益?因为相对于权利而言,利益并不具备典型权利所特有的周延的内涵外延,法律对其保护的界限相对比较模糊,并且在受法律保护的谱系中,其因居于应受法律保护之范围的边缘而经常在司法裁判的利益权衡中被牺牲。[②] 虽然我国司法实践中有法院在判决书中明确承认违背夫妻间的忠实义务会导致对受害人"夫妻权利"的严重侵害等[③],但并不能据此当然认定以忠实义务为基础的配偶权属于典型权利,其主要原因有三点。

第一,从实证法规范的角度来看,不管是自然天赋还是实定法赋予,典型权利都存在相对明确的内涵外延并为制定法明确规定;未被制定法明确规定的,即使内涵外延确定且利益保护界限清晰,仍不属于典型权利类型,如占有。对于配偶权来讲,其在我国现行法上的境遇如占有一般,尽管内涵外延相对比较清晰,但制定法并未明确承认其为权利的一种,因此将其纳入典型权利类型缺乏明确的制定法基础。

第二,从司法实践的角度来看,典型权利因为内涵外延确定且在法律保护的权益范围中居于中心位置,所以原则上并不会因利益权衡规则的适用而被牺牲,而利益的保护则恰好与之相反。从当前司法实践所坚持的普遍立场来看,以忠实义务

---

① 参见周某与杨某甲离婚纠纷案,浙江省绍兴市中级人民法院(2010)浙绍民终字第917号民事判决书。

② 参见于飞:《侵权法中权利与利益的区分方法》,载《法学研究》2011年第4期。

③ 参见徐某、陈某离婚纠纷案,广东省深圳市中级人民法院(2014)深中法民终字第2171号民事判决书。

为基础的配偶权被侵害时，法院在适用利益权衡规则时一般会通过控制侵权责任成立的一般构成要件如过错要件中的过错程度、①因果关系上的近因标准、②侵害行为的次数或持续时间、③社会影响的大小、④损害后果的严重程度⑤等，来适当限制侵权损害救济的范围与强度。这显然与典型权利的法律保护立场不一致。

第三，从法律坚守的基本价值来看，人格尊严以及人格自由发展应当是权利承认与法律保护所追求的最高价值。但以忠实义务为基础的配偶权却是基于对婚姻家庭的保护而对人格自由发展的规范限制。⑥ 尽管在我国当前社会背景下承认配偶权应受侵权法保护存在正当性基础，但从社会发展的整体趋势及比较法上不断变革的实践经验来看，严格限制配偶权的保护范围并扩大以人格尊严和人格自由发展为基础的行为自由领域，⑦符合现代法治体系的内在基本价值；而将配偶权典型权利化，则势必造成司法实践通过自由裁量权运用以逐步顺应前述历史趋势的规范障碍，并不利于法律所欲之基本价值的实现。

因此，承认配偶权为受《民法典》“侵权责任编”保护的对象，并不意味着配偶权当然为该法所保护的典型权利类型，其仅为该法第 1165 条第 1 款所保护的具有绝对权属性的民事利益。

（三）配偶权受侵权法保护的基本规则

作为应受侵权责任法保护的民事利益的一种，配偶权保护亦应遵循《民法典》所确立的具体法律规定与一般法律规定的一般适用规则，这主要包括如下两项规则。

第一，《民法典》“婚姻家庭编”规定优先适用规则。就侵权责任的成立与承担

---

① 参见李某甲与刘某离婚纠纷案，山东省滨州市中级人民法院(2016)鲁 16 民终 610 号民事判决书；杜某某与郝某甲离婚纠纷案，河南省平顶山市中级人民法院(2016)豫 04 民终 537 号民事判决书；刘某某与刘某甲离婚纠纷案，安徽省霍邱县人民法院(2013)霍民一初字第 02055 号民事判决书；郭某与王某离婚纠纷案，北京市丰台区人民法院(2013)丰民初字第 15473 号民事判决书。

② 参见陈某甲与胡某变更抚养关系纠纷案，广东省鹤山市人民法院(2015)江鹤法民二初字第 12 号民事判决书；胡某甲与刘某离婚纠纷案，浙江省温州市中级人民法院(2014)浙温民终字第 1632 号民事判决书。

③ 参见刘某与李某离婚纠纷案，河南省新乡市中级人民法院(2015)新中民四终字第 236 号民事判决书；唐某甲与唐某乙离婚纠纷案，福建省福州市中级人民法院(2014)榕民终字第 2536 号民事判决书。

④ 参见王某甲与董某一般人格权纠纷上诉案，上海市第二中级人民法院(2010)沪二中民一(民)终字第 1730 号民事判决书；田某诉王某某一般人格权纠纷案，重庆市沙坪坝区人民法院(2010)沙法民初字第 7148 号民事判决书。

⑤ 参见张某与姚某甲离婚纠纷案，湖南省岳阳市中级人民法院(2015)岳中民一终字第 100 号民事判决书；王某与杜某某离婚纠纷案，山东省胶州市人民法院(2015)胶少民初字第 152 号民事判决书。

⑥ 参见朱苏力：《用法的观点看婚姻》，载《法制资讯》2014 年第 5 期。

⑦ 参见朱晓峰：《侵权可赔损害类型论》，法律出版社 2017 年版，第 638 页。

而言,《民法典》“侵权责任编”确立的法律规则为一般规定,而“婚姻家庭编”规定的法律规则为特别规定。也就是说,“婚姻家庭编”第1091条等优先于“侵权责任编”第1165条第1款适用。[①] 如果特别法中确立的规则又明确指向适用一般法中的规则,对此依然应认为是特别法优先适用的结果,而非一般法规定的当然适用。如《民法典婚姻家庭编解释一》第86条规定的,《民法典》第1091条规定的“损害赔偿”包括物质损害赔偿和精神损害赔偿,涉及精神损害赔偿的,适用最高人民法院《关于确定民事侵权精神损害赔偿责任若干问题的解释》(以下简称《精神损害赔偿司法解释》)的有关规定,即为适例。

第二,《民法典》“侵权责任编”中一般侵权条款的漏洞填补功能。对于《民法典》“婚姻家庭编”未予特别规定,且未明确排除适用“侵权责任编”所确立的一般规则进行调整的情况,如《民法典婚姻家庭编解释一》第87条第1款规定的“承担民法典第一千零九十一条规定的损害赔偿责任的主体,为离婚诉讼当事人中无过错方的配偶”,由于该条仅是对《民法典》第1091条的解释而非对本身不受“婚姻家庭编”调整的过错第三人责任的当然排除,所以婚姻关系中的无过错方当然有权依“侵权责任编”第1165条第1款向有过错的第三人主张承担侵权责任。在适用具有漏洞填补功能的一般侵权条款时,应注意其所涵摄的对象究竟是立法漏洞所致,还是立法者基于特殊的立法意图而有意未予规定,避免当时被立法者基于特殊的立法意图而特意留白的部分被一般侵权条款的适用所掩盖。[②]

当然,考虑到配偶权是利益而非权利,司法实践中法院在适用一般侵权条款进行涵摄时,普遍会运用司法自由裁量权而依据特定社会情势适当控制配偶权的保护范围,从而在行为自由与婚姻家庭保护之间作出平衡。由此产生的结果就是,依据《民法典》“侵权责任编”的一般侵权条款保护的配偶权的范围与强度,在司法实践中因审理法院的不同立场而呈现显著的差异性,完全不同于依据“婚姻家庭编”相关规则进行调整时所呈现的统一性。这种现象从本质上来说,是一般性条款向

---

① 参见冉克平:《论第三人侵害夫妻身份权的民事责任》,载《华中科技大学学报(社会科学版)》2020年第1期。

② 在德国法律实践中,对于特别法未予调整的相关事宜,一般侵权条款不得当然地进行漏洞填补。其在适用之前必须审慎考虑立法者在制定特别法时是否基于特定的立法意图而特意进行留白,若存在立法者的这种考虑,则一般侵权条款不得适用,以防止立法者的立法意图被掩盖;反之,则可以依据一般侵权条款进行调整。关于这个问题的详细论述,参见 Franz Jürgen Säcker & Roland Rixecker Hrsg., Münchener Kommentar zum Bürgerliches Gesetzbuch: Schuldrecht Besonderer Teil Ⅲ, Band 5, C. H. Beck, 2009, S. 1816。

社会开放与其本身的确定性及可预见性之间紧张关系的真实反映。[①] 与之相比，具体条款在此方面的紧张关系则可忽略不计。

(四)通过一般侵权条款保护配偶权的主要特点

通过一般侵权条款保护配偶权，存在如下特点：

第一，扩大了配偶权受保护的范围。如果不承认一般侵权条款对以忠实义务为基础的配偶权的保护，可能会导致实践中相关主体合法权益保护不周延的问题。例如，婚姻关系中的过错方为了证明感情破裂而达到顺利离婚的目的，在情人教唆下未经因伤丧失生育能力的丈夫同意而擅自终止妊娠的，在我国当前法律实践原则上不承认未出生之胎儿具有应受法律保护的主体地位前，[②]若不承认丈夫因配偶权被侵犯而遭受的损害属于一般侵权条款保护的范畴，则很难在现行法中为其提供适当、充分的法律救济。这种不受救济的结果可能与当前社会中的一般伦理道德观念及民众的自然情感相悖；若司法实践对此不予以适当关注并妥善处理，可能会对法本身的威严与正当性基础造成损害。通过一般侵权条款将配偶权纳入侵权法的保护范畴，恰可以为该问题的适当解决提供规范依据。

第二，填补《民法典》“婚姻家庭编”等特别规定对婚姻家庭的保护漏洞。以《民法典婚姻家庭编解释一》第87条第1款为依据，反对婚姻中无过错方向有过错的第三者主张承担侵权损害赔偿责任的观点，并不适当。因为该款是对《民法典》“婚姻家庭编”第1091条具体适用条件的明确；而从法律规则的主要功能上看，第1091条是赋权性规则而非强制性规则。依据第1091条的规定，婚姻关系中无过错方以离婚为前提时有权向婚姻关系中的过错方主张损害赔偿，而《民法典婚姻家庭编解释一》第87条第1款仅仅是对《民法典》第1091条规定的内容予以了进一步明确，并未规定新的内容。《民法典》第1091条未规定无过错方有权向有过错的第三者主张损害赔偿，依据《民法典婚姻家庭编解释一》第87条第1款的解释，这仅表明无过错方没有权利以《民法典》第1091条为依据向有过错的第三者主张损害赔偿，并不能推导出该条禁止无过错方向有过错的第三者主张承担其他法律上规定的责任。因为《民法典》“婚姻家庭编”主要调整与婚姻关系相关的事宜，并不调整，也无必要调整有过错的第三者的民事法律责任问题。依据民事法律责任一般规定与婚姻法上法律责任的特别规定之间的规范关系，在特别规定没有明确规定

---

① 关于一般性条款向社会生活开放与其本身确定性及可预见性之间紧张关系的相关论述及解决方案参见朱晓峰：《论德国法上的营业权规则及其对我国的启示》，载《政治与法律》2016年第6期。

② 参见朱晓峰：《民法典编纂视野下胎儿利益的民法规范——兼评五部民法典建议稿胎儿利益保护条款》，载《法学评论》2016年第1期。

的情形下,可以依据一般规定来解决相关责任是否成立以及如何分配的问题,[①]此即一般条款的漏洞填补功能。因此,在《民法典》"婚姻家庭编"未就无过错方与有过错的第三者之间的侵权责任的成立与承担作出特别规定时,应依据一般法规定予以确定。

第三,当前社会的一般道德观念通过法官自由裁量权影响一般侵权条款的具体适用。一般侵权条款本身的特性使配偶权这种并未被法律明确规定之民事权益类型的保护,在司法实践中普遍受制于法院个案审理时的自由裁量权。在一般侵权条款确定的框架范围内,审理法院一般会依据利益权衡规则综合考量行为人的过错程度、侵害行为的持续时间、社会影响以及受害人所遭受损害的严重程度等因素,以最终确定个案中遭受侵害的配偶权是否能够获得侵权法上的救济。[②] 在配偶权被侵害的案件中,这些被综合考量的因素中需被重点关注的是社会一般道德观念对于具体案件判决的影响。几乎所有支持或反对婚姻关系中无过错方的判决,都会涉及通过一般社会道德观念来论证婚姻关系中过错方与有过错的第三者承担民事责任是否正当的问题。由于不同裁判者秉持着不同的社会道德观念,并且对于一般侵权条款适用的具体标准也有不同的裁判尺度,所以实践中会出现自由裁量权的恣意与"同案不同判"等影响法之权威的现象。[③]

还应当注意的是,婚姻关系中无过错方以一般侵权条款主张侵权法上的损害救济,原则上须以夫妻之间负有相互忠实义务的夫妻关系存在为前提。例如,对于婚前与情人发生性关系的女性怀孕之后与他人结婚并将孩子生下来的行为,在我国当前的司法实践中,法院一般会认为,尽管这种婚前性行为有违人情道德,但并没有违反婚内夫妻忠实义务;因为该性行为发生时尚不存在应受法律保护的配偶关系,自然也不存在对婚姻关系中另外一方当事人的侵权责任问题。[④] 当然,若存在严重违反社会公共道德且导致婚姻关系中无过错方人格权益严重受损的情形,

---

① 参见张红:《道德义务法律化　非同居婚外关系所导致之侵权责任》,载《中外法学》2016 年第 1 期。

② 参见侯某与董某离婚后财产纠纷案,北京市第三中级人民法院(2015)三中民终字第 13889 号民事判决书;田某诉王某某一般人格权纠纷案,重庆市沙坪坝区人民法院(2010)沙法民初字第 7148 号民事判决书;周某诉王某等确认生身父母纠纷案,江苏省南京市六合县人民法院(2000)六民初字第 731 号民事判决书。

③ 事实上,对于无过错方主张损害赔偿的,无论是支持的还是反对的判决,都会涉及对一般社会道德观念的说明,但判决结果却截然不同。相关判决可参见:田某诉王某某一般人格权纠纷案,重庆市沙坪坝区人民法院(2010)沙法民初字第 7148 号民事判决书。反对的判决参见周某 1 诉韦某离婚纠纷案,广西壮族自治区大化瑶族自治县人民法院(2005)大民初字第 41 号民事判决书;王某与章某侵权赔偿纠纷上诉案,江西省赣州市中级人民法院(2008)赣中民三终字第 314 号民事判决书。

④ 参见张某诉李某一般人格权纠纷案,浙江省宁波市中级人民法院(2009)浙甬民一终字第 760 号民事判决书。

即使侵害行为发生时并无婚姻关系存在，婚姻关系中的无过错方向过错方主张损害赔偿时也会获得法院的支持。例如，对在恋爱期间与他人交往并在与恋人结婚后生育他人子女的行为，受害人误认为该子女为其亲生而长期抚养的，司法实践中有法院认为，此处的侵害行为属于违反社会公共道德而侵害受害人人格尊严的行为，在造成受害人精神损害并存在严重后果时，法院应依据一般侵权条款支持受害人所主张的精神损害赔偿请求。①

二、损害赔偿责任人

在现行民事法律体系下，婚姻关系中的无过错方有权依据《民法典》"婚姻家庭编""侵权责任编"等确定的具体法律规则主张因配偶权被侵害而遭受损害的赔偿请求权。依据请求权基础的不同，无过错方可以分别向婚姻关系中的过错方主张婚姻法上的损害赔偿，向有过错的第三者主张侵权法上的损害赔偿，个别情形下还会发生损害赔偿请求权与不当得利返还请求权的规范竞合问题。

（一）婚姻中的过错方

依据《民法典》第 1091 条以及《民法典婚姻家庭编解释一》第 87 条等的规定，婚姻关系中无过错方以离婚为前提，有权向婚姻关系中的过错方主张损害赔偿。此处存在的可予赔偿的损害类型，依《民法典婚姻家庭编解释一》第 86 条的规定，包括财产损害和精神损害。

1. 财产损害

财产损害赔偿原则上必须以实际损害的存在为前提。在司法实践中，配偶权受侵害场合因侵害行为致使婚姻关系中无过错方所遭受的财产损害中可予赔偿的范围，通常既包括为通奸所生子女出生前支出的必要费用（检查费、保胎费、建卡费）、出生费、医疗费、生活费、营养费、护理费、误工损失等实际财产损害，②也包括因此支出的亲缘关系鉴定费、违反计划生育政策而缴纳的社会抚养费等。③ 当然，司法实践中可予赔偿的实际财产损害通常必须是可以证明是因侵害行为导致的，

---

① 参见曾某1与卢某婚姻家庭纠纷案，湖南省新化县人民法院（2021）湘1322民初1798号民事判决书；陈某甲与胡某变更抚养关系纠纷案，广东省鹤山市人民法院（2015）江鹤法民二初字第12号民事判决书；胡某甲与刘某离婚纠纷案，浙江省温州市中级人民法院（2014）浙温民终字第1632号民事判决书；钟某1、陈某等离婚后损害责任纠纷案，湖南省炎陵县人民法院（2021）湘0225民初960号民事判决书。

② 参见周某诉王某等确认生身父母纠纷案，江苏省南京市六合县人民法院（2000）六民初字第731号民事判决书；梁某1、冯某婚姻家庭纠纷案，广东省广州市中级人民法院（2021）粤01民终9145号民事判决书。

③ 参见陈某甲与胡某变更抚养关系纠纷案，广东省鹤山市人民法院（2015）江鹤法民二初字第12号民事判决书。

否则即使存在相应损害，也无法获得赔偿。例如，若亲子关系非依亲缘鉴定咨询报告而被确定，或者系由婚姻关系中无过错方自行委托医疗机构进行血迹亲缘关系鉴定而非经由法定程序确需必要的鉴定费用支出，[①]即使司法判决中法院最终确定婚姻关系中的无过错方与过错方所生之子女无血亲关系，其因此支出的鉴定费用也不属于应予赔偿的损害范畴。[②] 当然，对于婚姻关系中无过错方因抚养非亲生子女所支出的费用，司法实践中也有法院依据《民法典》第 122 条以及第 985 条至第 988 条所确立的不当得利规则，认可婚姻关系中的无过错方可以向负有法定抚养义务的亲生父母主张不当得利。[③] 这实质上体现了《民法典》"婚姻家庭编"与"合同编"之间存在请求权竞合现象时，受害人有权选择其一进行主张。

婚姻关系中无过错方遭受的财产损害的赔偿以损害是由侵害行为引起的为前提，非因侵害行为引起的损害，不属于此处可予赔偿的范围。例如，婚姻关系中无过错方为婚外情调查合同支出的费用，是否属于可赔偿范畴？最高人民法院在其发布的指导意见中明确指出，由于离婚损害赔偿中经济损失和精神损害赔偿的内容均是基于配偶一方导致离婚的过错行为所致，强调的是为因配偶侵权行为受损害的无过错配偶提供经济和精神上的救济，故为婚外情调查合同支出的费用，不属于《婚姻法》（2001 年修正）第 46 条（《民法典》第 1091 条）规定的"损害赔偿"范畴。[④] 该见解值得赞同。

2. 精神损害

对于婚姻关系中过错方须向无过错方承担精神损害赔偿责任的，我国当前司法实践中有法院在判决书的说理部分指出：夫妻互相忠实，不背叛婚姻，不仅是传统美德，也是法定义务。对婚姻不忠实，是难以容忍的不诚信，它不仅破坏了夫妻关系，拆散了家庭，也伤及无辜的子女，而且败坏社会风气，是法律所禁止的行为。为了保证法律的公平公正，维护正常稳定的婚姻家庭关系，引导配偶之间坚守相互

---

① 参见刘某与丁某婚姻家庭纠纷案，北京市怀柔区人民法院（2015）怀民初字第 01237 号民事判决书。

② 参见陈某甲与胡某变更抚养关系纠纷案，广东省鹤山市人民法院（2015）江鹤法民二初字第 12 号民事判决书。

③ 参见 1992 年《最高人民法院关于夫妻关系存续期间男方受欺骗抚养非亲生子女离婚后可否向女方追索抚养费的复函》。另外，相关判决可以参见郭某利、王某荣否认亲子关系纠纷案，山东省费县人民法院（2021）鲁 1325 民初 4590 号民事判决书；马某甲与黄某甲离婚纠纷案，安徽省广德县人民法院（2014）广民一初字第 02423 号民事判决书；陈某甲与胡某变更抚养关系纠纷案，广东省鹤山市人民法院（2015）江鹤法民二初字第 12 号民事判决书。

④ 参见最高人民法院民一庭：《为婚外情调查合同支出的费用不属于〈婚姻法〉第 46 条规定的"损害赔偿"范畴》，载中华人民共和国最高人民法院民事审判第一庭编：《民事审判指导与参考》（第 36 辑），法律出版社 2009 年版。

忠诚的道德准则,应当对被告的此种漠视配偶间忠诚义务、挑战婚姻行为准则的行为予以制裁。只有对这种行为加以制裁,才能对其他婚姻家庭中的夫妻起到警示和预防的作用,从而营造一个稳定有序的和谐社会。[①] 在我国当前的社会背景下,这种说理事实上真实地表明了法律适用与民众自然情感的内在牵连关系,值得肯定。

依据《民法典婚姻家庭编解释一》第 86 条的规定,婚姻关系侵害中涉及精神损害赔偿的,依据《精神损害赔偿司法解释》确定。由于后者并未就精神损害赔偿请求权的一般条件作出明确规定,于此情形下应回溯至《民法典》“侵权责任编”确立的关于精神损害赔偿的一般条款即第 1183 条第 1 款。依据该规定,因侵权致自然人精神损害的,受害人所主张的精神损害赔偿仅在符合严重精神损害要件时,才会被法院支持;否则原则上不会获得法院支持。对于何谓“严重精神损害”,《民法典》及《精神损害赔偿司法解释》均未明确规定,这实质上赋予了审理法院在这种场合具有是否支持受害人所主张之精神损害赔偿的自由裁量权。[②]

依据《民法典》“婚姻家庭编”第 1091 条的规定,当存在重婚、有配偶者与他人同居、实施家庭暴力、虐待或遗弃家庭成员以及有其他重大过错的情形时,婚姻关系中的无过错方有权依据本条并结合《民法典婚姻家庭编解释一》第 86 条,向婚姻关系中的过错方主张精神损害赔偿。在配偶权被侵害场合,可以纳入《民法典》第 1091 条之侵害配偶权的情形有重婚、与他人同居和有其他重大过错。其中,依据《民法典婚姻家庭编解释一》第 2 条的规定,有配偶者“与他人同居”的情形是指有配偶者与婚外异性不以夫妻名义,持续、稳定地共同居住;因此配偶权被侵害并不必然构成《民法典》第 1091 条中的“同居”。对于那些不在“重婚”“与他人同居”涵摄范畴的配偶权被侵害情形,只有在符合《民法典》第 1091 条规定的“有其他重大过错”时,婚姻关系中的无过错方才可以依据该条主张精神损害赔偿。问题是,无过错方在何种情形下主张的精神损害赔偿会因满足《民法典》第 1091 条的“重大过错”以及第 1183 条第 1 款规定的“严重”要件而能够获得审理法院的支持呢?如前所述,在我国当前的司法实践中,一般而言,侵害人的主观状态如第三者明知或恶意,侵害行为的持续时间及社会影响,损害的严重程度,侵害行为发生地的风俗习惯以及法官个人的伦理道德观念等,都会影响法院对“重大过错”和“严重精神损

---

① 参见杨某某与高某某离婚纠纷案,天津市第二中级人民法院(2015)二中民一终字第 1128 号民事判决书。

② 参见张家骥、缪宇:《夫妻忠实义务的准债务探析》,载《华中师范大学学报(人文社会科学版)》2019 年第 3 期。

害”的判断。[①] 例如,在婚姻关系中的过错方与婚外第三人发生不正当关系并生育子女的场合,法院一般会认为存在严重损害后果而支持婚姻关系中的无过错方主张的精神损害赔偿。[②] 在支持由无过错方于此场合主张的精神损害赔偿的法院看来,婚外情、通奸等情况下怀孕生子和有配偶者与他人同居相比,前一种情形中的过错方的过错程度以及对无过错方、婚姻家庭和未成年子女造成的伤害较后一种情形而言有过之而无不及,因此其当然应被纳入《民法典》第 1091 条“有其他重大过错”的涵摄范畴,并认可此种情形下无过错方有权向过错方主张精神损害赔偿。[③] 同样,若婚姻关系中的过错方是男方,其在婚姻关系存续期间出轨导致第三人怀孕或婚外生育子女,那么该情形亦属于“其他重大过错”的情形,作为婚姻关系中无过错方的女方亦可向男方主张相应的精神损害赔偿。[④] 另外,婚姻关系中过错方的出轨次数和对象的数量也会影响法官在个案审理中对重大过错的认识。[⑤] 当然,对于单纯的通奸行为导致的婚姻关系中的无过错方所主张的精神损害赔偿而言,法院一般不会支持。[⑥] 当然,由于对“重大过错”及“严重精神损害”的诸项考量因素没有统一的适用标准,司法实践中也总是会出现一些同案不同判的现象。所以对于单纯通奸行为导致的婚姻关系中无过错方的精神损害,司法实践中也有法院支持

---

① 参见周某诉王某等确认生身父母纠纷案,江苏省南京市六合县人民法院(2000)六民初字第 731 号民事判决书。

② 参见梁某 1、冯某婚姻家庭纠纷案,广东省广州市中级人民法院(2021)粤 01 民终 9145 号民事判决书;张某、蒲某离婚后损害责任纠纷案,四川省巴中市巴州区人民法院(2021)川 1902 民初 2644 号民事判决书;袁某 1、陶某离婚后损害责任纠纷案,四川省盐亭县人民法院(2021)川 0723 民初 689 号民事判决书;张某与姚某甲离婚纠纷案,湖南省岳阳市中级人民法院(2015)岳中民一终字第 100 号民事判决书;王某与杜某某离婚纠纷案,山东省胶州市人民法院(2015)胶少民初字第 152 号民事判决书;马某甲与黄某甲离婚纠纷案,安徽省广德县人民法院(2014)广民一初字第 02423 号民事判决书;刘某某与唐某某离婚纠纷案,湖南省新宁县人民法院(2014)宁民一初字第 1207 号民事判决书;赵某甲与周某离婚纠纷案,江苏省常熟市人民法院(2014)熟虞少民初字第 0027 号民事判决书。

③ 参见杨某某与高某某离婚纠纷案,天津市第二中级人民法院(2015)二中民一终字第 1128 号民事判决书。

④ 参见马某与李某 1 离婚后损害责任纠纷案,云南省昆明市西山区人民法院(2020)云 0112 民初 16249 号民事判决书;宋某 1 与刘某 1 离婚纠纷案,河南省上蔡县人民法院(2020)豫 1722 民初 5900 号民事判决书。

⑤ 参见孙某与徐某离婚纠纷案,北京市朝阳区人民法院(2021)京 0105 民初 33497 号民事判决书。

⑥ 参见赵某甲与蔡某离婚纠纷案,辽宁省大连市中级人民法院(2015)大民一终字第 468 号民事判决书;陆某甲与龚某离婚纠纷案,广西壮族自治区桂林市象山区人民法院(2012)象民初字第 348 号民事判决书;崔某甲与周某为离婚纠纷案,河南省唐河县人民法院(2014)唐民一初字第 1700 号民事判决书;刘某军与陈某离婚纠纷案,新疆维吾尔自治区克拉玛依市中级人民法院(2015)克中法民申字第 7 号民事裁定书。

予以赔偿。①

由于财产损害赔偿原则上以实际发生的财产损害为要件，而精神损害赔偿受“严重”性要件是否满足的限制，所以我国司法实践中有法院在认定婚姻关系中过错方的损害赔偿责任时，不再明确区分究竟是对无过错方所遭受的财产损害的赔偿还是对其精神损害的赔偿，而是径直笼统地使用“损害赔偿”这一概念，②或者法院虽不承认精神损害赔偿，但却在财产分割时考虑婚姻关系中过错方违反婚姻忠实义务的过错而相应地作出有利于无过错方的财产分割方案，③以此来避免因相关概念的细致区分而可能导致的对受害人救济不力现象的发生。

3. 忠实义务

在我国传统法制与社会观念中，婚姻关系中的忠实义务原则上是对女方而言的，对男方而言，其并不对妻子负有同等的忠实义务；而当前的《民法典》“婚姻家庭编”在男女平等的原则下于第 1043 条第 2 款确立了配偶双方互负同等的忠实义务。这意味着，婚姻关系中的无过错方无论男女，只要因过错方和婚姻关系外的第三者而遭受损害的，就有权主张损害赔偿。

在婚姻关系的男方无过错而女方有过错的案件中，例如，田某诉王某某一般人格权纠纷案的审理法院即认为，被告（妻子）在与原告（丈夫）夫妻关系存续期间与他人生育一子的行为有违公序良俗，且在双方离婚时隐瞒真相，致使原告继续承担抚养义务的行为不仅造成原告经济上的损失，也给原告的精神造成极大损害。因此，审理法院以被告违反社会公德侵害他人人格权益为由，支持了原告所主张的财产损害和精神损害赔偿。④

在婚姻关系的女方无过错而男方有过错的案件审理中，法院在司法实践中所持的基本立场同审理男方无过错而女方有过错的案件并无二致。例如，陆某甲与童某离婚纠纷案的审理法院认为：夫妻应互相忠实，互相尊重。被告（丈夫）在与原告（妻子）婚姻关系存续期间，与他人有不正当男女关系行为，并生育一女，导致离

---

① 参见金某 1、吕某离婚后财产纠纷案，广东省广州市中级人民法院（2021）粤 01 民终 4681 号民事判决书；侯某与高某离婚后损害责任纠纷案，北京市通州区人民法院（2013）通民初字第 13520 号民事判决书；王某与章某侵权赔偿纠纷案，江西省赣州市章贡区初级人民法院（2008）章民三初字第 580 号民事判决书；陈某与张某离婚纠纷案，北京市丰台区人民法院（2014）丰民初字第 03935 号民事判决书；唐某甲与唐某乙离婚纠纷案，福建省福州市中级人民法院（2014）榕民终字第 2536 号民事判决书。

② 参见刘某甲与武某甲离婚纠纷案，湖北省高级人民法院（2014）鄂民监二再终字第 00024 号民事判决书。

③ 参见蔡某等离婚纠纷案，北京市第二中级人民法院（2015）二中民终字第 10801 号民事判决书。

④ 参见田某诉王某某一般人格权纠纷案，重庆市沙坪坝区人民法院（2010）沙法民初字第 7148 号民事判决书。

婚,应承担相应的民事赔偿责任。①

男女双方在婚姻关系中的忠实义务在履行上地位平等,实质上反映了平等观念在我国民事法律关系特别是婚姻关系中的深入贯彻,是我国社会发展进步的重要表现。另外,依据《民法典婚姻家庭编解释一》第 90 条的规定,若夫妻双方均存在《民法典》第 1091 条规定的过错情形,一方或者双方向对方提出离婚损害赔偿请求的,法院不予支持。此亦表明,《民法典》第 1091 条的核心目的在于保护婚姻关系中的无过错方。

(二)婚姻中的第三者

对于婚姻关系外的第三者是否需要对婚姻关系中的无过错方承担侵权法上的损害赔偿责任问题,在我国学理界与司法实务界存在不同观点。

1. 第三者应否承担侵权责任的理论争议

持肯定意见的学者认为,第三者插足他人婚姻,既侵害了婚姻关系中的无过错方依法享有的配偶权,可能导致其名誉受损,也构成对现行法所保护的婚姻家庭的侵害,扰乱社会秩序。鉴于此,应在法律上否定并制裁第三者插足他人婚姻的行为,反映在民事责任上,就是第三者必须对自己的侵害行为向婚姻关系中的无过错方承担损害赔偿责任。② 持反对意见的学者则认为:第一,第三者插足他人婚姻属于道德规范领域,对此法律不应过度干预;第二,产生第三者的原因错综复杂,现实生活中的很多第三者本身也是受害人,通过法律对其予以制裁并不适当;第三,将婚姻关系外的第三人牵涉进诉讼关系,即使最后查明的事实证明第三人不应承担责任,其生活也可能因为诉讼行为本身而受到不利影响。故以不承认第三者的侵权责任为宜。③ 那么究竟哪种观点更妥当呢?

结合我国特定的社会历史背景,在现行法律体系下,全面肯定或否定第三者的侵权责任可能都不适当,需要具体问题具体分析。虽然在现代社会背景下,配偶权依其性质依然具有公示性的特点,但这种公示性已经因人口流动频繁所导致的陌生人社会的形成以及婚姻状况属于个人隐私范畴等因素的影响而大打折扣。特别是在婚姻关系中的过错方以故意且违反社会公德的方式向第三者隐瞒其已婚的事实,或者第三者已尽到一般人的注意义务而仍不知道与之交往的对方当事人为已

① 参见陆某甲与童某离婚纠纷案,浙江省东阳市人民法院(2015)东民初字第 197 号民事判决书。

② 参见胡洁人、王婷:《夫妻忠实义务之"精神考量"》,载《法律适用》2020 年第 11 期。

③ 参见王林青、杨心忠:《侵权纠纷裁判标准与规范》,北京大学出版社 2014 年版,第 377 页。

婚人士的情形下，该第三者无须向婚姻中的无过错方承担侵权责任。[①] 在第三者依一般人的注意义务即可发现与之交往的对象为已婚人士且仍与之发生不正当关系的情形下，该第三者就需要就过错行为向婚姻关系中的无过错方承担责任。事实上，这种情形下应该考虑行为自由与婚姻家庭保护，特别是配偶权保护之间，根据一般人的注意义务标准进行平衡处理的问题。既不能因为强调对配偶权的充分保护而使他人的行为自由受到不合理的限制，也需要考虑行为自由的滥用可能导致的对他人合法权益以及婚姻家庭的侵扰。因为任何人的自由都是有限度的，与之相对的，健康、安宁的婚姻家庭生活，这些对于未成年人的健康成长以及家庭成员的幸福安宁也至关重要。[②] 就此而言，在法之运行的理想状态下，行为自由与配偶权及婚姻家庭的法律保护并不是非此即彼的对立关系，而是处于一种动态平衡的状态中。

2. 第三者承担侵权责任的请求权基础

由于《民法典》"婚姻家庭编"第 1091 条以及与之相关的司法解释等所确立的是婚姻关系中的无过错方向过错方主张损害赔偿的请求权基础，婚姻关系中的无过错方无法据此向第三者主张侵权损害赔偿责任。在原《婚姻法》(2001 年修正)等对第三者侵害婚姻关系所应承担的民事责任无特别规定时，应在一般侵权条款中为婚姻关系的无过错方寻找提供救济的请求权基础。依据前述分析，无论配偶权是否具备绝对权属性，都不影响婚姻关系中的无过错方在现行侵权法体系下依据《民法典》第 1165 条第 1 款要求有过错的第三者承担侵权责任。事实上，对于婚姻关系中的无过错方以一般侵权条款作为向有过错的第三者主张损害赔偿的请求权基础的，司法实践中也有法院予以支持。[③]

对于有过错的第三者来说，依据《民法典》第 1165 条第 1 款的规定，其需要对相应侵害行为所导致的婚姻关系中的无过错方的实际财产损失与精神损害承担赔偿责任。我国学理上有观点认为，应直接以《民法典》第 1183 条第 1 款等为依据来支持婚姻关系中的无过错方向第三者主张精神损害赔偿。[④] 该观点并不完全准确，

---

① 参见祝某某与李某某离婚后损害赔偿纠纷案，湖南省永州市冷水滩区人民法院(2014)永冷民初字第 657 号民事判决书；顾某丽、雍某会等赠与合同纠纷案，四川省泸州市中级人民法院(2021)川 05 民终 1645 号民事判决书。

② 参见薛军：《干扰婚姻关系的损害赔偿：意大利的法理与判例》，载《华东政法大学学报》2013 年第 3 期。

③ 参见倪某博、苏某等一般人格权纠纷案，湖北省汉川市人民法院(2021)鄂 0984 民初 2258 号民事判决书。

④ 参见于晓：《论干扰婚姻关系的侵害客体》，载《山东社会科学》2011 年第 1 期。

因为《民法典》第 1183 条第 1 款本身并不能独立作为支持婚姻关系中的无过错方精神损害赔偿请求权的裁判依据,法院必须在第 1165 条第 1 款确定的侵权责任成立的基础上确定精神损害是否应予赔偿以及赔偿范围的问题。

在破坏军婚罪的场合,若第三者依据《刑法》(2023 年修正)第 259 条的规定承担了相应的刑事责任,那么其便不再需要对婚姻关系中的无过错方承担精神损害赔偿责任。因为依据最高人民法院《关于适用〈中华人民共和国刑事诉讼法〉的解释》(以下简称《刑诉解释》)第 175 条第 2 款的规定,“因受到犯罪侵犯,提起附带民事诉讼或者单独提起民事诉讼要求赔偿精神损失的,人民法院一般不予受理”。当然,第三者对于其应承担的财产损害赔偿责任,则不受是否已承担刑事责任的影响。

3. 第三者承担侵权责任的法理基础

在现行法律规范体系内,婚姻关系中的过错一方承担法律责任的基础在于对婚姻忠实义务的违反。问题是,婚姻忠实义务仅对婚姻关系中的当事人双方产生拘束力,其并不具备约束婚姻关系之外第三人行为自由的效力。因此需要明确,由第三者承担侵权责任的法理基础何在?一般而言,承担侵权责任需要具备的前提条件是,行为人侵犯了受侵权法保护的民事权益或违反了保护性的法律。婚姻关系中的无过错方因缔结婚姻而享有的配偶权并未被现行法明确承认为权利,因此需要从法律的其他一般性规定中探求是否存在由第三者承担侵权责任所必须具备的前提条件。此处需要重点关注作为现行民事法律一般原则而存在的《民法典》第 3 条和第 8 条。依据这两条的规定,民事主体的合法权益受法律保护,任何组织和个人不得侵犯,并且民事活动不得违背公序良俗。那么婚外第三者“插足”他人婚姻是否构成对这些基本原则的违反呢?这需要从如下方面进行分析。

一方面,就婚姻的本质来看,其是男女双方依据自主意志形成的应受法律保护的一种微型社会组织即婚姻共同体,是国家这种大的社会共同体存续的基础。[①] 婚姻共同体结构的规范性、稳定性以及持续性,关系着国家的正常存续与健康发展,因此国家非常注重从法律层面关注并保护婚姻家庭。[②] 从这个角度来看,对于婚姻共同体的法律保护,实际上体现着法律对于通过婚姻共同体而得以维系的社会公共利益的关注与保护。任何危害婚姻共同体稳定结构的行为包括第三者“插足”婚姻的行为,实质上都是危害了以稳定的婚姻共同体为存在基础的社会公共利益。

---

① 参见《第三人侵扰婚姻关系法律问题的比较研究》,载《华东政法大学学报》2013 年第 3 期。
② 参见夏吟兰:《论婚姻家庭法在民法典体系中的相对独立性》,载《法学论坛》2014 年第 4 期。

对于这种危害社会公共利益的行为,行为人是否承担责任以及承担何种责任,在法之历史的不同阶段有不同的表现。例如,在我国传统社会的法制实践中,“插足”婚姻关系的第三者一般要承担严厉的刑事责任;而在当代的法制实践中,第三者原则上无须再承担刑事责任。这种变化实质上反映了婚姻共同体与个体中的哪一方在国家通过法律维护社会公共利益时会被优先保护的现实。重视婚姻家庭以及由此体现出来的社会公共利益的国家,一般会对第三者科以较严厉的法律责任;而重视个体自由以及由此体现出来的社会公共利益的国家,则在对待第三者承担责任方面较宽容。我国当前的法律实践原则性地放弃了给予第三者严厉刑事制裁的传统做法,而仅在特定条件具备时承认有过错的第三者应对婚姻关系中的无过错方承担民事赔偿责任,这实质上就是婚姻家庭与个体在国家考量公共利益实现时所占分量发生重大变化的反映。

另一方面,既然婚姻是配偶双方依据自主意志缔结的受法律保护的共同体,那么这种依据自主意志形成的共同体依当事人自主意志的存续本身,就体现当事人双方以人格尊严为基础的合法权益;非依法或双方当事人约定的对婚姻共同体存续本身的危害行为如第三者“插足”他人婚姻,就是对婚姻关系中的当事人以人格尊严为基础的合法权益的侵害。[①] 问题是,通过婚姻关系中的配偶双方自主意志的合意而合法形成的婚姻共同体并不当然地为婚外第三者知晓。若婚姻关系中的当事人一方故意隐瞒其婚姻状况而与不知情的第三者交往,在此情形下认定无过错的第三者对婚姻关系中的无过错方承担配偶权侵害的法律责任,势必阻碍行为自由并最终影响社会公共利益的实现。据此,对配偶权侵害场合的第三者是否应向婚姻关系中的无过错方承担法律责任的判断,本质上是适用利益权衡规则在以人格尊严为基础的配偶权与以人格自由发展为基础的行为自由之间进行的权衡。这也意味着,即使第三者侵害了婚姻关系中的无过错方的合法权益,也并不必然承担法律责任。婚外第三者是否承担侵权责任,除了存在配偶权被侵犯的事实外,还应当考虑行为人的主观过错、侵害行为的持续时间、损害的严重程度以及社会影响等因素,从而判断保护配偶权是否会对行为自由以及社会公共利益等造成不当影响,并最终确定婚外第三者是否应向婚姻关系中的无过错方承担法律责任。

因此,与违反婚姻忠实义务的婚姻关系中的过错方不同,婚外第三者并不必然因侵害婚姻关系中的无过错方的合法权益即违反法定义务从而须对其承担法律责

---

① 参见韩跃红:《生命伦理学语境中人的尊严》,载《伦理学研究》2015年第1期。相关判决参见田某诉王某某一般人格权纠纷案,重庆市沙坪坝区人民法院(2010)沙法民初字第7148号民事判决书;傅某嘉与赵某平一般人格权纠纷案,北京市石景山区人民法院(2014)石民初字第9030号民事判决书。

任。二者在法理基础上的核心差异在于,法律保护的权益的产生依据及界限不同:配偶之间的相互忠实义务基于双方的自主约定而依法产生,因此,其权利义务的界限是清晰明确的。在我国当前的法律实践中,一方以违反社会公共道德的方式违反婚姻忠实义务,由其承担对婚姻关系中的无过错方的法律责任,并不存在对其本身应受法律保护的合法权益以及社会公共利益等实现的不利影响。[①] 但婚外第三者与婚姻共同体及其内部的无过错方之间的法律关系完全是基于法律规定而产生的,婚外第三者违反了其承担的法定义务,侵害了婚姻关系中的无过错方应受法律保护的合法权益,这与当事人之间的自主意志没有任何牵连。在我国当前的法律实践中,虽然婚姻关系中的当事人双方对婚姻享有应受法律保护的合法权益,但以婚约为基础的婚姻共同体并不具备当然使婚外第三人知晓其存在的特性。若婚外第三者当然应对配偶权侵害所导致的损害向婚姻关系中的无过错方承担法律责任,则会存在对其本身应受法律保护的行为自由以及由此体现出来的社会公共利益等实现的不利影响。因此,需要通过利益权衡规则来确定冲突着的配偶权与行为自由等究竟何者应被优先保护的问题。

三、赔偿责任人之间的规范关系

就损害赔偿责任的具体承担而言,应向婚姻关系中的无过错方承担损害赔偿责任的过错方与有过错的第三者之间的规范关系为何?对此,在现行法律体系下,应从侵权法和婚姻法两个角度进行观察。

(一)《民法典》"侵权责任编"中的规范关系

我国学理上有观点认为,婚姻关系中的过错方与有过错的第三者之间的规范关系取决于婚姻关系中的无过错方的选择。若无过错方不追究婚姻关系中的过错方的侵权责任,则损害赔偿责任完全由有过错的第三者承担;若无过错方向过错方与有过错的第三者同时主张损害赔偿,则责任人之间就损害赔偿承担连带责任。持该观点的学者认为,考虑无过错方是否追究婚姻关系中的过错方的责任,有助于稳定现存的婚姻关系,有利于保护妇女儿童的合法权益。[②] 依据这种观点,若婚姻关系中的无过错方放弃追究婚姻关系中的过错方的侵权责任而仅向第三者主张损害赔偿,那么承担了损害赔偿责任的第三者无权向婚姻关系中的过错方就其依过

---

① Xiaofeng Zhu, Schadensersatz bei Ehebruch in Deutschland und China, Recht Als Kultur, No. 12(2016), S. 169.

② 参见杨立新:《侵权损害赔偿》(第6版),法律出版社2016年版,第500页。

错本应承担的份额行使追偿权。

据此可以认为，配偶权以忠实义务的存在为前提，侵害配偶权的实质是对忠实义务的违反，因为只有婚姻关系中的夫妻双方互负忠实义务，所以违反忠实义务的只能是婚姻关系中的过错方，配偶权侵害属于婚姻内部关系的处理问题。① 在此情形下，配偶权侵害案件中有过错的第三者的侵害行为只有在同婚姻关系中的过错方违反忠实义务的行为相结合时，才会对婚姻关系中的无过错方以婚姻忠实义务为基础的配偶权造成侵害。② 例如，在配偶被他人强奸的案件中，因不存在婚姻忠实义务的违反，所以被强奸方的配偶无权向侵权人主张侵权责任，而被强奸方有权依据身体权、人身自由权等被侵犯而向侵权人主张侵权损害赔偿。也就是说，在配偶权侵害案件中，婚姻关系中无过错方所遭受的损害，应是婚姻关系中的过错方与有过错的第三者的侵害行为所共同导致的；在我国现行侵权法律体系下，这构成多数人侵权责任。

在多数人侵权责任场合，若婚外第三者明知对方当事人已婚而依然与之交往并侵害他人婚姻家庭，那么依据《民法典》第 1168 条的规定，婚外第三者与婚姻关系中的过错方对婚姻关系中的无过错方承担连带责任。③ 若婚外第三者未尽到社会上一般人应尽的注意义务而导致婚姻关系中的无过错方的配偶权被侵犯，由于第三者与婚姻关系中的过错方于此场合并无共同故意，二人属于分别实施侵权行为但造成他人同一损害的情形，并且二人中的任何一人的行为都不足以导致婚姻关系中的无过错方之全部损害的发生，所以此种情形应依据《民法典》第 1172 条的规定确定责任关系：若能够确定责任大小，则各自向婚姻关系中的无过错方承担侵权责任；若难以确定责任大小，则平均承担赔偿责任。

对于依据《民法典》第 1168 条所确定的连带责任的承担，婚姻关系中的无过错方有权请求部分或全部连带责任人承担责任；若连带责任人中的一人承担了全部责任，那么其有权就超出自己赔偿数额的部分向其他连带责任人追偿。若婚姻关系中的无过错方放弃追究婚姻关系中过错方的责任，那么依据最高人民法院《关于审理人身损害赔偿案件适用法律若干问题的解释》第 2 条第 1 款④的规定：作为共

---

① Vgl. BGH 21. 3. 1956, FamRZ 1956, 180; BGHZ 23, S. 279; BGHZ 26, 217.

② 参见叶名怡：《法国法上通奸第三者的侵权责任》，载《华东政法大学学报》2013 年第 3 期。

③ 参见周某诉王某等确认生身父母纠纷案，江苏省南京市六合县人民法院（2000）六民初字第 731 号民事判决书。

④ 参见《最高人民法院关于审理人身损害赔偿案件适用法律若干问题的解释》（2022 年修正），《最高人民法院关于审理利用信息网络侵害人身权益民事纠纷案件适用法律若干问题的规定》（2020 年修正）。

同侵权人的第三者对被放弃诉讼请求的婚姻关系的过错方应当承担的赔偿份额不承担连带责任;若此处的责任范围难以确定,则推定各共同侵权人承担同等责任。

对于依据《民法典》第1172条所确定的侵权责任的承担,由于婚姻关系中的过错方与第三者承担的是按份责任,在此种场合,作为受害人的婚姻关系中的无过错方放弃追究任何一方的责任,都不会影响其对其他责任人主张相应的损害赔偿责任。

(二)《民法典》"婚姻家庭编"对损害赔偿责任的影响

婚姻关系中的过错方向无过错方承担损害赔偿责任受《民法典》"婚姻家庭编"的特别规定调整,而有过错的第三者向婚姻关系中的无过错方承担损害赔偿责任受《民法典》"侵权责任编"的调整。若婚姻关系中的无过错方未离婚且没有以之为前提依据《民法典》第1091条向婚姻关系中的过错方主张损害赔偿,那么其是否有权向有过错的第三者主张侵权法上的损害赔偿?

在德国,相应司法实践认为,婚姻关系中的无过错方向"插足"婚姻的第三者主张精神损害赔偿,其实就是从婚姻关系中过错方的失足中获得物质利益,这种行为因违反德国法上的善良风俗而被禁止。[①] 但在我国当前的配偶权侵害案件中,被普遍承认的婚姻关系中的无过错方的损害赔偿请求权特别是精神损害赔偿请求权,除了抚慰功能之外,还具有制裁功能。[②] 其目的在于对我国传统社会一直以来强调的婚姻家庭予以充分保护,并对违反社会公共道德之行为进行惩罚。因此,婚姻关系中的无过错方即使没有依据《民法典》"婚姻家庭编"第1091条向婚姻关系中的过错方主张损害赔偿,也有权依据侵权法上的一般规定向有过错的第三者主张其应承担的侵权责任。

问题是,在我国现行法律体系下,若夫妻采取共同财产制,那么在配偶权受侵害场合,若夫妻并未离婚而无过错方依侵权法向有过错的第三者主张损害赔偿所获得的财产,是否属于夫妻共有财产?配偶权受侵害场合适用的损害赔偿规则尤其是精神损害赔偿规则的主要功能在于抚慰和制裁,其所抚慰的对象是无过错方,制裁的对象是违反夫妻忠实义务的过错方以及知晓或应当知晓并侵害他人配偶权而违反社会公共道德的第三者。就此而言,即使婚姻关系中的无过错方不再追究过错方的损害赔偿责任,也不意味着婚姻关系中的过错方还可以因其违法行为而

---

① 德国法上的相关司法判决参见BGH 12.7.1955, JZ 1955, S.581。

② 例如,我国司法实践中有法院在婚姻侵害案件的判决书中明确指出,制裁功能具体是通过精神损害赔偿规则的运用来实现的。相关判决参见杨某某与高某某离婚纠纷案,天津市第二中级人民法院(2015)二中民一终字第1128号民事判决书。

从中获益。因此婚姻关系中的无过错方因侵害行为从有过错的第三者那里所获得的赔偿属于《民法典》第1063条第2项的个人财产,不属于夫妻共有财产。据此,没有区分夫妻个人财产和共有财产内容的下述婚姻侵害赔偿观点,可能存在问题:若侵害配偶权的双方均有配偶,在双方受害人均不要求离婚而放弃追究其过错之配偶一方责任,则双方受害人向第三者主张的损害赔偿之债互相抵消;若双方受害人中仅有一方要求离婚而另一方受害人不要求离婚,那么要求离婚的受害人得向侵害配偶权的过错双方主张多数人侵权责任,而不要求离婚的一方仅能向第三者主张侵权责任。[①] 由于配偶权侵害中的无过错方向有过错的第三者主张损害赔偿而获得的财产属于个人财产,所以这部分财产并不能当然适用抵消规则。向婚姻关系中的无过错方承担损害赔偿责任的责任财产应当是有过错的第三者的个人财产;若其个人财产不足以承担赔偿责任且其配偶不主张离婚的,对于不足部分应以夫妻共有财产支付,而支付之后该第三者与其配偶之间的权利义务关系,则依《民法典》"婚姻家庭编"的规定处理。

四、损害赔偿请求权的诉讼时效

配偶权侵害中的无过错方所依法享有的损害赔偿请求权是否受诉讼时效限制?对此,需要区分两种情形处理。

(一)对第三者主张损害赔偿请求权的诉讼时效

由于婚姻关系中的无过错方对有过错的第三者主张损害赔偿的请求权基础是《民法典》"侵权责任编"的一般侵权条款,在现行民事法律体系下,当法律未就特定请求权的诉讼时效设置特殊规则时,适用诉讼时效的一般规则。依据《民法典》第188条第1款以及第2款第1句规定的一般诉讼时效规则,向法院请求保护民事权利的诉讼时效期间为3年,期间自权利人知道或应当知道权利受到损害之日起计算。

(二)对过错方主张损害赔偿请求权的诉讼时效

由于婚姻关系中的无过错方向过错方主张损害赔偿以《民法典》"婚姻家庭编"的相关规定为请求权基础,而依据《民法典》第1091条和《民法典婚姻家庭编解释一》第87条的规定,婚姻关系中的无过错方向过错方主张损害赔偿,必须以离婚为前提;若法院不准离婚,那么相关损害赔偿请求不会获得法院支持。此处存在的问题是,若婚姻关系中的无过错方因未离婚而没有向过错方主张损害赔偿责任,嗣后

---

① 参见杨立新:《侵权损害赔偿》(第6版),法律出版社2016年版,第504页。

过错方或无过错方主张离婚又被法院支持的,此时相关损害赔偿请求权的诉讼时效规则应如何适用?

依据《民法典》第1091条的规定,婚姻关系中的无过错方向过错方主张损害赔偿的基础在于其侵害配偶权导致了离婚。依据文义解释规则,侵害配偶权的行为发生之后而未离婚的,即便自无过错方知道或应当知道之日起已满2年,但如果嗣后的离婚依然系该侵害配偶权的行为所致,那么无过错方依然有权依据《民法典》第1091条向过错方主张损害赔偿。依据目的解释规则,《民法典》第1091条以及《民法典婚姻家庭编解释一》第87条等主要是为了保护无过错方而确定的损害赔偿规则。[①] 无过错方为维持家庭继续存在而主动放弃通过离婚向过错方主张损害赔偿,若嗣后该侵害行为依然导致了离婚,那么,为了法之目的的充分实现,依然有必要承认无过错方有权向过错方主张损害赔偿。所以此时的诉讼时效应依《民法典》第188条第2款第2句的规定,按照法律另有规定的情形处理,而不适用普通诉讼时效。另外,依据《民法典婚姻家庭编解释一》第88条的规定:符合《民法典》第1091条规定的无过错方作为原告基于该条规定向法院提起损害赔偿请求的,必须在提起离婚诉讼的同时提出。[②] 在婚姻关系中的无过错方作为被告的离婚诉讼案件中,若一审时被告未基于《民法典》第1091条提出损害赔偿请求而在二审期间提出,法院应进行调解,调解不成的,告知当事人另行起诉;双方当事人同意由二审法院一并审理的,二审法院可以一并裁判。

(三)诉讼时效适用中的个人自由与婚姻家庭保护

通过排除民法中作为一般规则的普通诉讼时效来解决婚姻关系中的无过错方向过错方主张损害赔偿的时效限制问题,确实有助于婚姻关系中的无过错方的合法利益的保护,在某种程度上也有利于婚姻家庭的维系,有其存在的积极意义。但问题是,依据《民法典》第110条以及第1165条第1款的规定,婚姻自主权也属于应受民法保护的权利,而婚姻自主权本身内含着结婚的自由与结婚后选择离婚的自由。婚姻关系中的过错方固然需要对其忠实义务的违反向无过错的配偶承担赔偿责任,但这种赔偿责任的承担不能构成对过错方婚姻自主权的不合理限制。

在德国,当以人格自由发展为价值基础的婚姻自由与婚姻家庭保护发生冲突时,相应的法律实践选择了优先保护婚姻自由。在德国联邦最高法院看来,任何人都不能强迫配偶(包括通过诉讼途径)与其建立婚姻同居关系;若赋予婚姻关系中

---

① 参见王林青、杨心忠:《侵权纠纷裁判标准与规范》,北京大学出版社2014年版,第375页。

② 参见储某、赵某离婚后财产纠纷案,浙江省杭州市萧山区人民法院(2020)浙0109民初11279号民事判决书。

的无过错方有向过错方和第三者主张停止侵害或损害赔偿的权利，则构成对该原则的规避。[①] 我国当前的法律实践在二者发生冲突时选择了优先保护婚姻家庭与婚姻关系中的无过错方。例如，在李某、寇某离婚后损害责任纠纷案中，尽管婚姻关系中的无过错方依据《民法典》第1091条向婚姻关系中的过错方主张的精神损害赔偿已经超过了原《婚姻法》（2001年修正）规定的诉讼时效期间，但法院依然依据最高人民法院《关于适用〈中华人民共和国民法典〉时间效力的若干规定》第2条，《民法典》第1043条、第1091条，《民法典婚姻家庭编解释一》第89条之规定，[②] 认为过错方在婚内出轨的行为违背了夫妻忠实义务，给无过错方造成精神损害；因此不应适用原《婚姻法》（2001年修正）而使无过错方的精神损害赔偿请求权经过诉讼时效，而应适用《民法典》以更有利于保护无过错方的合法权益。[③]

事实上，在涉及利益冲突的具体案件审理中，这种非此即彼的利益保护方式并不可取。具体案件审理中的利益权衡规则应在若干冲突的法益之间探寻一种动态的平衡状态。[④] 从动态平衡的利益权衡视角出发，在我国当前的法律实践中，首先应承认《民法典》第188条第2款第3句规定的最长诉讼时效在此种情形下有适用的余地。若婚姻关系中的一方曾因过错侵害过配偶所享有的配偶权，侵害行为发生之后双方并未离婚，即使夫妻双方因该侵害行为一直存在家庭纠纷且最终诉诸法院并离婚，若侵害行为距离离婚的期间已经过了最长的诉讼时效期间，曾有权主张损害赔偿的无过错方也不得再就此主张《民法典》第1091条规定的损害赔偿。另外，当时代发展导致优先保护婚姻家庭的基本社会观念与价值让位于优先保护个人自由的社会观念与价值时，[⑤]以前者为基础的具体法律规则也可能逐步调整。

---

① Vgl. Christian v. Bar, Gemeineuropäisches Deliktsrecht(Bd. 2), C. H. Beck, 1999, S. 126 – 127.

② 参见最高人民法院《关于适用〈中华人民共和国民法典〉时间效力的若干规定》第2条规定："民法典施行前的法律事实引起的民事纠纷案件，当时的法律、司法解释有规定，适用当时的法律、司法解释的规定，但是适用民法典的规定更有利于保护民事主体合法权益，更有利于维护社会和经济秩序，更有利于弘扬社会主义核心价值观的除外。"《民法典》第1043条规定："家庭应当树立优良家风，弘扬家庭美德，重视家庭文明建设。夫妻应当互相忠实，互相尊重，互相关爱；家庭成员应当敬老爱幼，互相帮助，维护平等、和睦、文明的婚姻家庭关系。"第1091条规定："有下列情形之一，导致离婚的，无过错方有权请求损害赔偿：（一）重婚；（二）与他人同居；（三）实施家庭暴力；（四）虐待、遗弃家庭成员；（五）有其他重大过错。"《民法典婚姻家庭编解释一》第89条规定："当事人在婚姻登记机关办理离婚登记手续后，以民法典第一千零九十一条规定为由向人民法院提出损害赔偿请求的，人民法院应当受理。但当事人在协议离婚时已经明确表示放弃该项请求的，人民法院不予支持。"

③ 参见李某、寇某离婚后损害责任纠纷案，贵州省贵阳市中级人民法院（2021）黔01民终585号民事判决书。

④ 参见［德］诺伯特·赖希：《欧盟民法的比例原则》，金晶译，载《财经法学》2016年第3期。

⑤ 参见叶名怡：《法国法上通奸第三者的侵权责任》，载《华东政法大学学报》2013年第3期。

例如,依据《民法典》第1091条确定的损害赔偿请求权也受普通诉讼时效的限制,或者最终废止配偶权侵害所导致的损害赔偿。[①]

五、适用损害赔偿规则保护配偶权的传统因素

整体而言,我国当前的法律实践对以忠实义务为基础的配偶权以及婚姻家庭的保护,要优先于对包括婚姻自主权在内的个人自由的保护。在适用损害赔偿规则救济因配偶权被侵害而遭受损害的婚姻关系中的无过错方时,相应损害赔偿规则中的精神损害赔偿、连带责任以及特殊的诉讼时效制度等,实质上体现了对婚姻关系中的过错方与有过错的第三者的相应侵害行为的严厉否定和制裁。正如我国有学者指出的那样,配偶权侵害问题的法律处理"往往折射出了社风民情上的显著差异。同一个国家的不同历史时期处理方式上的变化,又传达了社会主流价值观念转变的信息"。[②] 事实上,我国配偶权侵害案件中相应损害赔偿规则适用时所表现出来的这些特点,与我国传统社会中严厉制裁通奸行为的社会观念与法律实践有着千丝万缕的联系。

(一)历史传统

对于侵害婚姻的通奸行为,我国自西周以降的传统法律基本上都给予了相应行为人严厉的刑事制裁。例如:西周时的法律规定,"男女不以义交者,其刑宫"(《尚书·吕刑》);秦代法律规定,"夫为寄豭,杀之无罪,男秉义程"(《史记·始皇帝本纪》);汉代的法律规定,"诸与人妻和奸,及其所与皆完为城旦舂"(《张家山汉简·二年律令·杂律》);唐代法律规定,"诸奸者徒一年半,有夫者徒二年。疏议曰:和奸者,男女各徒一年半,有夫者二年"(《唐律疏议·杂律》卷二六);宋代法律规定,"诸奸者,徒一年半,有夫者徒二年"(《宋刑统·杂律·诸色犯》卷二六);元代在之前的法律实践基础上,增加了对通奸妇女去衣受刑的规定,"诸和奸者,杖七十七;有夫者,八十七。妇女去衣受刑"(《元史·志第五十二·刑法三·奸非》卷一零四);明、清时代的相应法律实践与元代基本一致,"凡妻、妾与人奸通,而于奸所亲获奸夫奸妇,登时杀死者,勿论"(《大明律·刑律·人命·杀死奸夫》卷二六),"凡和奸杖八十,有夫杖九十,刁奸杖一百"(《大明律·刑律八·犯奸》);"其妇人犯罪,应决杖者,奸罪去衣受刑"(《大明律·名例·工乐户及妇人犯罪》)。尽管清末变法修律以后的法律实践对通奸当事人特别是女性的严厉刑事制裁部分程度上

---

① 参见林秀雄:《亲属法讲义》2012年最新版,2012年自版发行,第211页。

② 薛军:《干扰婚姻关系的损害赔偿:意大利的法理与判例》,载《华东政法大学学报》2013年第3期。

予以变革,但是,其并未完全放弃制裁当事人的基本立场。① 例如,1935 年颁布的《中华民国刑法》第 239 条规定:“有配偶而与人通奸者,处一年以下有期徒刑。其相奸者,亦同。”这实质上是法制现代化过程中传统对现代化的影响。

(二)现代的变革与传承

虽然 1949 年以后我国社会主义法律实践在坚持马克思主义人的尊严观以及倡导妇女平等保护等思想的前提下,废弃了一直以来通过规定严厉的刑事责任给予通奸行为以制裁的做法,但这并不意味着制裁通奸行为的传统观念已完全从现行法律体系中被清理出去了。事实上,制裁通奸行为的传统社会观念建立在维护以夫权为核心的家庭伦理秩序的基础之上,并且深深地植根于民众的自然情感之中。在这种塑造人之自然情感的社会生活未发生根本性变革并重新塑造出崇尚个体自由的主流社会观念之前,任何人为地武断放弃反映民众之自然情感的法律规则与相应司法实践的做法,最终都会逐渐被适合民众自然情感的法律实践所吞噬或取而代之。我国当前的法律实践认可配偶权侵害场合婚姻关系中的无过错方向过错方和有过错的第三者主张连带的精神损害赔偿责任,即为法律实践对法制现代化观念的一种悄无声息的对抗。因此,这种法律实践一般也不会导致民众的普遍反感与抗拒,甚至被判决承担相应损害赔偿责任的当事人自己也不会对此提出正当性方面的质疑。② 这表明,通过支持婚姻关系中无过错方的精神损害赔偿请求制裁侵权行为的司法实践本身,在现阶段仍符合民众的自然情感,有其存在的正当性基础。受此影响,我国当前的法学理论中也有观点认为,应通过民事制裁的方式来实现对婚姻关系的保护。③ 这种观点在我国当前的司法实践中也不乏支持者。例如,在杨某某与高某某离婚纠纷案中,法院在针对通奸情形中受害人向婚姻关系中的过错方主张的精神损害赔偿应否被支持的判决说理部分即明确指出:“为了保证法律的公平公正,维护正常的稳定的婚姻家庭关系,引导配偶之间坚守相互忠诚的道德准则,应当对被告的此种漠视配偶间忠诚义务、挑战婚姻行为准则的行为予以制裁。只有对这种行为加以制裁才能对其他婚姻家庭中的夫妻起到警示和预防的作用,从而营造一个稳定有序的和谐社会。”④应当说,这些学理观点及司法实践实际

---

① Vgl. Zhu Xiaofeng, Schadensersatz bei Ehebruch in Deutschland und China, Recht Als Kultur, No. 12 (2016), S. 176.

② 关于婚姻损害赔偿规则在我国当代社会的实践效果,参见陈苇、张鑫:《我国内地离婚损害赔偿制度存废论》,载《河北法学》2015 年第 6 期。

③ 参见杨立新:《侵权损害赔偿》(第 6 版),法律出版社 2016 年版,第 500 页。

④ 天津市第二中级人民法院民事判决书,(2015)二中民一终字第 1128 号。

上真实地反映了形成于传统社会且依然在当前社会中绵延不绝的人之自然情感的价值取向。①

当然,塑造人之自然情感的社会生活本身一直处于变动不居的状态。因此,当人之自然情感因变化了的社会生活而具备了新的价值内核之后,通过民事损害赔偿规则制裁通奸行为的惯常做法就可能让位于对个体自由以及人之尊严的更深层次的保护。②

六、本章结论

配偶权侵害中的损害赔偿问题涉及各国的不同文化,因此对其价值判断可能各异。③ 就我国当前民事法律体系确立的配偶权侵害中的损害赔偿规则而言,我国的相应法律实践更倾向于对婚姻关系中的无过错方的保护,以借此实现对婚姻家庭这一社会基本构成单位的充分保护。这恰恰与那些重视个人自由之维护的法律价值观念形成鲜明对比。④ 当然,任何法律制度都是对特定社会背景下的人之现实需求的反映与满足,当社会本身的发展导致人之现实需求以及以之为基础的社会主流价值观念发生转变之后,旧有的法律规则自然就会被取代。⑤ 对于那些与配偶权保护规则相似的更多涉及社会道德观念的法律规则来说,是否能够满足社会普通民众的一般道德观念,涉及其正当性甚至生存本身。因此,对配偶权侵害中损害赔偿规则的存废来讲,可以用意大利刑法学家贝卡利亚(Beccaria)的这句话作为总结,即"一切违背人的自然感情的法律的命运,就同一座直接横断河流的堤坝一样,或者被立即冲垮和淹没,或者被自己造成的漩涡所侵蚀,并逐渐地溃灭"。⑥

---

① 参见李某、涂某栋等不当得利纠纷案,广西壮族自治区桂林市中级人民法院(2021)桂03民终3875号民事判决书。

② Vgl. Zhu Xiaofeng, Schadensersatz bei Ehebruch in Deutschland und China, Recht Als Kultur, No. 12 (2016), S. 179.

③ 参见孙维飞:《通奸与干扰婚姻关系之损害赔偿——以英美法为视角》,载《华东政法大学学报》2013年第3期。

④ Vgl. Christian Starck, Das Bonner Grundgesetz Kommentar(Bd. 1), Fran Valen, 1999, S. 767.

⑤ 参见冉克平:《论第三人侵害夫妻身份权的民事责任》,载《华中科技大学学报(社会科学版)》2020年第1期。

⑥ Beccaria, *On Crimes and Punishments and Other Writings*, China University of Political Science and Law Press, 2003, p. 47.

第四章　夫妻关系(二):生育权的行使与保护规则

生育既关系人的繁衍,也关系社会共同体的存续,构成个人的核心关注,也是不同时期法律和家庭伦理规范重视的焦点。在我国传统社会,丈夫在夫妻关系中居于绝对主导地位,所谓“夫为妻纲,妇者,顺也,服也,事人者也”(《白虎通·嫁娶篇》),即清晰表达了以夫权为中心的夫妻关系。在这种关系中,女性对生育并不享有任何权利,其自身仅是传宗接代的工具。[①] 相反,若妻子无子,则丈夫有权休妻,传统礼法规范“七出三不去”中的“无子”即是丈夫出妻的法定理由。[②] 在现代社会,随着人权思想特别是男女平等原则在婚姻家庭生活领域的普遍确立,女性在生育领域享有权利并获得制定法的明确承认,《中华人民共和国人口与计划生育法》(以下简称《人口与计划生育法》)(2021 年修正)第 17 条及《妇女权益保障法》(2022 年修订)第 32 条等对女性享有的生育权作了明确规定。另外,由于生育问题也与社会共同体的存续发展休戚相关,故法律在承认和保护自然人的生育权之外,还对生育权的行使予以适当限制,以在个人、家庭和社会之

---

① 参见蒋月:《20 世纪婚姻家庭法:从传统到现代化》,中国社会科学出版社 2015 年版,第 82 页。

② 参见《大戴礼记·本命》:“妇有七去:不顺父母去,无子去,淫去,妒去,有恶疾去,多言去,窃盗去。不顺父母去,为其逆德也;无子,为其绝世也;淫,为其乱族也;妒,为其乱家也;有恶疾,为其不可与共粢盛也;口多言,为其离亲也;窃盗,为其反义也。”“妇有三不去:有所娶无所归,不去;与更三年丧,不去;前贫贱后富贵,不去。”

间形成必要的平衡。为了充分保护人身自由、人格尊严,在民法典编纂过程中,学理与实务上有人建议应在“人格权编”的具体人格权类型中明确列举生育权,[①]但该观点未被立法者接受。由此导致的疑问是:生育权究竟是否属于《民法典》“人格权编”调整的人格权益类型?生育权在具体的享有与保护上应遵循什么样的规则?对生育权的限制应止于何处?等等。这些问题在2022年7月18日“徐某枣与首都医科大学附属北京妇产医院一般人格权纠纷案”(以下简称“单身女性冻卵案”)中重被提及,引起社会的广泛关注。[②] 在《民法典》施行背景下,为充分保护人身自由、人格尊严并能在自然人生育权的行使与保护过程中合法合理地平衡处理个人利益与社会公共利益的冲突,有必要在明确生育权性质的前提下,进一步明确生育权的享有与保护规则。

一、生育权的性质

由于生育权规定在《人口与计划生育法》(2021年修正)第17条以及《妇女权益保障法》(2022年修订)第32条中,而《民法典》及其他民事制定法并未规定生育权,故对于生育权是否属于民事权益而应纳入《民法典》第990条解释范围的问题,学理上存在争议。

(一)学理上的主要分歧

关于生育权的性质,我国学理上主要存在基本权利说、身份权说、人格权说和双重属性说四种观点。其中,基本权利说认为,生育自由对家庭的美满和谐和人类的繁衍生息起决定性作用,其先于宪法而存在,属于宪法上的基本权利。[③] 生育权的基本权利属性决定了其不能在具体民事案件的裁判中被直接适用。在该观点看来,我国司法实务中出现的生育权民事纠纷案件显示,诸如生殖器官受侵害、配偶之间生育侵权纠纷案件等无须“生育权”概念的介入即可在现有民法体系的规则范畴内解决;而在侵害生育自主权案件中,虽然不当出生或不当怀孕的确构成对生育

---

① 参见《地方人大、中央有关部门和单位以及有关方面对民法典各分编草案(征求意见稿)人格权编的意见》,载《民法典立法背景与观点全集》编写组编:《民法典立法背景与观点全集》,法律出版社2020年版。

② 参见徐某枣与首都医科大学附属北京妇产医院一般人格权纠纷案,北京市朝阳区人民法院(2019)京0105民初86861号民事判决书。该案在2019年立案,直到2022年7月18日才作出一审判决。对于单身女性徐某枣以一般人格权为由向拒绝给其实施冻卵手术的医院主张的侵权责任,虽然法院依据《民法典》第3条、第109条、第110条等承认单身女性享有的生育权属于《民法典》第109条规定的以人身自由、人格尊严为基础的一般人格权的调整范围,但审理法院又以医院的行为不具有违法性而拒绝了原告主张的侵权责任。

③ 参见张燕玲:《生育自由及其保障范围——兼论人工生殖的理论基础》,载《中南民族大学学报(人文社会科学版)》2007年第5期;王世贤:《生育权之检讨》,载《河北师范大学学报(哲学社会科学版)》2006年第3期。

自主权的侵害,但通过民法上的一般人格权或其他人格利益规则即可涵摄相应的案件事实,故亦不需要独立的生育权。[①]

与基本权利说不同,身份权说认为生育权与自然人(特别是夫妻以及父母与子女)的身份关系密切相关,是一种身份权。但是对于如何论证此种身份权,学理上又存在不同的立场。第一种是子女利益保护说,该观点认为,生育权的核心在于生育权人享有是否生育以及如何生育的自主决定权,该项权利应与对子女尊重及对子女负责联系起来,在现行法律体系下应与计划生育政策结合起来,使生育权成为配偶权的子权利,相应的权利主体限制在夫妻之间,共同作用于子女利益的实现。[②]第二种是夫妻关系说,该观点认为我国现行法律体系下为法律认可和保护的生育行为是在夫妻之间进行的,因此应将生育权与夫妻关系联系起来并将之定性为身份权。对于生育权如何同夫妻关系联系起来,学理上存在不同观点:有的认为作为身份权而存在的生育权的正当性基础在于女性怀孕的事实本身而不是夫或妻的身份;[③]也有的认为生育权以婚姻为基础,核心在于进入婚姻关系的男女双方享有是否生育的自由,因此生育权是以夫妻身份存在为前提的基于男女双方合意而得以行使的身份权;[④]还有的认为生育权是男女双方以夫妻身份存在为前提而共同享有的一项身份权,该项权利指向特定历史条件下的男女双方因为婚姻而享有的生育自主权。[⑤] 对身份权说的批评观点认为,身份权说受我国传统家庭伦理观念的制约,是对传统夫妻自然生育观念的延续与尊崇,因此才认为生育权只能是男女双方基于婚姻关系而在双方之间共同享有的权利,但该观点显然并未关注自然人在没有婚姻关系存在时亦可以生育子女的基本事实。事实上,实践中自然人选择单身、同居以及婚姻等生活方式的可能性都有,选择婚姻进而生育并非自然人必须经历的人生过程。[⑥] 在生育与婚姻之间建立必然性的联系,显然并不符合当代自然人自主选择生活方式的现实,也与《民法典》保护人身自由、人格尊严的基本目的不相吻合。[⑦]

---

① 参见朱晓喆、徐刚:《民法上生育权的表象与本质——对我国司法实务案例的解构研究》,载《法学研究》2010 年第 5 期。

② 参见姜玉梅:《生育权辨析》,载《西南民族学院学报(哲学社会科学版)》2002 年第 S4 期。

③ 参见阳平、杜强强:《生育权之概念分析》,载《法律适用》2003 年第 10 期。

④ 参见邓慧娟:《生育权:夫妻共同享有的权利》,载《中国律师》1998 年第 7 期。

⑤ 参见樊林:《生育权探析》,载《法学》2000 年第 9 期。

⑥ 参见王歌雅、张小余:《生育利益私法保护的权利基础与规制范式》,载《思想战线》2021 年第 1 期。

⑦ 参见朱晓峰:《人身自由作为一般人格权价值基础的规范内涵》,载《浙江大学学报(人文社会科学版)》2021 年第 2 期。

人格权说认为，生育权与夫妻双方的配偶身份没有必然联系，它是民事主体基于自然人本身享有的维护其人性所必需的固有权利，与特定自然人的人身不可分割。① 生育权具有《民法典》“人格权编”规定的人格权所具有的基本属性，是人格权之一种。对于作为人格权的生育权而言，通过夫妻关系实现生育目的只是生育实现的一种主要表现形式而非全部。在该观点看来，生育权属于人格权项下的自由权范畴，是一项独立的人格权，具有历史性、冲突性和发展性的特点。② 与其他具体人格权一样，生育权不以特定身份存在为前提，任何自然人都享有生育权，其是自然人作为独立民事主体所必须具有的自然权利。③ 在人格权说内部，还有观点进一步认为应将女性生育自主权作为健康权的具体类型加以规定，以强化对女性生育权的保护。④

双重属性说既承认生育权的基本权利属性，也承认其具备民法上人格权的基本属性。该说认为，生育权既是宪法赋予自然人的一项基本权利，也是民法意义上的人格权。⑤ 权利人之外的其他任何人都承担不得阻止、妨碍或干扰自然人生育或不生育的义务。⑥ 在该观点看来，我国现行法中的生育权或生育自由，既可以要求国家不可对公民个人的生育活动进行不当干预，也可以对抗其他平等的民事主体；其就前者而言属于基本权利，就后者而言属于法定的民事权利。⑦ 该观点认为：主张生育权为基本权利的观点仅表明生育权是应然性权利，其目的是延续后代；主张生育权为民法上的人格权或身份权的观点，固然表明了生育权的实体性，却忽略了对生育权客体的分析。事实上，生育权可以从两个层次被予以界定：作为应然性的基本权利，其本质是人人都享有的延续后代的权利；作为实体性的民事权利，其本质是怀孕女性享有的生育和不生育的人格自由权。⑧

（二）观点评析与立场选择

基本权利说以我国现行法的规定为主要依据，认为生育权并未明确规定在民事制定法中，而是仅出现在《人口与计划生育法》（2021 年修正）、《妇女权益保障

---

① 参见李景义、焦雪梅：《生育权的性质及法律规制》，载《甘肃社会科学》2014 年第 3 期。

② 参见马强：《论生育权——以侵害生育权的民法保护为中心》，载《政治与法律》2013 年第 6 期。

③ 参见许莉：《供精人工授精生育的若干法律问题》，载《华东政法学院学报》1999 年第 4 期。

④ 参见高雪娟：《优化生育理念下女性生育自主权行使研究》，载《福建师范大学学报（哲学社会科学版）》2022 年第 1 期。

⑤ 参见李景义、焦雪梅：《生育权的性质及法律规制》，载《甘肃社会科学》2014 年第 3 期。

⑥ 参见谭桂珍：《论“生育权”及其救济》，载《湘潭大学社会科学学报》2003 年第 2 期。

⑦ 参见湛中乐、谢珂珺：《论生育自由及其限制》，载《人口研究》2009 年第 5 期。

⑧ 参见付翠英、李建红：《生育权本质论点梳理与分析》，载《法学杂志》2008 年第 2 期。

法》(2022年修订)、《中华人民共和国母婴保健法》(以下简称《母婴保健法》)(2017年修正)等公法规范中,故其确立的是国家和个人之间的关系。这一观点忽略了生育权与自然人之间的内在规范关系以及其在自然人之间产生的现实规范效力。事实上,在《民法典》第990条第2款作为涵摄具体人格权之外其他人格权益的一般性条款发挥规范作用之后,立法就已经解决了我国学理上所追求的"对生育权进行立法确认,明确生育权的人格权属性,成为解决生育权纠纷、保障公民生育权的当务之急"[①]目标。该条款可以将其他部门法中规定的在自然人之间发生规范作用的其他人格权益纳入民法的保护范围中,[②]从而更好地服务于《民法典》所追求的保护人身自由、人格尊严的基本目的。

与基本权利的论证方法一致,身份权说也建立在我国现行法规定的基础之上。其以现行的《人类辅助生殖技术管理办法》(2001年)等仅承认符合法律规定之条件的夫妻可以实施人类辅助生殖技术,拒绝为单身女性实施相应手术的规定为基础,将生育权的享有及保护与特定自然人是否具备特定的身份联系起来,从而混淆了生育权的享有与生育权的行使两个层次的问题:对于生育权的享有而言,无论男性还是女性均是生育权的主体,未婚或独身者乃至死囚都应享有生育权;但对于生育权的行使而言,自然人是否能够行使和实现生育权,则是国家立法政策的选择问题。[③]

人格权说虽然揭示了生育权与自然人人格利益保护在平等民事主体之间可以发生效力的属性,但却忽略了现行法律体系下生育权作为基本权利可以在个人与国家之间产生规范效力的另一属性。在此意义上,双重属性说既符合我国现行法律体系下生育权的规范与保护现状,也有助于《民法典》立法者所追求的对于自然人人格尊严给予充分保护的立法目的。因为就基本权利属性而言,《人口与计划生育法》(2021年修正)、《妇女权益保障法》(2022年修订)等规定的生育自由所确立的,首先是国家与公民之间的法律关系,属于《宪法》规定的广义的人身自由范畴。[④]其一方面表明了公民在生育自由的范畴内有权要求国家在积极作为层面为生育自由的实现创造条件,并在消极防御层面保护生育自由不受非法侵害;另一方面也表明公民享有的生育自由的限度,即生育自由的享有与保护由法律加以规定,[⑤]制定法可以在综合考量个人利益与社会公共利益二者关系的基础上划定生育自由的界

① 李景义、焦雪梅:《生育权的性质及法律规制》,载《甘肃社会科学》2014年第3期。
② 参见张力:《男性的生育权应如何保护》,载《方圆》2020年第10期。
③ 参见张继承:《生育权若干争议问题研究》,载《南昌大学学报(人文社会科学版)》2008年第1期。
④ 参见《宪法学》编写组:《宪法学》,高等教育出版社、人民出版社2011年版,第221页。
⑤ 参见程啸:《人格权研究》,中国人民大学出版社2022年版,第23页。

限以促进社会公共利益的实现,如《人口与计划生育法》(2021 年修正)基于人口数量以及出生率的增减而在计划生育政策上对生育自由作出严厉程度不等的限制,即表明了我国现行法律体系下制定法对生育自由的基本立场。当然,即使对于制定法对生育自由的限制以及限制的合理界限等仍存在争议,但这不影响生育自由在我国现行法律体系下的基本权利属性。就生育自由的人格权属性而言,在当前社会背景及现行法律体系下,生育自由与自然人人格密不可分,具有人身专属性,不得与其人分离而让与或继承。[①] 这与《民法典》第 992 条规定的人格权基本属性相一致。[②] 另外,如前所述,即使《民法典》未明确将生育权作为具体人格权加以承认,但在《民法典》第 990 条第 2 款以人身自由、人格尊严为价值基础而为自然人"其他人格权益"的保护提供规范基础的背景下,将生育自由纳入该条的涵摄范畴并为生育自由被侵害的自然人提供民法保护,亦存在充分的解释空间。[③]

当然,承认生育权的双重权利属性并不意味着生育权即可以作为主观权利被对待,因为对于后者而言需要具有相对清晰明确的内涵外延,可以为权利人与行为人确定相对清晰的权利行使与保护界限。但从现行制定法如《人口与计划生育法》(2021 年修正)、《妇女权益保障法》(2022 年修订)等关于生育权的具体规定看,其事实上并未清晰划定生育权的内涵外延,仅是表明生育权的核心在于生育自由,至于生育自由的具体所指则并不清晰,需要法官在个案中结合具体案情进行利益权衡才能确定。在此意义上,生育权属于一般人格权范畴,在《民法典》第 990 条第 2 款"其他人格权益"的涵摄范围内。[④]

二、生育权的主要内容及行使规则

一方面,生育权作为《民法典》第 990 条第 2 款"其他人格权益"范畴内的人格权益,为每个自然人所平等享有,受法律的平等保护;另一方面,因生育权的历史性、冲突性和发展性等特点,[⑤]在适用其时应尤其关注相应的具体行使规则和相应的行使限制问题。

(一)生育权的主要内容

生育权的主要内容是生育权行使规则确立的前提。关于生育权的内容,我国

---

① 参见王泽鉴:《人格权法:法释义学、比较法、案例研究》,北京大学出版社 2013 年版,第 253 页。
② 参见杨代雄主编:《袖珍民法典评注》,中国民主法制出版社 2022 年版,第 863 页。
③ 参见温世扬:《民法典视域下的"人身自由"》,载《法制与社会发展》2022 年第 3 期。
④ 参见温世扬:《〈民法典〉视域下的一般人格权》,载《中国法学》2022 年第 4 期。
⑤ 参见马强:《论生育权——以侵害生育权的民法保护为中心》,载《政治与法律》2013 年第 6 期。

学理上基于不同层次的认识而存在较大分歧，整体来看主要存在生育请求权、[①]生育决定权、[②]生育方式选择权、[③]生育知情权、[④]生育保障权、[⑤]生育健康权、[⑥]生育隐私权、生育安全权、[⑦]计划生育权、堕胎权以及获得计划生育知识、方法和教育权[⑧]等观点。在司法实务中，比较具有代表性的观点认为，生育权一般包括生育知情权、生育方式选择权、生育请求权、生育决定权、生育调节权、生育隐私权、生育健康权和生育保障权。[⑨] 从学理与司法实务中的前述观点来看，整体上均未在区分生育权属性的基础上认定生育权内容。如前所述，生育权兼具基本权利和民法人格权的双重属性，因此在确定生育权的权利内容时，应依据其基本属性的不同而将相应的内容分别置入作为基本权利的生育权和作为民法人格权的生育权的调整范围。

结合《民法典》第 2 条与第 989 条分析，纳入《民法典》第 990 条第 2 款保护范畴的其他人格权益类型，调整的也应是涉及平等民事主体之间发生的因人格权益的享有和保护所产生的民事法律关系；[⑩]而生育保障权、生育安全权、计划生育权以及获得计划生育知识、方法和教育权等类型的权利则属于规范公民与国家之间权利义务关系的基本权利范畴，并不涉及平等民事主体之间的权利义务关系。同样地，生育请求权亦非民法意义上的人格权而是基本权利。例如，在前述“单身女性冻卵案”中，被告医院拒绝为作为单身女性的原告实施冻卵手术，是因为 2018 年《妇女权益保障法》第 51 条(2022 年修订后为第 32 条)规定女性“按照国家有关规定”享有生育权，被告医院认为该条的“按照国家有关规定”也包括原卫生部(国家卫生健康委员会)发布的《人类辅助生殖技术管理办法》(2001 年)第 3 条，[⑪]而正是该办法明确要求医疗机构及其工作人员实施辅助生殖技术时应当遵循《人类辅助

① 参见姜玉梅：《生育权辨析》，载《西南民族学院学报(哲学社会科学版)》2002 年第 S4 期。

② 参见张燕玲：《生育自由及其保障范围——兼论人工生殖的理论基础》，载《中南民族大学学报(人文社会科学版)》2007 年第 5 期。

③ 参见姜玉梅：《生育权辨析》，载《西南民族学院学报(哲学社会科学版)》2002 年第 S4 期。

④ 参见李景义、焦雪梅：《生育权的性质及法律规制》，载《甘肃社会科学》2014 年第 3 期。

⑤ 参见马强：《论生育权——以侵害生育权的民法保护为中心》，载《政治与法律》2013 年第 6 期。

⑥ 参见陈文军：《丈夫废弃冷冻胚胎案件中的侵权责任认定》，载《法律适用》2018 年第 9 期。

⑦ 参见李景义、焦雪梅：《生育权的性质及法律规制》，载《甘肃社会科学》2014 年第 3 期。

⑧ 参见王世贤：《生育权之检讨》，载《河北师范大学学报(哲学社会科学版)》2006 年第 3 期。

⑨ 参见最高人民法院民事审判第一庭编：《最高人民法院婚姻法司法解释(三)理解与适用》，人民法院出版社 2011 年版，第 149～150 页。

⑩ 参见朱晓峰：《论〈民法典〉人格权编法律规则的适用范围》，载《荆楚法学》2021 年第 2 期。

⑪ 《人类辅助生殖技术管理办法》第 3 条规定：“人类辅助生殖技术的应用应当在医疗机构中进行，以医疗为目的，并符合国家计划生育政策、伦理原则和有关法律规定……”

生殖技术规范》(2003年)第三部分“实施技术人员的行为准则”第13项、①《人类辅助生殖技术和人类精子库伦理原则》(2003年)“一、人类辅助生殖技术伦理原则”部分“(四)社会公益原则”第1项等,②这些规定都明确禁止医疗机构及其工作人员为单身未婚女性实施人类辅助生殖技术。从法律规范依据角度看,被告遵循现行法律规范拒绝原告实施冻卵手术并无不当。③ 存在的问题是:《人类辅助生殖技术规范》(2003年)、《人类辅助生殖技术和人类精子库伦理原则》(2003年)等行政性强制标准对女性生育权的限制是否符合《中华人民共和国立法法》(以下简称《立法法》)(2023年修正)第11条规定的法律保留原则?由于这些强制标准的制定者是国家卫生行政管理机关,是对被管理的医疗机构及工作人员的行政管理行为,该行为虽然会影响到与医疗机构直接发生民事关系的民事主体的生育权的实现,从而间接涉及个人和国家之间的权利义务关系,但这并不属于《民法典》第990条第2款规定的“其他人格权益”范畴内的生育权的保护范围。也就是说,公民基于生育权而请求国家建立并完善与生育相关的基础设施及配套措施以助益于公民个人的生育利益的实现,如改善辅助性生育技术扩散的社会条件、④承认一定条件下借用他人生殖功能进行人工生殖、⑤承认单身未婚女性有权实施冻卵等,⑥都不在《民法典》第990条第2款的保护范围内。另外,生育健康权、生育隐私权分别可以纳入《民法典》第990条第1款健康权、隐私权的调整范畴,无须独立出来进行保护。

事实上,从生育权的基本属性及其在我国当前民事司法实践中法院所普遍保护的领域来看,民法上的生育权主要包括生育知情权和决定权,与此相关的生育选择权实质上是生育决定权的一种具体表现形式。具体而言,生育知情权是指自然人对与自身生育相关信息了解的权利,⑦具体包括:知晓异性伴侣生育意愿;通过医疗机构检查确认自己或异性伴侣的生育能力、生育障碍问题;知晓异性伴侣是否采

---

① 参见《人类辅助生殖技术规范》第三部分第13项:禁止给不符合国家人口和计划生育法规和条例规定的夫妇和单身妇女实施人类辅助生殖技术。

② 参见《人类辅助生殖技术和人类精子库伦理原则》第一部分(四)社会公益原则第1项:医务人员必须严格贯彻国家人口和计划生育法律法规,不得对不符合国家人口和计划生育法规和条例规定的夫妇和单身妇女实施人类辅助生殖技术。

③ 参见侯学宾:《单身女性冻卵被拒的法律难题》,载《检察日报》2020年5月6日,第7版。

④ 参见曹玉娟、张文霞:《独身女性无伴侣生育的社会困境——辅助生殖技术应用与社会需求的契合问题探究》,载《科学与社会》2014年第3期。

⑤ 参见张燕玲:《生育自由及其保障范围——兼论人工生殖的理论基础》,载《中南民族大学学报(人文社会科学版)》2007年第5期。

⑥ 参见张西流:《单身女性冻卵,禁令“解冻”当慎重》,载《中国妇女报》2019年12月27日,第2版。

⑦ 参见丈夫废弃冷冻胚胎案,江苏省南京市玄武区人民法院(2017)苏0102民初4549号民事判决书。

取避孕措施以及采取何种避孕措施；知晓自己是否怀孕及孕期身体健康状况等。[①] 负有相应信息告知义务的主体既包括权利人的伴侣，也包括处于特定法律关系的医疗机构等。生育决定权是自然人在生育问题上的自决权，是其依法决定是否生育、何时生育、与谁生育及具体生育方式等的权利。[②] 当然，考虑到自然人身体、生理结构上的不同，生育权在行使上具有不同于其他人格权的特性，并且，随着生命科学技术的发展，生育权在行使上的特性亦越发凸显。对此，可以依据生命科技在生育领域有无介入以及介入程度而将生育权的行使规则分别置于自然生育和人工辅助生育场合进行讨论。

（二）生育权的享有与行使规则

关于生育权的享有主体，《人口与计划生育法》（2021 年修正）第 17 条、[③]《妇女权益保障法》（2022 年修订）第 32 条、[④]《人类辅助生殖技术管理办法》（2001 年）第 3 条、[⑤]《人类辅助生殖技术规范》（2003 年）第三部分第 5 项与第 13 项、[⑥]《人类辅助生殖技术和人类精子库伦理原则》（2003 年）第一部分（三）保护后代的原则第 5 项、（四）社会公益原则第 1 项[⑦]及《民法典婚姻家庭编解释一》（2020 年）第 23 条[⑧]等在规范逻辑上存在内在冲突，导致学理与实务中对于生育权的享有主体存在争议，应予澄清。

1. 生育权享有主体的理论分歧

男女分别享有说认为，生育权与其他具体人格权一样，是每个自然人生来即享有的，即使一个先天丧失生育能力的人同样享有生育权。[⑨] 依据该说，既然作为人格权的生育权是维护个体自然人之独立人格所必需的权利，那么相应的权利主体

① 参见陈文军：《丈夫废弃冷冻胚胎案件中的侵权责任认定》，载《法律适用》2018 年第 9 期。

② 参见王歌雅、张小余：《生育利益私法保护的权利基础与规制范式》，载《思想战线》2021 年第 1 期。

③ 参见《人口与计划生育法》（2021 年修正）第 17 条："公民有生育的权利……"

④ 参见《妇女权益保障法》（2022 年修订）第 32 条："妇女依法享有生育子女的权利，也有不生育的自由。"

⑤ 参见《人类辅助生殖技术管理办法》第 3 条："人类辅助生殖技术的应用应当在医疗机构中进行，以医疗为目的，并符合国家计划生育政策、伦理原则和有关法律规定……"

⑥ 参见《人类辅助生殖技术规范》第三部第 5 项："禁止实施代孕技术"；第 13 项："在同一治疗周期中，配子和合子必须来自同一男性和同一女性。"

⑦ 参见《人类辅助生殖技术和人类精子库伦理原则》第一部分（三）保护后代的原则第 5 项："医务人员不得实施代孕技术"；（四）社会公益原则第 1 项："医务人员必须严格贯彻国家人口和计划生育法律法规，不得对不符合国家人口和计划生育法规和条例规定的夫妇和单身妇女实施人类辅助生殖技术。"

⑧ 参见《民法典婚姻家庭编解释一》第 23 条："夫以妻擅自中止妊娠侵犯其生育权为由请求损害赔偿的，人民法院不予支持……"

⑨ 参见王歌雅、张小余：《生育利益私法保护的权利基础与规制范式》，载《思想战线》2021 年第 1 期。

享有生育权即不需要以具有配偶身份为前提,不在婚姻关系中的单身男女也享有生育权。在此意义上,限制生育权的实现亦应在配偶关系之外寻求更为充分的理由。①

男女双方共同享有说认为,生育权与其他具体人格权的不同之处在于其内部结构上存在冲突性,分别享有说未能回应这种冲突导致的实践中男女双方在生育权实现上存在分歧时的冲突解决问题。事实上,生育权的这种内在冲突性需要从男女双方合意的视角出发来解决,因此可以将生育权确定为男女共同享有而需要共同协作才能实现的权利。②

夫妻双方共同享有说认为,男女双方分别享有生育权的观点之所以无法回答夫妻之间在生育利益实现中的冲突与对抗问题,是因为其违背了生育权内在的基本结构。也就是说,生育权需要夫妻之间的协作才能实现,而此种协作本质上反映为夫妻之间就生育权的实现存在一个共同的生育行为,在该共同生育行为之上并非存在两个生育权,而是一个独立完整的生育权,男女以夫妻关系为基础而共享并支配该权利。③

夫妻双方分别享有说认为,夫妻双方共同享有说虽然注意到生育权具有不同于其他人格权的特性,但其并没有准确把握生育权在享有与行使两个层面的不同结构:就生育权的享有而言,夫妻双方每个人都平等地享有,二者并无差异;但在生育权的行使层面,生育权因为其冲突性而需要夫妻双方合作,共同行使。因此,生育权是夫妻双方平等享有、共同行使的通过两性自然行为和人工生殖技术受孕、怀胎和分娩繁衍后代的权利。④

2. 生育权享有主体的确定

显然,学理上对于生育权享有的理论分歧集中在两方面:一是生育权可否为自然人个人单独享有;二是生育权的享有是否以婚姻关系的存在为前提。

关于第一个问题,生育权男女共同享有说以及夫妻共同享有说的主要谬误在于混淆了生育自由的享有与实现。就生育自由的实现而言,特别是在生育自由的积极实现层面,自然人生理构造上的特性决定了当前社会背景下的生育只能在男女结合的状态下才能实现,此时男女或夫妻一方在对方不予配合时难以实现其生

① 参见许莉:《供精人工授精生育的若干法律问题》,载《华东政法学院学报》1999 年第 4 期。

② 参见湛中乐、谢珂珺:《论生育自由及其限制》,载《人口研究》2009 年第 5 期。

③ 参见潘皞宇:《以生育权冲突理论为基础探寻夫妻间生育权的共有属性——兼评“婚姻法解释(三)”第九条》,载《法学评论》2012 年第 1 期。

④ 参见郑净方:《人工生殖技术下夫妻生育权的契合与冲突》,载《河北法学》2012 年第 5 期。

育利益,因此于此情形下男女结合或夫妻结合说尚存在正当性基础。但在生育自由的享有层面以及生育自由的消极实现问题上,男女或者夫妻双方的协作却并非不可或缺,其中任意一方皆享有生育自由且可依据自主意志实现不生育的利益,此时结合说或共享说即难以适用。另外,如前所述,既然承认生育权的人格权属性,那么生育权就应当具有人格权所具有的共同属性,而依据人格权的专有性以及固有属性来看,任何人格权都是自然人生而具有的且专属于其个人的,[①]并不存在为多人共同享有的人格权。也就是说,生育权只能是自然人个人享有,而不能是男女双方或夫妻双方共有。另外,《人口与计划生育法》(2021 年修正)第 17 条亦未否定生育权的专属性,《人类辅助生殖技术管理办法》(2001 年)、《人类辅助生殖技术规范》(2003 年)、《人类辅助生殖技术和人类精子库伦理原则》(2003 年)等禁止代孕和为单身女性实施人类辅助生殖技术是国家基于公共政策、伦理道德等方面的考量而在行使与实现方面对生育权的限制,亦未否定生育权的专属性。

关于第二个问题,即生育权的享有是否以婚姻关系存在为前提?在传统社会中,婚姻是为社会公共道德所普遍接受的生育前提,与此相适应的婚姻—生育—继嗣的家庭模式中,女性没有独立的家庭地位甚至人格,其在父权和夫权之下,沦为繁衍后代、照顾家庭的工具。[②] 在此意义上,女性的生育自由被婚姻关系吸收,从属于婚姻关系这一身份关系,女性是否在婚姻关系中成为其能否生育的限制因素。在当代社会背景下,虽然个人从家庭的束缚中独立出来并且男女在婚姻家庭生活中地位平等,这使婚姻关系这一身份性因素在生育自由的享有层面不再具有决定性影响,但考虑到人口因素对社会经济生活带来的巨大压力,因此相当长的一段时间内计划生育政策及与之相关的配套规范性法律文件将生育问题与婚姻关系这一身份性因素联系起来。立法者希冀通过婚姻关系达到限制生育自由进而控制人口规模的目的。当然,《人口与计划生育法》(2021 年修正)对生育自由的限制,《人类辅助生殖技术管理办法》(2001 年)、《人类辅助生殖技术规范》(2003 年)、《人类辅助生殖技术和人类精子库伦理原则》(2003 年)等要求人类辅助生殖技术的实施必须以婚姻关系的存在为前提且夫妻双方必须满足相应的生理上的限制条件才能实施等,这些规定仅是在实现层面对生育自由进行限制,既未否定亦不能否定那些不在夫妻关系中的自然人享有的生育权。另外,即使现行法基于人口因素而从婚姻关系角度在实现层面对生育自由予以限制,亦仅是法律因应社会背景需求而采取

---

① 参见程啸:《人格权研究》,中国人民大学出版社 2022 年版,第 13 ~ 14 页。

② 参见蒋月:《20 世纪婚姻家庭法:从传统到现代化》,中国社会科学出版社 2015 年版,第 82 页。

的应对措施。随着当前我国人口出生率的急剧下滑以及老龄化社会的加速到来,在制度规范上更新之前严格限制生育的措施以促进生育率的提高,成为当前人口与计划生育立法领域亟须解决的问题。① 对此,在国家政策层面,国家卫生健康委员会、国家发展和改革委员会等17个部门于2022年印发了《关于进一步完善和落实积极生育支持措施的指导意见》(国卫人口发〔2022〕26号),提出要深入实施一对夫妻可以生育3个子女政策及配套支持措施,将婚嫁、生育、养育、教育一体考虑,完善和落实财政、税收、保险、教育、住房、就业等积极生育支持措施,为生育自由在实现层面更有力的国家保障拓宽了道路。与此相关的,将婚姻关系等身份性因素从限制生育自由的规范领域中涤除,从而将生育自由的享有与实现的关系更体系性地协调起来,成为生育领域法律规范完善的目标。

总而言之,生育权是每个自然人基于人身自由、人格尊严而享有的应受法律保护的人格权益,并不能因为性别、年龄、疾病等个性差异以及是否有婚姻关系等身份性因素而有所差别,单身女性和单身男性亦享有生育权。

(三)生育权的具体行使规则

生育权的享有具有专属性和平等性,任何自然人,无论其是否结婚,是男性还是女性,都平等地享有专属自身的生育权;即使是患有严重精神疾病的自然人,也享有受法律保护的生育权,他人不能为了防止这些患病的自然人意外怀孕生育而以其患有不宜结婚的精神疾病为由径行切除其生育器官。② 另外,由于自然人身体、生理结构上的不同以及生育涉及代际公平、社会利益的保护与实现,故生育权在行使方面存在广泛的限制。③

1. 自然生育场合的权利行使规则

在自然生育场合,基于男女生理方面存在的差异,生育权的行使与实现需要男女双方的自愿协作,男女双方协作过程中出现的生育权行使冲突问题,亦应在承认男女生理差异的基础上解决。④ 对此,以《妇女权益保障法》(2022年修订)第32条规定的"妇女依法享有生育子女的权利,也有不生育的自由"和《民法典婚姻家庭编解释一》(2020年)第23条规定的"夫以妻擅自中止妊娠侵犯其生育权为由请求损

① 参见任远:《当前生育政策继续变革和调整完善的理论和实践问题》,载《广州大学学报(社会科学版)》2022年第4期。

② 参见陈某燕等决定并实施切除智障少女子宫故意伤害案,江苏省南通市崇川区人民法院(2005)崇刑初字第179号刑事判决书;江苏省南通市中级人民法院(2006)通中刑一终字第0068号刑事裁定书。

③ 参见邢玉霞:《从民事权利的角度辨析生育权的性质》,载《东岳论丛》2012年第3期。

④ 参见高荣林:《侵犯生育权类型化实证研究》,载《法治社会》2020年第3期。

害赔偿的，人民法院不予支持”为规范依据，自然生育情形下生育权的行使规则应分阶段讨论，即以女方是否怀孕为界限，在女方怀孕前，由于生育的实现需要夫妻双方的协作与共同参与才能实现，双方生育权的实现以彼此的同意与配合为前提，在这一阶段任何一方都不得将自己的意志凌驾于对方之上，一方没有义务为另一方牺牲自己的生育自主权，夫妻双方的生育权都应被尊重。[①] 因此，孕前的生育权冲突应在承认男女平等决定权的基础上解决。但是，如果女方欺诈男方自己已采取避孕措施而实际上并未采取并怀孕，此时应依据怀孕后的生育权冲突处理规则解决纠纷；孕后的冲突解决应强调女方单方面的决定权，但女方在享有单方决定权的同时亦应尊重对方的生育知情权，在合理期限内告知配偶；对于难以协调的生育权冲突，应允许男女双方解除婚姻以重新寻求生育权的实现。[②] 这显然表明，自然生育场合的生育权行使规则在承认自然人平等享有生育权的同时，基于男女生理结构上的差异而从两个方面优先保护女性。

一方面，女性有权决定“生”。这意味着，在女性单方决定“生”的情形下，无论男女双方最终就生育是否达成了一致意见，只要女方未采取暴力等违反法律强制性规定的手段自然怀孕，那么原则上都不影响女性单方意思表示以及由此形成的民事法律关系在法律上的评价。甚至在下述情形下，即使在女方违背男方意志而擅自怀孕并生育子女的场合，男方就此原则上既无权向女方主张私法救济，也无权拒绝给付子女抚养费等法定义务。例如，在赵某诉许某抚养费纠纷案中，原告赵某在与被告许某发生关系时欺骗对方自己已采取避孕措施而实际上并未采取避孕措施并因此怀孕，后拒绝许某终止妊娠的建议而将孩子生下来，并向许某主张抚养费的给付。对于许某提出的赵某侵犯其生育权的抗辩理由，法院依据《妇女权益保障法》(2005 年)第 51 条第 1 款认为：生育子女不需要男女双方的合意，女方单方决定即可。女方既有不生育子女的权利，也有生育的权利。女方单方面选择生育子女，不构成对男方生育权的侵犯。该法院最终在判决书中支持了原告的诉讼请求。[③]

另一方面，女性有权决定“不生”。这意味着，只要女性单方决定“不生”，无论男女双方最终就生育是否达成了一致意见，原则上都不影响女性单方意思表示以

---

① 参见郑净方：《人工生殖技术下夫妻生育权的契合与冲突》，载《河北法学》2012 年第 5 期。

② 参见周平：《配偶间生育权冲突之法律规制》，载《中南民族大学学报（人文社会科学版）》2011 年第 6 期。

③ 参见赵某诉许某抚养费纠纷案，北京市海淀区人民法院(2013)海民初字第 23318 号民事判决书。

及由此形成的民事法律关系在法律上的评价。① 在此情形下,即使女方在违背男方意志而擅自终止妊娠的场合,男方就此原则上也无权向女方主张私法上的救济。因为依据《民法典婚姻家庭编解释一》(2020 年)第 23 条的规定,夫以妻擅自中止妊娠侵犯其生育权为由请求损害赔偿的,人民法院不予支持;夫妻双方因是否生育发生纠纷,致使感情确已破裂,一方请求离婚的,人民法院经调解无效,应依照《民法典》第 1079 条第 3 款第 5 项的规定处理。

我国当前法律实践承认女性在生育权行使中的主导地位与当前一般社会观念对女性在生育中的现实地位的认识相关。正如前述赵某诉许某抚养费纠纷案的审理法官所阐述的:决定孩子是否出生属于生育决定权的范畴。生育权具有明显的冲突性,但男方的生育决定权与女性的人身自由权、生命健康权相比,处于下位阶。如果两种权利发生冲突,男性的生育权应当让步。从法经济学的角度出发,女性生育子女要历经受孕、怀孕、生产近 10 个月的时间,而男方生育子女仅发生性行为即可,女性的投入显然更多,因此生育决定权是女性独有的权利。② 这种观点显然具有普遍性。例如,德国联邦最高法院在其所作的判决中也曾如此表述道:"男女在生理结构上的差异决定了其在漫长而又艰辛的生育过程中的角色与地位,男性在此过程中仅参与了最初的短暂一瞬,并且这一瞬也是与身体上的快乐相关,而之后其与子女关系的建立主要是通过时间上的与生育过程本身无关的社会行为来完成;女性则完全不同,其不仅要经历艰辛而漫长的孕期,而且还有至为痛苦的分娩及哺乳等长期的生理行为,其身体上所承受的痛苦深深地影响着她们对性以及生育的认知,对其而言,性爱及生育并不完全意味着身体上的享受,而是与痛苦和责任密切相关。相较于女性,男性则不会有类似感受,其更注重身体上的享受而忽视与性行为密切关联的社会责任。"③据此该法院认为,在涉及男女双方生育权保护的问题上,赋予女性以优先保护的法律地位具有更充分的正当性基础。

2. 人工辅助生育场合的生育权行使规则

在人工辅助生育场合,一方面,现代生命科技的进步使人类可以通过技术手段介入并影响自然生育过程,传统自然生育中的男女双方合意及相互协作的方式等因此受到不同程度的影响;另一方面,由于受自然人的生理、身体、个人自主意愿及

① 参见伍某安、陆某青不当得利纠纷案,湖南省岳阳市中级人民法院(2021)湘 06 民终 2252 号民事判决书;崔某、朱某婚约财产纠纷案,辽宁省大连市中级人民法院(2020)辽 02 民终 645 号民事判决书。

② 参见孙欣:《女性单方面决定生育不构成对男性生育权的侵犯》,载《人民法院报》2014 年 5 月 29 日,第 6 版。

③ Vgl. BVerfGE 6, 389 ff.

社会公共利益等因素的影响，通过人工辅助生育手段介入自然生育过程既有现实需要，又需要被适当限制，以保护人格尊严、代际正义以及社会公共利益等。因此，人工辅助生育场合自然人的生育权行使规则，既要处理男女双方的生育意愿冲突问题，也要处理男女双方生育意志与社会公共利益相冲突的问题。在现行法律体系下，依据《人类辅助生殖技术管理办法》(2001 年)第 3 条第 1 句规定的“人类辅助生殖技术的应用应当在医疗机构中进行，以医疗为目的，并符合国家计划生育政策、伦理原则和有关法律规定”[①]，在我国实施人类辅助生殖技术必须具备的条件包括：以医疗为目的；符合国家计划生育政策；符合伦理原则和有关法律规定。其中，对于“以医疗为目的”的理解，《人类辅助生殖技术规范》(2003 年)规定了人类辅助生殖技术实施的适应症和禁忌症，与此不符的不能实施相应的技术；对于伦理原则的具体要求，《人类辅助生殖技术管理办法》(2001 年)、《人类辅助生殖技术规范》(2003 年)、《人类辅助生殖技术和人类精子库伦理原则》(2003 年)等有明确规定，[②]它们都要求必须满足知情同意原则，要求人类辅助生殖技术必须在夫妇双方自愿同意并且签署书面知情同意书之后方可实施。其他法律规定是兜底性规定，主要包括《人口与计划生育法》(2021 年修正)、《母婴保健法》(2017 年修正)等。因此，在法律规定的符合实施人类辅助生殖技术条件的夫妻书面同意实施人类辅助生殖技术时，夫妻双方处于自愿协作行使生育权的状态。依据《民法典婚姻家庭编解释一》(2020 年)第 40 条的规定，“婚姻关系存续期间，夫妻双方一致同意进行人工授精，所生子女应视为婚生子女，父母子女间的权利义务关系适用民法典的有关规定”，若双方签订书面知情同意书之后一方反悔，需区分情形讨论其效力：

如果此时尚未实施人类辅助生殖技术或女方尚未怀孕，依据《人类辅助生殖技术和人类精子库伦理原则》(2003 年)规定的知情同意原则的第 3 项规定即“接受人类辅助生殖技术的夫妇在任何时候都有权提出中止该技术的实施，并且不会影响对其今后的治疗”，这意味着相对于医疗机构而言，此情形下夫妻任何一方都有权随时提出中止实施该技术。若夫妻双方内部在是否继续实施人类辅助生殖技术

---

① 依据《人类辅助生殖技术规范》规定，人类辅助生殖技术(Assisted Reproductive Technology, ART)包括体外受精—胚胎移植(In Vitro Fertilization and Embryo Transfer, IVF-ET)及其衍生技术和人工授精(Artificial Insemination, AI)两大类。前者包括体外受精—胚胎移植、配子或合子输卵管内移植、卵胞浆内单精子显微注射、胚胎冻融、植入前胚胎遗传学诊断等；或者根据精子来源分为夫精人工授精和供精人工授精技术。

② 依据《人类辅助生殖技术和人类精子库伦理原则》，实施人类辅助生殖技术应遵循的伦理原则包括：有利于患者的原则；知情同意的原则；保护后代的原则；社会公益原则；保密原则；严防商业化的原则；伦理监督的原则。

的问题上发生分歧,一方反悔不愿继续进行,那么依据知情同意原则要求的夫妻双方书面同意且任何一方可随时提出中止该同意的规定,此时男女任何一方主张生育而另一方拒绝时,不生育自由将被优先尊重,以防止为实现生育目的导致的夫妻相互人身强制,亦即不继续实施人工辅助生殖技术一方的生育权的行使优先于持相反意见一方的生育权。①

如果人类辅助生殖技术已经实施且女方已经怀孕,由于女性的生育权与身体权、健康权有密切联系,女方的生育权将被优先保护,以求在最大限度降低对女性人身伤害可能的前提下协调夫妻生育权冲突。这里的优先保护体现为两个方面:一方面,如果此时女方主张继续生育而男方拒绝,那么女方的生育权会优先获得保护。在司法实践中,法院在此种情况下拒绝支持男方不生育自由的理由在于,男方拒绝生育的行为因不符合解除双方法律行为的条件而不生效力。在最高人民法院指导案例 50 号"李某、郭某阳诉郭某和、童某某继承纠纷案"中,男方郭某顺因无生育能力,签字同意医院为其妻子施行人工授精手术,后来男方反悔要求女方终止妊娠,女方拒绝并将孩子生下来,男方在孩子出生前即在遗嘱中否认女方腹中胎儿与其之间存在亲子关系。对此,法院依据原《民法通则》第 57 条(《民法典》第 136 条第 2 款)规定的"民事法律行为从成立时起具有法律约束力。行为人非依法律规定或者取得对方同意,不得擅自变更或者解除"认为,男方在遗嘱中否认其与女方所怀胎儿的亲子关系,是无效民事行为,应当认定孩子是婚生子女。② 另一方面,若女方主张终止妊娠而男方反对,此时依《民法典婚姻家庭编解释一》第 23 条的规定,男方以女方擅自中止妊娠侵犯其生育权为由请求损害赔偿的,人民法院不予支持。

值得进一步讨论的是,在人工辅助生殖技术的实施过程中,最高人民法院指导案例 50 号确认的在女方妊娠期间夫妻双方同意实施人工辅助生殖技术形成的法律关系的解除权行使问题。由于《人类辅助生殖技术管理办法》(2001 年)、《人类辅助生殖技术规范》(2003 年),特别是《人类辅助生殖技术和人类精子库伦理原则》(2003 年)人类辅助生殖技术伦理原则中知情同意的原则第 1 项、第 3 项明确要求,人工授精手术必须在夫妇双方自愿同意并签署书面知情同意书后方可实施,并且接受该技术的夫妇在任何时候都有权提出中止该技术的实施。这实质上是承认了在人工辅助生殖技术实施场合,夫妻享有使已形成之民事法律关系变更或消灭的

① 参见张力:《男性的生育权应如何保护》,载《方圆》2020 年第 10 期。

② 参见李某、郭某阳诉郭某和、童某某继承纠纷案,最高人民法院指导案例 50 号(2015 年);丁伟利、李兵:《〈李某、郭某阳诉郭某和、童某某继承纠纷案〉的理解与参照——双方同意人工授精所生子女视为婚生子女》,载《人民司法(案例)》2016 年第 26 期。

解除权。依据前述规定,该解除权的行使须具备如下三项显著特征:

一是该解除权的行使受特定除斥期间限制。区别于适用于一般形成权的除斥期间,[①]这里的解除权的行使必须在夫妻双方签署知情同意书之后至妻子因人工辅助生殖技术的实施而受孕之前的期间内行使。妻子一旦因人工辅助生殖技术的实施成功受孕,该解除权即告消灭,夫妻任何一方均不得再通过该解除权的行使而使之前一致同意进行人工授精而形成的民事法律关系消灭。当然,妻子在受孕之后依然有权自主决定是否终止妊娠,而妻子决定终止妊娠的权利是其在生育行为中居于主导地位的生育自主权的体现,[②]并非解除权。

二是该解除权具有平等适用性。这意味着,夫妻双方或者其中任何一方都可以在前述除斥期间内行使该解除权。这主要是考虑到人工辅助生殖技术特别是异质授精场合,"夫妻双方一致同意"可能会对家庭关系特别是未来可能建立的父母子女关系产生直接效力。

三是该解除权的行使具有任意性。夫妻任意一方得依自主意志在除斥期间内随时行使解除权,以使之前因一致同意而形成的法律关系消灭。此处强调任意解除权的属性,旨在通过提高"夫妻双方一致同意"要件的适用标准,确保通过人工辅助生殖技术的实施所形成的法律关系具有约束夫妻双方的充分正当性基础。

不同于自然受孕,在人工辅助生殖技术场合,现行法律实践承认夫妻双方在女方妊娠之前均享有任意解除权,而在女方怀孕之后由女方主导接下来的生育行为。这一方面可以保障夫妻双方尤其是丈夫一方在非血缘父母子女关系形成时的自主意志的真实性,通过民事法律规则的适用,使丈夫一方享有的生育权落到实处;另一方面也充分尊重了我国法律实践中女性在生育行为中特别是怀孕之后的主导地位。[③]

三、生育权行使的限制

生育权的行使既涉及自然人人身自由、人格尊严的实现,也涉及社会资源的分配、[④]代际正义、[⑤]社会公序良俗的保护等社会公共利益,因此,在我国现行法律体系

---

① 参见史浩明:《论除斥期间》,载《法学杂志》2004 年第 4 期。

② 参见马强:《论生育权——以侵害生育权的民法保护为中心》,载《政治与法律》2013 年第 6 期;马忆南:《夫妻生育权冲突解决模式》,载《法学》2010 年第 12 期。

③ 参见陈雅凌:《夫妻生育权冲突之对策研究》,载《中国社会科学院研究生院学报》2021 年第 1 期。

④ 参见刘引玲:《论生育权的法律限制》,载《甘肃政法学院学报》2005 年第 6 期。

⑤ 参见邢玉霞:《从民事权利的角度辨析生育权的性质》,载《东岳论丛》2012 年第 3 期。

下,法律对于自然人生育权的行使作出了必要限制,以寻求对个人利益及社会公共利益的平衡保护。由于生育权兼具基本权利和人格权的双重属性,对生育权的限制在现行法律体系下主要是通过两种途径来实现的:一是制定法明确规定对生育权的限制。由于生育权的基本权利属性,对于生育权的限制属于法律保留事项,在国家与公民之间的法律关系处理上,除狭义的法律之外,其他形式的规范性法律文件不能对生育权的享有及行使作出限制性规定。二是司法实践中法院在个案审理中通过利益权衡方法来确定生育自由的享有与保护边界。这主要是考虑到生育权属于《民法典》第990条第2款基于人身自由、人格尊严而生的其他人格权益范畴,区别于生命权、身体权、健康权这样的物质性人格权,需要法官依据《民法典》第998条在综合考量涉案诸因素的基础上进行利益权衡,以确定生育权的行使及保护界限。[①] 通过利益权衡方法限制生育权的核心在于法官在个案中对自由裁量权的运用与控制,但这并非本书处理的重点,故下文主要集中探讨制定法层面对于生育权行使的限制。

(一)计划生育政策的限制

制定法对生育权的限制主要取决于两方面的考虑:一是国家对公民基本权利的尊重。尊重和保护人权是当代法治国家的首要法治目标;生育权具有基本权利的属性,这就决定了国家即使要限制生育权,也应当以尊重和保护生育权为基本前提。二是国家基于社会治理需要而在个人利益与社会公共利益的保护之间作出平衡。国家的这种平衡保护本身就是动态的,应当应时代背景的变化而作适时调整;这也决定了国家可以在人口压力过重时通过计划生育政策限制个人生育自由的实现以促进社会公共利益,国家也应当在人口出生率急剧下降以及老龄化社会加速到来时及时调整计划生育政策鼓励生育以促进社会公共利益。事实上,在之前相当长的一段时间内,我国都背负着沉重的人口压力。彼时,对人口出生率的控制成为立法者关注的重点,为此国家通过制定法对生育权行使条件作了严格限制。即使近几年这种严格的控制已经有所变化,但是计划生育政策对生育权的行使仍有重大影响。例如,2021年修正的《人口与计划生育法》第17条即在规定公民享有生育权的同时也明确规定其负有依法实行计划生育的义务;第18条第1款第2句以及第2款第1句在第17条的基础上规定“一对夫妻可以生育三个子女”“符合法律、法规规定条件的,可以要求安排再生育子女”,第3款规定“少数民族也要实行计划生育,具体办法由省、自治区、直辖市人民代表大会或者其常务委员会规定”。

① 参见朱晓峰:《人格权侵害民事责任认定条款适用论》,载《中国法学》2021年第4期。

近年来,随着人口老龄化问题加剧及人口出生率一路走低,之前严厉的计划生育政策不再与当前社会经济的发展现状相适应。因此,对于公民在生育权的行使过程中违反《人口与计划生育法》的规定而生育子女的,2021 年修改之后的《人口与计划生育法》删除了原来在第 41 条关于依法缴纳社会抚养费的规定,同时也删除了原来在第 42 条规定的对于国家工作人员违反计划生育限制而生育子女的行政处分,体现了我国的计划生育政策与相应的立法在生育领域的新变化。① 与此相适应,司法实践中法院处理与生育相关的法律纠纷时,也越来越倾向于保护公民的生育权。例如,在未婚女性是否有权领取生育津贴的问题上,尽管司法实践中仍有分歧,但越来越多的法院支持未婚生育的女性有权主张领取生育津贴。② 显然,在新的人口、社会、经济形势下,我国的法律实践正在经历由严格限制生育权行使的立场逐渐向承认更具自主性的生育权的立场转变,这将为自然人生育权的充分实现提供更充分的制度支持。③

(二)生育主体的限制

虽然《人口与计划生育法》(2021 年修正)第 17 条前半句规定公民享有生育权而没有将生育权赋予给夫妻,但结合该条后半句“夫妻双方在实行计划生育中负有共同的责任”并结合该法第 18 条的规定,可以发现该法将负有计划生育义务的主体限定为处于婚姻关系中的双方。当然,这并非意味着不在婚姻关系中的自然人即不负有计划生育的义务,因为违反该法第 18 条规定的计划生育义务而生育子女的,无论是已婚的夫妻还是未婚的同居伴侣,都需要承担《人口与计划生育法》(2021 年修正)第 44 条规定的行政责任。这表明,我国现行法律体系下自然人个人无论男女皆平等地享有生育权,但在生育权的具体行使上则需要存在婚姻关系,没有婚姻关系而生育子女的,需要承担因违反计划生育义务所致的不利后果甚至行

---

① 参见徐娟、卢康颖:《单身女性生育权的确认及其制度化保障》,载《南海法学》2021 年第 2 期。

② 在司法实践中,对于未婚生育的女性请求领取生育津贴的,拒绝的判决有:河北璃匠玻璃制品有限公司、孙某霞劳动争议案,河北省沧州市中级人民法院(2019)冀 09 民终 6505 号民事判决书;于某与济南蒂金之美雅美容医院有限公司劳动争议案,山东省济南市历下区人民法院(2020)鲁 0102 民初 9754 号民事判决书。支持的判决有:广州捕获信息科技有限公司、王某娟劳动争议案,广东省广州市天河区人民法院(2019)粤民初 26306 号民事判决书;河北璃匠玻璃制品有限公司、孙某霞劳动争议案,河北省河间市人民法院(2019)冀 0984 民初 657 号民事判决书;广东卓越景观设计工程有限公司、王某芳劳动争议案,湖南省长沙市中级人民法院(2020)湘 01 民终 3167 号民事判决书;广州捕获信息科技有限公司、王某娟劳动争议案,广东省广州市中级人民法院(2020)粤 01 民终 4760 号民事判决书;于某与济南蒂金之美雅美容医院有限公司劳动争议案,山东省济南市中级人民法院(2021)鲁 01 民终 1920 号民事判决书。

③ 参见薛宁兰:《社会转型中的婚姻家庭法制新面向》,载《东方法学》2020 年第 2 期。

政责任。例如,实践中仍有法院认为未婚女性生育子女的,不得主张领取生育津贴。[①]

在非婚同居的男女双方因违反计划生育义务而生育子女所致的行政责任承担情形中,相应的自然人生育权的行使虽有限制但依然可以实现。相比较而言,同样平等享有生育权的单身女性或单身男性的生育权,既无法通过自然生育的方式来实现,在人工辅助生殖技术的实施方面也受到严厉限制。因为依据《人类辅助生殖技术管理办法》(2001 年)第 3 条第 1 句的规定,实施人类辅助生殖技术应满足严格的限制条件,[②]依据该办法第 13 条的规定,"实施人类辅助生殖技术应当符合卫生部制定的《人类辅助生殖技术规范》的规定",以及该办法第 22 条第 2 项规定禁止实施代孕;而《人类辅助生殖技术规范》(2003 年)第三部分"实施技术人员的行为准则"第 5 项和第 13 项明确"禁止实施代孕技术""禁止给不符合国家人口和计划生育法规和条例规定的夫妇和单身妇女实施人类辅助生殖技术"。另外,《人类辅助生殖技术和人类精子库伦理原则》(2003 年)之人类辅助生殖技术伦理原则中的保护后代的原则第 5 项和社会公益原则第 1 项也分别对医务人员作了严格的限制要求。[③] 结合《民法典》第 143 条第 3 项关于违反法律、行政法规的强制性规定及违背公序良俗的民事法律行为无效的规定,我国当前的法律实践基本完全禁止了单身自然人通过人类辅助生殖技术特别是代孕方法实现生育权的合法路径。[④]

(三)单身女性生育权行使的限制

对于现行法在人工辅助生殖领域对非婚关系中的同居生活伴侣及单身自然人生育权行使的限制,学理上与实践中均存在争议,这在涉及单身女性生育权的问题上尤其突出。如前所述,否定单身女性生育权的观点认为,生育权需要男女双方共同协作行使,男女任何一方都不能独立行使生育权,承认单身女性的生育权并无益于女性生育权的实现。肯定单身女性生育权的观点则认为,生育权是每个自然人与生俱来的自然权利,无论自然人是男是女,结婚与否,都应当享有生育权,并且单

---

① 参见河北璃匠玻璃制品有限公司、孙某霞劳动争议案,河北省沧州市中级人民法院(2019)冀 09 民终 6505 号民事判决书;于某与济南蒂金之美雅美容医院有限公司劳动争议案,山东省济南市历下区人民法院(2020)鲁 0102 民初 9754 号民事判决书。

② 参见《人类辅助生殖技术管理办法》第 3 条第 1 句:人类辅助生殖技术的应用应当在医疗机构中进行,以医疗为目的,并符合国家计划生育政策、伦理原则和有关法律规定。

③ 参见《人类辅助生殖技术和人类精子库伦理原则》(三)保护后代的原则第 5 项"医务人员不得实施代孕技术"和(四)社会公益原则第 1 项"医务人员必须严格贯彻国家人口和计划生育法律法规,不得对不符合国家人口和计划生育法规和条例规定的夫妇和单身妇女实施人类辅助生殖技术"等。

④ 参见李亭慧:《权利正当性视野下代孕合法化的三重条件》,载《财经法学》2022 年第 1 期。

身女性的生育需求是社会、科技、思想等共同进步的产物，应当被法律承认。[①] 此类观点认为，生育与婚姻的关系已不是历史上曾认为的目的与手段的关系，生育权的定义对女性自身的解放和促进生产力的发展具有重要意义。[②] 特别是随着人类辅助生育技术的快速发展与大龄未婚女性群体规模的迅速增大，大龄未婚女性通过辅助生育技术保障生育权的社会需求随之出现，这样的社会变化要求国家应从政策上承认大龄未婚女性的生育权。[③] 学理上的这种分歧在法律实践中具体反映为：部分地方性法律规范不再严守《人类辅助生殖技术管理办法》（2001 年）、《人类辅助生殖技术规范》（2003 年）、《人类辅助生殖技术和人类精子库伦理原则》（2003 年）等在单身女性生育权享有与实现上的保守立场，而明确承认符合规定条件的单身女性可以通过人类辅助生殖技术生育子女，如《吉林省人口与计划生育条例》（2002 年）第 30 条第 2 款即作此规定。[④]

与前述理论与立法实践中存在的分歧相对应，司法实践关于如何对待单身女性生育权的问题也存在分歧，主要表现为以下两种情况：（1）在夫妻双方一致同意实施“体外受精—胚胎移植”手术并与医院签订合同后，男方意外死亡时，丧偶女性是否有权单方主张进行冷冻胚胎复苏移植；（2）单身女性是否可以请求医疗机构为其实施冻卵手术。

1. 丧偶女性的生育权保护

在郭某某与山东山大附属生殖医院有限公司合同纠纷案中，持反对观点的法院从合同内容、未成年人利益保护和现行法律规范的基本立场三个层次对丧偶女性的权利主张进行了否定。审理法院认为：第一，丈夫生前及妻子与被告医院签订的冷冻胚胎解冻及移植知情同意书中均载明每次冷冻胚胎复苏移植前需要夫妇同时签字确认，由于男方已死亡，无法作出意思表示，故合同约定的进行冷冻胚胎复苏移植的条件无法实现，女方要求医院继续履行合同缺乏合同上的依据。第二，《人类辅助生殖技术管理办法》（2001 年）、《人类辅助生殖技术规范》（2003 年）等禁止给不符合国家人口和计划生育法规和条例规定的夫妇和单身妇女实施人类辅助生殖技术，女方在丈夫死后即为单身妇女，若医院为其实施人类辅助生殖技术，

---

① 参见朱晓飞：《性别公正的公益法实践——以“单身女性生育权”事件为例》，载《中华女子学院学报》2018 年第 5 期。

② 参见周鸿燕：《论女性作为生育权的主体》，载《华南师范大学学报（社会科学版）》2003 年第 6 期。

③ 参见曹玉娟、张文霞：《独身女性无伴侣生育的社会困境——辅助生殖技术应用与社会需求的契合问题探究》，载《科学与社会》2014 年第 3 期。

④ 参见《吉林省人口与计划生育条例》（2002 年）第 30 条第 2 款：达到法定婚龄决定不再结婚并无子女的妇女，可以采取合法的医学辅助生育技术手段生育一个子女。

将违反上述禁止性规定。第三,从有利于社会关系稳定及孩子成长的角度来看,如果丧偶女性利用之前冷冻的胚胎复苏移植生育出子女,由于我国法律法规尚未对该类子女的身份地位作出明确规定,那么该子女从一出生就将处于身份地位不明确的尴尬状态,这无疑会给相关社会关系带来不稳定因素,也可能会对该子女造成心理上的巨大压力,不利于其身心的健康成长。①

但在石某诉首都医科大学附属北京朝阳医院医疗服务合同纠纷案中,对于夫妻双方与医院签订的人类辅助生殖技术医疗服务合同,在男方死亡后女方是否有权要求继续履行人类辅助生殖技术医疗服务合同的问题上,法院却持肯定立场。审理法院认为:第一,从合同主体以及数量方面看,在均患有生殖系统疾病的夫妻二人共同寻求治疗且需双方共同参与的合同中,患方主体应为该夫妻二人;而实施取卵、受精、移植胚胎是连续的治疗过程,不能割裂开来,其与医院之间仅形成一个合同关系。第二,对于继续履行合同是否有违法律规定以及社会伦理,需要从四个方面观察。其一,冷冻胚胎移植合同具有人身性质,除死者妻子之外,死者的其他法定第一顺序继承人不宜主张继受涉案合同的权利义务,因此死者妻子要求继受合同中的权利义务、继续履行合同无法律障碍。其二,死者与其妻子之前未生育子女,故不违反计划生育法律法规,且死者妻子作为丧偶妇女,有别于原卫生部规范中所指称的单身妇女,因此死者妻子可以要求被告医院继续为其提供胚胎移植医疗服务。其三,通过人类辅助生殖技术出生的后代与自然受孕分娩的后代享有包括继承权等在内的同样的法律权利和义务,因此继续履行合同有必要取得死者其他法定第一顺序继承人的同意;而本案死者的其他法定第一顺序继承人已经明确表达同意死者妻子继续实施人类辅助生殖技术的强烈意愿,另外孩子出生后可能生在单亲家庭的假定性条件并不意味着必然会对其生理、心理、性格等产生严重影响,目前也并无证据证明实施人类辅助生殖技术存在医学、亲权或其他方面对后代产生严重不利影响的问题,因此继续履行合同不违反保护后代的原则。其四,根据死者生前签署的相关文件可知,其订立合同的目的是生育子女,显然胚胎移植是实现其合同目的之必然步骤,属于合同内容的一部分,且被告医院已经实施过两次胚胎移植;因此,从死者生前的意思表示、行为表现及公众普遍认同的传统观念和人之常情出发,有理由相信继续实施胚胎移植不违反死者的意愿。②

---

① 参见郭某某与山东山大附属生殖医院有限公司合同纠纷案,山东省济南市市中区人民法院(2017)鲁0103民初7541号民事判决书。

② 参见石某诉首都医科大学附属北京朝阳医院医疗服务合同纠纷案,北京市朝阳区人民法院(2017)京0105民初10591号民事判决书。

从前述两种截然相反的立场及相应的法律效果评价的论证过程来看，承认丧偶女性在丈夫死亡后，若符合特定条件要求即有权单方主张进行冷冻胚胎复苏移植手术的立场，在正当性与合法性的论证上更具有说服力，[①]主要理由有三：

第一，从合同履行视角看，在夫妻双方与医院就人工辅助生殖技术的实施作了明确约定之后，应以尊重当事人所明确表达的意思为解释合同的核心依据。当丈夫死亡而无充分证据表明其有相反意思表示时，应尊重死者生前所作的意思表示以及生存的妻子一方的继续生育的意愿，而非狭义地理解合同文本中的特定概念并限制相应的生育权的行使。

第二，从卫生管理部门制定的行政规章及相应技术规范的核心目的来看，在人工辅助生殖技术实施问题上采严格限制的立场的核心目的在于对特定社会秩序以及伦理道德目标的维护；而在丧偶的妻子依据其与丈夫生前和医院签订的服务协议主张实施相应的人工辅助生殖技术的场合，通常情形下并不涉及对这些规范性法律文件所关注的禁忌的违反，医院不得基于部门规章的行政管理规定对抗当事人基于法律所享有的正当生育权利。

第三，基于《民法典》第990条第2款宣示的保护自然人人身自由、人格尊严的要求，在不侵害他人利益、不违背公序良俗时，法律应尊重自然人生育权行使方面的主张，以落实立法者保护人身自由、人格尊严的要求。[②]

审理法院在石某诉首都医科大学附属北京朝阳医院医疗服务合同纠纷案判决中所坚持的立场，在最高人民法院于2022年作为公报案例发布的陈某某诉无锡市妇幼保健院医疗服务合同纠纷案中亦获得了支持，[③]这部分程度上反映了我国当前社会背景下司法实践在生育制度整体构造不利于单身女性生育权实现的氛围中，给予丧偶女性生育自由保护的努力。

2. 单身女性的生育权保护

然而，前述法院给予丧偶女性的生育权以更充分保护的积极立场并未给更广义的单身女性的生育权保护提供更多的帮助。在前述单身女性冻卵案中，[④]对于单身女性徐某枣以一般人格权为由向拒绝给其实施冻卵手术的医院主张的侵权责任，审理法院以医院的行为不具有违法性而拒绝了原告主张的侵权责任。在法院

---

① 参见陈洪杰：《司法决策如何进行后果考量》，载《财经法学》2021年第2期。

② 参见王利明：《人格尊严：民法典人格权编的首要价值》，载《当代法学》2021年第1期。

③ 参见陈某某诉无锡市妇幼保健院医疗服务合同纠纷案，载《最高人民法院公报》2022年第2期。

④ 参见徐某枣与首都医科大学附属北京妇产医院一般人格权纠纷案，北京市朝阳区人民法院（2019）京0105民初86861号民事判决书。

看来,具体有以下几个方面:

第一,辅助生殖技术涉及医学、法律伦理和社会学等多方面因素,为防范技术应用风险,保护人民群众合法权益和社会公共利益,该技术应被作为限制性应用的特殊临床诊疗技术来规范。在我国当前法律和行政法规尚未对人类辅助生殖技术的具体应用作出明文规定的情形下,《人类辅助生殖技术管理办法》(2001 年)等部门规章和规范性文件中明确规定人类辅助生殖技术的应用必须是以医疗为目的,且明令禁止给不符合国家人口和计划生育法规和条例规定的夫妇及单身妇女实施人类辅助生殖技术,对医疗机构及其从业人员产生法律约束力。

第二,医院作为受前述部门规章和规范性文件约束的医疗机构,从事的相应诊疗活动必须按照核准登记的诊疗科目展开且必须遵守有关法律法规、部门规章和医疗技术规范,亦即只有在辅助生殖技术的需求方是以医疗为目的,且符合国家计划生育政策、伦理原则和有关法律规定的情形下,医院才负有提供人类辅助生殖技术服务的法定义务。

第三,身体健康的单身女性以迟延生育为目的而向医院提出的冻卵服务要求,既不是以医疗为目的,也不符合国家计划生育政策。

因此,法院判决认为医院拒绝为身体健康且非以医疗为目的的单身女性实施冻卵服务不具有违法性,相应的侵权责任不成立。该法院一方面承认单身女性的生育权属于基于人身自由、人格尊严而生的一般人格权的保护范畴;另一方面又以医院的行为符合卫生管理部门制定的部门规章、技术规范的规定而不具有违法性,因此拒绝给予生育权被侵害的单身女性以法律救济的论证思路,表明了法院在涉案利益的综合权衡中,认为单身女性基于人身自由、人格尊严而生的生育权,在与医疗领域的管理秩序、计划生育政策、社会公共利益及女性、子代健康等发生冲突时,选择优先保护后者的基本立场。这种立场与国家卫生健康委员会(以下简称国家卫健委)在 2020 年 7 月 23 日《关于政协十三届全国委员会第三次会议第 2049 号(社会管理类 144 号)提案答复的函》中所明确表达出来的观点一致。国家卫健委在该函件中认为,目前不允许给以延迟生育为目的的单身女性实施冻卵手术的主要考虑有三个方面:一是应用卵子冷冻技术存在健康隐患,因为女性卵子冷冻技术是有创性操作,在相应技术实施过程中存在风险,可能危害女性健康,并且高龄孕产妇发生妊娠期合并症、并发症以及出生缺陷的风险将会显著增大,为单身女性冻卵有进一步延后女性生育年龄的可能性,不利于保障女性以及子代健康。二是以延迟生育为目的的卵子冷冻技术应用在理论上仍存在较大争议,卵子冷冻技术的安全性和有效性,尤其是子代安全性仍然需要长期随访资料的进一步验证。三是严防商业化和维护社会公益是辅助生殖技术实施需要严格遵循的伦理原则。超出医学指征,将辅助生殖技术作为商品向健康人群提供,会导致以营利为目的的技术滥用,进而带来技术滥用的风险和不良社会影响。[①] 笔者认为,这种保守的立场构成当前我国法律实践对单身女性生育权保护的桎梏。

尽管我国学理上对《人类辅助生殖技术管理办法》(2001 年)、《人类辅助生殖技术规范》(2003 年)、《人类辅助生殖技术和人类精子库伦理原则》(2003 年)等禁止医疗机构给单身女性实施人类辅助生殖技术的正当性与合法性论证在整体上予以否定性评价,但在学理上来看,人类辅助生殖技术如冻卵技术已经比较成熟和规范,是女性行使生育决定权以实现生育权的方式,它与女性对身体的自由决定和人格自由发展紧密相关,不应以特定的婚姻身份为前提。也就是说,应允许在一定条件下适当放开单身女性对此项技术的利用,在此意义上前述法律规范应及时调整,以避免生育市场化风险和高近亲结婚率。[②] 但是,在前述丧偶女性冷冻胚胎移植纠纷案以及单身女性冻卵案中,通过法院对待国家卫生管理部门关于生育的规范性文件、标准以及指导原则的态度依然可以看到,司法实务部门在单身女性生育纠纷的解决上,要么是完全遵循这些文件所规定的禁止给单身女性实施人类辅助生殖技术的禁令,要么是通过扩大解释,如将丧偶女性从前述规范中的"单身妇女"概念中区别出来,以回避适用限制单身女性生育权的禁令,[③]显示出司法实践对国家卫生管理部门发布的文件的尊重与肯定。在此背景下,如何在卫生行政主管部门所关注的社会秩序、伦理道德、社会公共利益与自然人个人所关注的人格尊严、人格自由发展的私益之间取得一个妥善的平衡,是司法实践中法院处理人类辅助生殖相关法律纠纷的核心。[④]

事实上,从当前我国的社会经济发展现状及一般社会观念的普遍认同角度来看,承认丧偶女性甚至单身女性的生育权并放宽冷冻卵子及使用试管婴儿等辅助

---

① 参见国家卫健委在 2020 年 7 月 23 日作出的《关于政协十三届全国委员会第三次会议第 2049 号(社会管理类 144 号)提案答复的函》。对此问题的相关学理讨论参见石晶:《人体基因科技风险预防之尊严观的反思与重构》,载《财经法学》2021 年第 6 期。

② 参见方兴:《完善单身女性"冻卵"规范浅析——基于传统伦理与生育自主决定权博弈的视角》,载《医学与哲学》2020 年第 23 期。

③ 参见陈某某诉无锡市妇幼保健院医疗服务合同纠纷案,《中华人民共和国最高人民法院公报》2022 年第 2 期。

④ 参见刘长秋:《人类辅助生殖现象的伦理判定与法律裁度》,载《人民司法》2014 年第 14 期。

生殖技术的限制，也具有充分的正当性论证基础。[①] 如前所述，生育权作为人格权的法律性质决定了单身女性也享有生育权，是女性人格尊严和人身自由充分实现的重要途径，并且实践中通常也不存在因单身女性生育权的行使而侵害其所出子女利益的问题。至于单身女性生育引发亲子认定、子女身份知情权、单身男性生育权等方面的现实问题，在现有法律框架内都可以得到妥善解决。在此意义上，我国应围绕《民法典》"人格权编"尊重人身自由、人格尊严的基本价值立场来承认并完善单身女性生育权的法律规范体系。[②]

四、生育权的保护

生育权的核心内容是生育自主权和生育知情权。例如，夫妻一方自主选择生育从而影响对方生育利益的实现、[③]一方患有影响生育的疾病且未告知对方从而影响对方生育利益的实现、[④]妻子擅自终止妊娠影响丈夫生育利益的实现、[⑤]丈夫强迫妻子终止妊娠影响对方生育利益的实现、[⑥]妻子婚内出轨生育从而影响丈夫生育利益的实现、[⑦]夫妻双方签订生育协议限制一方或双方生育利益的实现、[⑧]医疗机构过错导致错误出生、[⑨]不当妊娠[⑩]等影响受害人生育利益的实现情形，均涉及自然人生

---

① 参见李勇：《独身女性生育权的证成及其实现路径》，载《山东女子学院学报》2022 年第 1 期；佘厚宏：《冻卵女性的未来生育权：力度与限度》，载《医学与哲学》2021 年第 21 期；秋实：《丈夫亡故后的"夫妻辅助生育权"》，载《检察风云》2022 年第 6 期；言咏：《保障单身女性平等生育权不能再搁置》，载《经济观察报》2022 年 3 月 14 日，第 8 版。

② 参见于晶：《单身女性生育权问题探讨》，载《中国政法大学学报》2021 年第 1 期。

③ 参见李某诉王某离婚纠纷案，山东省高唐县人民法院（2014）高民一初字第 1145 号民事判决书。

④ 参见佘某某诉苏某某离婚纠纷案，广东省潮州市湘桥区人民法院（2014）潮湘法民一初字第 502 号民事判决书。

⑤ 参见王某甲诉王某乙离婚纠纷案，河北省唐山市丰南区人民法院（2014）丰民初字第 2092 号民事判决书。

⑥ 参见徐某诉杨某离婚后财产纠纷案，河北省石家庄市中级人民法院（2015）石民二终字第 00919 号民事判决书。

⑦ 参见赵某与张某一般人格权纠纷案，山东省青岛市中级人民法院（2015）青民五终字第 1962 号民事判决书。

⑧ 参见曾某某诉郭某某离婚纠纷案，广东省佛山市中级人民法院（2015）佛中法民一终字第 490 号民事判决书。

⑨ 参见贵州省红十字会妇、岳某民医疗损害责任纠纷案，贵州省贵阳市中级人民法院（2020）黔 01 民终 6910 号民事判决书；蒋某某、姚某某医疗损害责任纠纷案，云南省西双版纳傣族自治州中级人民法院（2019）云 28 民终 754 号民事判决书。

⑩ 参见金某某与蓝田县焦岱中心卫生院、蓝田县焦岱镇人民政府等医疗损害责任纠纷案，陕西省西安市中级人民法院（2009）西民二终字第 00330 号民事判决书；刘某某与郑州大学第三附属医院医疗损害责任纠纷案，河南省郑州市中级人民法院（2017）豫 01 民终 173 号民事判决书；雷某某等诉惠水县仁爱医院医疗损害责任纠纷案，贵州省惠水县人民法院（2017）黔 2731 民初 1088 号民事判决书。

育自主权及知情权的侵犯问题，应予区别处理。另外，因事故、暴力行为造成他人生殖能力损伤甚至丧失的纠纷，属于对身体权、健康权的侵害，不在生育权涵摄之列。①

（一）限制生育自由的法律行为的效力

与其他人格权不同，生育权人实现生育利益既受自身生理条件限制，也受他人和社会制约；生育权的实现既要维护生育权本身，又要兼顾他人合法权益与社会公共利益。也就是说，生育权的行使应以不损害他人合法权益及社会公共利益为原则。由于生育权的基本权利和人格权属性，依《立法法》（2023 年修正）第 11 条规定的法律保留原则，对非基于自然人本身生理原因的生育权实现方面的限制，只有法律才可以规定是否及如何限制。② 在此意义上，若男女双方在同居期间、婚姻关系存续期间或婚姻关系终止之后签订限制对方或双方生育自由的生育协议，如在协议中约定生育、引产或不生的民事责任等，由于这样的限定侵犯生育自由，违反《民法典》第 143 条第 3 项关于民事法律行为不得违反法律的强制性规定而无效。③

（二）自然生育场合夫妻之间的生育权侵害责任

生育权的实现需要男女互相协助才能实现，但婚姻关系并不赋予夫妻相互的人身支配权以及并不必然保障生育权的实现。在社会生活实践中，女性在生育权实现过程中因为生理因素所具有的事实上的主导地位与男性在社会与家庭生活中实际拥有的支配地位，可能导致男女双方在生育权实现中的冲突甚至侵权责任的发生。基于生育权享有与行使的特点，对于生育权侵害的民事责任认定，应当在承认女性生育权优先保护的基础上考虑男性生育权的适当兼顾保护问题。

1. 女性生育权行使中的优先保护与男性生育权侵害的民事责任

自然人皆享有生育权，皆因此而享有生育的自由与不生育的自由，其中不生育的自由应优先于生育的自由予以保护。也就是说，若男方希望依法生育，但女方拒绝生育，此时无论女方是否处于妊娠状态，皆应优先保护后者享有的不生育自由。因为生育行为涉及自然人之人格尊严、人格自由等基本价值的保护与实现，不能因保护一方的生育自由而使对方的不生育自由被侵害。若女方希望生育，但男方予以拒绝，基于同样的理由，此时原则上亦应优先保护男方不生育的自由；但如果男

---

① 参见王歌雅、张小余：《生育利益私法保护的权利基础与规制范式》，载《思想战线》2021 年第 1 期；马强：《论生育权——以侵害生育权的民法保护为中心》，载《政治与法律》2013 年第 6 期。

② 参见邢玉霞：《从民事权利的角度辨析生育权的性质》，载《东岳论丛》2012 年第 3 期。

③ 参见曾某某诉郭某某离婚纠纷案，广东省佛山市中级人民法院（2015）佛中法民一终字第 490 号民事判决书。

方是在女方怀孕后主张不生育,那么此时应优先保护女方的生育自由。因为在生育自由方面,女性与男性存在天然不平等,这种天然不平等由男女两性的基本生理构造决定,特别是在女性怀孕后,胎儿即成为其身体之组成部分,从而使女性的生育自由与其他重要的具体人格权如生命权、身体权与健康权等产生直接联系,侵犯女性之生育自由的同时通常也会导致其他相关人格权被侵害。① 这种情形下,优先保护女方生育的自由而非男方不生育的自由,亦不违反《民法典》第4条规定的平等原则。因此,女方擅自终止妊娠的,依据《民法典婚姻家庭编解释一》第23条的规定,男方不得以自己生育权被侵害为由向对方主张损害赔偿。② 甚至在女方欺诈男方自己已采取避孕措施而实际上没有采取并怀孕的场合,男方主张不生育而女方主张生育并将孩子生下来的,亦应优先保护女方及已出生的孩子,此时女方单方面选择生育子女并不构成对男方生育权的侵犯。③ 另外,对于男方过错侵害女方感情并使其基于错误认识而怀孕、流产的,女方因此遭受的损害亦可直接纳入生育权侵害的范畴,不需要通过其他具体人格权或者一般人格权涵摄。④

2. 男性生育权行使中的保护与对女性生育权的适当限制

男性生育权的实现依赖于女性生育权,特别是当男性的积极生育权与女性的消极生育权发生冲突时,需要协调对二者的保护,使处于主导地位的女性生育权能够得到适当制衡,从而在优先保护女性生育权的前提下兼顾男性生育权的保护。⑤ 这种兼顾表现在以下两个方面:

一是在女方尚未怀孕前,男女双方享有的不生育的自由应予同等保护,不能因女性生育权的优先保护而在女方主张生育与男方主张不生育的冲突之间优先保护女方;因为生育权是自然人平等享有的人格权,不能为了充分实现一方的生育利益而过度牺牲另一方的自由。

二是在女方怀孕后,虽然妊娠女性享有的生育权具有被优先保护的效力,但这

---

① 参见湛中乐、谢珂珺:《论生育自由及其限制》,载《人口研究》2009年第5期。

② 参见马付才:《妻子拒绝生育被丈夫索要精神赔偿》,载《民主与法制时报》2022年1月7日,第4版。

③ 参见赵某诉许某抚养费纠纷案,北京市海淀区人民法院(2013)海民初字第23318号民事判决书;安某某诉刘某某同居关系子女抚养纠纷案,山东省济南市市中区人民法院(2017)鲁0103民初字第6942号民事判决书。

④ 参见谢某瑗诉唐某健康权纠纷案,广西壮族自治区玉林市福绵区人民法院(2018)桂0903民初字第596号民事判决书;蒋某诉李某一般人格权纠纷案,北京市第二中级人民法院(2016)京02民终11106号民事判决书;廖某玲诉廖某炜一般人格权纠纷案,广东省佛山市顺德区人民法院(2013)佛顺法勒民初字第703号民事判决书。

⑤ 参见张作华、徐小娟:《生育权的性别冲突与男性生育权的实现》,载《法律科学(西北政法学院学报)》2007年第2期。

种优先保护的排他效力并不意味着作决定的理由也具有排他性，法律要引导并促进一种合理的个人选择。在此背景下，因婚姻与家庭而产生的义务为女性生育权的行使设定了一些附随义务，正是这些义务的存在奠定了女方在婚姻关系存续期间的包括生育自由的行使界限以及违反该界限所导致的男方针对女方侵权行为的损害赔偿的请求权基础。① 例如，婚姻关系存续期间女方出轨并生育了与第三者有血缘关系的子女，在此情形下男方的生育权即被侵害，其有权向女方主张损害赔偿及返还抚养费。②

为女性生育权的行使所设定的附随义务以婚姻关系的存续为前提，无此前提则不存在女方违反附随义务而导致的对男方生育权的侵害及相应的民事责任的承担。例如，对于婚前与情人发生性关系的女性怀孕之后与他人结婚并将孩子生下来的行为，我国司法实践中有观点认为，尽管该婚前性行为有违人情道德，但并没有违反婚内夫妻忠实义务，因为该性行为发生时尚不存在应受法律保护的配偶关系，自不存在对婚姻关系中另外一方当事人的侵权责任问题。③

对于夫妻关系存续期间或者男女朋友同居期间，双方未采取避孕措施或避孕措施不当导致女方怀孕的，不管女方是否终止妊娠，通常情形下并不存在生育权侵害的问题。同居期间发生的女方因为怀孕以及终止妊娠等所遭受的财产损失，应由男女双方共同承担。④

（三）人工辅助生殖场合夫妻之间侵害生育权的民事责任

与自然生育不同，我国现行法律体系下通过人工辅助生殖技术进行生育的夫妻双方必须对采取人工辅助生殖技术生育予以书面同意。如果双方未就此达成书面一致意见而生育的，那么即可能构成对对方生育权的侵犯，需要承担相应的民事责任。对于具体的生育权侵害情形，需要区分同质生殖与异质生殖两种情形予以

---

① 参见朱振：《妊娠女性的生育权及其行使的限度——以〈婚姻法〉司法解释（三）第 9 条为主线的分析》，载《法商研究》2016 年第 6 期。

② 参见陈某诉林某甲离婚纠纷案，湖南省株洲县人民法院（2015）株县法民一初字第 228 号民事判决书。对于此类案件，司法实践中法院也有以男方一般人格权、知情权、名誉权、配偶权等受到侵害为由为其提供法律救济的，相应判决参见王某甲诉俞某、朱某离婚后损害责任纠纷案，浙江省杭州市萧山区人民法院（2010）杭萧义民初字第 2 号民事判决书；石某某诉刘某某离婚纠纷案，湖南省常德市中级人民法院（2015）常民一终字第 479 号民事判决书；田某海诉彭某保一般人格权纠纷案，湖南省邵阳市隆回县人民法院（2017）湘 0524 民初字第 2158 号民事判决书。

③ 参见张某诉李某一般人格权纠纷案，浙江省宁波市中级人民法院（2009）浙甬民一终字第 760 号民事判决书。

④ 参见阳某某、左某蓓生命权、健康权、身体权纠纷案，广西壮族自治区桂林市象山区人民法院（2019）桂 0304 民初 1908 号民事判决书。

讨论。

1. 同质生殖场合

对于女方而言,在夫妻关系存续期间,若女方擅自使用男方精子进行人工授精,此时虽然存在对男方生育自由的侵犯,但此时应当按照《民法典》第998条的规定综合考虑具体案件中行为人的过错程度、影响范围、行为方式、行为目的及行为后果等,类推适用自然生育情形下女方欺诈怀孕并在男方明确予以反对情形下生育子女案的法院意见,①即优先保护女方及未成年人的利益,不宜认定女方的擅自生育行为构成对男方生育权的侵犯;男方死亡或双方离婚后女方擅自使用死者的冷冻精子授精怀孕,或擅自使用夫妻双方在婚姻关系存续期间通过体外受精技术形成的受精卵怀孕并生育子女的,由于此时夫妻关系已经终止,且相应的生育行为又未取得男方同意,构成对男方生育权的侵犯,具体的民事法律责任应依据《民法典》第998条的规定由法官综合考虑具体案件的涉案因素进行判断,并且因此所生子女并非男方法律意义上的子女。对于男方而言,若其未经女方同意而擅自使用双方在婚姻关系存续期间通过体外授精技术形成的受精卵植入代孕母亲体内生育子女,此时既缺乏生育子女的合意,也不存在对男方生育自由优先保护的考虑,因此应认定男方的行为构成对女方生育权的侵犯,相应的民事法律责任由法官依据《民法典》第998条的规定确定。②

2. 异质生殖场合

对于女方而言,若其因异质授精而怀孕,虽然此时女方与供精者没有直接肉体接触和性行为,双方也互不相识,但该行为既缺乏男方同意又与男方缺乏生理、身体上的联系,因此该行为构成对男方生育权的侵犯,所生育的子女亦与男方没有法律上的亲子关系。同理,在适用体外受精—胚胎移植(试管婴儿)技术时,“未经男方同意进行的捐精+妻卵”或者“未经女方同意进行的夫精+捐卵”,不论自孕或代孕,都构成对配偶一方生育权的侵犯。③ 若双方事前达成一致意见采取异质生殖而事后反悔的,在配子或受精卵植入女性子宫之前,任何一方都享有不生育的自由而有权终止已经达成的生育合意关系。若已进行了植入手术,在自孕情形下,依据最高人民法院指导案例50号确立的规则,此时男方不得强迫女方终止妊娠或强行要求女方继续妊娠,否则构成对女方生育权、身体权、健康权等人格权益的侵犯。此时女方享有决定是否继续生育的权利,可以单方决定是否生育,这种情形下并不侵

---

① 参见赵某诉许某抚养费纠纷案,北京市海淀区人民法院(2013)海民初字第23318号民事判决书。

② 参见郑净方:《人工生殖技术下夫妻生育权的契合与冲突》,载《河北法学》2012年第5期。

③ 参见郑净方:《人工生殖技术下夫妻生育权的契合与冲突》,载《河北法学》2012年第5期。

犯男方的生育权。[①]

另外,婚姻存续期间男方未经女方同意擅自单方废弃冷冻胚胎的,司法实务上认为该行为构成对女方包括生育知情权在内的人格权的侵犯,需要承担由此导致的损害的民事责任。法院的主要理由在于:第一,婚姻家庭法中的妊娠包括自然生殖和人类辅助生殖等情形,均产生妊娠的法律后果,胚胎移植所生子女应视为夫妻双方的婚生子女,其不仅在出生之后取得与婚生子女相同的法律地位,在出生之前也应该得到同等对待。第二,女方怀孕后,男方不得基于不愿生育的理由而强迫女方堕胎,因为怀孕的行为本身表明男方以默示的方式行使生育权,男方不得强迫女方不生育,否则仍然是侵犯女方的人身权。第三,由于男女生理上的差异,相较于取精,取卵过程伴有风险和痛苦,对身体有负面影响;女方出于对生育的渴望,自愿忍受身体的伤害做辅助生殖手术,这种付出系以得到健康的下一代为目的,在女方付出巨大的代价后,男方违背合意废弃胚胎会致使女方的目的落空。第四,男方应知道实施辅助生殖技术对女方身体有一定的伤害。在移植胚胎前,男方单方废弃胚胎,使女方在服药促排卵以及取卵过程中的痛苦和损害不能得到回报。正如男方不得强迫女方堕胎,就是避免女方身体的损害,而废弃胚胎的损害始于服药促排卵时。在人工辅助生殖手术中,排取卵过程对于女方有身体上的伤害,双方应当以谨慎的态度决定是否实施该项手术。第五,男方单方废弃胚胎侵害了女方的生育知情权。生育知情权是指生育主体对与自身生育相关的信息具有了解的权利。夫妻有相互扶助义务,均应维护和促进对方的利益。在男方有便利的条件照管胚胎且此前的照管行为均由男方履行的情形下,女方有理由相信男方会妥善处理胚胎储存问题。男方在未通知女方的情况下单方废弃胚胎,损害了女方的生育知情权。第六,根据伦理道德、一般社会观念和当前的司法政策,女方在离婚后不得单方移植胚胎。即使夫妻关系出现了裂痕,男方对彼此之间的婚姻前途缺乏信心,男方也应尊重女方的付出,照顾女方的感受。何况感情是变化的,废弃行为难以保证是一方冷静状态下的慎重决定,有时也不一定符合废弃方本人的利益。[②]

(四)第三人侵害生育权的民事责任

生育权除了需要男女双方协作才可以实现以及因此表现出来的冲突性之外,还具备人格权所通常具有的绝对权属性以及因此而生的不可侵性;因此,自然人在

---

① 参见丁伟利、李兵:《〈李某、郭某阳诉郭某和、童某某继承纠纷案〉的理解与参照——双方同意人工授精所生子女视为婚生子女》,载《人民司法(案例)》2016年第26期。

② 参见王某与孙某离婚纠纷案,江苏省南京市玄武区人民法院(2017)苏0102民初4549号民事判决书。

享有生育权和实现生育权的过程中,通常也会遭受来自第三人的侵害行为所导致的损害。[①] 在社会生活实践中,第三人侵害生育权的民事责任主要体现为医疗机构的侵权责任,但也存在其他一般侵权行为所致的责任。

1. 医疗机构过错行为导致自然人生育能力受损

由于在此种情形下通常也存在对受害人身体权、健康权等物质性人格权的侵害,此时受害人享有选择权,可以直接主张身体权、健康权被侵害的民事法律责任,也可以主张生育权被侵害的民事法律责任。[②] 选择二者的区别在于,依《民法典》第998条的规定,对于生命权、身体权、健康权受侵害的民事法律责认定,法官只能依据《民法典》第1165条第1款确定的构成要件予以展开,法官的自由裁量空间受到严格控制;对于生命权、身体权、健康权之外的其他非物质性人格权侵害的民事责任认定,法官可以在综合考虑个案中的行为人过错程度、社会影响、行为目的、行为手段及行为方式等因素的基础上综合认定,法官的自由裁量空间较大。若权利人因医院的过错丧失自然生育的能力而只能采取人工辅助生育技术实现生育权,由于采取人工辅助生育技术与侵害行为之间并无直接因果关系,故相关费用通常不被法院承认为侵权人应予赔偿的损害范围。[③]

在医疗机构拒不返还冷冻胚胎导致权利人生育权受损的案件中,法院通常会从冷冻胚胎的法律性质及权利主体、保存冷冻胚胎的合法主体、涉案胚胎返还后可能引发的道德风险等方面支持涉案夫妻的返还请求权以保护其享有的生育权。在法院看来,具体有以下几个方面:

第一,虽然冷冻胚胎可以在适当的环境中发展成生命体,但在植入母体前,冷冻胚胎本身并不具备任何人的特点,因此可以认为冷冻胚胎是一种有潜能发展为生命的特殊之物。作为提供胚胎必要要素的夫妻双方天然拥有对冷冻胚胎的权利,而且由于胚胎具备孕育成生命、发展成夫妻双方子女的可能,夫妻双方对胚胎享有的并不仅仅是完全财产意义上的所有权,而是一种包含亲权在内的具有人身要素的权利,这使得他们对胚胎的权利具有专属性。《民法典》第3条规定,民事主体的人身权利、财产权利以及其他合法权益受法律保护,任何组织或者个人不得侵犯。据此,涉案夫妻享有对涉案胚胎的合法权益。

---

① 参见王歌雅、张小余:《生育利益私法保护的权利基础与规制范式》,载《思想战线》2021年第1期。

② 参见盛某、吉林大学第二医院医疗损害责任纠纷案,吉林省高级人民法院(2021)吉民申1273号民事裁定书。

③ 参见陈某、罗某医疗损害责任纠纷案,四川省南充市中级人民法院(2020)川13民终893号民事判决书。

第二，应区别看待行政规章限制冷冻胚胎处分权的问题。《人类辅助生殖技术管理办法》(2001 年)第 2 条规定，该办法的适用范围是各类医疗机构；其规定的对胚胎的保藏、采集是胚胎后续处理问题，并未否定权利人对胚胎享有的相关权利，也不能对抗当事人基于私法所享有的正当权利。前述部门规章是卫生行政主管部门对相关医疗机构和人员在从事人工生殖辅助技术时的管理规定，并未否定权利人对胚胎享有的相关权利。胚胎移植之前作为特殊之物，其处置权应当受其权利人支配，并不在医疗机构作为民事主体所干涉的范畴内。医疗机构不得基于部门规章的行政管理规定对抗当事人基于私法所享有的正当权利，应当按照权利人的请求向其返还冷冻胚胎。

第三，虽然胚胎不能买卖、赠予，并且我国禁止实施代孕，但权利人若基于私法所享有的正当权利要求医院返还冷冻胚胎，在相关法律尚无禁止性规定的前提下，医院提出的冷冻胚胎利用可能引发的道德风险问题是对胚胎的后续合理利用问题，该风险不能成为医院不予返还胚胎的理由。当然，权利人在利用涉案胚胎时应当遵守法律规定，且不得违背公序良俗，或者损害他人合法权益。①

2. 医疗机构过错行为导致生育自主权、生育知情权被侵害

错误出生是指原本不应出生的婴儿由于医疗机构或医务人员的医疗过失而出生。② 因医疗机构过错未能依约检查出胎儿存在的生理缺陷并且胎儿嗣后活着出生的，学理上认为，此时父母的优生优育权被侵害，因此产生的抚养费、治疗婴儿残障等费用的支出及父母遭受的精神痛苦都属于侵权法上的可赔损害。③ 与此相对应，若自然人选择侵权之诉而非违约之诉，④那么对于其主张的医疗机构侵害行为导致生育知情权与生育选择权被侵害的损害赔偿责任，法院通常会依据《民法典》第 1165 条第 1 款所确立的侵权责任的成立要件即侵害行为、损害后果、因果关系和

---

① 参见成都西囡妇科医院有限公司、吴某宝返还原物纠纷案，四川省成都市中级人民法院(2020)川 01 民终 13880 号民事判决书。

② 参见丁春艳：《“错误出生案件”之损害赔偿责任研究》，载《中外法学》2007 年第 6 期。

③ 参见张红：《错误出生的损害赔偿责任》，载《法学家》2011 年第 6 期。相关判决参见张某琴诉白银市第一人民医院医疗损害责任纠纷案，甘肃省白银市中级人民法院(2020)甘 04 民终 992 号民事判决书；梁某、邓某丽、连州市人民医院与医疗损害责任纠纷案，广东省清远市中级人民法院(2020)粤 18 民终 1276 号民事判决书；建平县叶柏寿街道王某凯诊所、赵某宇医疗损害责任纠纷案，辽宁省朝阳市中级人民法院(2020)辽 13 民终 1797 号民事判决书。

④ 受害人对此享有选择权，既可以主张违约责任，亦可以主张侵权责任。相关诉讼参见李某某等诉洛阳市中心医院医疗服务合同纠纷案，河南省洛阳市西工区人民法院(2009)西民初字第 1587 号民事判决书；景县妇幼保健院、孙某医疗损害责任纠纷案，山东省德州市中级人民法院(2020)鲁 14 民终 1278 号民事判决书。

过错,[1]再结合《民法典》第998条规定的人格权侵害场合民事责任认定时应考量的因素,来认定相应侵害行为的责任成立与承担问题。[2]

在不当怀孕场合,对于医疗机构过错导致的其为自然人实施的避孕、节育手术失败,以及受害人因此怀孕而遭受的损害,法院通常认为此时受害人选择终止妊娠所导致的损害属于生育权被侵害的后果,医疗机构在相应的过错范围内应予赔偿。[3] 但如果自然人在怀孕之后未选择终止妊娠而是将孩子生下来,那么此时受害人因生育自主权被侵害所遭受的侵权法上可予赔偿的损害仅限于怀孕、分娩过程中所遭受的财产损失如手术费、分娩费、因分娩引起的收入减少、支出的其他合理费用等,而不包括精神损害与抚养孩子的必要支出。司法实务中有法院认为,不当出生案中侵害生育自主权的行为确实使受害人因此必然产生一定的财产损失,该笔财产损失或因为终止妊娠而发生,或因为生育孩子而发生。若是前者,除必要的财产损失赔偿外,受害人因为终止妊娠而遭受的精神损害亦属于生育权被侵害的后果,行为人应予赔偿;但对于受害人原因导致的损害扩大部分,行为人则不予赔偿,如医疗机构过错导致节孕措施失败,但受害人怀孕之后直到胎儿6个月时才终止妊娠的。[4] 若是后者,受害人就不能主张精神损害与抚养孩子的必要支出赔偿。

精神损害赔偿的基础是侵害行为给被侵权人造成了严重的精神损害。但在孩子出生的场合,医疗机构的过错行为导致的结果是新生命的诞生,生命是无价的,新生命的诞生给父母带来的是精神上的愉悦,而不能将其理解为一种精神损害,若支持这种精神损害,就违反了道德伦理底线,违反了公序良俗的基本准则。同理,生命是无价的,有生命胜于无生命,虽然医疗机构的过错行为侵害了受害人的生育自主权,但在受害人未选择终止妊娠而是继续将胎儿生下来时,受害人作为孩子的父母已成既定事实。父母对子女负有法定的抚养义务,父母承担子女的抚养费用

---

① 参见东平县人民医院、赵某会医疗损害责任纠纷案,山东省泰安市中级人民法院(2020)鲁09民终1986号民事判决书;贵州省红十字会妇、岳某民医疗损害责任纠纷案,贵州省贵阳市中级人民法院(2020)黔01民终6910号民事判决书;马某某、李某某、合肥友好医院等医疗损害责任纠纷案,安徽省合肥市中级人民法院(2020)皖01民终1449号民事判决书;蒋某某、姚某某医疗损害责任纠纷案,云南省西双版纳傣族自治州中级人民法院(2019)云28民终754号民事判决书。

② 参见周某唤、位某下与惠阳三和医院(有限合伙)医疗损害责任纠纷案,广东省惠州市中级人民法院(2020)粤13民终2284号民事判决书,刘昂、陈成建:《错误出生损害责任下救济制度的建构——基于50件生效裁判文书的实证分析》,载《法律适用》2020年第18期。

③ 参见刘某某与郑州大学第三附属医院医疗损害责任纠纷案,河南省郑州市中级人民法院(2017)豫01民终173号民事判决书。

④ 参见金某宏与蓝田县焦岱中心卫生院、蓝田县焦岱镇人民政府等医疗损害责任纠纷案,陕西省西安市中级人民法院(2009)西民二终字第00330号民事判决书。

并不能作为父母的损失来由他人予以赔偿。当然,如果受害人在抚养孩子的过程中所承担的抚养费超过了一般情形下的抚养费支出,而超过部分的费用又与医疗机构的诊疗过错具有法律上的因果关系,如医疗机构过错导致畸形胎儿的错误出生的情形,那么受害人可就超过一般抚养费的部分向有过错的医疗机构主张赔偿。①

我国司法实务中的上述观点整体上值得认同,但需予以明确的是,在我国现行法律体系下,对于不当怀孕侵害生育权导致的损害赔偿责任的认定,应当与《人口与计划生育法》(2021 年修正)中的计划生育政策联系起来进行解决:如果因为医疗机构的过错使受害人不当怀孕,不论受害人是否符合生育条件,只要其选择采取人工流产措施,那么相应的损害赔偿范围即包括因怀孕、流产而产生的医疗费用、收入损失等财产损失赔偿及怀孕、流产导致的精神损害赔偿。若受害人不当怀孕后分娩,此时孩子的出生虽然不涉及精神损害赔偿问题,但孩子的抚养费应否赔偿还应区分受害人分娩的具体情况而确定。若受害人原计划避孕却不当怀孕,此时符合计划生育政策且受害人自愿选择生育,在此情形下抚养费是必然会产生的,其不属于受害人的损失,因此无须予以赔偿;若继续生育不符合计划生育政策而受害人坚持生育孩子,因为生育行为本身违法,故此时的抚养费亦不具有可赔性;若受害人因为医学原因不得不生育孩子,即使生育行为不符合计划生育政策,此时抚养费的支出亦属于受害人因侵害行为所致的财产损失,侵权行为人应予赔偿。②

3. 其他侵权行为致生育侵害的民事责任

生育权的核心内容表现为自然人自主决定生育的权利不受侵犯,既包括是否生育的意愿,也包括能否生育的能力。就此而言,对于严重智力残疾的女性来说,即使其完全不具备行为能力,但其享有的生育权依然不受侵犯,不能被剥夺;他人不能为了避免其怀孕而以其患有不具备结婚条件的疾病为由,将其子宫切除,使其丧失生育能力,否则即构成对受害人之生育权、身体权的侵害,应依法承担相应的法律责任。③ 在侵害行为导致怀孕的受害人流产的场合,受害人既可以依据身体权、健康权受损主张相应的侵权责任,也可依据生育权被侵害而向行为人主张相应

---

① 参见雷某某等诉惠水县仁爱医院医疗损害责任纠纷案,贵州省惠水县人民法院(2017)黔 2731 民初 1088 号民事判决书。

② 参见李燕:《不当怀孕损害赔偿研究——从上海“绝育手术不绝育索赔案”说起》,载《东岳论丛》2009 年第 10 期。

③ 参见陈某燕等决定并实施切除智障少女子宫故意伤害案,江苏省南通市崇川区人民法院(2005)崇刑初字第 179 号刑事判决书、江苏省南通市中级人民法院(2006)通中刑一终字第 0068 号刑事裁定书。

的侵权责任。[①]

值得注意的是,《民法典》不再如原《婚姻法》一样规定,患有医学上认为不应当结婚的疾病的禁止结婚,这彰显了国家、民众对身患疾病人群的结婚生育权的宽容和尊重。事实上,在《民法典》施行前的司法实践中,即有法院在审理应否为患病男女进行结婚登记的行政纠纷案中明确表示,结婚生育是公民与生俱来的权利,否定了某种或某些人的结婚生育权,就意味着否定了他们能有尊严地生活的权利,这不仅违背法律的基本精神,也有悖于人情常理。[②] 该立场符合我国当代社会背景下尊重自然人人格尊严、人格自由的基本法治精神,应予肯定。

五、本章结论

生育是涉及人作为种的存在的头等大事。对于生育问题的关注,历来是人类社会的关注重点。不同社会基于不同的目的可能对生育问题采取不同的立场,由此达到有效控制生育并促进特定目标实现的目的。在我国当代社会背景下,对于生育权的保护,主要是通过不同层级的规范性法律文件的体系性结合来实现的。由于现行法律体系下不同规范性法律文件制定的时代背景和具体目的并不完全相同,故生育权行使与保护的具体规范体系在内在体系和外在体系上存在彼此冲突龃龉的问题。对此,在人口老龄化问题加剧和人权保护理念深入人心的社会背景下,应当围绕《民法典》第 109 条与第 990 条第 2 款所明确承认的人格尊严价值来构建生育权行使与保护规则,理性对待生命科技给生育权行使带来的机遇和挑战,由此在女性生育权、男性生育权和社会公共利益的法律保护上达成适当平衡。

---

① 参见中国平安财产保险股份有限公司上饶中心支公司、徐某芬机动车交通事故责任纠纷案,江西省上饶市中级人民法院(2021)赣 11 民终 992 号民事判决书;陆某荣与张某楠机动车交通事故责任纠纷案,安徽省合肥市中级人民法院(2020)皖 01 民终 1359 号民事判决书。

② 参见孙某亮与上海市普陀区民政局结婚登记案,上海市第三中级人民法院(2020)沪 03 行终 456 号行政判决书。

第五章　夫妻关系(三):财产关系中的夫妻共同债务认定规则

夫妻共同债务是夫妻一方或双方因管理、维持家庭日常事务或基于共同意思而发生的债务。在我国传统社会,基于“男不言内,女不言外”(《礼记·内则》)的家庭分工原则和伦理生活规范,家庭财政权和家事管理权通常属于以父权和夫权为核心确立的家长,女性被排斥在家长之外。传统礼法规范中所谓的女子“未嫁从父,既嫁从夫,夫死从子”(《仪礼·丧服·子夏传》),即表明女性在人格上从属于家庭中的男性,因此“子妇无私货,无私蓄,无私器,不敢私假,不敢私与(郑玄曰:家事统于尊也)”(《礼记·内则》)成为传统家庭伦理规范所肯定的常态。在此意义上,我国传统社会的夫妻关系中并没有夫妻共同债务问题。随着近现代以来女性在家庭生活中的地位提升和独立人格的取得,夫妻共同财产和共同债务问题才逐渐进入法律关注的视野。对此,1911 年方完全成稿的《大清民律草案》第 1358 条第一次明文承认已婚妇女的财产权;嗣后的法律变革则在此基础上逐步完善了夫妻财产制,[①]夫妻共同债务的认定与清偿问题亦因此日益受到理论与实务中的关注。现行法中的夫妻共同财产和共同债务也是在这种家庭关系的传承与变革的整体社会背景下确立的。受传统家庭伦理规范中的“同居共财”观念影响,现行法规定夫妻婚后所得财产的法定财产制为夫妻财产共

---

① 参见蒋月:《20 世纪婚姻家庭法:从传统到现代化》,中国社会科学出版社 2015 年版,第 210、225、255、296、332、412 页。

有制,夫妻财产具有共有或准共有的法律效力。这种财产制固然体现了夫妻共同生活、共担风险的一般家庭伦理观念,但也存在有的行为人也“假离婚、真逃债”以及“夫妻一方与债权人恶意串通、虚构债务,损害另一方配偶利益”等道德风险发生。为了解决该问题,《民法典》在吸收既有司法实践经验的基础上,于第 1064 条规定了夫妻共同债务的认定规则,要求夫妻共同债务的认定既要重视对婚姻关系内部的夫妻双方的合法权益的充分保护,以践行《民法典》第 1043 条中规定的“夫妻应当互相忠实,互相尊重,互相关爱”的要求,也不得忽略对婚姻关系外部的债权人的合法利益的保护,[①]以贯彻立法者在夫妻共同债务认定问题上平衡保护各方利益的立场。[②] 对于《民法典》的这种安排整体上应予肯定。[③] 同时,由于《民法典》中的夫妻共同债务认定规则在概念使用及具体的结构安排上仍存在需进一步斟酌的空间,[④]所以下文即以立法者在《民法典》第 1064 条中所表达出来的平衡保护夫妻关系内部当事人与外部债权人合法利益的立法目的为基础,来探讨《民法典》第 1064 条所确立的夫妻共同债务认定规则的具体理解与适用。

一、夫妻共同债务认定规则的演进

夫妻共同债务问题,既关系夫妻关系乃至家庭关系的存亡,亦涉及婚姻家庭关系外第三人利益的保护,因此一直以来是法律关注的重点。由于不同时期立法者关注的重点不完全相同,相应规范性法律文件中的夫妻共同债务认定规则呈现不同的特点。

(一)夫妻共同债务的立法实践

早在 1950 年《婚姻法》中,立法者就明确规定了夫妻共同债务规则。依据该法第 24 条的规定,“离婚时,原为夫妻共同生活所负担的债务,以共同生活时所得财产偿还”。并且,若婚后所得财产不足以清偿夫妻债务,男方承担无限连带责任。这实质上是立法者考虑到当时社会背景下女性普遍处于弱势地位而为了给女方和

---

① 参见黄薇主编:《中华人民共和国民法典婚姻家庭编解读》,中国法制出版社 2020 年版,第 113 ~ 114 页。

② 参见王晨:《关于〈中华人民共和国民法典(草案)〉的说明(2020 年 5 月 22 日)》,载《民法典立法背景与观点全集》编写组编:《民法典立法背景与观点全集》,法律出版社 2020 年版。

③ 参见夏吟兰:《婚姻家庭编的创新和发展》,载《中国法学》2020 年第 4 期。

④ 参见最高人民法院民法典贯彻实施工作领导小组主编:《中华人民共和国民法典婚姻家庭继承编理解与适用》,人民法院出版社 2020 年版,第 166 页。

债权人以充分保护而作的规定。① 因为当时“多数妇女经济尚未独立，一般情形下，妻子的经济地位弱于丈夫。如果离婚时女方的经济条件优于男方，也可以要求女方比男方多负担些共同生活时所生的债务”。②

1980年《婚姻法》在继续维持1950年《婚姻法》基本立场的基础上，对夫妻共同债务规则作了进一步完善。该法第32条规定：“离婚时，原为夫妻共同生活所负的债务，以共同财产偿还。如该项财产不足清偿时，由双方协议清偿；协议不成时，由人民法院判决。男女一方单独所负债务，由本人偿还。”显然，对于夫妻共同债务，1980年《婚姻法》修改了之前婚后所得财产不足以清偿夫妻债务时强化男方责任的立场，采取了围绕当事人意思自治并在当事人不能达成协议的情况下由法官在个案中依据具体情况自由裁量的立场，有利于婚姻关系中男女双方利益的平等保护。③

随着市场经济的发展，传统婚姻家庭生活方式也遭遇越来越多的挑战，婚姻家庭观念也在不断变化更新。但是，与这种变化了的社会背景不完全相同的是，2001年修正的《婚姻法》在夫妻共同债务问题上依然坚守1980年《婚姻法》第32条的立场。④ 2001年《婚姻法》第41条维持了之前法律实践的基本立场，⑤既未解决夫妻共同债务清偿的前提问题，即何谓“原为夫妻共同生活所负的债务”，亦未明确清偿的核心内涵，即何谓“共同偿还”。可以说，尽管夫妻债务的归属问题和夫妻财产的归属问题同样重要，但在债务归属法律规则构造上却呈现理解与适用上的混乱，亟须进一步予以澄清。⑥

（二）夫妻共同债务的司法实践

1980年《婚姻法》第32条确定的夫妻共同债务清偿规则适用于“为夫妻共同生活所负的债务”，对该概念的理解，我国学理与司法实务中存在较大分歧。基于此，1988年最高人民法院发布的《关于贯彻执行〈中华人民共和国民法通则〉若干问题的意见（试行）》（以下简称《民通意见》）对1980年《婚姻法》第32条的债务范围作

---

① 参见薛宁兰：《中国民法典夫妻债务制度研究——基于财产权平等保护的讨论》，载《妇女研究论丛》2018年第3期。

② 陈绍禹：《〈关于中华人民共和国婚姻法起草经过和起草理由的报告〉1950年4月14日》，载中国人民大学法律系民法教研室、资料室编：《中华人民共和国婚姻法资料选编》（一），未刊稿，1982年，第59页。

③ 参见蒋月：《20世纪婚姻家庭法：从传统到现代化》，中国社会科学出版社2015年版，第337页。

④ 参见巫昌祯、夏吟兰主编：《婚姻家庭法学》，中国政法大学出版社2016年版，第259页。

⑤ 参见《婚姻法》（2001年修正）第41条：离婚时，原为夫妻共同生活所负的债务，应当共同偿还。共同财产不足清偿的，或财产归各自所有的，由双方协议清偿；协议不成时，由人民法院判决。

⑥ 参见夏吟兰：《婚姻家庭编的创新和发展》，载《中国法学》2020年第4期；贺剑：《论婚姻法回归民法的基本思路　以法定夫妻财产制为重点》，载《中外法学》2014年第6期。

了解释。《民通意见》第43条规定:“在夫妻关系存续期间,一方从事个体经营或者承包经营的,其收入为夫妻共有财产,债务亦应以夫妻共有财产清偿。”这实质上扩展了1980年《婚姻法》第32条“为夫妻共同生活所负的债务”的范围,有利于对夫妻关系之外的债权人利益的保护。①

鉴于2001年《婚姻法》第41条规定的夫妻债务规则过于简单且在实践中不利于对“假离婚、真逃债”等侵害婚姻关系外第三人利益之现象的调整,②最高人民法院在2003年发布了《关于适用〈中华人民共和国婚姻法〉若干问题的解释(二)》(以下简称《婚姻法司法解释二》)。该解释第24条规定:“债权人就婚姻关系存续期间夫妻一方以个人名义所负债务主张权利的,应当按夫妻共同债务处理。但夫妻一方能够证明债权人与债务人明确约定为个人债务,或者能够证明属于婚姻法第十九条第三款规定情形的除外。”显而易见,《婚姻法司法解释二》第24条强化了对债权人利益的保护,同时也产生了将现实生活中绝大多数债务认定为夫妻共同债务的实际效果,导致了对婚姻关系中一方配偶的利益保护极为不利的结果,引发了社会的普遍质疑与反对。③

为解决《婚姻法司法解释二》第24条存在的问题,最高人民法院于2018年发布了《关于审理涉及夫妻债务纠纷案件适用法律有关问题的解释》(以下简称《审理夫妻债务纠纷案件司法解释》)。该解释的核心内容有3条:第1条规定,“夫妻双方共同签字或者夫妻一方事后追认等共同意思表示所负的债务,应当认定为夫妻共同债务”;第2条规定,“夫妻一方在婚姻关系存续期间以个人名义为家庭日常生活需要所负的债务,债权人以属于夫妻共同债务为由主张权利的,人民法院应予支持”;第3条规定,“夫妻一方在婚姻关系存续期间以个人名义超出家庭日常生活需要所负的债务,债权人以属于夫妻共同债务为由主张权利的,人民法院不予支持,但债权人能够证明该债务用于夫妻共同生活、共同生产经营或者基于夫妻双方共同意思表示的除外”。相较于《婚姻法司法解释二》第24条强调的对债权人利益的保护,《审理夫妻债务纠纷案件司法解释》更注重对夫妻关系内部当事人合法利益

---

① 参见薛宁兰:《中国民法典夫妻债务制度研究——基于财产权平等保护的讨论》,载《妇女研究论丛》2018年第3期。

② 参见杨晓蓉、吴艳:《夫妻共同债务的认定标准和责任范围——以夫妻一方经营性负债为研究重点》,载《法律适用》2015年第9期。

③ 参见冉克平:《夫妻团体债务的认定及清偿》,载《中国法学》2017年第5期;李洪祥:《我国夫妻共同债务构成依据的反思》,载《江汉论坛》2018年第7期;夏江皓:《夫妻共同债务认定规则之探究——以女性主义法学为视角反思〈婚姻法解释(二)〉第24条》,载《甘肃政法学院学报》2017年第6期;陈川、田桔光:《夫妻共同债务在审判实践中应如何认定》,载《法律适用》2012年第9期。

与夫妻关系外部债权人合法利益的平衡保护。具体而言，《审理夫妻债务纠纷案件司法解释》首先在第1条确立了“共债共签”规则，令夫妻债务问题回归民法基本原理，表明婚姻关系事实上已经实现了由历史上夫妻一体的团体主义到夫妻各自平等独立但彼此协作的个人主义的发展过程，体现了对个人的基本尊重。[①]《审理夫妻债务纠纷案件司法解释》在第2条规定了“为家庭日常生活需要所负的债务”的推定规则，这意味着因家庭日常生活需要所负的债务亦可推定为取得了婚姻关系中另一方的同意。[②]《审理夫妻债务纠纷案件司法解释》第3条是对夫妻共同债务的法律推定，规定了共债共签和为满足家庭日常生活需要所生的夫妻共同债务的补充情形及相应的举证责任，使夫妻共同债务的认定规则更加丰富，整体上与该解释第1条的共债共签规则以及第2条的家庭日常生活需要规则共同体现从源头控制纠纷，平衡保护债权人和未举债夫妻一方的利益的目的。[③]

整体而言，《审理夫妻债务纠纷案件司法解释》确立的夫妻共同债务认定标准吸取了之前法律实践的经验教训，较充分地回应了整个社会长久以来的重大关切，符合普通民众的一般价值情感及社会生活的现实需要，对于实现稳定的社会秩序有积极的作用。[④] 事实上，这也是《审理夫妻债务纠纷案件司法解释》所确立的夫妻共同债务认定规则基本被《民法典》全盘吸纳的正当性基础。[⑤]

二、夫妻共同债务规则的基本构造

在民法典编纂过程中，对于如何具体规定夫妻共同债务规则，法典草案起草者的立场也一度发生变化。这种立场集中反映在民法典草案相应具体规则的不同构造上。

（一）民法典草案的立场变化

2018年3月15日全国人民代表大会常务委员会法制工作委员会发布的《中华

---

① 参见叶名怡：《“共债共签”原则应写入〈民法典〉》，载《东方法学》2019年第1期；程新文、刘敏、方芳、沈丹丹：《〈关于审理涉及夫妻债务纠纷案件适用法律有关问题的解释〉的理解与适用》，载《人民司法（应用）》2018年第4期。

② 参见李洪祥：《论日常家事代理权视角下的夫妻共同债务构成》，载《当代法学》2020年第5期。

③ 参见程新文、刘敏、方芳、沈丹丹：《〈关于审理涉及夫妻债务纠纷案件适用法律有关问题的解释〉的理解与适用》，载《人民司法（应用）》2018年第4期。

④ 参见彭诚信：《论民法典中的道德思维与法律思维》，载《东方法学》2020年第4期；龙翼飞：《民法典婚姻家庭编的制度创新与适用》，载《人民检察》2020年第21期。

⑤ 参见黄薇主编：《中华人民共和国民法典婚姻家庭编解读》，中国法制出版社2020年版，第115页；最高人民法院民法典贯彻实施工作领导小组主编：《中华人民共和国民法典婚姻家庭编继承编理解与适用》，人民法院出版社2020年版，第166页；汪家元：《我国民法典夫妻共同债务规则评析》，载《东方法学》2020年第5期。

人民共和国民法典各分编(草案征求意见稿)》[以下简称《民法典(征求意见稿)》]关于夫妻共同债务的规定较为粗疏。其"婚姻家庭编"的第20条规定:"夫妻一方因家庭日常生活需要而实施的民事法律行为,对夫妻双方发生效力,但夫妻一方与相对人另有约定的除外。夫妻之间对一方可以实施的民事法律行为范围的限制,不得对抗善意相对人。"第34条规定:"男女双方可以约定婚姻关系存续期间所得的财产以及婚前财产归各自所有、共同所有或者部分各自所有、部分共同所有。约定应当采用书面形式。没有约定或者约定不明确的,适用本编第三十一条、第三十二条的规定。夫妻对婚姻关系存续期间所得的财产以及婚前财产的约定,对双方具有约束力。夫妻对婚姻关系存续期间所得的财产约定归各自所有的,夫或者妻一方对外所负的债务,第三人知道该约定的,以夫或者妻一方的个人财产清偿。"显然,《民法典(征求意见稿)》并未直接对夫妻共同债务问题作出规定,因为其第20条解决的是日常家事代理权的问题,因日常家事代理权的行使产生的对外债务可以推定为夫妻共同债务;而第34条解决的是夫妻约定财产制的问题,其中第3款涉及个人债务的清偿问题以及第三人知道夫妻内部约定情况下的债务清偿问题,其他的则未予规定。①

对于《民法典(征求意见稿)》的这些规定,学理上普遍认为,其过于简略,难以回应社会生活的实际需要,因此应当在民法典中专设条款以明确规定夫妻共同债务、夫妻个人债务的界定标准,为司法实务提供明确的依据和指引。② 具体而言,在规定夫妻共同债务和夫妻个人债务时,应系统梳理现行司法解释中的既有经验教训,包括《婚姻法司法解释二》第23~26条,最高人民法院《关于适用〈中华人民共和国婚姻法〉若干问题的解释(三)》(以下简称《婚姻法司法解释三》)第10条以及《审理夫妻债务纠纷案件司法解释》的相关规定。对于既有的法律实践,尤其是《婚姻法司法解释二》第24条确定的婚姻关系存续期间个人所欠债务均推定为夫妻共同债务的推定规则,学理上普遍认为,其系从保护交易安全出发,主要目的是防止夫妻通谋欺骗债权人以强化对债权人利益的保护,而这一做法事实上却可能导致非举债一方配偶的合法权益受到损害。③ 基于这种教训,学理上有观点认为,《民法典》"婚姻家庭编"关于夫妻债务的推定规则应坚持目的推定与合意推定相结合的

---

① 参见何勤华、李秀清、陈颐编:《新中国民法典草案总览(增订本)》(续编),北京大学出版社2020年版,第194~196页。

② 参见叶名怡:《"共债共签"原则应写入〈民法典〉》,载《东方法学》2019年第1期。

③ 参见曲超彦、裴桦:《论我国夫妻债务推定规则》,载《求是学刊》2017年第3期;胡苷用:《夫妻共同债务的界定及其推定规则》,载《重庆社会科学》2010年第2期。

原则，并且对于夫妻共同债务的认定应加强举债一方的举证责任，举债方应证明其所借债务用于夫妻共同生活、经营或基于夫妻合意，否则应为夫妻个人债务。①

《民法典各分编（草案）》（一次审议稿）［以下简称《民法典（一审稿）》］完全维持了《民法典（征求意见稿）》对于夫妻共同债务的规定。② 对于前述学理上的批评与修改建议，《民法典（一审稿）》完全未予关注，受到了学理上的广泛批评。③《民法典婚姻家庭编（草案）》（二次审议稿）［以下简称《民法典（二审稿）》］则在全面吸收《审理夫妻债务纠纷案件司法解释》规定的基础上更新了夫妻共同债务认定规则。其第840条之一规定："夫妻双方共同签字或者夫妻一方事后追认等共同意思表示所负的债务，以及夫妻一方在婚姻关系存续期间以个人名义为家庭日常生活需要所负的债务，属于夫妻共同债务。夫妻一方在婚姻关系存续期间以个人名义超出家庭日常生活需要所负的债务，不属于夫妻共同债务，但是债权人能够证明该债务用于夫妻共同生活、共同生产经营或者基于夫妻双方共同意思表示的除外。"④显然，《民法典（二审稿）》新增的第840条之一完整吸取了《审理夫妻债务纠纷案件司法解释》的合理做法，明确了共债共签等夫妻共同债务认定规则，值得肯定。⑤2019年10月31日公布的《民法典婚姻家庭编（草案）》（三次审议稿）［以下简称《民法典（三审稿）》］、2019年12月28日公布的《中华人民共和国民法典（草案）》［以下简称《民法典（合审稿）》］及2020年5月22日提交全国人民代表大会讨论的《中华人民共和国民法典（草案）》［以下简称《民法典（送审稿）》］都维持了《民法典（二审稿）》的立场。最终表决通过的《民法典》维持了《民法典（二审稿）》以来为各审议稿所坚持的夫妻共同债务清偿规则，由此形成了《民法典》关于夫妻共同债务清偿的规则体系。

---

① 参见《地方人大、中央有关部门和单位以及有关方面对民法典各分编草案（征求意见稿）婚姻家庭编的意见》，载《民法典立法背景与观点全集》编写组编：《民法典立法背景与观点全集》，法律出版社2020年版。

② 参见何勤华、李秀清、陈颐编：《新中国民法典草案总览（增订本）》（续编），北京大学出版社2020年版，第296、299页。

③ 参见叶名怡：《"共债共签"原则应写入〈民法典〉》，载《东方法学》2019年第1期；季红明：《论夫妻共同财产制体系中的管理权模式及其对债务形态的影响——以〈中华人民共和国民法典〉（草案）的完善为中心》，载《上海政法学院学报（法治论丛）》2020年第1期；《地方人大、中央有关部门和单位以及有关方面对民法典各分编（草案）婚姻家庭编的意见》，载《民法典立法背景与观点全集》编写组编：《民法典立法背景与观点全集》，法律出版社2020年版。

④ 何勤华、李秀清、陈颐编：《新中国民法典草案总览（增订本）》（续编），北京大学出版社2020年版，第408～409、411页。

⑤ 参见《部分单位对〈民法典婚姻家庭编（草案）〉的意见》，载《民法典立法背景与观点全集》编写组编：《民法典立法背景与观点全集》，法律出版社2020年版。

(二)《民法典》围绕"共债共签"建构夫妻共同债务规则

事实上,《民法典》中直接涉及夫妻共同债务的共有四个条款,具体包括第 1060 条的家事代理权规则、第 1064 条的夫妻共同债务认定规则、第 1065 条第 3 款规定的夫妻财产约定制下的债务清偿规则以及第 1089 条的离婚时夫妻共同债务的清偿规则。依据这四个条款彼此之间的规范关系,可以将《民法典》确立的夫妻共同债务规则的内部构造解构如下。

1. 夫妻共同债务认定规则

何谓夫妻共同债务?《民法典》"婚姻家庭编"在总结既有法律实践经验及教训的基础上,特别肯定了《审理夫妻债务纠纷案件司法解释》的合理做法,将夫妻共同债务的认定与"共债共签"规则结合起来。① 依据《民法典》第 1064 条第 1 款的规定,夫妻共同债务的形成途径主要有二:一是夫妻双方以明确的共同意思表示所负的债务,具体包括夫妻双方共同签字及夫妻一方事后追认;二是夫妻一方在婚姻关系存续期间以个人名义为家庭日常生活需要所负的债务,此种方式形成的债务涉及《民法典》第 1060 条第 1 款中的规定,即"夫妻一方因家庭日常生活需要而实施的民事法律行为,对夫妻双方发生效力"。由此可以看出,《民法典》"婚姻家庭编"实质上承认了夫妻间的家事代理权。② 关于夫妻间的家事代理权,大陆法系国家通常认为,夫妻于日常家事处理方面互为代理人,有相互代理对方的权利,其法律后果是夫妻一方代表家庭所为的行为及因此产生的效果由夫妻双方承受。③ 英美法国家的法律实践则认为,夫妻之间的家事代理是因同居关系而构成的代理,其实际上是一种源于事实的推定,而这与大陆法系国家家事方面的代理是一致的。④ 也就是说,《民法典》第 1060 条第 1 款新增的夫妻间的家事代理权与比较法上的普遍经验相吻合,因此形成的共同债务认定规则是"共债共签"规则的一种补充,符合夫妻共同生活的理念。⑤

---

① 参见夏吟兰:《婚姻家庭编的创新和发展》,载《中国法学》2020 年第 4 期。

② 参见黄薇主编:《中华人民共和国民法典婚姻家庭编解读》,中国法制出版社 2020 年版;夏吟兰:《婚姻家庭编的创新和发展》,载《中国法学》2020 年第 4 期;冉克平:《夫妻财产制度的双重结构及其体系化释论》,载《中国法学》2020 年第 6 期。

③ 参见曾祥生:《日常家事代理制度研究》,载《江西社会科学》2020 年第 11 期;王战涛:《日常家事代理之批判》,载《法学家》2019 年第 3 期;[德]迪特尔·施瓦布:《德国家庭法》,王葆莳译,法律出版社 2010 年版,第 87 页。

④ 参见吴至诚:《夫妻债务的英美法系功能比较研究——以不采行夫妻共同财产制的模式为中心》,载《华东政法大学学报》2021 年第 1 期。

⑤ 参见李洪祥:《〈民法典〉夫妻共同债务构成法理基础论》,载《政法论丛》2021 年第 1 期。

2. 夫妻债务清偿规则

《民法典》第1089条和第1065条第3款分别规定了夫妻共同债务和个人债务的清偿规则。其中,《民法典》第1089条规定的夫妻共同债务清偿规则适用时应关注的要点有四:一是离婚,《民法典》第1089条以夫妻离婚为适用前提,而婚姻关系存续期间的共同债务清偿,不适用该条规定。二是夫妻共同债务,《民法典》第1089条规定的清偿对象为夫妻共同债务,夫妻个人债务及家庭债务不在本条的调整范围内。三是共同偿还,《民法典》第1089条规定夫妻共同债务由夫妻共同偿还,但对"共同"的内涵,该条未予明确,究竟应如何理解该条规定的"共同",学理与实务中存在不同见解。四是共同偿还纠纷的解决途径,《民法典》第1089条对共同债务偿还纠纷的解决提供了两条途径,其一,双方协议清偿;其二,在协议不成的情形下由法院判决。

相应地,对于夫妻个人债务的清偿而言,《民法典》第1065条第3款规定关注的重点是:第一,夫妻之间存在有效的财产约定协议。第二,夫妻财产约定协议的核心是关于婚姻存续期间所得财产的归属。夫妻可以约定婚姻关系存续期间所得的财产以及婚前财产归共同所有、各自所有或部分共同所有、部分各自所有。该款只适用于夫妻约定婚姻关系存续期间所得的财产归各自所有的情形,其他情形不在该款的调整范围内。第三,相对人知道夫妻约定婚姻关系存续期间所得的财产归夫妻各自所有,对于相对人不知道夫妻约定财产归各自所有的,不得适用该款。第四,夫妻对外发生的债务是夫或妻一方所负,并非夫妻共同所负。显然,夫妻个人债务的清偿规则排除了相对人亦即债权人不知道夫妻约定财产归各自所有时个人债务的清偿问题。对于该部分债务,是否当然适用夫妻共同债务的清偿规则,尚需进一步讨论,因为《民法典》第1065条第3款以离婚为前提,在婚姻存续期间是否可以适用该款解决相应纠纷,并不确定。

3. 夫妻债务认定与清偿中的利益平衡保护规则

夫妻共同债务清偿的关键在于,如何妥善处理夫妻关系内部的合法利益与夫妻关系外部第三人合法利益之间的平衡问题。从《民法典》之前的法律实践经验来看,过于强调对夫妻关系内部利益的保护可能构成对夫妻关系外部第三人利益的侵害;反之,过于强调对婚姻关系外部第三人利益的保护则会构成对夫妻关系内部利益的潜在威胁与侵害,无益于婚姻和以婚姻为基础的社会共同体的和谐。[①] 基于此,《民法典》在夫妻共同债务清偿规则的具体设计上强调对于两种冲突利益的平

---

① 参见夏吟兰:《婚姻家庭编的创新和发展》,载《中国法学》2020年第4期。

衡保护,其主要表现为以下两个方面。

一是家事代理规则中的利益平衡机制。《民法典》第 1060 条第 1 款一方面规定,夫妻一方因家庭日常生活需要而实施的民事法律行为对夫妻双方发生效力;另一方面也承认,若夫妻一方因家庭日常生活需要而实施民事法律行为时与相对人另有约定,则相应的法律行为不对夫妻的另一方发生效力。也就是说,若夫妻一方与第三人之间发生的法律行为有特别约定,则该约定会导致相应法律行为的效力不对夫妻另一方发生效力。另外,为保护善意第三人,《民法典》第 1060 条第 2 款明确规定,夫妻之间对一方可以实施的民事法律行为范围的限制,不得对抗善意相对人。显然,《民法典》第 1060 条规定的家事代理规则中的利益保护机制是为了在冲突的夫妻关系内部和外部第三人之间寻得一种平衡;这种平衡既考虑到了家庭日常生活需要的事实,亦考虑到了私人意思自治与交易安全保护的问题①,值得肯定。

二是夫妻债务范围认定规则中的利益平衡机制。《民法典》第 1064 条和第 1065 条分别确立了夫妻共同债务范围和个人债务范围的认定规则。其中,《民法典》第 1064 条的利益平衡机制在于将夫妻共同债务的认定与当事人可以被他人知晓的意思联系了起来。对于夫妻关系内部的利益保护而言,这种可以被外部第三人知晓的意思表示既可以通过明示的方式表达出来,亦可以通过夫妻家庭日常生活的事实而被推知出来,亦即夫妻共同债务的发生必须是基于作为独立个体的自然人独立、真实的意思而生,对此的法理基础则在于每个人都是自己最大利益的最佳判断者。② 对于外部第三人而言,当不存在这种可以为其知晓的意思表示时,需要该第三人证明相应的债务事实上用于夫妻共同生活、共同生产经营或者基于夫妻双方共同意思表示,否则该债务属于夫妻一方的个人债务而非共同债务。《民法典》第 1065 条第 3 款的平衡机制在于,夫妻关系内部约定影响外部关系中债权人合法利益实现事项的内容,即只有在该债权人知悉夫妻内部约定的情况下才会对其产生约束力,否则不得当然对该不知情的债权人产生约束力。也就是说,即使存在《民法典》第 1065 条规定的夫妻个人财产约定协议,若该协议并未为处于外部关系的第三人知晓,那么此时夫妻一方与第三人之间发生的债务关系,依然可以依据《民法典》第 1064 条确定的规则来确定夫妻共同债务的范围,由此保证外部关系中第三人利益的实现。

---

① 参见贺剑:《〈民法典〉第 1060 条(日常家事代理)评注》,载《南京大学学报(哲学·人文科学·社会科学)》2021 年第 4 期。

② 参见李洪祥:《〈民法典〉夫妻共同债务构成法理基础论》,载《政法论丛》2021 年第 1 期。

整体而言,《民法典》"婚姻家庭编"注意到了既有法律实践存在的主要问题,并在总结司法实践经验的基础上对夫妻共同债务规则作了完善,较妥善地处理了夫妻共同债务清偿中的利益冲突问题,满足了现实生活对于民法典编纂提出的要求,与立法者编纂民法典的初衷相一致,即"编纂民法典不是制定全新的民事法律,而是对现行的民事法律规范进行科学整理;也不是简单的法律汇编,而是对已经不适应现实情况的规定进行修改完善,对经济社会生活中出现的新情况、新问题作出针对性的新规定"。①

(三)夫妻共同债务的基本类型

夫妻债务的清偿规则与夫妻债务的具体类型直接相关,对于夫妻共同债务的清偿而言,亦需在厘清夫妻债务具体类型的基础上进一步展开讨论。学理上认为,在现行民事法律体系中,依据用于清偿债务的财产的性质及范围,可以将夫妻债务区分为夫妻个人债务、夫妻连带债务和夫妻共同债务。② 其中,夫妻个人债务是以夫妻个人财产、夫妻共有财产中的个人份额以及家庭共有财产中的个人份额为责任财产的债务。夫妻连带债务是夫妻对外以个人财产和共同财产承担责任的债务,其基础在于多数人之债;债权人既可向夫妻中任意一方主张承担全部责任,也可向夫妻双方主张承担全部责任,夫妻任何一方的清偿对外都产生夫妻共同清偿效果,承担责任的夫妻一方在内部可以依其应当承担的份额对不属于其承担范围的债务向另一方追偿。夫妻共同债务则以夫妻法定共同财产制为基础,当夫妻一方对外以个人名义参与民事活动并产生债务,并且该项债务是基于满足夫妻共同生活或共同生产经营等家庭利益的需要而生的,那么该项债务即为夫妻共同债务,应以夫妻一方的个人财产和全部夫妻共同财产为责任财产而进行清偿。③ 以用于清偿债务的财产性质及范围为标准区分夫妻债务的类型,并在此基础上确定相应的清偿规则,反映了债务清偿与责任财产之间的关系,有助于相对清晰地划定债务清偿外部的债权人和债务人的关系,也有助于明确债务清偿内部的夫妻之间的权利义务关系。

《民法典》确立的夫妻债务规则合理吸取了之前法律实践的经验教训,在区分

---

① 李建国:《关于〈中华人民共和国民法总则(草案)〉的说明(2017 年 3 月 8 日在第十二届全国人民代表大会第五次会议上)》,载《民法总则立法背景与观点全集》编写组编:《民法总则立法背景与观点全集》,法律出版社 2017 年版,第 3 页。

② 参见朱虎:《夫妻债务的具体类型和责任承担》,载《法学评论》2019 年第 5 期。

③ 参见汪洋:《夫妻债务的基本类型、责任基础与责任财产——最高人民法院〈夫妻债务解释〉实体法评析》,载《当代法学》2019 年第 3 期。

夫妻个人债务和夫妻共同债务的基础上对夫妻共同债务作了界定,试图实现对婚姻家庭和债权人的平衡保护,整体上值得肯定。但从《民法典》第 1064 条对夫妻共同债务概念的使用情况来看,立法者并未对夫妻个人债务之外的其他债务进一步作出精细化区分,而是将学理上的夫妻连带债务和夫妻共同债务共同置于夫妻共同债务概念之下,其中《民法典》第 1064 条第 1 款规定的夫妻共同债务与学理上的夫妻连带债务相当,而《民法典》第 1064 条第 2 款规定的夫妻共同债务则与学理上的狭义夫妻共同债务相当。《民法典》第 1064 条未接受学理建议,而用夫妻共同债务概念统称学理上的夫妻共同债务和夫妻连带债务的做法,不合理地扩大了夫妻法定共同财产制的作用空间,使多数人之债的基本法理在夫妻债务规则的构造中难以充分发挥作用,并且与立法者平衡保护债权人和婚姻家庭的基本宗旨不完全吻合。对此,可以在解释论上通过体系解释把夫妻分别财产制、共同财产制与《民法典》第 1064 条结合起来,从而将《民法典》第 1064 条第 1 款规定的夫妻共同债务理解为双方负债型共同债务,其或者源于夫妻双方的意思自治,或者源于婚姻家庭生活的法律属性,即前者为负债合意类共同债务,后者为家事代理类共同债务,这两类债务可以适用于夫妻财产制的任意类型,因此为夫妻共同债务的一般形式;同时,将《民法典》第 1064 条第 2 款规定的夫妻共同债务理解为一方负债型共同债务,其以夫妻共同财产的存在为前提,若债权人知晓债务人夫妻双方约定了夫妻分别财产制,那么只能请求债务人一方以其个人财产承担清偿责任,因此此种共同债务仅是夫妻共同财产制下的特别共同债务形式。[①] 这种解释方法一方面吸收了学理上区分夫妻共同债务法理基础的观点而对《民法典》第 1064 条第 1 款与第 2 款的理解作了妥当说明;另一方面又未违反该条文义而对该条第 1 款与第 2 款所统一使用的夫妻共同债务概念作了体系上的区分处理,在理解《民法典》第 1064 条时更具合理性。

三、双方负债型共同债务的认定规则

《民法典》第 1064 条第 1 款和第 2 款采取了统一的夫妻共同债务概念而没有区分夫妻连带债务和夫妻共同债务概念,导致现行法中的夫妻共同债务概念实际上涵盖了夫妻连带债务和狭义的夫妻共同债务两种类型。在立法者未对此种立场

---

① 参见李贝:《〈民法典〉夫妻债务认定规则中的"合意型共债"——兼论〈民法典〉第 1064 条的体系解读》,载《交大法学》2021 年第 1 期。司法实践中也有法院在裁判文书中对夫妻共同债务的类型予以了明确,相关判决参见日照联汇建材有限公司、王某花等买卖合同纠纷案,山东省高级人民法院(2022)鲁民申 701 号民事裁定书。

予以明确改变之前,在解释论上可以采取前文中的观点而将《民法典》第1064条第1款的夫妻共同债务解释为一般夫妻共同债务,将《民法典》第1064条第2款的夫妻共同债务解释为特别夫妻共同债务。依据《民法典》第1064条第1款的规定,一般夫妻共同债务主要表现为两种形式:一种是合意型共同债务;另一种是满足家庭日常生活需要型共同债务。另外,《民法典》第1064条第2款规定的夫妻一方以个人名义所负债务如果被证明是基于夫妻共同意思表示所生的情形,则本身并无独立意义,亦应将之纳入该条第1款规定的合意型共同债务中来理解。①

(一)合意型共同债务

尽管学理上有观点认为,合意型共同债务容易引发债权人与夫妻之间不信任、夫妻关系不和谐以及威胁夫妻人格独立等道德危机,并且会使在经济上具有优势地位的债权人利用该优势促使债务人配偶共签,从而使保护夫妻独立人格的债务共签演变为一种空洞的形式保护。② 但是这种观点并未被《民法典》接受,《民法典》依然在吸收司法实践经验的基础上,于《民法典》第1064条第1款前半句明确规定了夫妻债务共债共签制度,即"夫妻双方共同签名或者夫妻一方事后追认等共同意思表示所负的债务"为夫妻共同债务。依据该句规定,构成夫妻共同意思表示的情形有两种:一是夫妻双方共同签字;二是夫妻一方事前签字,事后另外一方追认。③ 另外,由于该句采用"具体列举+概括规定"的方式,"等共同意思表示"又表明夫妻共同意思表示不限于《民法典》第1064条第1款明确列举的两种形式。同时,《民法典》第1064条第2款还规定,夫妻一方以个人名义所负债务如果被证明是基于夫妻共同意思表示所生,该项债务亦属于夫妻共同债务。这就表明,基于夫妻共同意思表示所生债务中的共同意思表示除《民法典》第1064条第1款明确列举的两种形式之外,尚包括其他表现形式。

对于夫妻双方共同签字的共同意思表示的认定,司法实践中并无分歧,其主要表现形式是夫妻双方在合同上共同签字作出意思表示。④ 对于夫妻一方事前签字另一方事后追认的,实践中主要表现为两种形式,一种是通过事后签字的明示方式

---

① 参见裴桦:《〈民法典〉夫妻债务条款的不足与应对》,载《交大法学》2021年第1期。

② 参见李贝:《〈民法典〉夫妻债务认定规则中的"合意型共债"——兼论〈民法典〉第1064条的体系解读》,载《交大法学》2021年第1期。

③ 参见姬某、孙某等民间借贷纠纷案,甘肃省高级人民法院(2021)甘民申3351号民事裁定书。

④ 参见牟某等与珠海金宝汇丰盈投资中心(有限合伙)股权转让纠纷案,北京市高级人民法院(2019)京民终1463号民事判决书。

进行追认,如在共同还款处签名、①承诺还款、②签署还款函;③另一种是通过行为追认,如事前签字人的配偶出具以房抵债合同、④归还本金或者利息等。⑤ 除夫妻双方共同签字及一方事前签字另一方事后追认这两种形式以外的其他共同意思表示,主要表现为债务人配偶作为担保人、⑥借款汇入的是债务人配偶的账户、⑦债务人通过其配偶的账户还款等。⑧ 对于非通过明示方式的夫妻共同意思表示认定,学理上认为,应在债权人和债务人配偶合法利益保护之间作出平衡考虑,既不能不当扩展夫妻共同意思表示的范围而不利于债务人配偶合法权益的保护,也不能不当限缩夫妻共同意思表示的范围而不利于债权人合法利益的保护。⑨ 此种观点值得赞同。在平衡保护债权人和债务人配偶合法权益的基本宗旨之下,对于《民法典》第 1064 条规定的共同意思表示的认定,应围绕"意思表示"和"共同"两个核心概念展开。

第一,对于"意思表示",《民法典》第 140 条规定了明示和默示两种形式。其中《民法典》第 1064 条第 1 款规定的夫妻双方共同签字的共同意思表示属于明示形式,这在学理与实务理解上并无太大分歧。另外,除了共同签字之外,其他凡是能直接表示夫妻双方意思的,皆可产生与双方共同签字形式相同的效果,如夫妻双方共同口头承诺、非举债方出具共有人承诺书⑩等。需要注意的是,某些商业担保交易中的举债方配偶应债权人要求以配偶或财产共有人名义签字,司法实践中对此种签字是否属于共同意思表示存在分歧:反对观点认为,以保证人配偶身份签字仅表明举债方配偶对其配偶的负债行为知情,但知情并不必然表明其对于负债有共

---

① 参见祁某梅、高某铭等追偿权纠纷案,河南省高级人民法院(2021)豫民申 9878 号民事裁定书。

② 参见甘肃永昌农村商业银行股份有限公司、李某等金融借款合同纠纷案,甘肃省高级人民法院(2021)甘民终 724 号民事判决书;何某芳、罗某元民间借贷纠纷案,四川省广元市中级人民法院(2020)川 08 民终 700 号民事判决书。

③ 参见曾某靖、蔡某侠、陕西省国际信托股份有限公司与庄某、余某凤营业信托纠纷案,陕西省高级人民法院(2019)陕民终 699 号民事判决书。

④ 参见徐某珍、蔡某发民间借贷纠纷案,河南省平顶山市中级人民法院(2020)豫 04 民终 1576 号民事判决书。

⑤ 参见王某胤、陈某等民间借贷纠纷案,辽宁省高级人民法院(2021)辽民申 5598 号民事裁定书;段某玲、王某平等民间借贷纠纷案,陕西省高级人民法院(2021)陕民申 4124 号民事裁定书;夏某书、常某民间借贷纠纷案,湖北省高级人民法院(2021)鄂民申 4860 号民事裁定书;何某清、翁某火合伙协议纠纷案,江西省高级人民法院(2019)赣民终 227 号民事判决书。

⑥ 参见胡某德、陈某萍民间借贷纠纷案,江西省高级人民法院(2019)赣民终 508 号民事判决书。

⑦ 参见朱某东与张某民间借贷纠纷案,北京市高级人民法院(2021)京民申 7535 号民事裁定书;王某、龚某臣民间借贷纠纷案,河南省平顶山市中级人民法院(2020)豫 04 民终 1383 号民事判决书。

⑧ 参见程某、赵某萍民间借贷纠纷案,云南省高级人民法院(2019)云民终 1373 号民事判决书。

⑨ 参见刘文勇:《〈民法典·婚姻家庭编〉夫妻共同债务的认定——兼论夫妻共同债务证明责任的分配》,载《妇女研究论丛》2021 年第 3 期。

⑩ 参见李某 1、祝某等金融借款合同纠纷案,甘肃省高级人民法院(2021)甘民申 3263 号民事裁定书。

同的意思表示并愿意承担责任，因此此处的签字并不属于共债共签的共同意思表示。[①] 肯定观点认为，以“共有人”身份在作为保证人的另一方配偶所订立的担保合同上签字的配偶，虽然不承担作为共同担保人的连带保证责任，但该签字属于对保证人所承担的保证债务的认可，产生共同意思表示的效果，相应的保证债务属于夫妻共同债务。[②] 对此，学理上有观点认为：一方面，在夫妻双方都作出意思表示时，考虑到夫妻关系的亲密性，二者存在更高的串通道德风险且其可能从相应的行为中获益，此时应优先保护债权人利益，在相应的意思表示不明确时推定夫妻双方存在共同意思表示并确定共同债务存在正当性基础；另一方面，在夫妻双方都作出意思表示时，因为债权人拥有更高的风险控制能力，此时完全可以要求夫妻双方作出更为明确的意思表示，若债权人未要求夫妻双方作出更明确的意思表示，考虑到对非举债方之利益的平衡保护，此时由债权人承担因夫妻双方意思表示不明确所致的“风险”亦存在正当性基础。[③] 此种观点应予肯定。也就是说，此种场合确定由谁承担因意思表示不明确所致的不利后果，在本质上是一种价值判断，对此应由法官在个案中结合具体案情予以综合判断。

对于默示形式，表意人的意思并非以直接而明确的方式表达出来的，而是通过行为等推知而来的，如债务人配偶清偿债务等。一般而言，单纯的沉默，除依据《民法典》第 140 条第 2 款而在法律规定、当事人约定或符合交易习惯时被视为意思表示外，并不产生意思表示的效果。例如，浙江省高级人民法院《关于妥善审理涉夫妻债务纠纷案件的通知》（浙高法〔2018〕89 号）第 1 条中规定：“共同做出口头承诺、共同做出某种行为等也是夫妻共同意思表示的表现形式。若有证据证明配偶一方对负债知晓且未提出异议的，如存在出具借条时在场、所借款项汇入配偶掌握的银行账户、归还借款本息等情形的，可以推定夫妻有共同举债的合意。”该规定中的“出具借条时在场”“所借款项汇入配偶掌握的银行账户”就属于单纯的沉默。这种将知情等同于同意的做法是否妥当，仍有进一步斟酌的空间。对此，学理上有观点认为，出于保护债务人配偶意思自治之必要，应排除单纯沉默并限缩默示推定的

① 参见上海浦东发展银行股份有限公司武汉分行、武汉钢铁集团鄂城钢铁有限责任公司金融借款合同纠纷案，湖北省高级人民法院（2018）鄂民终 1091 号民事判决书。

② 参见交通银行股份有限公司云南省分行与昆明祥龙纪元经贸有限公司、昆明安宁永昌物资经贸集团有限公司金融借款合同纠纷案，云南省高级人民法院（2018）云民初 70 号民事判决书；丁某、李某梅金融借款合同纠纷案，湖北省高级人民法院（2019）鄂民终 16 号民事判决书。

③ 参见王轶、包丁裕睿：《夫妻共同债务的认定与清偿规则实证研究》，载《华东政法大学学报》2021 年第 1 期。

范围。[①]

第二,对于“共同”,《民法典》第1064条第1款强调夫妻共同债务的成立以作为独立民事主体的夫妻双方在意思表示上的自主选择与合意为条件,借此彰显夫妻共同债务由夫妻共同财产与个人财产为责任财产进行清偿的正当性。因此,在对“共同”的认定上,应避免对于同意与知情的混淆。[②] 配偶中的非举债方单纯知道举债方的经济状况或举债事实,并不能构成对举债行为的同意,[③]不属于《民法典》第1064条第1款规定的共同意思表示。司法实践中有法院认为,当债权人与债务人有多笔借款而其中若干笔有债务人配偶签字时,即可依债务人与其配偶之间的夫妻关系而推定债务人配偶对其未签字的借款知情,并据此认定债务人与其配偶对这些未经债务人配偶签字的债务存在共同意思表示。[④] 这种观点显然将知情与同意不适当地等同起来,扩大了共同意思表示的范围,违反了合意型共同债务认定中平衡保护债务人配偶与债权人合法权益的立法宗旨,并不妥当。

整体来看,虽然合意型共同债务要求的共债共签规则在一定程度上会影响交易效率,但为了给予夫妻基于债权债务关系形成的知情权、同意权等以充分保护,适当地牺牲交易效率并无不妥。并且,此种情形下共债共签所导致的交易成本的增加事实上可以提升交易安全度,减少事后的复杂法律纠纷。[⑤] 因此,其从本质上看更符合效率原则,值得肯定。

(二)满足家庭日常生活需要型共同债务

尽管学理上对《民法典》应否承认家事代理权仍存在分歧,但是,对于基于家庭日常生活需要所负之债务,《民法典》第1064条第1款后半句明确将之规定为夫妻共同债务。该规定并不以夫妻家庭财产共同共有或婚后所得财产共同制为基础,也不以夫妻享有平等财产处理权为依据,而是出于家庭共同生活的本质,要求在婚姻关系建立时能够将双方彼此在家庭日常生活需要范围内所为行为的法律效果直接归于双方。在此意义上,《民法典》第1064条第1款后半句规定的满足家庭日常生活需要所负之债务的法理基础仍在于夫妻双方的个人意思自治而非夫妻财产所

---

① 参见刘征峰:《共同意思表示型夫妻共同债务的认定》,载《法学》2021年第11期。

② 参见李贝:《夫妻共同债务的立法困局与出路——以“新解释”为考察对象》,载《东方法学》2019年第1期。

③ 参见李贝:《〈民法典〉夫妻债务认定规则中的“合意型共债”——兼论〈民法典〉第1064条的体系解读》,载《交大法学》2021年第1期。

④ 参见胡某、罗某民间借贷纠纷案,贵州省高级人民法院(2018)黔民终1046号民事判决书。

⑤ 参见黄薇主编:《中华人民共和国民法典婚姻家庭编解读》,中国法制出版社2020年版,第116~117页。

有制，其属于对《民法典》第1064条第1款前半句合意型共同债务中的双方共同意思表示的补充，是对夫妻共同意思表示的一种推定，即将在满足家庭日常生活需要范围内所负的债务推定为夫妻共同的意思表示。[①] 因此，此时再要求非举债方对涉案借款的真实用途知情或认可实属多此一举。[②] 整体而言，《民法典》第1064条第1款后半句的做法肯定了夫妻在家庭共同生活中的个人意思自治理念，使个人自主意思从共同财产的束缚中摆脱出来，值得肯定。当然，由于“家庭日常生活需要”属于抽象概念，故其内涵外延是什么仍需界定。

在司法实践中，对于如何界定家庭日常生活需要存在不同做法，其中主要包括金额标准、用途标准和综合标准。金额标准认为，满足家庭日常生活需要所生之债务通常情形下数额较小，数额较大的范围不属于该范畴。[③] 该标准虽然与日常家事代理现实相吻合，但也存在问题，主要表现为两个方面：一是数额较大、较小并不确定，相应标准与各地经济发展水平、生活观念以及法官个人主观意见等因素密切相关，仍需要在个案中结合具体案情进行判断；二是若存在多笔金额较小的债务，则其在叠加之后仍可能构成巨额债务，以金额较小径直认定相应债务是为满足家庭日常生活所需仍存在风险。[④] 用途标准强调为家庭日常生活需要所负债务的目的：若该项债务用于夫妻双方及其共同生活的未成年子女在日常生活中必要开支，如通常的衣食住行、子女教育、老人赡养及医疗保健等，即使相应开支的数额较高，亦属于家庭日常生活需要的范畴。[⑤] 存在的问题是：一方面，由于对日常生活需要的理解不同，该标准在具体的适用中具有较大不确定性；另一方面，对于家庭生活有重要影响的交易，如将夫妻一方借款20万元用于购买家具、自住用房或车辆等物品

---

① 参见李洪祥：《论日常家事代理权视角下的夫妻共同债务构成》，载《当代法学》2020年第5期。

② 参见周某、周某秋等民间借贷纠纷案，湖北省高级人民法院（2021）鄂民申6705号民事裁定书。

③ 参见王某萍、王某园民间借贷纠纷案，福建省高级人民法院（2018）闽民终1529号民事判决书；闪某与张某莹、唐某策等民间借贷纠纷案，海南省高级人民法院（2019）琼民申107号民事裁定书。

④ 参见长春竭诚会务有限公司与邵某绪、马某民间借贷纠纷案，吉林省高级人民法院（2018）吉民再251号民事判决书；莫某东、何某华民间借贷纠纷案，广东省高级人民法院（2018）粤民申8787号民事裁定书。

⑤ 参见王某喜、支某玉离婚纠纷案，陕西省高级人民法院（2022）陕民申338号民事裁定书；周某、珠海华润银行股份有限公司中山分行金融借款合同纠纷案，广东省高级人民法院（2018）粤民申8681号民事裁定书；袁某媚与余某添、胡某艳民间借贷纠纷案，重庆市高级人民法院（2018）渝民终382号民事判决书；陈某铭、刘某民间借贷纠纷案，福建省高级人民法院（2018）闽民申3612号民事裁定书；长春竭诚会务有限公司与邵某绪、马某民间借贷纠纷案，吉林省高级人民法院（2018）吉民再251号民事判决书；赵某青与中国建设银行股份有限公司山西省分行、朱某宏金融借款合同纠纷案，山西省高级人民法院（2019）晋民申42号民事裁定书。

所生债务等都纳入家庭日常生活需要范畴,[1]并不能保障非举债方对重大交易事项的决策权。[2] 也就是说,即使用途标准内的衣食住行属于家庭日常生活需要,但将基于房产、机动车的购置所生的债务也纳入因满足家庭生活需要的范畴并不妥当。[3]

相较于金额标准和用途标准,综合标准更关注对涉案因素的总体把握。例如,浙江省高级人民法院《关于妥善审理涉夫妻债务纠纷案件的通知》规定,家庭日常生活需要应主要考察的因素包括"负债金额大小、家庭富裕程度、夫妻关系是否安宁、当地经济水平及交易习惯、借贷双方的熟识程度、借款名义、资金流向等因素"。以此为基础,该地方司法文件还具体规定:"以下情形,可作为各级法院认定'为家庭日常生活需要所负债务'的考量因素:(1)单笔举债或对同一债权人举债金额在20万元(含本数)以下的;(2)举债金额与举债时家庭收入状况、消费形态基本合理匹配的;(3)交易时债权人已尽谨慎注意义务,经审查举债人及其家庭支出需求、借款用途等,有充分理由相信债务确系为家庭日常生活需要所负的。以下情形,可作为各级法院认定'超出家庭日常生活需要所负债务'的考量因素:(1)单笔举债或对同一债权人举债金额在20万元以上的;(2)债务发生于夫妻分居、离婚诉讼等夫妻关系不安宁期间,债权人知道或应当知道的;(3)出借人明知借款人负债累累、信用不佳,或在前债未还情况下仍继续出借款项的;(4)借贷双方约定高额利息,与正常生活所需明显不符的。"从浙江省高级人民法院《关于妥善审理涉夫妻债务纠纷案件的通知》所规定的考量因素看,其放弃了单一的金额标准和用途标准,而是代之以开放的多元考量因素的综合考量标准。虽然这一标准可能导致案件审理结果的不确定性问题,但法官若将个案中影响相应法律效果评价的因素及相互作用的方式以可视的方式呈现出来,去除相应法律效果评价的神秘性,那么这种综合考量标准中所内含的利益权衡思想更有助于实现立法者通过《民法典》第1064条所表达的平衡保护债权人和夫妻非举债方利益的基本立场。因此,这种综合考量标准在司法实践中获得了多数法院的支持。例如,有法院在个案的裁判文书中明确表示:"夫妻一方举债超出日常生活需要的,应当区别夫妻另一方是否事先同意或事后追

---

① 参见山西省高级人民法院民事裁定书,(2019)晋民申42号;重庆市渝中区人民法院民事判决书,(2018)渝0103民初13514号;广东省高级人民法院民事裁定书,(2018)粤民申7104号;湖北省高级人民法院民事裁定书,(2019)鄂民申1272号。

② 参见冉克平:《论因"家庭日常生活需要"引起的夫妻共同债务》,载《江汉论坛》2018年第7期。

③ 参见王轶、包丁裕睿:《夫妻共同债务的认定与清偿规则实证研究》,载《华东政法大学学报》2021年第1期。

认,是否用于夫妻家庭生活其他特殊之需要,包括用于夫妻家庭购买大额物质资产、用于夫妻家庭共同经营活动或虽用于一方经营活动但经营收益归夫妻家庭共同所有的情形,是否给非举债夫妻一方增加其他利益等具体情况,并在兼顾债权人信赖利益保护,防范恶意逃避债务和虚假诉讼的基础上,综合确定是否为夫妻共同债务。其中,家庭日常生活的范围,应参考国家统计局对我国城镇居民家庭消费种类的分类,一般包括日常生活消费、日常精神消费、日常投资性消费以及为赡养老人、教育抚育子女的合理花费等,结合夫妻的家庭生活水准、借贷的目的等因素综合衡量。"①也有法院认为:债权人主张夫妻一方所负债务为夫妻共同债务的,应当结合案件的具体情况,结合当事人之间关系及其到庭情况、借贷金额、债权凭证、款项交付、当事人的经济能力、当地或者当事人之间的交易方式、交易习惯、当事人财产变动情况以及当事人陈述、证人证言等事实和因素,综合判断债务是否发生。②

依综合考量标准,对家庭日常生活需要的具体判断应从目的与手段两个方面展开:就目的方面而言,夫妻一方在因交易行为而负债时,必须具有维持家庭日常生活、养育未成年子女等方面的主观意图;就手段方面而言,为满足前述目的所采取的手段应具有适当性。从目的与手段出发考虑,对夫妻共同生活有重大影响的交易事项、交易金额巨大或者因奢侈品买卖而负债等通常不在家庭日常生活需要的范畴。③

四、一方负债型共同债务的认定规则

相较于《民法典》第 1064 条第 1 款规定的夫妻双方负债型共同债务,《民法典》第 1064 条第 2 款规定的是一方负债型共同债务,此种债务通常由夫妻一方对外以个人名义超出家庭日常生活需要而负担,因而只有债权人提供证据证明存在法律规定的特殊情形时才属于夫妻共同债务;如不能证明,则属于夫妻个人债务,由负债方以个人财产和夫妻共同财产中的个人份额向债权人清偿。④ 对此,学理上有观点认为,由于通常情形下家庭生活具有私密性,要求债权人证明相应的债务用于夫

---

① 王某、陈某等民间借贷纠纷案,新疆维吾尔自治区高级人民法院(2022)新民申 118 号民事裁定书。

② 参见段某玲、王某平等民间借贷纠纷案,陕西省高级人民法院(2021)陕民申 4124 号民事裁定书;高某晶、王某华民间借贷纠纷案,内蒙古自治区高级人民法院(2021)内民再 237 号民事裁定书;高某、王某等民间借贷纠纷案,内蒙古自治区高级人民法院(2021)内民再 235 号民事裁定书。

③ 参见冉克平:《论因"家庭日常生活需要"引起的夫妻共同债务》,载《江汉论坛》2018 年第 7 期。

④ 参见李某 1、祝某等金融借款合同纠纷案,甘肃省高级人民法院(2021)甘民申 3263 号民事裁定书;杨某超、郝某等民间借贷纠纷案,内蒙古自治区高级人民法院(2021)内民申 3957 号民事裁定书;赖某功与朱某鹏等民间借贷纠纷案,北京市高级人民法院(2021)京民申 4974 号民事裁定书。

妻共同生活未免苛刻。① 反对观点认为,债权人对债务的发生一般具有较强的控制能力,其通常情形下会通过共债共签等方式避免债务发生后的债务清偿风险;因此,从平衡保护债权人与夫妻非举债方利益的角度看,若债权人在债务发生时未对举债人配偶有特殊要求以防范嗣后可能发生的债务清偿风险,那么此时应由债权人承担此种风险导致的不利后果。②《民法典》第1064条第2款亦支持该反对观点。当然,为了实现对债权人和婚姻中非举债方利益的再平衡,③《民法典》第1064条第2款规定了对于夫妻一方以自己名义对外超出家庭日常生活需要所负的债务,若债权人可以证明该债务用于夫妻共同生活或者共同生产经营,则依然可以将其认定为夫妻共同债务。

(一)满足夫妻共同生活型共同债务

《民法典》第1064条第1款中规定的家庭日常生活需要亦属于满足夫妻共同生活的范畴,而《民法典》第1064条第2款规定的,则是家庭日常生活外的其他夫妻共同生活范畴。但对《民法典》第1064条第2款规定的"夫妻共同生活",司法实践中的认定标准并不一致,主要存在直接目的标准和共同利益标准两种。

依据直接目的标准,若举债方借款、购买商品或服务等所生的债务明确直接地用于夫妻共同生活,如借款双方在借款合同中明确约定举债方所借款项用于购买家庭生活用品、偿还银行借款以及未成年子女教育等开销,那么该债务即属于夫妻共同债务。④ 借款双方在合同中明确约定借款用于举债方个人需要时,若无相反证据证明,则该项债务通常不属于满足夫妻共同生活的范畴。⑤

共同利益标准则通过考察夫妻一方在负债期间的家庭收入及消费情况等,综合判断相应的债务是否属于为了夫妻或家庭共同利益而负担,如举债方的配偶没有工作且没有其他收入来源,家庭的大额生活开支以及未成年子女的生活等均由举债方负担,举债方配偶在此情形下通常会因举债人的借款而受益,因此举债人以自己名义超出家庭日常生活需要所负债务即应被纳入为满足夫妻共同生活而形成

---

① 参见李红玲:《论夫妻单方举债的定性规则——析〈婚姻法解释(二)〉第24条》,载《政治与法律》2010年第2期。

② 参见刘文勇:《〈民法典·婚姻家庭编〉夫妻共同债务的认定——兼论夫妻共同债务证明责任的分配》,载《妇女研究论丛》2021年第3期。

③ 参见冉克平:《论因"家庭日常生活需要"引起的夫妻共同债务》,载《江汉论坛》2018年第7期。

④ 参见邹某娟、王某政等委托合同纠纷案,辽宁省高级人民法院(2021)辽民申6078号民事裁定书;吴某华、由某香民间借贷纠纷案,黑龙江省高级人民法院(2018)黑民申2950号民事裁定书。

⑤ 参见齐某君、银鲲鹏集团有限公司民间借贷纠纷案,广东省高级人民法院(2017)粤民终118号民事判决书。

的夫妻共同债务范畴。[①] 另外,浙江省高级人民法院《关于妥善审理涉夫妻债务纠纷案件的通知》认为,相应债务只要是夫妻共同消费支配或用于形成夫妻共同财产的支出,都属于因夫妻共同生活所负的夫妻共同债务范畴。据此,举债方将借款直接转交第三人[②]或为成年子女还债而借债[③]等所形成的债务通常不属于"用于夫妻共同生活"所形成的夫妻共同债务。

相较而言,直接目的标准虽然明确直接,但共同利益标准能够综合考虑个案中的具体情形,并且与婚姻家庭生活的本质相符,即建立并维持婚姻家庭的核心目的在于围绕夫妻这一核心而形成休戚与共的利益共同体,从而借此作为沟通个人与社会的基本单位而彰显婚姻家庭独立存在的价值。事实上,共同利益标准亦可将直接目的标准包含进来,即直接目的标准在本质上亦体现为维护夫妻共同利益,若与共同利益相违背,亦不能认定相应债务属于为夫妻共同生活所负的夫妻共同债务。例如,举债方在借款合同中明确约定相应借款用于夫妻共同生活,但嗣后直接将该借款转给第三人,如果没有其他证据证明该借款是用于夫妻共同生活,则该项债务并不属于用于夫妻共同生活的共同债务范畴。[④] 在共同利益标准下,实践中形成了如下具体判断标准:第一,负债所获利益归属标准。若相应利益归属于夫妻共同财产等,则符合共同利益标准,反之则否。第二,负债期间家庭支出标准。如举债方负债后是否有用于家庭的大额消费等情形,若存在相应情形,则相应举债符合共同利益标准。第三,事实共同利益标准,即要求相应债务确实给夫妻制造了共同利益而非可能产生共同利益。这里对于"确实"的可能性判断,应结合债务发生的时间、数额、形成过程、资金流向、是否有要求非举债方签字的可能等因素综合判定,由此实际保护非举债方配偶的合法权益。[⑤] 整体而言,这三类具体判断标准实际上分别表达了对共同利益标准所涉及的可能性的不同要求:第一种表现为逻辑

---

① 参见马某、新疆嘉华亿家房地产经纪有限公司等民间借贷纠纷案,新疆维吾尔自治区高级人民法院(2022)新民申584号民事裁定书;华某与施某刚、徐某民间借贷纠纷案,江苏省南京市中级人民法院(2020)苏01民终2359号民事判决书;郝某顺、李某梅与张某平民间借贷纠纷案,山西省高级人民法院(2018)晋民终717号民事判决书。

② 参见张某伟与金某寿等民间借贷纠纷案,北京市高级人民法院(2019)京民申305号民事裁定书;胡某云、周某良民间借贷纠纷案,湖南省高级人民法院(2018)湘民再562号民事判决书。

③ 参见丁某艳、华仁世纪集团有限公司民间借贷纠纷案,山东省青岛市中级人民法院(2018)鲁02民终7203号民事判决书。

④ 参见刘某会与孙某栓及官某中民间借贷纠纷案,吉林省高级人民法院(2018)吉民再274号民事判决书;齐某君、银鲲鹏集团有限公司民间借贷纠纷案,广东省高级人民法院(2017)粤民终118号民事判决书。

⑤ 参见王轶、包丁裕睿:《夫妻共同债务的认定与清偿规则实证研究》,载《华东政法大学学报》2021年第1期。

上的可能性，这是在推定共同利益存在；第二种表现为经验上的可能性，体现了优势证据标准并强调了法官职权、心证在共同利益判断中的作用；第三种表现为事实上的可能性，是一种要求客观真实的证明标准。这三种具体判断标准分别体现了不同的保护侧重。[①] 由于《民法典》第 1064 条第 2 款的核心立法目的在于通过“共同生活”以及举证责任的分配等来实现对债权人和非举债方配偶的平衡保护，因此对共同生活背后夫妻共同利益的判断，应在个案中结合经验上的可能性和事实上的可能性进行整体判断：当存在事实上的可能性时，自然应依据事实可能性认定共同生活的存在；若不存在事实可能性，则应依据经验可能性判断。只有在这两者皆不能认定是否存在共同生活时，才应通过逻辑上的可能性来推定共同生活是否存在。

（二）满足夫妻共同生产经营型共同债务

我国学理与实务上通常认为，夫妻共同生产经营一般指由夫妻双方共同决定生产经营事项，或者虽由一方决定但另一方进行了授权的情形；夫妻共同生产经营所负的债务一般包括双方共同从事工商业、共同投资以及购买生产资料等所负的债务。[②] 在《民法典》出台之前，《审理夫妻债务纠纷案件司法解释》即明确规定了夫妻共同生产经营型共同债务。对于这一做法，学理上的反对观点认为，若忽略经营形式、债务的发生原因及经营者的过错等因素，而径直以经营者同时具备夫妻身份就将相应的债务统一归类为夫妻共同债务，即会产生违背商事组织运行基本规则的问题。另外，若基于债务发生原因对其进行分类认定，那么《审理夫妻债务纠纷案件司法解释》规定的因适用共同生产经营规则而被归入夫妻共同债务范畴的债务，部分经营者承担连带责任的原因并非夫妻身份，部分经营之债为企业债务而非自然人之债，部分债务因“举债合意”而属于夫妻共同债务，其他部分则因家庭受益而属于夫妻共同生活的规范调整范畴。[③] 该观点有其合理性，但《民法典》立法者并未接受，而是继续保留《审理夫妻债务纠纷案件司法解释》的做法，在《民法典》第 1064 条第 2 款明确规定了夫妻共同生产经营型共同债务。事实上，由于“共同生产经营”概念本身并不清晰，对于如何认定共同生产经营，司法实践中的判断标准并

---

① 参见王轶、包丁裕睿：《夫妻共同债务的认定与清偿规则实证研究》，载《华东政法大学学报》2021 年第 1 期。

② 学理观点参见王轶、包丁裕睿：《夫妻共同债务的认定与清偿规则实证研究》，载《华东政法大学学报》2021 年第 1 期。司法实务中的观点参见安徽省马鞍山市中级人民法院民事判决书，(2017) 皖 05 民终 576 号；《浙江省高级人民法院关于妥善审理涉夫妻债务纠纷案件的通知》第 4 条。

③ 参见陈凌云：《夫妻共同债务认定规则中的伪命题：共同生产经营》，载《当代法学》2020 年第 2 期。

不统一,主要存在如下标准。

第一种是将经营者身份与夫妻共同债务的认定结合起来。法院通常认为,配偶双方只要具备同一或关联企业的经营者身份如法定代表人、股东、监事、总经理等,那么举债方在婚姻关系存续期间以个人名义超出家庭日常生活需要所负的债务只要用于生产经营即可被纳入夫妻共同债务,无须考虑企业形式等其他因素。这种情形下,只要夫妻身份和企业经营者身份重合,无论这种重合是同为公司股东,还是曾实际参与过企业经营管理,[①]或者夫妻分别担任关联企业的实际负责人,[②]都不受公司有限责任的限制,具有夫妻身份的股东、法定代表人等之间当然成立夫妻共同债务,[③]对公司合法经营所负债务承担连带责任。[④]

第二种是将夫妻具有共同的经营者身份与夫妻合意结合起来以认定相应债务是否用于夫妻共同生产经营。法院通常会在关注夫妻双方经营者身份的基础上,通过共同经营者这一身份的存在来推定非举债方对举债方配偶负债行为的知情,推导出相应的债务用于夫妻共同生产经营并将之纳入夫妻共同债务范畴。[⑤]

第三种是将夫妻具有共同的经营者身份与经营的企业是否受益结合起来认定相应债务是否用于夫妻共同生产经营。在该标准之下,法院除关注经营者身份之外,还通过夫妻具有共同的经营者身份来推定举债方的负债行为使相应的经营组织受益,推导出相应的债务用于夫妻共同生产经营并将之纳入夫妻共同债务范畴。[⑥]

第四种是将夫妻共同参与企业经营作为认定相应债务是否属于夫妻共同生产经营的标准,进而判断经营型夫妻共同债务是否存在。共同参与标准具体包括两种情形,一种是夫妻双方共同投资,另一种是一方投资而另一方参与经营。其中,当存在经营实体时,只有在夫妻对经营实体的经营发展存在实质性影响时,才可以认定共同参与的存在;当经营实体不存在时,此时对共同参与的判断应当以夫妻一

---

① 参见刁某、袁某民间借贷纠纷案,最高人民法院(2018)最高法民申3893号民事裁定书;娄某、郭某祥民间借贷纠纷案,湖北省高级人民法院(2019)鄂民申1098号民事裁定书。

② 参见冯某、周某东民间借贷纠纷案,最高人民法院(2018)最高法民申3235号民事裁定书。

③ 参见高某江等与李某志民间借贷纠纷再审案,最高人民法院(2018)最高法民申5410号民事裁定书。

④ 参见彭某与毛某、师某荣、陕西鼎诚融资担保有限公司民间借贷纠纷案,陕西省高级人民法院(2018)陕民申2766号民事裁定书;范某志与刘某卫、王某阳等民间借贷纠纷案,甘肃省高级人民法院(2018)甘民终815号民事判决书。

⑤ 参见赵某德、闫某北居间合同纠纷案,四川省高级人民法院(2018)川民终1156号民事判决书。

⑥ 参见王某与陈某祥、赵某等民间借贷纠纷案,山东省高级人民法院(2016)鲁民终1171号民事判决书;邬某华等诉王某平民间借贷纠纷案,浙江省高级人民法院(2015)浙民申字第1987号民事裁定书。

方存在投资而另一方实际参与经营为主要考量因素。①

第五种是共同利益标准。该标准与满足夫妻共同生活型共同债务的共同利益标准一样,认为当举债方所负债务用于个人独资公司、合伙企业、个体工商户等经济组织的经营时,或者用于没有前述经营实体的投资经营时,若能确定非举债方"实际参与了合作的过程",②或者存在购买商业房产等具有投资性质的交易,③那么当然可以认定存在"共同生产经营"。但非举债方是否"实际参与"生产经营通常情形下属于家庭内部事务,他人往往难以证明。因此实践中,法院经常以"共同利益"为"共同生产经营"的替代标准,即通过考察举债方的经营是否使配偶受益来判断是否存在"共同生产经营"。④ 例如,举债方在借款后从事转贷行为,若是赚取差价的投资行为,那么法院会认定该行为构成共同生产经营,并将因此所生的债务纳入夫妻共同债务范畴。⑤ 若举债方在转借时并未赚取差价等利益,那么法院通常认为不存在为了"共同利益"的生产经营,⑥因此相应债务亦不应纳入夫妻共同债务范畴。

第六种是综合考量标准。前述无论是经营身份、经营合意、共同参与经营还是共同受益标准,都不能完全解决《民法典》第1064条第2款规定的共同生产经营的认定问题。事实上,对于该概念的理解,不应局限于某一或某些考量因素,而是应将其置于个案的具体情形中综合考量各种涉案因素来综合把握。例如,在马某梅、汪某民间借贷纠纷案中,汪某与马某梅系夫妻关系,婚后马某梅在家做家庭主妇带孩子。后汪某向债权人借款500万元用于汪某担任项目执行经理的公司厂房工程施工履约保证金,借条上有汪某签名并加盖了公司公章。后因举债人汪某未依照约定清偿债务,债权人诉至法院要求举债人及其配偶双方共同偿还。法院认为,按照日常生活经验分析及逻辑推理,判定债务系用于夫妻共同生产经营应从如下几点考量:(1)负债期间购置大宗资产等形成夫妻共同财产的;(2)债务用于夫妻双方共同从事的商业或共同投资;(3)债务用于举债人单方从事的生产经营活动,但配

---

① 参见刘杰勇:《〈民法典〉中共同生产经营型夫妻共债的认定——兼论第1064条第2款与第56条第1款的关系》,载《大连海事大学学报(社会科学版)》2021年第2期。

② 王某红等与苏某合同纠纷案,北京市高级人民法院(2018)京民申4853号民事裁定书。

③ 参见余某松等与林某兰等民间借贷纠纷案,最高人民法院(2019)最高法民申1432号民事裁定书。

④ 参见季某玲、周某明民间借贷纠纷案,浙江省高级人民法院(2018)浙民申4488号民事裁定书;何某惠、瞿某明与杨某1、杨某2等民间借贷纠纷案,重庆市高级人民法院(2018)渝民申2030号民事裁定书。

⑤ 参见崔某花与杨某义等民间借贷纠纷案,最高人民法院(2018)最高法民申634号民事裁定书;董某、宋某娟民间借贷纠纷案,湖北省高级人民法院(2018)鄂民申3278号民事裁定书。

⑥ 参见郭某莉与刘某敏、董某民间借贷纠纷案,湖北省十堰市张湾区人民法院(2016)鄂0303民初1292号民事判决书。

偶一方分享经营收益，等等。由于该案中汪某与马某梅二人婚后购置的 11 套房产均登记在无业的马某梅名下，表明马某梅事实上享受了举债人汪某包括对外借款及对外经营等所产生的利益，故法院认定汪某从事经营活动过程中产生的债务为夫妻共同债务。[①] 审理法院事实上并未采取单一因素的判断标准，而是在综合考量涉案因素的基础上判断是否为"共同生产经营"，因此其采纳的显然是综合考量标准。

整体来看，单一因素标准相较而言更具确定性，在实践中更易于操作，但其缺点是难以适应纷繁复杂的现实生活需求；而与之相对的综合考量标准承认法官在个案审理时对像"共同生产经营"这样不确定概念的界定具有更大的自由裁量权，因此更能应对具体案件审理时的复杂情形。只是相较于单一因素标准而言，综合考量标准适用的确定性和可预见性较弱。司法实践除了在判断标准上对"共同生产经营"进行把握之外，在证明标准上还坚持高度盖然性标准，[②]以此平衡冲突着的各方利益，值得肯定。

（三）其他类型的共同债务

由于《民法典》第 1064 条对夫妻共同债务采取了"具体列举 + 概括"规定的立法模式，所以除了该条第 1 款规定的一般夫妻共同债务以及第 2 款规定的特别夫妻共同债务类型外，该条也能够将现实生活中可能存在的其他类型的夫妻共同债务纳入进来。如依据《民法典》第 1168 条确定的夫妻共同侵权导致的侵权之债以及依据《民法典》第 1188 条规定的被监护人侵权导致的侵权之债等，都可以纳入该条规定的夫妻共同债务范畴。[③] 其中，在理论与实务中争议较多的，是夫妻一方对外侵权产生的侵权之债如何与夫妻共同债务的认定体系衔接起来的问题。

否定论认为，侵权责任具有制裁性，相应的侵权之债是对实施侵权行为的夫妻一方的惩罚，应属于侵权行为人本人，若通过夫妻共同债务制度将侵权之债纳入夫妻共同债务范畴，则会使无辜的配偶遭受制裁，与侵权责任法制裁侵权行为的基本目的不吻合。[④]

肯定论认为，从目的解释的视角来看，夫妻共同生活本身内含夫妻之间相互扶

① 参见马某梅、汪某民间借贷纠纷案，安徽省高级人民法院(2020)皖民申 614 号民事裁定书。

② 参见罗某春、梁某兰等民间借贷纠纷案，湖北省高级人民法院(2021)鄂民申 6470 号民事裁定书；孙某辉、曹某等房屋租赁合同纠纷案，湖北省高级人民法院(2021)鄂民申 6091 号民事裁定书。

③ 参见黄薇主编：《中华人民共和国民法典婚姻家庭编解读》，中国法制出版社 2020 年版，第 119 ~ 120 页。

④ 参见张学军：《夫妻一方"一般侵权行为""赔偿损失"债务属性的立法研究》，载《社会科学战线》2019 年第 12 期；王跃龙：《无偿保证所生之债务不应认定为夫妻共同债务》，载《法学》2008 年第 10 期。

助的价值导向,这种相互扶助就内含着夫妻在共同生活之中应共同面对风险,此处的风险当然也应包括夫妻一方的对外侵权之债;在此意义上,将夫妻一方的对外侵权之债纳入夫妻共同债务范畴,符合夫妻共同生活之本质,应予赞同。[①]

区分论认为,全部肯定或否定夫妻一方的侵权之债属于夫妻共同债务范畴并不符合夫妻共同生活的本质,而是应当区分情况进行认定。在应采取何种标准进行区分方面,学理上存在客观说与主观说的分歧。其中,客观说以相应的侵权行为是否能使夫妻共同生活或家庭受益这一客观标准为判断依据,认为如果夫妻一方对外所为之侵权行为使夫妻共同生活或家庭生活受益,那么因该侵权行为产生之债务当然为夫妻共同债务;若该侵权行为并不能使婚姻或家庭生活获益,那么该债务即为实施侵权行为人的个人债务。[②] 主观说在客观说强调的共同利益这一客观标准之上,进一步要求侵权行为人具有主观过错:如果行为人在为夫妻或家庭共同利益实施侵权行为时是由于过失,则相应的侵权之债属于夫妻共同债务;但如果其是基于故意,则相应侵权之债应被归于侵权行为人的个人债务。[③]

显然,在是否将夫妻一方的侵权之债纳入夫妻共同债务的判断上,一元的否定论和肯定论都采取了简单的"一刀切"策略,从而可能使那些符合《民法典》第 1064 条规定的用以判断夫妻共同债务之本质的侵权之债被不当地纳入或移出夫妻共同债务的范畴,难谓合理。区分论的合理之处即在于正确地认识到了夫妻一方侵权之债与夫妻共同债务内在的牵连与区分可能,从而通过探寻夫妻共同债务之本质的方法来判断夫妻一方侵权之债是否属于夫妻共同债务,由此在债权人和侵务人之配偶的合法权益的保护之间寻求平衡,这显然更符合《民法典》第 1064 条平衡保护的立法意旨,值得肯定。至于区分论内在的具体判断标准上的分歧,实质上涉及在侵权责任的制裁功能、受害人保护与无辜配偶的保护之间进行利益平衡保护时的价值判断问题。主观说在考虑夫妻共同利益因素的同时考虑侵权行为人的主观过错程度,事实上强调给主观过错程度更高的行为人以更严厉的制裁的同时保护

---

① 参见张力、李倩:《夫妻共同债务认定中的用途规则——兼论最高人民法院法释〔2018〕2 号的体系融入》,载《江西师范大学学报(哲学社会科学版)》2019 年第 3 期;缪宇:《走出夫妻共同债务的误区—以〈婚姻法司法解释(二)〉第 24 条为分析对象》,载《中外法学》2018 年第 1 期;蔡立东、杨柳:《侵权纠纷中夫妻共同债务认定的困境与立法回应——以机动车交通事故责任纠纷为研究对象》,载《法学论坛》2020 年第 3 期。司法实践中也有法院在判决中明确支持这一立场,相关判决参见闫某、常某 1 等提供劳务者受害责任纠纷案,甘肃省高级人民法院(2021)甘民申 2743 号民事裁定书。

② 参见冉克平:《夫妻团体债务的认定及清偿》,载《中国法学》2017 年第 5 期;汪洋:《夫妻债务的基本类型、责任基础与责任财产——最高人民法院〈夫妻债务解释〉实体法评析》,载《当代法学》2019 年第 3 期。

③ 参见包冰锋、訾培玉:《侵权纠纷夫妻共同债务认定的现实困境及其应对》,载《河北法学》2021 年第 3 期。

其无辜的配偶,但这种做法可能造成对作为债权人的受害人的保护不充分问题;而直接以客观的共同利益为判断标准,更有助于实现《民法典》第1064条平衡保护的立法目的。具体而言,若侵权行为人的配偶实际享受了侵权行为所生之利益,即使其并未实施侵权行为,其因为获益而在承担相应侵权责任时亦不乏正当性基础;若侵权行为人的配偶并未实际享受侵权行为所生之利益,即使行为人实施侵权行为时有为夫妻共同生活或共同利益的故意,亦不能因此将无辜的债务人之配偶纳入承担侵权责任的制裁范畴,即不能为了保护无辜的债权人而置同样无辜的债务人之配偶于不利处境。[①] 在客观的共同利益的具体判断上,应采取与前述判定夫妻共同生活型共同债务和共同生产经营型共同债务一样的综合考量立场,全面考量涉案因素以判断夫妻一方的侵权行为是否实际上使另外一方受益。

五、本章结论

夫妻关系作为家庭关系的核心,既是家庭稳定和谐的基石,也是以家庭为基础构建起来的社会共同体健康运行的基础。[②] 夫妻共同债务的认定是夫妻关系所要处理的重要议题,关系配偶双方的合法权益保护,也涉及债权人合法利益的保护。《民法典》第1064条在吸收以往实践经验的基础上对夫妻共同债务的认定标准作了明确规定,对于解决夫妻共同债务认定问题提供了制定法基础,值得肯定。当然,该条规定的夫妻共同债务的认定规则存在抽象而缺乏可操作性的问题,事实上是制定法在通过抽象规定涵摄具体生活时所无法避免的问题。对此的应对之道是将具体的判断标准交给法官,由其在结合该条立法目的及夫妻家庭生活之本质的基础上在个案中综合考量涉案因素予以确定,由此来平衡保护夫妻双方及债权人的合法权益。就此而言,《民法典》第1064条确立的夫妻共同债务认定规则仅是通向利益平衡保护目的的开始,具体的平衡保护路径还有待法官在个案中进一步予以确定。

---

① 参见蔡立东、杨柳:《侵权纠纷中夫妻共同债务认定的困境与立法回应——以机动车交通事故责任纠纷为研究对象》,载《法学论坛》2020年第3期。

② 参见朱晓峰:《民法家庭概念论》,载《清华法学》2020年第5期。

第六章　亲子关系：未成年人最大利益原则的评估机制

亲子关系是父母与未成年子女之间的关系，这种关系在不同社会的不同阶段呈现不同的特点。在我国传统社会，关于未成年人的保护问题：一方面，慈幼恤幼是家庭伦理规范关注的重要内容，传统家庭伦理规范要求“养幼少，存诸孤”（《礼记·月令》），“笃仁、敬老、慈少”（《史记·周本纪》），“使老有所终，壮有所用，幼有所长，矜、寡、孤、独、废疾者皆有所养，男有分，女有归”（《礼记·礼运篇》），并把慈幼作为“九惠之教”[①]的重要内容在实践中加以推广，强调对未成年人的保护；[②]另一方面，传统家庭伦理规范中的慈幼亦以父权为核心的家长制为前提，强调“身体发肤受之父母，不敢毁伤，孝之始也”（《孝经·开宗明义》），并且“天下无不是的父母”，因此子女应恭谨孝顺父母，不得有不逊侵权行为，而父母对子女有教养责打的权利，打伤或过失致子女死亡无须承担责任，即使子女无过失而被父母擅杀，父母所承担的责任亦有限。[③] 在此意义上，我国传统家庭伦理规范中尽管存在保护未成年人的传统，但这种保护受限于父权制和家长制，

---

① 参见《管子·入国》九惠之教“一曰老老；二曰慈幼；三曰恤孤；四曰养疾；五曰合独；六曰问疾；七曰通穷；八曰赈困；九曰接绝”。

② 参见何海澜：《善待儿童：儿童最大利益原则及其在教育、家庭、刑事制度中的运用》，中国法制出版社2016年版，第174～175页。

③ 参见瞿同祖：《瞿同祖法学论著集》，中国政法大学出版社2004年版，第36页。

在未成年人的保护问题上采取家族利益优先原则,①这导致慈幼恤幼沦为抽象理念。同时,父权家长制下的女性在婚姻关系的建立、存续与终止问题上并无独立自主的权利,②其对于未成年子女的教养亦围绕父权和夫权展开,因此,在通常情形下并不存在因离婚纠纷而生的未成年人抚养权之争,也不存在相关的未成年人利益评估问题。

随着我国近现代以来的社会变革,女性与儿童利益的保护日益获得法律上的重视,婚姻自由与女性独立自主地位在制定法上亦逐渐被承认,因此离婚问题及经常与之伴生的未成年子女抚养纠纷亦逐渐被法律关注。1950 年《婚姻法》在离婚纠纷的未成年子女抚养问题上即放弃了传统家庭伦理规范中的家族利益优先原则而代之以未成年子女利益优先原则。这种做法被 1980 年《婚姻法》沿袭,2001 年《婚姻法》修正时亦未变革这一原则。原《民法总则》(2017 年)与《民法典》(2020 年)在此基础上完全确立了未成年人最大利益原则,以此来解决离婚纠纷中的未成年人抚养权确定问题。③ 这种立法上的转变在形式上迥异于传统家庭伦理规范中的父母子女关系,但传统家庭伦理规范重视父母在未成年子女利益保护中的作用的观念并未完全消退。例如,在马某诉王某强离婚纠纷案中,对于一审法院从利于子女健康成长角度出发所作出的婚生子由王某强抚养、婚生女由马某抚养的判决,④二审法院判决予以维持。⑤ 法院从有利于未成年子女健康成长的角度出发确定抚养权归属,符合《民法典》第 1084 条第 3 款(原《婚姻法》第 36 条第 3 款)、《民法典婚姻家庭编解释一》(最高人民法院《关于人民法院审理离婚案件处理子女抚养问题的若干具体意见》,法发〔1993〕30 号,已失效)第43 条至第61 条确立的离婚抚养纠纷中保护未成年人的核心义旨,整体上应予赞同。但存在的问题是,为什么由男方抚养婚生子、女方抚养婚生女更有利于未成年子女的健康成长而不是相反,即由女方抚养婚生子、男方抚养婚生女,或者由一方抚养全部未成年子女而非分别抚养,更有利于子女最大利益的实现?事实上,当前司法实践对于这一问题的意见纷纭,并无定论。有的法院从抚养子女的经济负担甚至平息抚养纠纷的角度出发,认

---

① 参见曹贤余:《儿童最大利益原则下的亲子法研究》,群众出版社 2015 年版,第 47 ~ 52 页。

② 参见瞿同祖:《瞿同祖法学论著集》,中国政法大学出版社 2004 年版,第 117 页。

③ 参见黄薇主编:《中华人民共和国民法典婚姻家庭编解读》,中国法制出版社 2020 年版,第 208 页;最高人民法院民法典贯彻实施工作领导小组主编:《中华人民共和国民法典婚姻家庭编继承编理解与适用》,人民法院出版社 2020 年版,第 289 页。

④ 参见王某某与马某离婚纠纷案,北京市朝阳区人民法院(2016)京 0105 民初 49381 号民事判决书。

⑤ 参见王某某与马某离婚纠纷案,北京市第三中级人民法院(2018)京三中民终字第 5013 号民事判决书。

为由父母双方分别抚养子女更有利于其健康成长。[①] 也有法院认为，尚未成年的兄弟姊妹“分开生活将对其身心造成不良影响”，从而支持由父或母一方直接抚养所有子女而非分开抚养。[②] 法院在这一问题上的广泛分歧亦普遍存在于以“从有利于子女身心健康，保障子女的合法权益（最高人民法院《关于人民法院审理离婚案件处理子女抚养问题的若干具体意见》，法发〔1993〕30 号，已失效）”或“最有利于被监护人（《民法典》第 35 条）”为原则解决抚养纠纷的司法实践中。

《民法典》第 1084 条第 3 款确立离婚时抚养纠纷应以最有利于未成年子女的原则进行判决，因此，《民法典》颁布前已存在的问题在《民法典》颁布后依然存在：在以未成年人最大利益原则作为离婚抚养纠纷的裁判标准时，如何能保障未成年人最大利益原则本身的相对确定性和可预见性，从而使制定法的安定性以及与此息息相关的法的权威性本身获得充分保障，最终实现立法者预设的目的即保护未成年人的最大利益？由于最大利益概念本身具有复杂性、灵活性和可调整适用性[③]，故与之相关的法律规则在适用时通常无法通过概念法学所倡导的确定的构成要件来展开，司法实践往往通过自由法学所倡导的利益权衡方法来解决未成年人最大利益原则适用中的最大利益认定问题。[④] 但问题是，利益权衡论所倡导的法官自由裁量权在实践中往往又会导致法的安定性受损，最后可能反过来影响立法者所预设之目的的实现。因此，需要一种既能缓和概念法学法律评价过于僵化又能防止自由法学司法恣意的方法。本书试图在梳理我国法院通过利益权衡方法解决

---

① 参见刘某珊、宗某源同居关系子女抚养纠纷案，山东省临沂市中级人民法院（2022）鲁 13 民终 309 号民事判决书；钟某与黄某变更抚养关系纠纷案，广东省梅州市中级人民法院（2014）梅中法民一终字第 320 号民事判决书；封某某张某某离婚案，河北省石家庄市中级人民法院（2013）石民一终字第 00249 号民事判决书；祝某与杨某甲抚养纠纷案，河南省南阳市中级人民法院（2016）豫 13 民终 66 号民事判决书；冯某与汪某甲抚养权纠纷案，浙江省金华市中级人民法院（2014）浙金民终字第 1392 号民事判决书。

② 参见王某某与娇某变更抚养关系纠纷案，山东省青岛市中级人民法院（2014）青少民终字第 45 号民事判决书；白某与孙某甲同居关系子女抚养纠纷案，江苏省苏州市中级人民法院（2015）苏中少民终字第 00008 号民事判决书。

③ 参见联合国儿童权利委员会《第 14 号一般性意见（2013 年）：儿童将他或她的最大利益列为一种首要考虑的权利（第 3 条第 1 款）》。该意见是联合国儿童权利委员会于 2013 年通过的，是对《儿童权利公约》第 3 条第 1 款“儿童将他或她的最大利益列为一种首要考虑的权利”的规范解释。作为缔约国，中国负有将公约的规定在国内法上进行转化并执行的义务，中国政府在联合国所作的《关于〈儿童权利公约〉执行情况的报告》中，关于公约第 3 条第 1 款即儿童最大利益原则在立法、司法及行政等领域的执行情况的说明，亦是以第 14 号意见为具体考量标准。事实上，《中华人民共和国未成年人保护法》（以下简称《未成年人保护法》）（2021 年修订）第 52 条第 2 款、《民法典》第 35 条、第 1084 条第 3 款等，是国内制定法上对儿童最大利益原则的落实，而在这些国内法条款的具体适用中，第 14 号意见则可以作为解释依据和正当性说明。本书亦是在这层意义上使用该意见。

④ 参见王德志、王必行：《“儿童最大利益”原则的司法实证研究——从国际公约原则到裁判规范构建》，载《人权》2021 年第 6 期。

抚养纠纷中未成年人最大利益原则评估时的核心经验与遭遇的主要问题的基础上,探寻解决相关问题的改良方案,以助益于未成年人最大利益原则的落实。

一、未成年人最大利益原则评估方法的转变

在《民法典》之前,原《婚姻法》第 36 条第 3 款、《中华人民共和国未成年人保护法》(以下简称《未成年人保护法》)(2012 年修正)第 52 条第 2 款等对抚养纠纷的裁判标准作了原则性规定,且最高人民法院《关于人民法院审理离婚案件处理子女抚养问题的若干具体意见》(已失效)明确了处理抚养纠纷的具体标准。其中,原《婚姻法》第 36 条第 3 款规定:"离婚后,哺乳期内的子女,以随哺乳的母亲抚养为原则。哺乳期后的子女,如双方因抚养问题发生争执不能达成协议时,由人民法院根据子女的权益和双方的具体情况判决。"《未成年人保护法》(2012 年修正)第 52 条第 2 款规定:"人民法院审理离婚案件,涉及未成年子女抚养问题的,应当听取有表达意愿能力的未成年子女的意见,根据保障子女权益的原则和双方具体情况依法处理。"最高人民法院《关于人民法院审理离婚案件处理子女抚养问题的若干具体意见》(已失效)开宗明义地规定未成年子女的抚养问题原则上应"从有利于子女身心健康,保障子女的合法权益出发,结合父母双方的抚养能力和抚养条件等具体情况妥善解决"。这些规定明确了利益权衡方法作为法院解决抚养纠纷时的基础方法的地位。① 在此基础上,《民法典》第 1084 条第 3 款明确规定了"按照最有利于未成年子女"的原则处理抚养纠纷。未成年人最大利益原则不像其他抽象概念一样必须在具体环境中被评估,②因此本质上其亦涉及利益权衡方法的适用。

(一)利益权衡论作为论证方法的主要表现

从文义解释的角度看,原《婚姻法》第 36 条第 3 款与最高人民法院《关于人民法院审理离婚案件处理子女抚养问题的若干具体意见》(已失效)的用语并不相同,这导致司法实践中存在两条明显冲突的标准:

一是综合考量标准。原《婚姻法》第 36 条第 3 款所确立的是综合考量标准。该标准认为,在确定未成年人究竟应由谁来直接抚养时,不应拘泥于某一原则或某特定利益的实现,而应综合考量涉案的各种利益,尤其是子女权益和争议双方的具

---

① 黄某与周某抚养纠纷再审审查与审判监督案,北京市高级人民法院(2022)京民申 1656 号民事裁定书。

② Vgl. Michalski & Döll, Erman BGB, Dr. Otto Schmidt, 2011, S. 4439.

体情况,最终确定直接抚养人。[①]

二是主辅结合标准。最高人民法院《关于人民法院审理离婚案件处理子女抚养问题的若干具体意见》(已失效)确立的是主辅结合标准。区别于综合考量说,该标准认为,未成年人合法权益原则是解决抚养权纠纷的核心与基础。在确定未成年人宜由谁来直接抚养时,应围绕未成年人合法权益原则并合理考虑其他要素来判断。[②] 例如,有法院在裁判文书中承认:抚养关系的确定或变更应以有利于未成年子女身心健康,保障未成年子女合法权益为原则,同时结合父母双方的抚养意愿、抚养能力、抚养条件及协商情况等因素进行综合考量。[③]

从形式上看,综合考量标准并不先入为主地强调纳入考量范围的要素或利益的优先层级,而是在具体个案中由法官依具体情形综合把握。这一立场在学理上又被称为利益权衡论。依据该理论,对抚养纠纷涉及的要素或利益衡量,应当围绕具体纠纷展开,裁判者在解决纠纷时先要抛开实定法束缚,比较并权衡对立矛盾的各种价值并得出结论,然后为该结论寻得法律上的依据而将之合法化。[④] 主辅结合标准则预设了未成年人合法利益保护的基础地位,法官在个案处理时应优先考虑未成年人合法利益的保护,在此前提下才考量其他要素和利益的保护。这在学理上又被称为利益考量论。依据这一理论,抚养纠纷的解决应从纠纷解决所依据的规范出发,考量可能存在的解释及此种解释可能保护何种利益,牺牲何种利益,最后再依据价值位阶决定解释路径。[⑤]

但从实质上来看,无论是综合考量标准还是主辅结合标准,实质上都涉及利益的衡平处理问题。利益的衡平处理涉及法律上的实体正义。当前法律实践事实上承认法官拥有较大的自由裁量空间,而强调实体正义的立场,恰恰可能牺牲法的安定性。[⑥] 因为在个案的利益权衡处理中,法官的性别、年龄、婚史等情况都可能会对

---

① 参见邓某某与谈某某抚养权纠纷案,广东省佛山市中级人民法院(2004)佛中法民一终字第778号民事判决书;上诉人闫某与被上诉人齐某变更抚养权纠纷案,河南省商丘市中级人民法院(2011)商民终字第109号民事判决书。

② 参见黄某与罗某1离婚纠纷案,江苏省无锡市中级人民法院(2017)苏02民终3978号民事判决书;崔某1、王某变更抚养关系纠纷案,山东省德州市中级人民法院(2017)鲁14民终1579号民事判决书。

③ 参见张甲与唐某某变更抚养关系纠纷案,上海市第二中级人民法院(2015)沪二中少民终字第37号民事判决书。

④ 参见[日]加藤一郎:《民法的解释与利益衡量》,梁慧星译,载梁慧星主编:《民商法论丛:谢怀栻先生从事民法五十周年纪念特辑》第2卷,法律出版社1994年版,第77页以下。

⑤ 参见段匡:《日本的民法解释学》,复旦大学出版社2005年版,第263页以下。

⑥ 参见杨力:《基于利益衡量的裁判规则之形成》,载《法商研究》2012年第1期。

抚养权归属的确定产生影响。[①] 另外，综合考量标准背后的利益衡量论和主辅结合标准背后的利益考量论，实际上都没有区分发现的过程和正当化的过程，这导致相应裁判的具体论证与最终的结论缺乏可反驳性且难以经受住反驳。[②] 这种困难在法官依据《民法典》第1084条第3款规定的最有利于未成年子女原则即未成年人最大利益原则解决抚养权归属问题时依然存在，即未成年人最大利益原则“在判决时是要通过很多具体情况来衡量的，而不是简单地由其中一两个因素决定”；[③]但这些因素具体如何发挥作用，立法者并未言明，从而影响到了该条的具体适用。

事实上，就像联合国儿童权利委员会2013年《第14号一般性意见：儿童将他或她的最大利益列为一种首要考虑的权利(第3条第1款)》(以下简称《儿童委员会第14号一般性意见》)第32条所承认的，“儿童最大利益是复杂的概念，而其内容须逐案确定……它应根据所涉儿童或儿童群体的具体情况，基于个体作出调整和界定，兼顾到个人的状况、处境和需求”。最大利益在个案的评估中应予考量和纳入权衡处理范畴的要素越复杂，相应的裁判论证与结论的可反驳性就越薄弱。当事人对于判决结果疑窦丛生，争讼不断，亦多与此相关。可以说，适用利益权衡方法的目的是实现实体正义，但其适用的最终结果却可能走向实体正义的反面。这也与最高人民法院在指导案例93号于某故意伤害案中提到的“确保司法裁判既经得起法律检验，也符合社会公平正义观念”的基本目标相悖。

(二)利益权衡论作为论证方法的主要困境

通过整理多个要素并存场合的法院论证思路，可以发现法院运用利益权衡方法解决抚养纠纷时存在的问题主要包括两个方面：

一是尽管《民法典》已明确了未成年人最大利益原则是确定抚养纠纷的唯一标准，但司法实践中法院在个案的利益权衡中仍会考量其他利益而作出明显违背未成年人最大利益原则的法律效果评价。例如，在涉及多个子女的抚养纠纷中，法院一般会出于平息纠纷的考虑判决由一方直接抚养一个而非全部子女；[④]至于通常影响子女最大利益评估的生活环境，尤其是兄弟姐妹彼此之间业已形成的稳定、亲密

---

① See Julie E. Artis, *Judging the Best Interests of the Child: Judges' Accounts of the Tender Years Doctrine*, 38 Law & Society Review 769 (2004).

② 参见解亘、班天可：《被误解和被高估的动态体系论》，载《法学研究》2017年第2期。

③ 最高人民法院民法典贯彻实施工作领导小组主编：《中华人民共和国民法典婚姻家庭继承编理解与适用》，人民法院出版社2020年版，第289页。

④ 参见钟某梅与黄某全变更抚养关系纠纷案，广东省梅州市中级人民法院(2014)梅中法民一终字第320号民事判决书；封某玲张某河离婚案，河北省石家庄市中级人民法院(2013)石民一终字第00249号民事判决书。

的人际关系等要素,法院一般不会予以考量。除此之外,法院为了争讼当事人一方的利益而致子女最大利益于不顾的判决亦不鲜见。例如,若离婚一方因工伤丧失劳动能力,考虑到此种情形下再拒绝其对与其长期共同生活的子女的抚养权,易导致其对生活了无希望,所以法院会优先考虑由丧失劳动能力的一方取得抚养权。①

二是在多个要素共同作用于未成年人最大利益评估的情形中,由于最大利益原则本身的不确定性,法院在通过利益权衡方法进行法律效果评价时也充满了不确定性。例如,当经济要素与其他要素共存时,有的法院会认为,经济条件更优的当事人一方的抚养请求应被优先支持。② 但也有法院强调,孩子的抚养问题由多种因素决定,抚养人收入高低并不能对孩子的身心健康起决定作用,“经济条件不是小孩抚养的唯一条件,仍要考虑其他抚养条件”。③ 后者在判决中一再强调,孩子的健康成长“不仅与父母创造的住房、生活等外在物质条件有关系,更为重要的是关爱、陪伴以及良好的亲子关系、家庭环境”,④仅考虑经济条件而不考虑孩子年幼更加需要母亲抚养和照顾、抚养条件及抚养意愿等问题,并不利于其健康成长。⑤ 在性别要素与其他要素共存时,多数法院会认为由母亲抚养年幼或者女性未成年人更符合未成年人最大利益原则,⑥但也有法院会重点考虑其他要素而拒绝母亲的抚养请求。例如,父亲已事实上长期抚养子女且未有明显不利于子女成长情形的,⑦或者女儿与父亲感情较好而愿意由其继续抚养的,⑧法院亦会支持父亲的抚养主张。另外,对处于青春发育期的女儿来讲,若父亲在教育上更有优势,则母亲的性

---

① 参见贾某芳与李某灵同居关系子女抚养权纠纷案,河南省郑州市中级人民法院(2014)郑民一终字第1412号民事判决书。

② 参见任某甲与付某某变更抚养权纠纷案,延边朝鲜族自治州中级人民法院(2016)吉24民终110号民事判决书;林某与杜某变更抚养关系纠纷案,黑龙江省哈尔滨市中级人民法院(2015)哈民二民终字第689号民事判决书;王某明与王某翔变更抚养权纠纷案,重庆市第四中级人民法院(2010)渝四中法民终字第518号民事判决书。

③ 肖某某诉谢某甲变更抚养关系纠纷案,广东省河源市中级人民法院(2015)河中法民一终字第697号民事判决书。

④ 黄某与雷某变更抚养关系纠纷案,湖北省随州市中级人民法院(2015)鄂随州中民一终字第00279号民事判决书。

⑤ 参见晏某、邹某辉同居关系子女抚养纠纷案,广西壮族自治区玉林市中级人民法院(2017)桂09民终53号民事判决书。

⑥ 参见姜某与庹某变更抚养关系纠纷案,湖北省十堰市中级人民法院(2016)鄂03民终1129号民事判决书;黄某与罗某1离婚纠纷案,江苏省无锡市中级人民法院(2017)苏02民终3978号民事判决书;江某、段某变更抚养关系纠纷案,贵州省黔西南布依族苗族自治州中级人民法院(2017)黔23民终594号民事判决书。

⑦ 参见刘某与房某抚养纠纷案,江苏省连云港市中级人民法院(2015)连少民终字第00161号民事判决书。

⑧ 参见孔某某与黄某飞同居关系子女抚养权纠纷案,河南省安阳市中级人民法院(2010)安民一终字第582号民事判决书。

别优势即被抵消，法院一般会支持父亲的主张。[①]

整体来看，对于第一个问题，因为法院违反了解决抚养纠纷应遵循的基本准则即未成年人最大利益原则，所以才会导致相应的利益权衡以及法律效果评价缺乏合法性基础。[②] 基于此，司法实践应当坚决摒弃这种非依最大利益原则进行利益权衡和法律效果评价的错误做法，坚持以未成年人最大利益原则为依据解决抚养纠纷。由此即来到了第二个问题：在抚养纠纷的个案利益权衡中，因为法官的性别、年龄、婚史等都可能会对最大利益的评估和抚养权的归属产生影响，[③]所以这些影响法律适用的法外因素应尽可能地被限制在一个非常有限的空间内，[④]因为其进入利益权衡的过程越多，相应的结果就越具有不确定性。问题是，这些法外因素进入法律效果评价过程是不可避免的，所以对其只能予以适当控制而无法完全杜绝，并且对这些法外因素的控制亦只能通过对作用于最大利益评估的诸要素的控制才能达致。这样，问题就转至对最大利益评估要素相互作用方式和过程的控制。但通过考察当前抚养纠纷案件裁判文书的具体法律论证可以发现，法官以利益权衡方法作用于未成年人最大利益的评估和抚养权归属的确定，多数情况下都没有区分发现和正当化的过程，这导致相应判决的具体论证与结论缺乏可反驳性且难以经受住反驳。[⑤] 就此而言，需要进一步厘清并检讨多个要素并存时，通过利益权衡方法评估最大利益时面临的真正难题，为相应法律效果评价所面临的诘难的规范应对提供事实基础。

1. 最大利益与评估要素

在依据未成年人最大利益原则解决抚养纠纷时，首先要回答的问题是，何谓“最大利益”？在争讼当事人抚养条件并不完全相同时，究竟由谁抚养未成年人更有利于其最大利益的实现？从法院作出裁判的理由及最终的裁判结果来看，对于这种比较命题，法院通常是在“鱼与熊掌不可得兼”的情形下选择一种相比较而言更有利于子女最大利益实现的折中方案，从而避免最大利益认定时可能遭遇的困

---

① 参见赵某与薛某离婚纠纷案，江苏省淮安市中级人民法院(2015)淮中民终字第00602号民事判决书。

② 参见江钦辉：《离婚案件未成年子女直接抚养人酌定之考量因素检视——以H州S市法院近5年(2015—2019年)离婚纠纷判例为分析样本》，载《新疆社会科学》2020年第4期。

③ See Julie E. Artis, *Judging the Best Interests of the Child: Judges' Accounts of the Tender Years Doctrine*, 38 Law&Society Review 769 (2004).

④ 参见王虹霞：《司法裁判中法官利益衡量的展开——普通法系下的实践及其启示》，载《环球法律评论》2016年第3期。

⑤ 参见解亘、班天可：《被误解和被高估的动态体系论》，载《法学研究》2017年第2期。

难。这种策略确有可取之处,因为正如《儿童委员会第 14 号一般性意见》所指出的,"最大利益"的评判要素是所有与所涉案件中个体儿童各自特点相关的情况,如:年龄;性别;成熟程度;经验;是否隶属某个少数群体;是否患有生理、感知或智力残疾;该儿童本身所处的社会和文化境况,诸如家长是否在身边、儿童是否与其父母一起生活;儿童与其家人或照料者之间的关系实质;家庭可诉诸的其他维持生计手段的性质以及亲属的家庭规模或照料者;等等。[①] 所以,从认识论的视角检视,既然最大利益的评估涉及与未成年人有关的一切,那么对理性有限的法律适用者来说,要穷尽其内容与范围确实是不切实际的。[②] 鉴于此,法院通过利益权衡方法来界定谁具有比较优势,便获得了普遍赞同。

在利益权衡比较中,学理上普遍认为,在目前的社会条件下,最大利益的评估主要由构成要素和干扰要素组成:前者从正面、积极方面予以评价;后者从负面、消极方面予以评价。最大利益的评估及相应法律效果评价应是二者共同作用的结果。[③] 问题是:对于实践中广泛存在的构成要素和干扰要素在个案中并存且彼此矛盾的情形,究竟依何标准进行取舍才能助益最大利益的实现?个案中进行利益权衡时应遵循的一般标准以及具体考量的各要素彼此之间的规范关系究竟为何?究竟应依据哪些要素来评估最大利益?对于这些问题,司法实践中法院的分歧一直比较大。例如,在年龄要素与主要照顾要素互相冲突、抚养父母与生父母不一致、扶养协议与事实扶养有出入等情形中,法院的判决经常出现彼此矛盾的情形。[④] 另外,通过利益权衡方法评估最大利益,不同要素彰显的异质利益的不可公度性导致的缺少可比性的要素彼此间的规范关系如何?[⑤] 例如,如果父亲经济条件优越但工作性质导致其需要经常外出而没有闲暇时间陪伴孩子,母亲经济条件一般但有较多时间陪伴孩子,经济条件与陪伴时间这种本质上体现异质利益的具体要素究竟如何作用于未成年人最大利益原则的评估?司法实践对此非但未能提供令人信服

---

① 参见《儿童委员会第 14 号一般性意见》第 48 条。

② 参见何海澜:《善待儿童:儿童最大利益原则及其在教育、家庭、刑事制度中的运用》,中国法制出版社 2016 年版,第 95 页。

③ 参见冯源:《儿童监护事务的国家干预标准——以儿童最大利益原则为基础》,载《北京社会科学》2016 年第 3 期。

④ 参见王某、林某英与邹某英变更抚养关系纠纷案,广东省湛江市中级人民法院(2015)湛中法民一终字第 742 号民事判决书;彭某、赵某与田某抚养纠纷案,山东省菏泽市中级人民法院(2015)菏少民终字第 23 号民事判决书;陈某诉罗某耕监护权纠纷案,上海市第一中级人民法院(2015)沪一中少民终字第 56 号民事判决书。对此,德国司法实践存在不同观点。Vgl. BGH NJW 1989, S. 519.

⑤ See Mathew Adler, *Law and Incommensurability: Introduction*, 146 University of Pennsylvania Law Review 1169 (1998).

的答案,反而争讼不断,徒增纷扰。①

诚然,对不确定的一般概念的解释适用发生疑问时,法官可依其保留的"法律适用"权力,来确定什么结果是依据法律规则且是正确的。② 但是,整体而言,类似未成年人最大利益原则这样的不确定概念给裁判者预留的自由裁量空间过大,若不对这些概念的解释适用加以适当限制,必然会导致立法者所不愿意看到的结果:法的安定性的保障基本上取决于法官个人。由于法官在这样的场合作出的判决并非主要依据教义,而是很大程度上受其法学素养以及个人的情感、伦理道德、生活经验、世界观和价值观等的影响。③ 对此,若处理稍有不慎,即会出现案件裁判的恣意性太强问题,与制定法强调的对法官的拘束目的本身相违背。

2. 评估要素的次序

要素本身为事实性构成,但此种事实性构成之所以能成为评估最大利益的标准,在于其彰显的规范价值与内涵的对于未成年人而言的利益。此种利益并不局限于"可执行"的权利,还包括长期或短期的福利关照和对身心健康的考虑。④ 问题是:在多个要素如生活环境、经济条件、父母职业、教育、性别、身体状况以及当事人的意愿等并存的场合,当各要素彰显的利益相互冲突而法院必须在利益权衡中作出取舍时,究竟应依何标准进行权衡并作出取舍?是否会考虑不同利益在现行法秩序中的次序并以之为基础发现并正当化相应的法律效果评价?对此可以区分两种情况讨论:

第一种情况是孩子居中而立,处于抚养纠纷中的父母分立于孩子两端,父母各自具备的作用于孩子最大利益评估的要素相互冲突,此种场合的要素在现行法秩序中是否存在优先次序的考量?例如,彰显孩子"远期利益"的要素如教育条件与彰显孩子"即期利益"的要素如照料条件二者相冲突,或者主要涉及孩子经济利益的要素如父母的经济条件与涉及孩子人身利益的要素如父母身心健康状况二者相冲突,此种情况究竟应依何标准判断由谁抚养更有利于孩子最大利益的实现?对此,既有判决中较常见的做法是只给结论而鲜有充分论证。例如,在物质利益与精神利益冲突时,有判决认为,孩子的健康成长"不仅与父母创造的住房、生活等外在

---

① 参见马某辉与曹某萍变更抚养权纠纷案,吉林省吉林市中级人民法院(2014)吉中民一终字第502号民事判决书;张某与代某某变更抚养权纠纷案,辽宁省铁岭市中级人民法院(2016)辽12民终336号民事判决书;万某与曾某甲抚养纠纷案,湖北省孝感市中级人民法院(2014)鄂孝感中民一终字第00255号民事判决书。

② 参见崔建远:《合同解释辨》,载《财经法学》2018年第4期。

③ Vgl. Frank O. Fischer, Das Bewegliche System als Ausweg aus der dogmatischen Krise in der Rechtspraxis, AcP 197 (1997), S. 603 f.

④ 参见张鸿巍:《儿童福利视野下的少年司法路径选择》,载《河北法学》2011年第12期。

物质条件有关系，更为重要的是关爱、陪伴以及良好的亲子关系、家庭环境”。[①] 此处的“更重要”表明对涉案要素的考量存在优先次序，但何以重后者而轻前者，相应论证并未提供更为充分的正当性与合法性说明，导致相应判决的论证过程和结果缺乏可反驳性。

第二种情况是孩子与抚养纠纷中对立的父母的其中一方具有相同的作用于最大利益评估的构成要素，而与另一方相异。此种场合孩子与父母一方所具有的要素的叠加是否可以证成其在最大利益评估时被优先考量？例如，对于孩子明确表示愿同父母中的一方共同生活而不愿与另一方生活，或母亲主张对女孩的抚养权而父亲予以反对等情况，相应法院在判决中作出的法律效果评价彼此间亦是矛盾重重。例如，对于同是年满 10 周岁的未成年人明确表示其愿随父母一方生活的意思，有法院认为，此种意思亦应被尊重而在确定抚养权归属时对其优先考虑。[②] 但也有法院在判决书中明确表示，未成年人认识事情难免带有情绪化，具有片面性，并不能以其作出的选择来确定抚养权归属。[③]

可以发现，在多个要素并存的场合，法院在通过利益权衡方法评估最大利益并以之为基础确定抚养权归属时，存在运用要素的优先次序进行论证的偏好。但这些优先次序如何被发现，正当性和合法性基础为何，相应判决在进行论证时却语焉不详，[④]可能导致相应判决结果的正当性存疑。

3. 小结

申言之，抚养纠纷中法院通过利益权衡方法评估未成年人最大利益时面临的主要问题本质上可以归纳为两点：其一，如何处理抚养权归属这一结论的发现和正当化过程，让论证过程看得见而去神秘化，使论证结果具有可反驳性且能够经受得住反驳。其二，尽量避免法官自由裁量空间过大所可能导致的司法恣意问题。

未成年人最大利益原则的特性决定了其不像其他抽象概念一样，而是必须在

---

① 黄某与雷某变更抚养关系纠纷案，湖北省随州市中级人民法院(2015)鄂随州中民一终字第 00279 号民事判决书。

② 参见张某 1、康某变更抚养关系纠纷案，山东省德州市中级人民法院(2017)鲁 14 民终 1570 号民事判决书；邢某赵某慧变更抚养关系纠纷案，黑龙江省齐齐哈尔市中级人民法院(2017)黑 02 民终 2452 号民事判决书。

③ 参见邓某兰与杨某户变更抚养权纠纷案，四川省绵阳市中级人民法院(2015)绵民终字第 2565 号民事判决书。

④ 参见林某与杜某变更抚养关系纠纷案，黑龙江省哈尔滨市中级人民法院(2015)哈民二民终字第 689 号民事判决书；任某甲与付某某变更抚养权纠纷案，延边朝鲜族自治州中级人民法院(2016)吉 24 民终 110 号民事判决书；肖某某诉谢某甲变更抚养关系纠纷案，广东省河源市中级人民法院(2015)河中法民一终字第 697 号民事判决书。

具体环境中通过涉案利益要素的比较来确定,①并且我国制定法明确承认法官有权在个案中运用利益权衡方法来解决抚养纠纷。在此背景下,我国亟须在具体权衡规则上作出改进,探寻适当控制法官自由裁量权的具体方案,从而在抚养纠纷的处理中正当化未成年人最大利益的评估过程和结论,避免司法恣意,实现未成年人最大利益原则的立法目的。

(三)动态体系论作为论证方法的引入

关于制定法约束与法官自由裁量之间的界限的抽象争论的无价值性表明,法学方法论尤其需要论证理论,并且有重要价值的问题只能是:"法官可以用什么样的理由或者不用什么样的理由支持他的裁判;他是否可以考虑除了直接关涉法律文义或者立法者意志之外的其他的论据;如果可以的话,是否在不同理由之间存在顺序等。所有这些都是落入法律论证理论处理范畴的问题。"②就此而言,动态体系论作为一种法律论证的法学方法论,恰恰能在这些问题上作出自己的回答。

1. 动态体系论的提出与遭到的质疑

动态体系论发轫于20世纪中叶的奥地利,是为了解决概念法学与自由法学法律评价中存在的问题而被提出来的。该理论首先被用于损害赔偿领域,后来又逐渐扩展到不当得利、合同等领域。③ 时至今日,在婚姻家庭、国家补偿甚至刑事责任领域亦有学说探讨动态体系论的适用问题。④ 动态体系论的主要目的有二:一是实现法律的弹性化处理,克服概念法学僵化可能导致的个案不正义问题;二是去法律评价过程的神秘化,让评价过程看得见、可予反驳且能经得住反驳,正当化评价过程,解决自由法学利益权衡可能导致的司法恣意问题。⑤ 所以从本质上讲,动态体系论是概念法学和自由法学的中间道路,它力求避免法官在依据制定法规定的并无确定内涵外延的衡平、正义、善良风俗或类似概念裁量案件时的司法恣意问题。⑥

由于动态体系论两面树敌,所以其自被提出之日起即遭受来自学界的强烈质疑。质疑者指出:放弃法教义学的构成要件而代以动态体系的论证方法,等于强制

---

① Vgl. Michalski & Döll, Erman BGB, Dr. Otto Schmidt, 2011, §1697a, Rn. 2.

② [德]乌尔弗里德·诺依曼:《法律论证学》,张青波译,法律出版社2014年版,第3~4页。

③ 参见[奥]瓦尔特·维尔伯格:《私法领域内动态体系的发展》,李昊译,载《苏州大学学报(法学版)》2015年第4期。

④ Vgl. Rudolf Westerhoff, Die Elemente des Beweglichen Systems, Dunker & Humblot, 1991, S. 16 f.

⑤ 参见解亘、班天可:《被误解和被高估的动态体系论》,载《法学研究》2017年第2期。

⑥ 参见方新军:《内在体系外显与民法典体系融贯性的实现 对〈民法总则〉基本原则规定的评论》,载《中外法学》2017年第3期。

人们信赖司法机关并将法律保障完全交给法官,由此可能令法的安定性、统一性受损;①动态体系论所倡导的评价方法和为之作出的努力实质上是为法官的恣意提供了正当性论证;②动态体系论强调评价方法的弹性化处理亦可能导致同案不同判,构成对平等原则的违反。③ 另外,动态体系论通过可视化的要素在数量和强度上的相互协作来正当化法律效果评价过程和结论的设想,在实践中操作起来也是困难重重。那么,这样一种功能价值尚无定论的方法论能否作为未成年人最大利益原则的评估工具并指导裁判抚养纠纷呢?

2. 动态体系论作为法律论证方法的作用空间

运用动态体系论的方法讨论抚养纠纷中的未成年人最大利益评估问题,必须表明的基本立场是,动态体系论作为一种法律论证方法,其既非以概念法学所强调的涵摄教条为出发点,也不具有自由法学所倾向的法律非理性主义之立场的主题。④ 这是因为:概念法学所导致的确定主义(认为任何法院裁判由法律完全确定的观点——涵摄教条)不需要论证理论,此种场合唯一正确的答案由法律对法官加以预定,裁判不需要证成。⑤ 法律非理性主义或者决断主义(认为法院的裁判只是法官意志行为的观点)也不存在这样的理论,因为若法官作出的裁判只被看成法官的意志行为,那么何种论述能证成裁判的问题就不会发生作用,法律论证充其量只是作为表面功课、作为裁判单纯意志的掩饰而有意义。相反,动态体系论作为法律论证方法只对第三种立场有实质意义,该第三种立场视法官裁判既非对法律的单纯适用,亦非法官的任意行为,而是没有被法律完全确定,但却是可理性证立的决定。⑥

在抚养权纠纷中,作为抚养权归属界定标准的未成年人最大利益原则虽由制定法确立,但未成年人最大利益原则本身的灵活性特质使其内涵外延本质上处于一种变动不居的状态,通常情形下需要法官依据个案呈现出来的具体要素结合法律内涵的一般规则与思想加以确定。法官在个案中确定未成年人最大利益的过程

---

① Vgl. Josef Esser, AcP 151(1951), S. 555 – 556.

② Vgl. Hans-Martin Pawlowski, Methodenlehre für Juristen: Theorie der Norm und des Gesetzes, C. F. Müller Verlag, 1999, Rn. 230 – 233.

③ Vgl. Rudolf Westerhoff, Die Elemente des Beweglichen Systems, Dunker & Humblot, 1991, S. 67 f.

④ Vgl. Martina Renate Deckert, Folgenorientierung in der Rechtsanwendung, C. H. Beck, 1995, S. 76; Kent D. Lerch, Lesarten des Rechts: Sprache und Medien der Jurisprudenz, Avinus-Verlag, 2008, S. 19.

⑤ Vgl. Rudolf Westerhoff, Die Elemente des Beweglichen Systems, Dunker & Humblot, 1991, S. 21.

⑥ Vgl. Ulfrid Neumann, Juristische Argumentationslehre, Wissenschaftliche Buchgesellschaft, 1986, S. 1 – 2.

并非其自己的完全意志行为，而是在法律预留的空间内通过合规则地利用理性来确定法律效果。这就要求，相应法律效果的评价过程应当去神秘化而具有可视化的特征，由此确保法律效果评价具备可反驳性且能经受得住反驳。在这一点上，利益权衡论无能为力而动态体系论大有可为；因为后者的核心特质就在于将法律效果评价过程以看得见的方式呈现出来，从而达到去其神秘性的效果，为法律效果评价寻得更充分的正当性基础。在法律实践领域，联合国《儿童委员会第 14 号一般性意见》给出的在评判最大利益的框架内拟予考量的要素、方法以及具体遵循的程序等所显现出来的，亦是动态体系论在该领域的存在和所发挥的作用。[①] 也就是说，以动态体系论替代利益权衡论解决未成年人最大利益原则适用中的问题，亦有相当的法律基础。

3. 动态体系论的基本作用方法

动态体系论放弃了概念法学强调的法教义中的固定构成要件，允许裁判者在多个要素中选择最适于个案的一个或数个要素展开最令人信服的论证，并且法律效果亦可随选定要素的强度浮动。在法律效果的评价过程中，动态体系论强调两个基本点：

其一为要素。要素又称动态力量，其非构成要件，亦非绝对的和僵化的；在法律效果评价过程中，它们通过彼此之间的协动来展现自身之于效果评价的影响，这种影响取决于要素的数量、强度和彼此结合的方式。[②] 要素彼此间的协动是指要素之间的互补性，而这种互补性的存在以要素背后隐藏的原理为基础。[③] 对于同一评价对象而言，有可能同时存在多个具备妥当性的原理。这些原理在功能上可能是同质的，亦可能是冲突的。在同质时，通过某一原理的充足度可推知其他同质原理的充足度；而在异质时，由于具有妥当性的原理均应尽可能地被满足，所以必须在相互矛盾的原理中通过权衡实现具有更高充足度的原理，以限制与之矛盾的原理。[④] 这些在内部原理上或同质，或异质的要素，在作用于法效果评价时并非杂乱无章的无序运动，而是在要素限定等前提下体系地相互作用。当然，这里所说的体系亦是开放的，能够包容所有可以想象得到的情形及其特殊性质。[⑤]

---

① 参见《儿童委员会第 14 号一般性意见》第 46 ~ 99 条。

② Vgl. Rudolf Westerhoff, Die Elemente des Beweglichen Systems, Dunker & Humblot, 1991, S. 15.

③ 参见［日］山本敬三：《民法中的动态系统论》，解亘译，载梁慧星主编：《民商法论丛》第 23 卷，金桥文化出版有限公司 2002 年版，第 203 页以下。

④ 参见雷磊：《法律推理基本形式的结构分析》，载《法学研究》2009 年第 4 期。

⑤ 参见［奥］瓦尔特·维尔伯格：《私法领域内动态体系的发展》，李昊译，载《苏州大学学报（法学版）》2015 年第 4 期。

其二为基础评价和原则性示例。动态体系论和要件构成论不同，其并不强调固定的构成要件，而是重视能够协动的要素。要素的满足度决定其所评价的法律效果的强度。若某一要素以特殊强度发生作用，那么其本身就足以正当化法律效果。就此而言，动态体系论本身属于比较命题。当然，在法律效果的评价过程中，仅仅依靠要素的协动尚不足以确定法律效果，对此尚需要基础评价和原则性示例。[①] 其中，基础评价是指在效果评价时仅考虑某一要素，当该要素的满足度达到特定值时，即可确定具体的法律效果。也就是说，基础评价假设存在其他要素相同这一前提。由于通常情形下法律效果皆由多个要素协动得出，且每个要素都处于变动状态，因此需要考虑并存的诸要素在协动时的充足度与是否同质的问题，以确定最终的法律效果，这就是原则性示例。其标准表述是：要素 A × 充足度 a + 要素 B × 充足度 b + …… = 法律效果。[②] 在通常情形下，基础评价和原则性示例由制定法给定，在制定法未规定时，亦可通过学说判例来实现。[③]

在动态体系论视阈下，法官在个案中通过评估最大利益确定未成年人抚养权归属的，应当全面考察并发现个案中影响未成年人最大利益评估的所有要素。对于抚养权归属这一法律效果的确定，应查明是否存在基础评价和原则性示例所确立的要素具体协动规则得以适用的空间：若有，则依此展开；若无，则依基础评价和原则性示例所展现出来的要素协动的一般原理进行评价。在理想状态下，动态体系的法律论证方法可以较好地处理制定法的安定性和法官自由裁量权之间的紧张关系，法律效果评价过程的可视化操作亦有充分保障。[④] 这就极大地提高了法律效果评价过程和结果本身的可反驳性，并使最终的评价结果具有更充分的正当性基础。

二、评估未成年人最大利益原则的要素

动态体系论所强调的利益权衡过程就是不断比较、权衡与取舍利益的过程。[⑤] 正当化法律效果评价过程和结果的重点在于强化论证的实体理由并使相应评价过程去神秘化而能让人看得见，从而使其能够被反驳且可能经受得住反驳。以此为

---

① 参见[日]山本敬三：《民法中的动态系统论》，解亘译，载梁慧星主编：《民商法论丛》第 23 卷，金桥文化出版有限公司 2002 年版，第 231 页以下。

② 参见解亘、班天可：《被误解和被高估的动态体系论》，载《法学研究》2017 年第 2 期。

③ Vgl. Rudolf Westerhoff, Die Elemente des Beweglichen Systems, Dunker & Humblot, 1991, S. 23 ff.

④ Vgl. Rudolf Westerhoff, Die Elemente des Beweglichen Systems, Dunker & Humblot, 1991, S. 79 ff.

⑤ 参见梁上上：《利益衡量论》，法律出版社 2016 年版，第 73 页。

基点，通过动态体系论强调的利益权衡方法解决抚养纠纷中未成年人最大利益原则适用中的最大利益评估正当化问题，首要是查明法律效果评价依凭的要素类型，并以此为基础优化具体的包括实体层面和程序层面的评价规则，从而达到正当化法律效果评价的目的，让判决变得易于被当事人和社会所接受。据此考察司法实践中法院处理抚养纠纷时用于法律效果评价的要素，可以发现通常会被纳入考量范围的要素包括主观、客观要素两大类。

（一）主观要素

主观要素主要表现为未成年人父母、未成年人自身以及其他人关于未成年人究竟由谁抚养的主观态度。

1. 未成年人父母的意思

依据《民法典》第1084条第3款第2句的规定，未成年人父母离婚时若能达成有效抚养协议，则应依据协议解决抚养纠纷。法院一般会认为：抚养协议是夫妻双方已充分考虑各方面情况及孩子的实际生活状况，[①]从有利于子女成长且在父母双方自愿的情况下而达成的一致意见，应推定其是从有利于子女教育及健康成长的角度对子女生活进行的安排。[②] 因此，抚养协议有效时原则上应依据该协议来确定对子女的直接抚养权，[③]除非当事人未依约履行协议确定的抚养义务或发生了不适于依协议继续履行的事宜。[④] 例如，当事人依协议取得抚养权后将子女交由父母看管而自己外出打工的，[⑤]依协议取得抚养权的当事人依法被判刑并在服刑期的，[⑥]或者依协议取得抚养权的当事人身体与智力均存在严重残疾的，[⑦]另一方向法院提起变更之诉能够获得支持。另外，如果离婚时双方约定未成年人由一方抚养，对方每月支付抚养费，但实际履行过程中该未成年人事实上一直由每月应支付抚养费的

① 参见张某跃与韩某变更抚养权纠纷案，新疆生产建设兵团第八师中级人民法院(2015)兵八民一终字第521号民事判决书。

② 参见曹某与汪某变更抚养关系纠纷案，辽宁省丹东市中级人民法院(2015)丹民一终字第00389号民事判决书；聂某与席某甲变更抚养关系纠纷案，湖北省荆门市中级人民法院(2015)鄂荆门中民一终字第00263号民事判决书。

③ 参见孟某祥、薛某同居关系子女抚养纠纷案，山东省临沂市中级人民法院(2022)鲁13民终414号民事判决书；黄某甲与田某变更抚养关系纠纷案，重庆市第五中级人民法院(2015)渝五中法少民终字第07041号民事判决书；胡某与刘某抚养纠纷案，广东省深圳市中级人民法院(2016)粤03民终552号民事判决书。

④ 参见杨某丽与杨某伟变更子女抚养权纠纷案，周口市中级人民法院(2014)周民终字第1880号民事判决书。

⑤ 参见代某某诉张某变更抚养关系纠纷案，辽宁省开原市人民法院(2015)开老民三初字第00073号民事判决书。

⑥ 参见山东省济南市天桥区人民法院民事判决书，(2015)天少民初字第27号。

⑦ 参见河南省安阳市滑县人民法院民事判决书，(2011)滑民初字第119号。

一方实际抚养且该方自愿维持现状，此时法院通常会承认既成事实而认为由事实抚养一方继续抚养该未成年人更有利于其健康成长。①

缺乏有效抚养协议的，若父母一方主张抚养权而另一方不主张或拒绝抚养，②除非有其他要素介入，如未成年人愿意由拒绝抚养的一方抚养等，③原则上主张抚养的一方会获得抚养权；若父母双方均主张抚养权，④或均不主张抚养权，⑤则由法院结合其他要素来确定抚养人。

2. 未成年人自身的意思

《儿童委员会第 14 号一般性意见》明确表示，“任何不按儿童年龄或成熟程度考虑儿童意见，或不赋予儿童意见应有考虑的决定，并不尊重儿童对确定其大利益可发挥的影响”。在其看来，“儿童年龄非常小，或者处于弱势的境况（即：残疾、隶属小数人群体、系为移民等），既不剥夺其表达本人意见的权利，也不会在判定其最大利益时，削弱赋予其意见的分量”。成员国须“确保儿童本身在决策进程中所发挥的作用，并在必要时，提供合理便利和支持，以确保儿童全面参与对其最大利益的评判”。⑥ 作为缔约国，我国司法实践在贯彻这一立场上仍存在改进空间。

一方面，依据原《婚姻法》（2001 年修正）第 36 条第 3 款、最高人民法院《关于人民法院审理离婚案件处理子女抚养问题的若干具体意见》（已失效）第 5 条及第 16 条第 3 项的规定，若 10 周岁以上的未成年人明确表示自己愿意由谁来抚养，则法院在确定抚养人时对此应予充分考虑。《民法典》第 1084 条第 3 款第 3 句将这里的 10 周岁修改为 8 周岁，规定子女满 8 周岁的应尊重其真实意愿。《未成年人保护法》（2020 年修订）第 107 条第 2 款中亦有类似规定，即法院“审理离婚案件，涉及未成年子女抚养问题的，应当尊重已满八周岁未成年子女的真实意愿”。在司法实践中，法院一般认为，尽管未成年人尚不具有完全行为能力，不能就自己的最大

---

① 参见龚某、郑某抚养纠纷案，浙江省宁波市中级人民法院（2021）浙 02 民终 5920 号民事判决书。

② 参见钱某、胡某东同居关系子女抚养纠纷案，河南省周口市中级人民法院（2021）豫 16 民终 6396 号民事判决书。

③ 参见郑某林与周某云变更抚养权纠纷案，辽宁省沈阳市中级人民法院（2014）沈中少民终字第 00116 号民事判决书。

④ 参见杨某苔、吴某显同居关系子女抚养纠纷案，贵州省黔东南苗族侗族自治州中级人民法院（2022）黔 26 民终 315 号民事判决书；王某与朱某甲抚养纠纷案，江苏省泰州市中级人民法院（2016）苏 12 民终 1042 号民事判决书；邹某辉与晏某同居关系纠纷案，广西壮族自治区玉林市玉州区人民法院（2016）桂 0902 民初 2875 号民事判决书。

⑤ 参见侯某与谢某抚养纠纷案，河北省邢台市中级人民法院（2016）冀 05 民终 433 号民事判决书；江某、段某变更抚养关系纠纷案，贵州省黔西南布依族苗族自治州中级人民法院（2017）黔 23 民终 594 号民事判决书。

⑥ 《儿童委员会第 14 号一般性意见》第 53、54 条。

利益作出理性判断，但其在一定范围内仍具有一定辨别和判断能力，故其据此作出的选择在法律上亦应被尊重。[①] 未成年人被法律所尊重的辨别和判断能力，与未成年人的年龄成正比。一般而言，对于满足制定法规定的年龄条件的未成年人的选择，法院原则上会在综合考量其他情形的前提下予以支持。[②]

另一方面，即使是满足制定法规定的年龄条件的未成年人的意思，也仅是法院确定其抚养人时应予考量的要素而非决定要素。有法院表示：即使满足制定法规定的年龄条件的未成年人明确表示愿随父亲或者母亲一方生活，但由于其是未成年人，认识事情难免带有情绪化，具有片面性，因此其所作出的选择并不是变更抚养关系的充分依据。[③] 也有法院认为，虽然个案中的未成年人尚未达到制定法规定的年龄条件，但其对日常生活亦有一定理解力，故其选择应被支持。[④] 相近的另一案件的法院则认为，尚未满足年龄条件的未成年人虽有选择，但仍不具备独立的认知能力和判断能力，从而法院对其选择未予支持。[⑤] 另外，未成年人如虽具备一定意思能力但意思反复变化而不能确定其真实意思，如忽而选择随父亲生活，忽而选择随母亲生活，则法院通常会综合考量其他要素来确定未成年人的抚养人。[⑥]

3. 其他相关人的意思

实践中，与未成年人或其直接抚养人生活上存在密切关系的人对于是否继续抚养被抚养人的主观态度，会影响该未成年人抚养权的归属。一般而言，在不考虑其他要素介入的前提下，若与抚养人在生活上有密切联系的人愿意帮助其照顾未成年人，法院通常会优先考虑由该方获得抚养权。对此，《民法典婚姻家庭编解释一》第 47 条中亦明确规定了“祖父母或者外祖父母要求并且有能力帮助子女照顾孙子女或者外孙子女的”，可以作为父或者母直接抚养子女的优先条件予以考虑。

---

① 参见马某么、马某力同居关系子女抚养纠纷案，甘肃省兰州市中级人民法院(2021)甘 01 民终 5369 号民事判决书；原告赵某丽与被告蔡晓伟变更抚养权纠纷案，河南省漯河市舞阳县人民法院(2011)舞民初字第 600 号民事判决书。

② 参见张某 1、康某变更抚养关系纠纷案，山东省德州市中级人民法院(2017)鲁 14 民终 1570 号民事判决书；邢某赵某慧变更抚养关系纠纷案，黑龙江省齐齐哈尔市中级人民法院(2017)黑 02 民终 2452 号民事判决书。

③ 参见邓某兰与杨某户变更抚养权纠纷案，四川省绵阳市中级人民法院(2015)绵民终字第 2565 号民事判决书。

④ 参见张某与代某某变更抚养权纠纷案，辽宁省铁岭市中级人民法院(2016)辽 12 民终 336 号民事判决书。

⑤ 参见马某甲与袁某变更抚养关系纠纷案，山西省吕梁市中级人民法院(2015)吕民一终字第 1044 号民事判决书。

⑥ 参见焦某、王某抚养纠纷案，甘肃省平凉市中级人民法院(2022)甘 08 民终 219 号民事判决书；任某甲与付某某变更抚养权纠纷案，吉林省延边朝鲜族自治州中级人民法院(2016)吉 24 民终 110 号民事判决书。

从实践中的惯常做法看,此处应予考虑的主体范围显然并不局限于未成年人的祖父母、[1]外祖父母,[2]抚养人的兄弟姊妹、[3]再婚配偶、[4]其他亲属[5]等的主观意愿,都在法院考量的范围之内。

当然,其他人的主观意愿除必须是不违反法律规定或公序良俗的外,还需要满足法律规定的特定形式或程序要件,否则亦不会产生主观意愿所欲实现的目的效果。例如,有法院将外祖父母送养刚出生的外孙而母亲未予反对的主观意志推定为自愿,[6]或者父母自愿将子女送给他人收养,[7]即便这些场合中的收养人有明确的收养意思,但若收养程序本身并不合法,也不会产生行为人所欲实现的收养法律效果。嗣后发生抚养纠纷的,司法实践当然支持生父母的抚养权。

(二)客观要素

相较于主观要素,实践中用以界定抚养权归属的客观要素更为纷繁复杂。从生效判决书中进行归纳,可以将法院评价时所考量的要素区分为如下类型。

1. 生活环境

此处的生活环境,既包括主观要素构成的环境,如主要照顾者、家庭成员之间的关系状况、未成年人的人际交往及由此形成的人际关系如伙伴关系,也包括客观要素构成的环境,如居住条件、社区环境、就读学校等及由此交汇而成的影响其生活习惯与人格塑造的客观环境。[8] 在司法实践中,生活环境的稳定性、连续性与未成年人对生活环境的熟悉性、亲近性、适应性等,均是法院确定抚养权归属的考量

---

① 参见韦某艳、王某文同居关系子女抚养纠纷案,贵州省黔南布依族苗族自治州中级人民法院(2021)黔27民终5211号民事判决书;王某思、谢某同居关系子女抚养纠纷案,福建省南平市中级人民法院(2021)闽07民终2107号民事判决书。

② 参见易某与任某甲变更抚养权纠纷案,河南省信阳市中级人民法院(2016)豫15民终517号民事判决书;翟某林与何某抚养权纠纷案,湖南省永州市中级人民法院(2015)永中法民二终字第100号民事判决书。

③ 参见贾某某与李某某同居关系子女抚养权纠纷案,河南省荥阳市人民法院(2013)荥崔民初字第2号民事判决书。

④ 参见秦某、耿某1抚养纠纷案,广东省广州市中级人民法院(2016)粤01民再131号民事判决书;侯某与谢某抚养纠纷案,河北省邢台市中级人民法院(2016)冀05民终433号民事判决书。

⑤ 参见王某与阎某变更抚养关系纠纷案,北京市昌平区人民法院(2015)昌民初字第6490号民事判决书。

⑥ 参见王某、林某英与邹某英变更抚养关系纠纷案,广东省湛江市中级人民法院(2015)湛中法民一终字第742号民事判决书。

⑦ 参见彭某、赵某与田某抚养纠纷案,山东省菏泽市中级人民法院(2015)菏少民终字第23号民事判决书。

⑧ See Sanford Katz, John Eekelaar & Mavis Maclean, *Cross Currents-Family Law and Policy in the United States and England*, Oxford University Press, 2000, p. 435.

要素。[①] 一般而言,若无其他要素介入,未成年人事实上已长期随父亲或母亲生活的,那么,法院会考虑此种情形下未成年人业已形成的生活习惯及其对现有生活环境的依赖性而优先考虑由事实上与其长期生活在一起的父亲或母亲取得直接抚养权。[②] 对此,《民法典婚姻家庭编解释一》第 46 条第 2 项亦规定,“子女随其生活时间较长,改变生活环境对子女健康成长明显不利”的,可优先考虑子女继续与其共同生活。[③]

但由于生活环境界定本身具有不确定性,司法实践难免顾此失彼或评判不一。例如,仅就人际关系而言,法院一般会强调父母子女之间的良好亲子关系的经营与维持,[④]亦重视对孙子女/外孙子女与祖父母/外祖父母因实际抚养而建立起来的亲密关系的保护,[⑤]但往往忽略对多个未成年子女场合中兄弟姐妹共同相处关系的保护。在涉及多个未成年子女抚养权纠纷的场合,法院原则上仅在涉及双胞胎抚养纠纷时才会以双胞胎之间的特殊关系为由,认为“分开生活将对其身心造成不良影响”,从而支持由父亲或母亲一方抚养所有未成年子女。[⑥] 抚养协议约定夫妻各抚养双胞胎中的一个,法院亦会支持。[⑦] 对于非双胞胎的未成年子女,法院原则上会判决由一方直接抚养一个而非全部,[⑧]除非存在其他介入要素,如抚养协议明确约

---

① 参见程某、刘某凤同居关系子女抚养纠纷案,湖北省高级人民法院(2021)鄂民申 4239 号民事裁定书。

② 参见曾某、李某同居关系子女抚养纠纷案,湖南省娄底市中级人民法院(2022)湘 13 民终 633 号民事判决书;江某、段某变更抚养关系纠纷案,贵州省黔西南布依族苗族自治州中级人民法院(2017)黔 23 民终 594 号民事判决书;杨某甲与张某甲变更抚养关系纠纷案,安徽省合肥市中级人民法院(2014)合民一终字第 00418 号民事判决书。

③ 参见胡某慧、张某玉同居关系子女抚养纠纷案,江西省抚州市中级人民法院(2021)赣 10 民终 1762 号民事判决书;张某、景某同居关系子女抚养纠纷案,甘肃省平凉市中级人民法院(2021)甘 08 民终 1441 号民事判决书。

④ 参见黄某与雷某变更抚养关系纠纷案,湖北省随州市中级人民法院(2015)鄂随州中民一终字第 00279 号民事判决书。

⑤ 参见翟某林与何某抚养权纠纷案,湖南省永州市中级人民法院(2015)永中法民二终字第 100 号民事判决书;陈某甲与陈某乙变更抚养权纠纷案,福建省福州市中级人民法院(2016)闽 01 民终 425 号民事判决书。

⑥ 参见王某某与娇某变更抚养关系纠纷案,山东省青岛市中级人民法院(2014)青少民终字第 45 号民事判决书;白某与孙某甲同居关系子女抚养纠纷案,江苏省苏州市中级人民法院(2015)苏中少民终字第 00008 号民事判决书。

⑦ 参见上诉人欧某某与被上诉人杜某某抚养权纠纷案,湖南省衡阳市中级人民法院(2011)衡中法民一终字第 41 号民事判决书。

⑧ 参见钟某梅与黄某全变更抚养关系纠纷案,广东省梅州市中级人民法院(2014)梅中法民一终字第 320 号民事判决书;封某玲张某河离婚案,河北省石家庄市中级人民法院(2013)石民一终字第 00249 号民事判决书。

定一方直接抚养全部子女,[①]或未成年子女的年龄、性别、自主选择等均指向父母中的一方等。[②] 这种做法固然可以降低某一直接抚养人的经济负担,或平息抚养纠纷,但实质上却可能违背未成年人最大利益原则的要求。[③]

实践中,法院亦会因未成年人生活环境中人际关系的复杂性、易融入性等问题而将之与抚养权的归属联系起来:若父母一方再婚而另一方未再婚的,法院通常情形下会优先考虑由未再婚一方取得抚养权;[④]若双方均再婚的,法院通常会考虑由无子女或子女较少的一方取得抚养权。[⑤] 当然也存在例外,例如,法院会因已婚或有子女及多子女的一方在其他方面更具优势而考虑由其取得直接抚养权。[⑥] 另外,未成年子女与父亲或母亲另行组建的家庭成员之间的关系和睦与否等,亦构成法院确定抚养权归属的考量要素。[⑦]

2. 自然血亲

依据通常理解,自然血亲意义上的父母基于天性而当然成为未成年人最大利益的天然守护者,因此法律一般承认,生父母对未成年人的抚养权具有法律上的优先地位。[⑧] 例如,《民法典》"总则编"第 26 条第 1 款及第 27 条,"婚姻家庭编"第三章第二节的父母子女关系和其他近亲属关系亦围绕自然血亲的父母子女关系来构建,父母对未成年子女有监护职责,负有抚养义务。除非发生《民法典》第 36 条规定的情形,父母监护资格被依法撤销,否则父母应依据《民法典》第 35 条、第 1068 条等以最有利于未成年人利益的原则履行其职责,教育、保护未成年子女;当然,父

---

① 参见吴某某与吴某某 1 变更抚养权纠纷案,河南省安阳市中级人民法院(2009)安民二终字第 296 号民事判决书。

② 参见白某某与华某变更抚养权纠纷案,陕西省榆林市中级人民法院(2014)榆中民一终字第 00062 号民事判决书。

③ 参见何海澜:《善待儿童:儿童最大利益原则及其在教育、家庭、刑事制度中的运用》,中国法制出版社 2016 年版,第 73 页。

④ 参见李某艳与娄某平变更抚养关系纠纷案,吉林省白山市中级人民法院(2016)吉 06 民终 106 号民事判决书;孟甲与孟乙变更抚养关系纠纷案,黑龙江省伊春市中级人民法院(2016)黑 07 民终 27 号民事判决书。

⑤ 参见李某与宋某变更抚养关系纠纷案,山东省临沂市中级人民法院(2014)临民一终字第 351 号民事判决书;曹某与汪某变更抚养关系纠纷案,辽宁省丹东市中级人民法院(2015)丹民一终字第 00389 号民事判决书。

⑥ 参见易某甲与任某甲变更抚养关系纠纷案,河南省光山县人民法院(2015)光民初字第 01679 号民事判决书。

⑦ 参见刘某峰与王某洁变更抚养关系纠纷案,宁夏回族自治区银川市中级人民法院(2017)宁 01 民终 1706 号民事判决书。

⑧ 参见朱晓峰:《论德国收养法上的最大利益标准与同性伴侣的共同收养》,载梁慧星主编:《民商法论丛》第 53 卷,法律出版社 2013 年版,第 359 页。

母亦有权依据《民法典》第1094条等在符合条件时将未成年人送养。

对此,有法院在判决书中明确表述:未成年人的父母是未成年人第一序位的法定监护人,其对于未成年人享有法定的亲权,该亲权因父母子女间身份关系的发生而自然发生,表现为父母对未成年子女以教养保护为目的,在人身和财产方面权利义务的统一。亲权不得随意抛弃、转让,非依法定事由亦不得被限制或消灭。① 当夫妻一方死亡的,生存方当然为子女的唯一抚养人,死者的父母是第二顺位的监护人,在生存方尚不存在《民法典》第36条规定的法定撤销情形时,不具有抚养权。②如果外祖父母将外孙子女送养而生母未作相反意思表示的,③或父母将子女送养但不符合法定收养程序的,④生父母依然是被送养人的法律上的父母,发生抚养纠纷时,法院当然支持生父母的抚养权。至于未成年人与事实抚养人之间因事实抚养关系而已经建立的对于未成年人而言至关重要的亲密情感关系和稳定生活环境,则不在考虑之列。⑤

实践中,自然血亲亦仅是确定抚养权的重要考量要素而非唯一要素。对于夫妻约定以男方精子与他人提供的卵子结合形成受精卵并植入代孕者体内所出生的孩子,在男方死亡而卵子提供者、子宫提供者均不主张孩子抚养权的前提下,在主张孩子抚养权的基因意义上的祖父母和事实上一直抚养孩子的基因父亲的妻子之间,法院依据实际抚养所形成的父母子女关系支持了后者的抚养主张。⑥ 问题是,在我国当前代孕非法的情形下,对于夫妻双方约定在代孕合法的国家以夫之精子结合他人卵子形成体外受精卵,再经第三人代孕所生的子女,若夫妻双方争议抚养权归属,在基因母亲和孕母均下落不明或不主张抚养权时,究竟应考量何种要素来确定抚养权人,我国的司法实践对此亦存在疑问。

3. 经济条件

人之身心健康的维护,首先取决于经济状况,为保障未成年人最大利益的实

---

① 参见吴某秉等与霍某玲抚养权纠纷上诉案,广东省佛山市中级人民法院(2006)佛中法民一终字第808号民事判决书。

② 参见穆某甲、杨某某与仁某某抚养权纠纷案,青海省西宁市中级人民法院(2016)青01民终298号民事判决书。

③ 参见王某、林某英与邹某英变更抚养关系纠纷案,广东省湛江市中级人民法院(2015)湛中法民一终字第742号民事判决书。

④ 参见彭某、赵某与田某抚养纠纷案,山东省菏泽市中级人民法院(2015)菏少民终字第23号民事判决书。

⑤ 对此,德国司法实践中存在不同观点。Vgl. NJW 1989, S. 519.

⑥ 参见罗荣某、谢某某诉陈某监护权纠纷案,上海市第一中级人民法院(2015)沪一中少民终字第56号民事判决书。

现，抚养人必须满足最低限度的经济条件要求。[①] 法院对此的通常表述是，“经济条件更为优越，能为该子女提供更有利于健康成长的生活环境”。[②] 因此一般情形下，法院亦会支持经济条件较好的一方取得抚养权。[③] 在实践中，经济条件的界定标准是争议双方是否有固定的住房、稳定的收入等。在法院看来：若没有固定的住所、收入，就无法对孩子尽到抚养、监护义务；[④]若不能解决住房问题，就无法给孩子提供稳定的生活、学习环境。[⑤] 所以法院原则上支持有固定住所、稳定收入，能为孩子成长提供更多经济支持的一方的权利主张。[⑥] 在实践中，法院认定的由固定住所、稳定收入等结合而成的经济条件并不意味着打工者就当然没有固定住所和收入，亦不会因一方打工而当然否定其抚养主张。[⑦]

另外，法院认定的经济条件主要是由抚养人本人的收入、住房等构成的综合物质条件，抚养人之外的其他人如抚养人父母、兄弟姐妹的收入以及住房等并不能等同于抚养人本人的经济条件，原则上不能作为判定抚养权的标准。[⑧] 但如果抚养人的父母、兄弟姐妹经济条件较好且愿意帮助抚养人照顾未成年子女，那么法院亦会将之作为确定抚养权的考量要素。[⑨]

当然，实践中亦有观点反对以经济条件确定抚养权的归属。在这些法院看来：孩子的抚养问题由多种因素决定，抚养人收入高低并不能对孩子的身心健康起决

---

① Vgl. Witgar Oeschger, Die Pflege-und Adoptivkinderversorgung: eine psychologisch-heilpädagogische Studie, Schweiz Unversitätsverlag, 1957, S. 74 f.

② 林某与杜某变更抚养关系纠纷案，黑龙江省哈尔滨市中级人民法院(2015)哈民二民终字第689号民事判决书。

③ 参见任某甲与付某某变更抚养权纠纷案，吉林省延边朝鲜族自治州中级人民法院(2016)吉24民终110号民事判决书；王某明与王某翔变更抚养权纠纷案，重庆市第四中级人民法院(2010)渝四中法民终字第518号民事判决书。

④ 参见王某与薛某文变更抚养关系纠纷案，山西省运城市中级人民法院(2015)运中民终字第2075号民事判决书。

⑤ 参见戴某某与陈某某变更子女抚养权纠纷案，福建省龙岩市中级人民法院(2014)岩民终字第564号民事判决书。

⑥ 参见刘某与房某抚养纠纷案，江苏省连云港市中级人民法院(2015)连少民终字第00161号民事判决书；上诉人张某因变更抚养权纠纷案，河北省邯郸市中级人民法院(2013)邯市民一终字第25号民事判决书。

⑦ 参见封某玲张某河离婚案，河北省石家庄市中级人民法院(2013)石民一终字第00249号民事判决书。

⑧ 参见岳某与李某同居关系子女抚养权纠纷案，河南省信阳市中级人民法院(2013)信中法民终字第1646号民事判决书。

⑨ 参见易某与任某甲变更抚养权纠纷案，河南省信阳市中级人民法院(2016)豫15民终517号民事判决书；张某与代某某变更抚养权纠纷案，辽宁省铁岭市中级人民法院(2016)辽12民终336号民事判决书。

定作用;[①]经济条件不是小孩抚养的唯一条件,仍要考虑其他抚养条件。[②] 这些法院在判决中普遍强调,孩子的健康成长不仅与父母创造的住房、生活等外在物质条件有关系,更重要的是关爱、陪伴以及良好的亲子关系、家庭环境,[③]仅考虑经济条件是否更好,不考虑孩子年幼更加需要母亲抚养和照顾以及抚养条件、抚养意愿等问题,并不利于其健康成长。[④]

4. 父母职业

由于父母的职业与其社会地位、经济条件、人际交往、有无照顾未成年子女的充裕时间、生活经验以及相应的教育能力等密切相关,法院在通常情形下会将父母从事的职业与其是否能够获得抚养权联系起来。

从法院当前所持的一般立场观察,教师、[⑤]医生、[⑥]工作自由度高且收入稳定的私人理财顾问、[⑦]手工艺人[⑧]等主张抚养权的请求较易获得支持;而那些需要经常出差的如建筑师、[⑨]运输工,[⑩]或长期在外打工[⑪]的父母,主张抚养权的请求往往较难获得支持。法院的核心考虑在于,对子女的抚养照顾需要充裕的时间和精力,[⑫]父母从事的工作越具有稳定性、规律性,时间越宽松自由,收入越稳定丰厚,则其越能保障抚养子女所需的时间、精力和质量;相反,若父母的工作缺乏稳定性,如以打工

---

① 参见江苏省徐州市沛县人民法院民事判决书,(2015)沛大民初字第0584号。

② 参见肖某某诉谢某甲变更抚养关系纠纷案,广东省河源市中级人民法院(2015)河中法民一终字第697号民事判决书。

③ 黄某与雷某变更抚养关系纠纷案,湖北省随州市中级人民法院(2015)鄂随州中民一终字第00279号民事判决书。

④ 参见晏某、邹某辉同居关系子女抚养纠纷案,广西壮族自治区玉林市中级人民法院(2017)桂09民终53号民事判决书。

⑤ 参见赵某与薛某离婚纠纷案,江苏省淮安市中级人民法院(2015)淮中民终字第00602号民事判决书。

⑥ 参见孙某诉田某离婚纠纷案,贵州省贵阳市中级人民法院(2015)筑民三终字第267号民事判决书;郑某某与周某某变更抚养权纠纷案,沈阳市铁西区人民法院(2014)沈铁西少民初字第102号民事判决书。

⑦ 参见王某与阎某变更抚养关系纠纷案,北京市昌平区人民法院(2015)昌民初字第6490号民事判决书。

⑧ 参见万某与曾某甲抚养纠纷案,湖北省孝感市中级人民法院(2014)鄂孝感中民一终字第00255号民事判决书。

⑨ 参见施某与沈某离婚纠纷案,山东省济南市长清区人民法院(2013)长民初字第2363号民事判决书。

⑩ 参见龙某某与龙某甲变更抚养权纠纷案,湖南省湘西土家族苗族自治州中级人民法院(2017)湘31民终671号民事判决书;张某与代某某变更抚养权纠纷案,辽宁省铁岭市中级人民法院(2016)辽12民终336号民事判决书。

⑪ 参见朱某林与路某兰变更抚养关系纠纷案,山东省济南市中级人民法院(2014)济民五终字第78号民事判决书。

⑫ 参见晏某、邹某辉同居关系子女抚养纠纷案,广西壮族自治区玉林市中级人民法院(2017)桂09民终53号民事判决书。

为生的，或无法保证充裕的时间来亲自照顾子女的，如经常出差、在国外工作等，则可能无法满足抚养子女所需的时间和精力要求。[①] 因此，实践中法院通常亦会承认特定职业相较于其他职业更有利于子女的抚养教育。在某初中生的抚养纠纷案中，法院即表示，已是初中生的未成年人需要接受良好的教育和面对人生道路、社会等一系列问题，此时需要父母尤其是学校的老师给予正确的指引和帮助，而被上诉人既是父亲，又是从事多年初中教学工作的老师，整天面对与其女儿年龄相仿的学生，其在与女儿的沟通，对女儿学习上的帮助、人生道路上的指引等方面，显然要比上诉人（母亲）更有优势。[②]

在实践中，若父母一方主张对子女的抚养权但其因工作原因不能亲自照顾或照顾时间无法保证，即使其父母、兄弟姐妹等能提供帮助照顾，法院亦会优先考虑在时间和精力上有保障的一方取得抚养权；[③]若父母双方均因工作无法为子女的抚养提供充分照顾时，则法院会考量其他要素以确定抚养权归属，[④]如一方的经济条件优于另一方；[⑤]若父母双方的工作均具有稳定性、规律性，则法院会进一步通过考虑职业自由度、收入高低等来确定直接抚养权的归属。[⑥] 例如，对于同样从事财务工作的夫妻，法院认为从事私人金融理财服务的父亲要比从事普通财务工作的母亲自由度更高，收入更稳定，更具备抚养子女所需的条件。[⑦]

由于未成年人在不同年龄段需要父母陪伴照顾的时间并不完全相同，法院在考虑父母职业时亦会将此纳入考量范围。例如，对于已经到了就学年龄的子女的抚养照顾，相关案例的审判法院认为："因张乙已至就学年龄，无须父母白天陪伴，且抚养不等同于贴身照顾，给孩子上兴趣班，也是抚养的一种形式，张甲认为唐某

---

① 参见朱某、王某3同居关系子女抚养纠纷案，河北省承德市中级人民法院（2022）冀08民终1190号民事判决书。

② 参见赵某与薛某离婚纠纷案，江苏省淮安市中级人民法院（2015）淮中民终字第00602号民事判决书。

③ 参见马某辉与曹某萍变更抚养权纠纷案，吉林省吉林市中级人民法院（2014）吉中民一终字第502号民事判决书。

④ 参见张某与代某某变更抚养权纠纷案，辽宁省铁岭市中级人民法院（2016）辽12民终336号民事判决书。

⑤ 参见万某与曾某甲抚养纠纷案，湖北省孝感市中级人民法院（2014）鄂孝感中民一终字第00255号民事判决书。

⑥ 参见韦某某与蓝某某变更抚养权纠纷案，广西壮族自治区南宁市中级人民法院（2014）南市民一终字第1101号民事判决书。

⑦ 参见王某与阎某变更抚养关系纠纷案，北京市昌平区人民法院（2015）昌民初字第6490号民事判决书。

某平时上班，双休日送孩子读兴趣班，属于不能抚养情形的观点，法院难以采信。”[①] 当然，父母若因特定原因而完全没有陪伴照顾子女的时间，则其抚养请求亦不会被法院支持。[②] 对此，比较法经验中亦存在类似立场。例如，德国即有法院认为，没有充分时间照顾子女的，则很难建立亲密的亲子关系，即使建立了此种关系，也时常存在破裂的危险，而这显然有悖于未成年人最大利益原则。[③]

5. 教育问题

未成年人的教育问题，既与其现实利益密切相关，亦决定其未来的发展利益。基于此，实践中法院主要从客观的教育条件和主观的教育方式两个方面出发，判定究竟由谁抚养更有利于子女最大利益的实现。

就客观的教育条件而言，一方面，有法院认为，特定地区的教育质量相较于其他地区更具优势，例如，北京比成都更有优势，[④]城市教育条件优于农村的教育条件。[⑤] 在不受其他要素干扰时，教育条件更好的一方通常会优先取得抚养权。另一方面，若子女已随父母一方在某地入学且已形成较稳定的学习习惯和环境，那么法院亦会以维持此种学习环境为由而支持该方的抚养请求。[⑥]

就主观的教育方式而言，究竟是宽松民主的教育方式还是权威家长式的严厉方式更有利于未成年人最大利益的实现？例如，有的已满10周岁的未成年人表示，因其父亲对其管教过严，尤其是学习上要求较高，对父亲产生惧怕心理，故而要求随同母亲生活。对此，相关案例的一审法院认为：望子成龙是天下所有父母之期望，父亲对其用心培养要求严格无可厚非，但方式应稍作改进，注意与女儿的沟通方法，寻求能使其更容易理解接受的方式进行。[⑦] 二审法院亦认为：父亲严格的教育方式，与生活照顾、学习辅导、品格培养及成长环境稳定等一样，都属于一个系统而复杂的过程，而未成年人的认识难免带有情绪化、片面性，过于草率，因此应支持

---

① 张甲与唐某某变更抚养关系纠纷案，上海市第二中级人民法院（2015）沪二中少民终字第37号民事判决书。

② 参见崔某风与张某子女抚养纠纷案，周口市中级人民法院（2013）周民终字第1053号民事判决书。

③ Vgl. Rainer Frank, J. von Staudingers Kommentar zum Bürgerliches Gesetzbuch mit Einführungsgesetz und Nebengesetzen, Buch 4. Familienrecht § § 1741 – 1772, Sellier de Gruyter, 2001, S. 62 – 63.

④ 参见王某与阎某变更抚养关系纠纷案，北京市昌平区人民法院（2015）昌民初字第6490号民事判决书。

⑤ 参见张某与代某某变更抚养权纠纷案，辽宁省铁岭市中级人民法院（2016）辽12民终336号民事判决书。

⑥ 参见田某某与翟某变更抚养权纠纷案，辽宁省本溪市中级人民法院（2014）本民三终字第00110号民事判决书。

⑦ 参见邓某某与杨某某变更抚养权纠纷案，四川省梓潼县人民法院（2015）梓民初字第1324号民事判决书。

父亲的直接抚养请求权。[①] 可以发现，法院事实上对严厉的教育方式持肯定立场，但是为了让孩子更容易接受，其倡导一种缓和的方法。对此，比较法经验中亦存在类似立场的司法实践。例如，在德国司法实践看来，无论是自由民主式的还是权威家长式的教育方式，只要不能证明对未成年人存在具体的不利后果，则都具有同等的分量。[②]

6. 性别

与《民法典》第 1084 条第 3 款第 1 句的立法本意一致，当前的司法实践亦普遍承认性别在界定抚养纠纷中的重要价值。

在实践中，一般而言，当不存在有效抚养协议或母亲并无不适于抚养子女的情形时，母亲对 2 周岁以下的子女享有优先抚养权。法院通常认为，“孩子一出生所能体验到的第一份情感就是母爱，幼儿对母亲有着本能的依恋”，[③]因此婴幼儿由母亲直接抚养更有利于其成长。[④]《民法典婚姻家庭编解释一》第 44 条第 1 句对此亦予承认。

若离婚双方对 2 周岁以上的女儿的抚养权产生争议，法院一般会优先支持母亲的诉求。[⑤] 法院通常认为，基于女孩的生理特点，其随母亲生活更方便。[⑥] 尤其是对那些处于青春期的女孩来说，与母亲的沟通更方便，孩子随母亲生活，更有利于家长及时地了解和掌握孩子的心理、生理变化，便于适时予以疏导和处理。[⑦] 在法院看来，母亲的性别优势不仅体现在与女儿之间所共同具备的生理特点上，也体现在女性一般所具有的感情细腻、细心体贴之中。因此，在其他可供考量的要素大致

---

① 参见邓某兰与杨某户变更抚养权纠纷案，四川省绵阳市中级人民法院（2015）绵民终字第 2565 号民事判决书。

② Vgl. Hans-Ulrich Maurer, Annahme an Kindes Statt: Vorbemerkungen, In: Dieter Schwab (Hrsg.), Münchener Kommentar zum Bürgerlichen Gesetzbuch, Band 8, Familienrecht Ⅱ: §§ 1589 – 1921, C. H. Beck, 2008, S. 1339.

③ 姜某与庹某变更抚养关系纠纷案，湖北省十堰市中级人民法院（2016）鄂 03 民终 1129 号民事判决书。

④ 参见秦某、耿某 1 抚养纠纷案，广东省广州市中级人民法院（2016）粤 01 民再 131 号民事判决书；齐某与宋某抚养纠纷案，河北省沧州市中级人民法院（2016）冀 09 民终 3716 号民事判决书；黄某与罗某 1 离婚纠纷案，江苏省无锡市中级人民法院（2017）苏 02 民终 3978 号民事判决书。

⑤ 参见白某某与华某变更抚养权纠纷案，陕西省榆林市中级人民法院（2014）榆中民一终字第 00062 号民事判决书。

⑥ 参见张某与代某某变更抚养权纠纷案，辽宁省铁岭市中级人民法院（2016）辽 12 民终 336 号民事判决书。

⑦ 参见胡某乙与胡某甲变更抚养关系纠纷案，安徽省黄山市中级人民法院（2016）皖 10 民终 170 号民事判决书；江某、段某变更抚养关系纠纷案，贵州省黔西南布依族苗族自治州中级人民法院（2017）黔 23 民终 594 号民事判决书。

相当时,法院亦会优先考虑由母亲抚养儿子。①

当然,母亲的性别优势在司法实践中亦存在例外。例如,父亲已事实上长期抚养子女且未有明显不利于子女成长情形的,②或女儿与父亲感情较好而愿意由其继续抚养的,③法院亦会支持父亲的抚养主张。另外,对处于青春发育期的女儿来讲,若父亲在教育上更有优势,则母亲的性别优势即被抵消,法院一般会支持父亲的主张。④

7. 身体状况

在实践中,无论是离婚双方还是未成年子女,又或是与离婚双方有特定法律关系的人如其父母等,若患有特定疾病,则可能会影响法院对于抚养权归属的判定。

在子女患病的情形下,如果其所患疾病导致其必须与长时间共同生活的人一起生活,如阿斯伯格综合症,则法院原则上会支持与其长期一起生活一方的抚养请求。⑤ 若子女在被父母一方抚养期间多次生病住院,如果这并非抚养人怠于履行抚养义务所致,则法院并不会就此剥夺其抚养子女的权利。⑥

比较法上的经验显示,抚养人的健康状况必须保证其足以自主持续地抚养未成年人,若有违这一目的的实现,法院即会拒绝其权利主张。⑦ 当然,实践中判断抚养人是否患有不适宜抚养子女的疾病,通常情形下需要有资质的医疗机构出具的书面证明作为凭证。⑧ 此亦为我国司法实践所承认。若父母一方所患疾病足以影响未成年子女健康成长,如智力一级残疾且手足残疾,无劳动能力,⑨或者还有较为

① 参见姜某与庹某变更抚养关系纠纷案,湖北省十堰市中级人民法院(2016)鄂03民终1129号民事判决书。

② 参见余某辉与方某平同居关系子女抚养纠纷案,湖南省岳阳市中级人民法院(2022)湘06民终815号民事判决书;刘某与房某抚养纠纷案,江苏省连云港市中级人民法院(2015)连少民终字第00161号民事判决书。

③ 参见孔某某与黄某飞同居关系子女抚养权纠纷案,河南省安阳市中级人民法院(2010)安民一终字第582号民事判决书。

④ 参见赵某与薛某离婚纠纷案,江苏省淮安市中级人民法院(2015)淮中民终字第00602号民事判决书。

⑤ 参见翟某与罗某某变更抚养关系纠纷案,广东省惠州市中级人民法院(2015)惠中法民一终字第483号民事判决书。

⑥ 参见王某某与刘某变更抚养权纠纷上诉案,湖南省衡阳市中级人民法院(2011)衡中法民一终字第442号民事判决书。

⑦ Vgl. FamRZ 1991, S. 1101, 1102.

⑧ Vgl. FamRZ 1989, S. 427.

⑨ 参见河南省安阳市滑县人民法院民事判决书,(2011)滑民初字第119号。

严重的抑郁症，[①]则法院原则上不会支持其主张的抚养请求。若离婚一方已因工伤丧失劳动能力，考虑到此种情形下再拒绝其对已与其长期共同生活的子女的抚养权会导致其对生活了无希望，则法院会优先考虑由丧失劳动能力的一方取得抚养权。[②] 若是父母一方患有传染疾病，但该传染病对子女健康成长并无大碍或并未恶化，如肝炎等，则法院并不会因此拒绝其主张的抚养请求。[③]《民法典婚姻家庭编解释一》第 46 条第 4 项中对此亦明确规定，“患有久治不愈的传染性疾病或者其他严重疾病……不宜与子女共同生活”，子女应随他方生活。

需要注意的是，若女方患有不宜再怀孕的疾病如子宫肌瘤，[④]或已做绝育手术，[⑤]则其抚养主张会被法院优先考虑；但若其明知自己已做绝育手术并在离婚时不主张抚养权，[⑥]或在抚养协议中明确约定子女由男方抚养，[⑦]或患有不宜怀孕但并非不能怀孕的疾病，[⑧]则法院并不会优先考虑支持其主张。

另外，未成年人祖父母/外祖父母身体健康与否亦会影响法院的判定。依据《民法典婚姻家庭编解释一》第 47 条的规定，若祖父母/外祖父母身体健康且愿意帮助照顾未成年人，则法院会优先考虑承认该方的抚养权。相反，若祖父母/外祖父等身患疾病或年老体衰，无力帮助照顾未成年人，则法院会慎重考虑是否由该方行使抚养权。[⑨]

8. 其他

在实践中，还存在大量其他的要素影响抚养权的归属。例如，为特定抚养人的

---

① 参见张某 1、孙某变更抚养关系纠纷案，山东省日照市中级人民法院(2021)鲁 11 民终 3020 号民事判决书。

② 参见贾某芳与李某灵同居关系子女抚养权纠纷案，河南省郑州市中级人民法院(2014)郑民一终字第 1412 号民事判决书。

③ 参见李某艳与娄某平变更抚养关系纠纷案，吉林省白山市中级人民法院(2016)吉 06 民终 106 号民事判决书；郝某 2 与张某子女抚养及返还彩礼纠纷上诉案，河南省焦作市中级人民法院(2008)焦民终字第 1213 号民事判决书。

④ 参见阳某龙与袁某秀变更抚养权纠纷案，湖南省长沙市中级人民法院(2015)长中民未终字第 06552 号民事判决书。

⑤ 参见李某与宋某变更抚养关系纠纷案，山东省临沂市中级人民法院(2014)临民一终字第 351 号民事判决书。

⑥ 参见吴某某与吴某某 1 变更抚养权纠纷上诉案，河南省安阳市中级人民法院(2009)安民二终字第 296 号民事判决书。

⑦ 参见赵某琴与高某发变更抚养权纠纷案，甘肃省庆阳市中级人民法院(2014)庆中民终字第 486 号民事判决书。

⑧ 参见花某与周某甲变更抚养关系纠纷案，江苏省无锡市中级人民法院(2014)锡民终字第 2011 号民事判决书。

⑨ 参见王某明与王某翔变更抚养权纠纷案，重庆市第四中级人民法院(2010)渝四中法民终字第 518 号民事判决书。

利益、[1]抚养人除抚养纠纷中的未成年子女外是否还有其他子女需要抚养、[2]抚养人的行为习惯如家庭生活中是否存在暴力行为、抚养人是否因犯罪正在服刑或有刑事处罚的经历[3]等，对此，《民法典婚姻家庭编解释一》第 46 条第 4 项作了概括规定。

（三）要素体系的开放性

动态体系的法律论证重视用于法律效果评价的要素的发现和整理，这也是为《儿童委员会第 14 号一般性意见》所赞同的。依据该意见，若为了就某一具体措施如抚养权的归属作出决定，那么在评判和确定最大利益时，首先应采取的步骤就是“在案情的具体实际情况范围内，查明哪些是最大利益评判所涉的相关要素，赋予这些要素具体的内容，并较之其他要素，划定每项要素的比重”［第 46 条 a)］。其指出，最大利益概念本身包含了评判和权衡所有必要的要素（第 47 条），但由于“评判儿童的最大利益是一项特殊的活动，应参照每个儿童和一般儿童的具体情况，按逐个案情进行”（第 48 条）。依据该意见，最大利益的评判要素是所有与所涉个体儿童各自特点相关的情况，如：年龄；性别；成熟程度；经验；隶属某个少数群体；患有生理、感知或智力残疾；该儿童本身所处的社会和文化境况，诸如家长是否在身边、儿童是否与其父母一起生活；儿童与其家人或者照料者之间的关系实质；家庭可诉诸的其他维持生计手段的性质；亲属的家庭规模或照料者等（第 48 条）。但正如动态体系论所坚持的作用于法律效果评价的要素体系具有开放性、弹性特征一样，该意见也承认，一份并非详尽无疑、不分层次等级的要素清单更有利于评判和确定儿童最大利益（第 50 条）。这实质上意味着，对此具有核心意义的是如何在典型的、非典型的要素间协调处理法的安定性和司法的自由裁量间的紧张关系，确保法的目的即儿童最大利益的实现。

三、评估未成年人最大利益原则的基本规则

由于法院评估未成年人最大利益所依凭的不同要素内含的利益类型并不相同，所以在涉及多个要素共存场合的利益权衡过程中，法院既可能需要在同一性质

---

① 参见贾某芳与李某灵同居关系子女抚养权纠纷案，河南省荥阳市人民法院（2013）荥崔民初字第 2 号民事判决书。

② 参见杨某苔、吴某显同居关系子女抚养纠纷案，贵州省黔东南苗族侗族自治州中级人民法院（2022）黔 26 民终 315 号民事判决书。

③ 参见崔某风与张某子女抚养纠纷上诉案，周口市中级人民法院（2013）周民终字第 1053 号民事判决书；徐某甲与徐某乙变更抚养关系纠纷案，山东省济南市中级人民法院（2015）济少民终字第 138 号民事判决书。

或同种类的利益之间衡量，如对同属物质利益范畴的经济收入与住房情况等进行比较，也可能需要在不同性质或种类的利益之间衡量，如对属于物质利益的经济条件与属于精神利益的未成年人的主观意愿进行比较。前者属于同质利益，因为具有可公度性而可以进行易被当事人接受的量化比较；后者属于异质利益，因具有不可公度性而在比较衡量时难于操作，容易引发纠纷。[①] 但这并不意味着异质利益在法律适用层面全然无法衡量。学理上普遍承认，在现实社会的法律适用层面具有衡量异质利益的相应条件，其中居于核心位置的是共同体成员在不同利益或价值之间形成的基本价值共识和具体制度共识。[②] 也就是说，当纯规范性考量中的异质利益之间不能证立优先关系时，可以诉诸法共同体的合意，这一合意决定了何种法源的联合被接受为解释论证的基础。[③] 正是因为这种合意或共识的存在，解决了法律适用层面异质利益不可公度性的障碍，为未成年人最大利益原则评估中的利益权衡提供了正当性与合法性基础。

（一）具体制度共识中的利益权衡规则

在抚养纠纷的解决中，前述主观、客观要素通过利益权衡而在抚养权归属这一法律效果评价过程中相互作用，各以其强度和彼此的结合与反对，最终作用于整体的法律效果评价，并且“并非所有的要素都与每一起案情相关，不同的要素可以不同的方式作用于不同的案情”[④]。在这些要素具体的作用过程中，因为共同体的合意而形成的具有共识的规则，一部分存在于制定法中，另一部分经由司法实践而以司法解释的形式呈现出来。其中，存在于制定法中的规则具有基础性，可以作为其他具有共识的具体规则的发现和确认依据，可被称为基础规则；而形成于司法实践的规则是就具体要素的作用与权衡方式作出的规定，不得违反基础规则中内含的一般法律思想，可被称为具体规则。

《民法典》“总则编”第 36 条第 1 款、“婚姻家庭编”第 1084 条第 3 款等确定的构成要素和干扰要素作用于未成年人最大利益评估的基础规则有三：

一是哺乳期内的子女原则上由哺乳的母亲抚养。[⑤]

二是哺乳期后的子女，父母达成抚养协议的，依据抚养协议确定抚养权归属。

---

① See Mathew Adler, *Law and Incommensurability: Introduction*, 146 University of Pennsylvania Law Review 1169 (1998).

② 参见梁上上：《异质利益衡量的公度性难题及其求解——以法律适用为场域展开》，载《政法论坛》2014 年第 4 期。

③ 参见［德］乌尔弗里德·诺依曼：《法律论证学》，张青波译，法律出版社 2014 年版，第 123 页。

④ 《儿童委员会第 14 号一般性意见》第 80 条。

⑤ 参见杨某、陈某抚养纠纷案，甘肃省平凉市中级人民法院（2022）甘 08 民终 150 号民事判决书。

三是实施严重损害未成年人身心健康的行为或严重侵害未成年人合法权益的其他行为,怠于履行监护职责或无法履行监护职责并且拒绝将监护职责部分或全部委托给他人导致未成年人处于危困状态的,不得抚养未成年人。

其中,第一项规则依据幼年原则而将抚养权归属的评价要素限定为“年龄+性别”要素;[①]第二项规则依据父母是未成年子女最大利益的天然看护者而将考量要素限定为父母的主观意愿;[②]第三项规则依据国家适度介入理论强调对抚养人保有抚养权的行为限制。[③] 通常情形下,作为构成要素的前两项规则中的“年龄+性别”和父母主观意愿要素,在多个要素并存时,若没有作为干扰要素的第三项规则中的禁止性要素的影响,即可依其自身强度作用于未成年人最大利益的评估,并正当化相应的法律效果评价。相反,若在多个要素共存时存在第三项规则中的干扰要素,则该规则构成对前两项规则的根本性反对,前两项规则即不能证成相应的法律效果评价。由此可以发现,这三项基础规则内含的多个要素共同作用于未成年人最大利益评估时应当遵循的一般规律是:反向作用于最大利益认定的干扰要素,若严重损害未成年人合法权益尤其是人身权益的,则抵消并吞噬构成要素正向作用于最大利益评估的积极效果,二者共同作用于法律效果评价时存在该干扰要素的一方不能取得对未成年人的抚养权;在不存在严重损害未成年人合法权益的干扰要素的前提下,再来权衡构成要素之于最大利益评估的积极影响。也就是说,在优先次序上,首先应予考量的是未成年人的合法权益不因特定要素而严重减损,其次才应考虑利益因特定要素而积极增加。

以未成年人最大利益评估中利益权衡方法应遵循的基础规则为基础,分析《民法典婚姻家庭编解释一》确立的于司法实践中形成的具有共识性的具体规则,可以发现这些规则存在如下问题:

第一,纳入利益权衡范畴的要素并没有完全围绕未成年人最大利益原则展开。例如,《民法典婚姻家庭编解释一》第46条第1项、第3项规定的应予优先考量的要素包括一方已做绝育手术或因其他原因丧失生育能力,或一方无其他子女而另一方有其他子女,这些要素实质上与未成年人的利益并无实质关系。

---

① See Lynne Marie Kohm, *Tracing the Foundations of the Best Interests of the Child Standard in American Jurisprudence*, 10 Journal of Law and Family Studies 368 (2008); Lynn D. Wardle & Laurence C. Nolan, *Fundamental Principles of Family Law*, William S. Hein & Co., 2002, p. 858.

② 德国联邦宪法法院认为这源自父母的天然属性。参见BVerfGE 64, 180(188)。

③ 参见姚毅奇、冯源:《论国家对父母监护人资格的干预——以剥夺监护权第一案为例》,载《海峡法学》2015年第3期。

第二，基础规则中内含的诸要素共存时作用于法律效果评价的一般规律并未完全体现在这些具体规则中。例如，《民法典婚姻家庭编解释一》第56条第3项规定若“已满八周岁的子女，愿随另一方生活，该方又有抚养能力”，那么“父母一方要求变更子女抚养关系的，人民法院应予支持”，即明显违背了上述第二项基础规则所确立的利益权衡规则。

第三，基础规则存在于制定法的一般条款中，应具有向社会生活中可能存在的各种要素开放的空间，从而赋予法官自由裁量空间，方便其在个案审理中能通过利益权衡方法评估最大利益。为解决基础规则不确定导致的司法恣意问题，势必要求具体规则确定的各要素作用于最大利益评估的规则应具有相对确定性，但《民法典婚姻家庭编解释一》的具体规则显然大部分都不具备这一点。

针对具体规则存在的问题，围绕未成年人最大利益原则的立法目的，应从当前法秩序内在体系内含的一般法律思想的一致性和外在体系的构成规则彼此之间的协调性入手，以未成年人的年龄要素为标准，遵循基础规则内含的一般规律而从下述方面改进司法实践中形成的具体规则。

1. 2周岁以下的未成年子女

作为第一项基础规则即幼年原则的例外，在下述要素的共同作用下可以认定由父亲抚养子女更有利于其最大利益的实现：

第一，父母协商子女随父生活且对子女成长并无不利，父亲一方不存在为第三项基础规则确定的干扰要素而可能严重损害未成年人合法权益的情形。

第二，母亲一方存在的干扰要素如患有久治不愈的传染疾病导致子女不宜与其共同生活，且父亲一方亦不存在类似的严重影响子女合法权益的干扰要素。

第三，母亲具备抚养条件而不尽抚养义务或无法履行抚养职责且拒绝将该职责委托给他人，导致子女处于危困状态，而父亲在具备构成要素如要求子女随其共同生活的主观意愿的同时，没有严重影响子女合法权益的干扰要素。

2. 2周岁以上的未成年子女

作为父母合意原则的例外，多个要素共同作用于2周岁以上未成年人抚养权归属的界定时，通过利益权衡方法评估未成年人最大利益应区分三种情形：

第一，父母双方均具备主观构成要素即均希望取得抚养权，其中一方具备客观构成要素如子女随其生活时间较长，另一方具有干扰要素如患有久治不愈的传染疾病或其他严重疾病导致子女不宜与其共同生活的，则应由“主观构成要素＋特定客观构成要素”的一方取得抚养权，不得由“主观构成要素＋客观干扰要素”的一方取得抚养权。此时利益权衡的核心关注点是，争议双方是否存在第三项基础规则中强调的干扰要素可能导致的子女合法权益受损问题，若存在这样的干扰要素，无论其具备其他何种构成要素，皆不能获得抚养权。

第二，父母双方具备的主客观构成要素基本相同，若其中一方存在如下构成要素，即子女已单独随祖父母/外祖父母共同生活多年，且后者主观上要求、客观上能够帮助子女照顾孙子女/外孙子女，则应由具备该构成要素的一方取得抚养权。对法院来说，在没有第三项基础规则强调的干扰要素反向作用于最大利益评估时，若争议双方正向作用于最大利益评估的构成要素的种类与数量并无实质不同，那么应由引入更多构成要素的一方获得抚养权。此处强调的与祖父母/外祖父母相关的要素正是具有高度社会共识的构成要素，引入其可以显著增强法院作出相应法律效果评价的正当化论证效果。

第三，对于年满 8 周岁的未成年人而言，其愿意随哪一方共同生活的意愿构成支持该方的主观构成要素，法院确定抚养权归属时应予充分考虑。该具体规则是对第二项基础规则所确立的父母合意原则的必要补充。在司法实践中，具有高度社会共识的是，父母是子女利益的天然看护者，所以无论是存在有效抚养协议，还是父母就抚养发生争议时抚养或不抚养子女的主观意愿，原则上都会被认为是为了子女的利益。这样，未成年人自身的意愿就被忽视了。现代法治社会的普遍共识是，意志自由的每个人是自身利益的最佳判断者。[①] 即使未成年人并不具备完全行为能力，但其自身的意愿亦不能被完全无视，[②]不能径直以父母的意愿取代未成年人对自身利益的评判。在此意义上，法院在个案中通过利益权衡方法评估最大利益时引入未成年人的意志要素，可以强化抚养纠纷法律效果评价时用于论证的其他构成要素的正当性。

（二）具体制度共识外的利益权衡规则

在诸要素的协动中，一种要素并非仅涉及某一利益的实现，而是从不同角度彰显数种不同的利益。例如，经济要素既涉及未成年人的经济利益，亦与其“即期利益”和“远期利益”的实现密切相关；未成年人的主观意愿既是其意志自由的体现，亦与其精神利益和心理健康密切相关。鉴于诸要素在作用于最大利益评估时所彰显的利益时而交叉时而对立的实情，可依据要素所要彰显的利益的内涵外延是否一致而将之区分为同质要素和异质要素。前者具有相同的内涵外延而以相同的方式作用于最大利益的评估，因此法官在利益权衡时易于比较；后者则如异质利益一

---

① 参见熊丙万：《私法的基础：从个人主义走向合作主义》，载《中国法学》2014 年第 3 期。

② 参见吴鹏飞：《儿童权利一般理论研究》，中国政法大学出版社 2013 年版，第 168 页。

般缺乏可公度性,需要通过寻求社会共识来解决利益权衡中的要素比较问题。就此而言,尽管现行法律体系下围绕未成年人最大利益评估形成的具有较高共识度的基础规则和具体规则仍存在不少问题,例如有的规则偏离未成年人最大利益原则进行利益权衡,部分规则仍具有较大的不确定性,未能完全涵盖司法实践中发现的作用于最大利益评估的要素,等等,但在剔除那些与最大利益评估无关的要素的影响之后,仍能通过这些具有较高共识度的规则克服最大利益原则本身不确定所可能导致的法的安定性受损问题,较好地实现这一原则的灵活性与法的可预见性之间的适度平衡。尤为重要的是,对于实践中存在的大量的无法被存在共识性的基础规则和具体规则涵摄处理的情形,亦即存在规整漏洞时,可以依据具体制度共识中所展现出来的诸要素协动作用于最大利益评估的一般规律处理。具体而言,可以依据多个要素共存时作用方向的同异而区分为两种情形进行处理。

1. 要素共存且作用方向一致

第一,具体纠纷中所涉及的要素均属构成要素,且构成要素背后隐藏的原理同质,如生活环境、经济条件等构成要素都体现未成年人最大利益保护所应坚守的继续原则,①既关涉未成年人的"即期利益",亦影响其"远期利益"的实现,这些构成要素的原理即为同质。其同向协动,即使诸构成要素的充足度均不够充分,亦可以正当化论证过程和最终得出的法律效果本身。

第二,诸构成要素背后隐藏的原理异质,例如,以继续原则为核心基点的生活环境、经济要素等与发展原则为基础的教育要素等共存。尽管这些要素的原理不同,但因其同向发生作用,彼此间协动时并无矛盾而是补充与强化的关系,因此在评价时亦可以正当化论证过程和法律效果。

第三,具体纠纷中构成要素和干扰要素共存,一方当事人具备若干构成要素,如在经济条件、职业属性、生活环境等方面具有优势,而另一方具有若干干扰要素,如疾病、不良生活习惯等,那么此种干扰要素可以强化对方的构成要素的充足度,此时构成要素和干扰要素即可形成合力而同向作用于最终的法律效果。当然,若共存的构成要素和干扰要素中的某一项以特殊的强度发生作用,那么该要素自身就足以正当化抚养权归属的论证过程和结论,而无须再考虑共存的其他要素的充足度和效果。例如,父母一方具有不良生活习惯且可能严重影响子女身心健康的,如吸毒、酗酒、滥交或者有严重虐待子女的倾向,则此种干扰要素即可强化另一方充足度不充分的构成要素,从而在不过多考虑其他构成要素的背景下,使对方取得

① 参见王葆莳:《"儿童最大利益原则"在德国家庭法中的实现》,载《德国研究》2013年第4期。

抚养权的论证过程和结果正当性无虞。

2. 要素共存但作用方向相反

由于抚养权纠纷中至少涉及两方主张由自己独立取得抚养权，所以要素共存且方向一致的属少数，而要素共存但方向相反的多属常态。当要素共存但方向相反时，一般而言，抚养权归属的论证和得出取决于一方所具备的构成要素抵消干扰要素之后是否优于另外一方依此得出的结论，最后由取得优势的一方抚养子女。[①]在具体的利益权衡过程中，一般来说，同质要素之间是数值上的量化比较，而异质要素之间的比较主要是通过共同体中存在的社会共识来完成的。这些社会共识既包括由基础规则和具体构造构成的具体制度共识，亦包括抽象层面的价值共识。这些取得较高社会共识的基础价值以及利益位阶的优先顺序，为异质要素之间的比较提供了可能。[②]

首先，诸要素协动作用但方向相反，互相冲突时，彰显未成年人精神、心理利益的要素和体现其物质利益的要素，在要素背后的利益位阶上，谁更具有优先性？比较法上的经验表明，发达国家更重视未成年人的精神、心理利益的保护和完善，而发展中国家则更重视物质利益的保障。[③] 在我国当前的法律实践中，由于未获得直接抚养权的一方亦有抚养未成年子女的义务，其应依据法律规定或者当事人约定向子女提供抚养费。在未成年人健康成长所需之物质利益得到基本保障的前提下，司法实践事实上更重视对子女精神、心理的充分保护。有审理法院在判决书中明确指出："涉及婚生子的成长，不仅与父母创造的住房、生活等外在物质条件有关系，更为重要的是关爱、陪伴以及良好的亲子关系、家庭环境。"[④]法院在这里考虑的隐藏在要素背后的一般原理所彰显的基础价值较优的正当性基础，更多的是在于影响未成年人身心健康的客观事实构成而非主观价值判断。[⑤]

其次，诸要素协动作用但方向相反、相互矛盾时，如存在"即期利益"和"远期利益"的冲突取舍时，如何确定抚养权归属才更有利于未成年人的最大利益？如抚养

---

① 参见梁慧星：《裁判的方法》（第4版），法律出版社2021年版，第291页。

② 参见梁上上：《异质利益衡量的公度性难题及其求解——以法律适用为场域展开》，载《政法论坛》2014年第4期。

③ 参见冯源：《儿童监护事务的国家干预标准——以儿童最大利益原则为基础》，载《北京社会科学》2016年第3期。

④ 湖北省随州市中级人民法院民事判决书，(2015)鄂随州中民一终字第00279号。

⑤ 对于未成年人最大利益的评估更多是基于心理学事实而非生理学事实，学理上的接近理论、母爱剥夺理论和回溯理论对此提供了充分论证。详细讨论参见 Mary Banach, *The Best Interests of the Child: Decision-Making Factors*, 79 Families in Society: The Journal of Contemporary Human Services 331 (1998)。

纠纷中的一方可以为子女提供更好的教育，更优质的社交平台，这些发展机会的提供有助于子女远期利益的实现，符合促进原则；另一方则可以为子女提供更多的陪伴，有助于维护其已有的生活环境和人际交往关系，更有利于其“即期利益”的实现，符合继续原则。此种场合，何种利益应当获得保护？当前司法实践和学理对此存在不同见解。例如，对于子女的教育究竟应采取严苛的更有助于其“远期利益”实现的方式，还是应以其“即期利益”即心理、精神上的愉悦舒适为主？司法实践中法院的基本立场是，应在确保“即期利益”的前提下追求“远期利益”。法院对此的具体表述是：抚养人对子女用心培养而要求严格无可厚非，但应改进方式，寻求能使子女更易理解接受的方式进行。① 依据内含于基础规则和具体规则中的多个要素共同作用于最大利益评估时利益权衡应遵循的优先次序，即未成年人的利益不因特定要素而减损应被优先考量，其次才是那些可以使未成年人利益积极增加的要素。据此可以推论，当“即期利益”和“远期利益”冲突时，前者应受到优先保护。核心理由在于，“远期利益”的实现建立在“即期利益”的保护之上，若“即期利益”未能受到充分保护而未实现，那么“远期利益”的实现亦无从谈起。当然，正如《儿童委员会第14号一般性意见》已指出的那样，基于未成年人的能力会不断演进的事实，法官亦应在判决作出后根据嗣后变化了的事实而考虑对已作出的评价进行修订和调整，而非作出确定的和不可逆转的决策。② 据此，考虑到未成年人发展的可能情景，法官在利益权衡中对未成年人作出的短期和长期分析，并非终局性的，而是嗣后可以根据变化了的事实进行调整。

（三）小结

事实上，正如支持利益权衡方法的学理所主张的：利益权衡论抛弃了法教义学所坚持的机械的构成要件外壳，将法官价值评价的内核展现出来，从而能够得出令人信服的理由和结论。③ 法官在通过利益权衡方法评估未成年人最大利益并决定抚养权归属的过程中，若制定法与司法实践确立的存在共识的基础规则与具体规则能涵摄相应的用于评价的要素，则法院应依据这些规则正当化相应的法律效果评价；若抚养纠纷中所涉要素不在这些规则的涵摄范围，则应依这些具有较高共识的规则中所展现出来的法官在利益权衡时应遵循的一般规律来推论个案中作用于

---

① 参见邓某兰与杨某户变更抚养权纠纷案，四川省绵阳市中级人民法院(2015)绵民终字第2565号民事判决书。

② 参见《儿童委员会第14号一般性意见》第84条。

③ Vgl. Frank O. Fischer, Das Bewegliche System als Ausweg aus der dogmatischen Krise in der Rechtspraxis, AcP 197 (1997), S. 603 f.

抚养权归属这一法律效果评价的规则。此处的一般规律可以理解为在长期的复杂的司法适用过程中,渐次形成达致统一的规律性的处理方案。这样才能最大可能地克服个案中利益权衡的恣意,并使超越法律文本上的利益权衡方法亦成为法律秩序的一个环节,而不是超越法律秩序的特例。① 经此,未成年人最大利益原则适用中的灵活性和可预见性的矛盾庶几可以缓解,通过利益权衡方法评估未成年人最大利益的初始目的亦可实现。

四、评估未成年人最大利益原则的程序保障

所谓程序,就是为法律性决定的选择而准备的相互行为的系统。② 在抚养纠纷中,该系统运作的实质就是争讼双方向法官表述代表自己利益的观点以说服法官保护该利益,由法官对各种利益进行权衡并选择法律上应优先予以实现的利益加以保护。因此,从利益权衡角度看,作为运作系统的程序既是争讼当事人的利益表达机制和竞争机制,也是法官对具体案件中所涉利益的选择机制与披露机制。③ 通过程序,可以将法律效果评价的过程外显,从而使法官依据利益权衡方法进行论证的过程去神秘化,使论证的可反驳性增强,强化论证结果的正当性基础。④

利益权衡方法强调通过适当程序将法官在具体案件审判中的法律效果评价过程外显的立场,实际上与《儿童委员会第 14 号一般性意见》中未成年人最大利益原则的程序性保障一致。在后者看来,未成年人最大利益不仅是一项实质性权利和基本的法律解释原则,也是一项行事规则,这意味着最大利益的评判和确定必须具备程序性保障。该意见要求,缔约国负责未成年人事务决策的组织必须设立严格遵循程序保障的包括评估结果机制在内的正式、透明、客观程序,协助法官作出直接涉及未成年人事务的决策。⑤ 在此意义上,《未成年人保护法》(2020 年修订)第 109 条规定了法院在审理离婚、抚养、收养、监护、探望等案件时涉及未成年人的,有权自行或者委托社会组织对未成年人的相关情况进行社会调查。该规定值得肯定,但仍有进一步改进的空间。据此,结合《儿童委员会第 14 号一般性意见》,抚养纠纷中通过利益权衡方法评估最大利益时应着重强调的程序保障机制包括表达机

---

① 参见李国强、孙伟良:《民法冲突解决中的利益衡量——从民法方法论的进化到解释规则的形成》,载《法制与社会发展》2012 年第 1 期。

② Vgl. Niklas Luhmann, Rechtssoziologie, Aufl., 2, Westdeutscher Verlag, 1983, S. 141.

③ 参见梁上上:《利益衡量论》,法律出版社 2016 年版,第 105 页。

④ 参见张卫平:《民事诉讼法》,中国人民大学出版社 2011 年版,第 16 页。

⑤ 参见《儿童委员会第 14 号一般性意见》第 6、87 条。

制、披露机制、选择机制。①

(一)表达机制

表达机制尤其强调对未成年人意愿的尊重,因此首先应保障与未成年人的沟通,保证其实质参与并明辨适于其最大利益的评判与确定过程。与未成年人的沟通包括向其宣传该程序本身以及可能适合的解决方案与服务,掌握他们的情况并征询其意见。在未成年人表达意见的过程中,只要未成年人希望表达其意见或者通过代理人表达意见,那么代理人即履行了沟通未成年人真实意思的义务。若未成年人与其代理人的观点冲突,则必须确立一个必要时可以让未成年人要求相应主管机关为其另行指定新代理人的程序。

个案中的每一个未成年人都是独一无二的,各有其特点与需求,所以在表达机制上,对于其最大利益的评估只能由掌握了未成年人身心发展事务专业知识的专职人员作出。具体而言,首先应当由经过专门培训,特别是经过未成年人心理、发展以及其他相关人类和社会发展领域的培训,具备从事与未成年人相关之事务的一般经验,并且能以客观立场对待所收集获取的信息的人,在安全良好的环境中展开正式的评估程序。其次,对未成年人最大利益的判断,应尽可能地交由跨学科领域的专业人员组来作出。由于表达机制中强调事实的确定问题,所以评判和确定未成年人最大利益的专职人员必须掌握作用于法律效果评价的一切要素。这些专职人员只有在收集和获取具体案件的事实和信息并对其予以核实和分析之后,才可以对未成年人的最大利益作出评判。这就要求,必须从程序上保障这些专职人员能当面询问那些接近未成年人的人、日常生活中与未成年人接触的其他人以及某些特定事件的证人等各方面的人员,以便其掌握评价所需要的要素。

最后,法官在对未成年人的最大利益作出最终评估时,当事的未成年人必须得到适当的法律代理。在具体案件移交给涉及确定儿童最大利益的司法程序时,未成年人除代其发表意见的监护人外,还应当有一位法律代理,以便处理所作结论所涉各方之间发生的冲突。

(二)披露机制

披露机制是将法官通过利益权衡方法评估未成年人最大利益这一过程以看得见的方式呈现出来从而去其神秘化的核心保障。为了表明未成年人所享有的将其最大利益作为首要评判标准的权利获得了应有的尊重,所有涉及未成年人的决策必须列明动机、理由和作出解释。其中,动机必须清晰表明所有涉及未成年人的实

---

① 参见《儿童委员会第14号一般性意见》第89~90、92~94、96~98条。

际情况、查明的哪些要素与最大利益的评估密切关联,逐案阐明这些要素的内容以及其如何协动以确定未成年人的最大利益。若决策与未成年人的意见不同,那么必须明确说明理由。若最终的决策与未成年人最大利益不符,则必须说明如此选择的理由,并且证明尽管如此,仍将最大利益作为首要考虑的理由。论证必须以令人信服的方式表明,未成年人的最大利益尚不足以压倒其他考虑的理由,必须就本案所涉及的一切要素详尽地表明,为何其他考虑的理由具有更为重要的分量,仅泛泛声称其他考虑的理由优先于未成年人最大利益是不够的。

(三)选择机制

应在尽可能短的时间内优先履行或完成涉及或影响未成年人最大利益的程序或者行事过程。因为随着时间的流逝,决策的拖延或耽误,会对未成年人产生尤其不利的影响。另外,相关决策时机的选择,应尽可能顺应未成年人如何因该决策而受益的态势,且随着未成年人的成长及其表达能力的提高,经过合理的间隔期后,应对之前所作的所有涉及该未成年人的决策进行评估,例如,随着未成年人的成长及社会经济水平的发展而适时对之前判决确定的抚养费数额予以增加等。[①] 这要求,应参照决策作出时未成年人的意见、其嗣后不断演进的能力与发展,定期对涉及未成年人的照料、抚养等措施进行审议。

基于实践中可能发生某项决策并不符合评估未成年人最大利益相关程序和实体的情形,应当在法律制度层面建立起就此决策进行复审或诉讼的审核与修订机制,并使未成年人知道存在这样的机制。这样,一旦发现程序保障没有被尊重,存在事实错误,没有充分履行未成年人最大利益的评估或者过多考虑了其他的争议性要素,那么未成年人或其法律代理人即可提出复审或诉讼。审查机构必须就此进行核查并作出裁判。

(四)小结

作为《儿童权利公约》的缔约国,我国落实未成年人最大利益的程序性保障机制,集中在以未成年人作为被告的民事、刑事领域,抚养纠纷领域的程序保障仍将进一步完善。[②] 这就导致依据最大利益原则确定抚养权归属的评价过程可视性不强,容易产生司法恣意问题。例如,实践中有法院在未成年人未清晰充分表达自己

---

① 参见刘某1、刘某2抚养纠纷案,山西省高级人民法院(2021)晋民申1224号民事裁定书。

② 参见《中华人民共和国关于〈儿童权利公约〉执行情况的第三、四次合并报告》第41-45段,载中华人民共和国外交部官方网站,https://www. mfa. gov. cn/web/wjb_673085/zfxxgk_674865/gknrlb/tywj/tyqk/201009/t20100907_9277072_shtml。

意愿的情形下径直以法官的意志确定抚养权的归属，[①]还有法院在法律推论时没有充分说明理由而径直以其他考量因素优先于未成年人最大利益来确定抚养权归属，[②]等等。从利益权衡论证方法的视阈出发，为强化以未成年人最大利益原则为评价依据的法律效果评价的确定性和可预见性，也为了预防可能的司法恣意问题，理应结合《儿童委员会第 14 号一般性意见》的要求进一步完善和强化现行法律制度中的程序性保障措施。[③]

五、本章结论

以未成年人最大利益原则为抚养权归属的评价标准，与当今各国保护未成年人利益的整体时代趋势相吻合。但是，未成年人最大利益原则本身的特性导致其只能在具体案件中由法官依具体情况进行个性化界定，这使在抚养纠纷中通过利益权衡方法考量作用于最大利益评估的要素，往往会导致同案不同判，影响法的可预见性和安定性。对此，应检讨并合理控制利益权衡方法的运用，将未成年人最大利益原则之于抚养权归属这一法律效果评价的过程外显，使评价本身具有可反驳性且可能经受得住反驳，从而正当化法律效果评价并切实保障未成年人最大利益的实现。具体而言，在优化利益权衡方法的实体规则构造上，应以抚养纠纷中所涉及的主、客观要素为基础，发现制定法中存在高度共识的基础规则中依构成要素和干扰要素正当化法律效果评价的一般规律，确定和完善司法实践中形成的具有较高共识的多个要素共同作用于最大利益评估的具体规则，并以这些存在共识的基础规则和具体规则中内含的要素尤其是多个要素共同作用于未成年人最大利益评估和法律效果评价的一般规律为基础，为不在这些基础规则和具体规则涵摄范围内的要素的利益权衡，提供论证思路。在利益权衡的程序规则构造上，应从表达机制、披露机制和选择机制等方面着手，强化可视化的要素协动评价过程，解决以利益权衡方法作用于最大利益评估和法律效果评价时因过程过于神秘所致的结论缺乏可反驳性的问题，最终有助于预防未成年人最大利益原则适用中利益权衡方法所倡导的法官自由裁量权的运用所可能导致的对于制定法本身的危害，维护法的安定性。

---

① 参见任某甲与付某某变更抚养权纠纷案，延边朝鲜族自治州中级人民法院(2016)吉 24 民终 110 号民事判决书。

② 参见贾某芳与李某灵同居关系子女抚养权纠纷案，河南省荥阳市人民法院(2013)荥崔民初字第 2 号民事判决书。

③ 参见戴激涛：《儿童最大利益原则的司法适用难题及其破解——从查理·加德案和阿尔菲·埃文斯案说起》，载《人权研究》2021 年第 1 期。

第七章　赡养关系:孝道理念在当代私法中的运用与启示

孝道在我国一直以来都是全社会普遍重视的家庭伦理道德。在民法典编纂过程中,学理与实务中有观点主张,在婚姻家庭立法的指导思想上应强调中华民族传统伦理道德,以促进人民安居乐业并维系社会、国家的稳定,[①]其中就包括了将孝道等在我国传统伦理道德中具有重要价值且在当代社会生活中仍继续发挥作用的家庭美德纳入民法典规范体系的合理诉求。[②]《民法典》"婚姻家庭编"第 1043 条在原《婚姻法》(2001 年修正)第 4 条的基础上增加一款,明确规定"家庭应当树立优良家风,弘扬家庭美德,重视家庭文明建设",即是立法者对这种社会诉求的及时回应。[③] 事实上,在我国传统社会道德法律化的背景下,因孝道而衍生出来的行为规则具有强行法效力。在当代社会背景下,尽管孝道不再被制定法明确规定,但早已融入民族精神的孝道文化仍深刻影响着社会生活中每个人的思想观念和行为选择,导致相应的法律实践亦需深切关照并灵活应对由此形成的社会需求。发生在 2016 年并入选 2017 年度人民法院十大刑事案件的

---

① 参见《民法典婚姻家庭编部门座谈会简报》,载《民法典立法背景与观点全集》编写组编:《民法典立法背景与观点全集》,法律出版社 2020 年版,第 618 页。

② 参见龙翼飞、赫欣:《〈民法典〉婚姻家庭编最新司法适用准则探析》,载《法学杂志》2021 年第 8 期。

③ 参见王晨:《关于〈中华人民共和国民法典(草案)〉的说明(2020 年 5 月 22 日)》,载《民法典立法背景与观点全集》编写组编:《民法典立法背景与观点全集》,法律出版社 2020 年版。

于某故意伤害案，即深刻反映了当代社会背景下孝道之于法律实践的影响。于某在母亲被讨债者肆意侮辱而求助无门的情形下，将正在侵害母亲的催债者用水果刀刺伤。一审法院以故意伤害罪判处于某无期徒刑，引起社会广泛讨论。[①] 二审法院认定于某属于防卫过当，构成故意伤害罪，判处于某有期徒刑5年。二审法院在法律论证中指出：讨债人对于某及其母亲实施非法限制人身自由、侮辱、催逼、骚扰行为，尤其是讨债人当着于某之面公然以裸露下体的方式侮辱其母，使于某捅刺时难免带有报复其辱母的情绪，讨债者杜某以裸露下体侮辱于母的行为，应在刑罚裁量上作为对于某有利的情节被予以重点考虑。[②] 最高人民法院将该案作为指导案例公布并在裁判要点中指出："防卫过当案件，如系因被害人实施严重贬损他人人格尊严或者亵渎人伦的不法侵害引发的，量刑时对此应予充分考虑，以确保司法裁判既经得起法律检验，也符合社会公平正义观念。"[③]在《民法典》施行后，通过第1043条进入司法实践的孝道仍然对涉及老年人权益保障的案件发挥着重要作用。最高人民法院于2021年、2022年发布的老年人权益保护的典型案例中，有相当一部分在裁判文书的说理中通过孝道观念来论证相应法律效果评价的正当性问题。[④] 由此衍生出来的问题是，作为我国社会家庭伦理道德核心的孝道既然可以在制定法未规定的情况下发挥作用，其在民事法律实践领域产生影响的合法性、正当性基础是什么？其适用的法律关系、内含的权利义务及相应的法律效果为何？下文即在《民法典》"婚姻家庭编"第1043条的基础上，以民事判决中的法律论证为视角，来探讨前述问题的答案。

一、孝道入法引致的问题

在我国，孝道既是传统美德，又是传统法制的重要构成部分。在传统社会：一方面，制定法层面上道德法律化，以孝帅法、以孝为本的制定法层出不穷。[⑤] 例如，首次正式确立"重罪十条"制度的《北齐律》明确将"不孝"纳入其中，进一步推动了

---

① 参见于某故意伤害案，山东省聊城市中级人民法院(2016)鲁15刑初33号刑事附带民事判决书。

② 参见于某故意伤害案，山东省高级人民法院(2017)鲁刑终151号刑事附带民事判决书。

③ 于某故意伤害案，最高人民法院指导案例93号(2018年)。

④ 参见孙航：《首次发布！以司法案例引导老年人权益保护——最高法发布老年人权益保护十大典型案例》，载中国法院网2021年2月24日，https://www. chinacourt. org/article/detail/2021/02/id/5820416. shtml；发布的典型案例见《最高法发布老年人权益保护第二批典型案例》，载中华人民共和国最高人民法院网2022年4月8日，https://www. court. gov. cn/zixun-xiangqing-354121. html。

⑤ 参见黄源盛：《中国法史导论》(简体版)，广西师范大学出版社2014年版，第90页。

道德与传统法制的融合。[①] 深受《北齐律》影响的隋代《开皇律》因袭了前者关于“重罪十条”的做法而将“不孝”归入“十恶”重罪中。后来的《永徽律》《宋刑统》《大明律》《大清律》等都遵循了《开皇律》的这一做法,并一直延续至清末。另一方面,在司法实践层面,法官在解决社会纠纷时通常都会进行道德说教,生效裁判文书中道德说教意味浓重。[②] 传统社会践行孝道的法律效果在对内关系上主要表现为卑亲属对尊亲属要承担法定的善待义务,违此则要面临法律的严厉制裁。[③] 在对外关系上,孝道影响行为人对家庭关系之外第三人的责任认定和承担,人子出于孝道而杀死辱亲者,非但无须承担责任,还可能会被共同体视为道德楷模而加以褒奖。[④] 清末以降,传统法制赖以存在的社会生活基础发生了剧变,由此相应的法律改革基本上抛弃了传统法律制度,代之而来的是全面师法西方的法治经验。[⑤] 这种“一刀切”的法律改革导致包括孝道在内的可能在现代法治实践中仍有重要价值的经验传统,逐渐在持续的社会变革中被制定法淡忘。

传统社会的法制实践中曾扮演重要角色的孝道在我国当代制定法中不再被明确表达出来,取而代之的是立法者在个人本位的价值观基础上将孝道内含的最低层次的要求在制定法层面部分程度上予以了表达:在民事制定法层面,1949 年后的首部婚姻法即 1950 年《婚姻法》仅在第 13 条第 1 款中规定了“子女对于父母有赡养扶助的义务……不得虐待或遗弃”;在刑事制定法层面,1979 年《刑法》分则第七章“妨害婚姻、家庭罪”第 182 条和第 183 条分别规定了虐待罪和遗弃罪,相应的刑事责任没有传统法制规定那么严苛。1950 年《婚姻法》与 1979 年《刑法》对父母子女关系的此种立场被 1980 年《婚姻法》和现行《刑法》(2023 年修正)所坚持。就此而言,孝的概念在我国当代制定法中显然已不复存在了。然而不容忽视的是,传统社会中形成的孝道深刻影响并塑造了中国人的民族精神或说国民性[⑥],这种民族精神绵延不绝地流淌在普通民众的日常生活观念中。即使自晚清以来我国社会历经了天翻地覆的变革,但这些深入民族精神内部的生活法则,仍能再次浮出水面并现出勃勃生机来。

时至今日,孝道观念在我国当代社会生活中仍广泛存在,影响着普通民众的价

---

① 参见张晋藩主编:《中国法制史》,中国政法大学出版社 2013 年版,第 41、120 页。

② 参见朱亚非、陈福广、李俊颖:《以孝律人——孝与古代法律》,中国国际广播出版社 2014 年版,第 106 页。

③ 参见瞿同祖:《瞿同祖法学论著集》,中国政法大学出版社 2004 年版,第 51 页。

④ 参见(宋)周密撰:《齐东野语》,张茂鹏点校,中华书局 1983 年版,第 164 ~ 165 页。

⑤ 参见林端:《儒家伦理与法律文化:社会学观点的探索》,中国政法大学出版社 2002 年版,第 391 页。

⑥ 参见肖群忠:《孝与中国国民性》,载《哲学研究》2000 年第 7 期。

值判断与生活方式。相应地,我国当代司法实务中的法院通常会将孝道作为论证其法律效果评价的正当性基础,强化判决的可反驳性和可接受性。在家庭关系内部,尤其是在涉及赡养纠纷案件的处理上,法院通常会以"孝道是中华民族的传统美德"来论证子女履行赡养义务的正当性。① 当然,在家庭关系外部,法院通过孝道正当化法律效果评价的论证亦不鲜见。在永信电子(惠州)有限公司与张某颖劳动合同纠纷案中,张某颖之父患病急需手术,手术期间除张某颖外无其他人可以照顾父亲,张某颖只得依公司规定请假照顾,在其请假到期后再次请假时,公司未予批准,张某颖因照顾父亲无法脱身而旷工,公司以此为由解除了与张某颖的劳动关系。法院认为,虽然张某颖违反了公司的规章制度,但其行为符合孝道人伦以及社会主流价值,公司因此解除劳动关系明显不合理,不予支付经济补偿金有违公平合理原则。② 同样地,在合肥名品家居有限公司(以下简称名品公司)与柏某美劳动争议案中,法院在裁判书中亦明确表示:柏某美因父亲病危需要陪护,向名品公司申请事假,理由正当,且已按照名品公司规定的方式提出了请假申请。名品公司强调经营利润,在员工直系亲属病危时,对员工的请假申请不予批准,并通知"如果明天不上班就算自动离职",与社会主义核心价值观的要求不符,有悖于民族的传统孝文化,既不合情也不合理。③

法官在具体法律规则适用中引入孝道进行正当性论证以增强相应法律效果评价的可反驳性和可接受性,在道德上是可行的。这种法律论证符合道德哲学后果取向的结果主义立场,即行为在道德上是好的,那么它在具体案件中或者通常有好的法律效果评价。④ 并且在解释论上,法官在法律规则适用过程中可依其保留的"法律适用"权利,确定什么结果是依据法律规则得出且正确的。⑤ 然而存在的问题是,若不对法官"法律适用"的权利加以适当限制,则法官作出的判决并非主要依据教义,而是很大程度上受其本人的法学素养及个人情感、伦理道德、生活经验、世界观、价值观等影响,⑥那就意味着法的安定性的保障基本上取决于法官个人。这显

---

① 参见胡某法与商某珍赡养纠纷案,浙江省绍兴市中级人民法院(2013)浙绍民终字第683号民事判决书;王某军与王某耿赠与合同纠纷案,河北省石家庄市中级人民法院(2014)石民二终字第00682号民事判决书。

② 参见永信电子(惠州)有限公司与张某颖劳动合同纠纷案,广东省高级人民法院(2016)粤民申1797号民事裁定书。

③ 参见名品公司与柏某美劳动争议案,安徽省高级人民法院(2020)皖民申4662号民事裁定书。

④ 参见[德]乌尔弗里德·诺依曼:《法律论证学》,张青波译,法律出版社2014年版,第12~13页。

⑤ 参见崔建远:《合同解释辨》,载《财经法学》2018年第4期。

⑥ Vgl. Frank O. Fischer, Das Bewegliche System als Ausweg aus der dogmatischen Krise in der Rechtspraxis, AcP 197 (1997), S. 603 f.

然有悖于立法者制定法律时所追求的保障法的安定性和可预见性的目的。那么，应如何平衡处理法的安定性和法官“法律适用”的权力之间的关系呢？对此，在民法典编纂过程中，一种理想的处理模式是，可以将司法实务中法院普遍适用包括孝道在内的人伦道德的一般规则及相应的经验与民法典编纂结合起来，使民法典体系能够反映包含孝道在内的人伦道德的合理成分，从而将法官“法律适用”的权力限制在法典体系内，一方面保障制定法的安定性，另一方面及时回应现实生活的迫切需求。此种思路得到了立法者重视，其明确指出民法典编纂工作应当遵循的基本原则之一是：“坚持社会主义核心价值观。将社会主义核心价值观融入全过程，弘扬中华民族传统美德，强化规则意识，增强道德约束，倡导契约精神，弘扬公序良俗。”①

在该指导思想的指引下，立法者在《婚姻法》（2001 年修正）第 4 条的基础上新增了一款，形成了现在《民法典》的第 1043 条。该条规定：“家庭应当树立优良家风，弘扬家庭美德，重视家庭文明建设。夫妻应当互相忠实，互相尊重，互相关爱；家庭成员应当敬老爱幼，互相帮助，维护平等、和睦、文明的婚姻家庭关系。”《民法典》的这一做法获得了学理上的普遍认同。② 因为《民法典》第 1043 条作为“婚姻家庭编”沟通制定法与家庭生活伦理道德的一般条款，能够在体系构造上妥善处理包含孝道在内的一般家庭人伦道德在《民法典》中的安置问题。其既可以解决 19 世纪末日本民法典编纂过程中延期派代表人物穗积八束在《民法出则忠孝亡》一文中提出的民法典与固有人伦道德的规范关系处理问题，③也可以部分回应我国学理上提出的“《民法典》‘婚姻家庭编’对中国传统文化的继承是有限的”之主张④。但从《民法典》第 1043 条的逻辑构成看，该条显然既非行为规则，亦非裁判规则，因此在《民法典》施行的背景下，究竟应当如何理解和处理《民法典》第 1043 条与“婚姻家庭编”其他具体法律规则之间的规范关系，如何在法典内外体系融贯的视角下更好地落实立法者“弘扬中华民族传统美德……增强道德约束……弘扬公序良俗”的立法目的，是《民法典》生效后解释论上必须及时予以回应的重要议题。循此思路，下文着重分析讨论实然状态下作为人伦道德的孝道在现行法秩序中的位置，并以

---

① 李建国：《关于〈中华人民共和国民法总则（草案）〉的说明（2017 年 3 月 8 日在第十二届全国人民代表大会第五次会议）》，载《民法总则立法背景与观点全集》编写组编：《民法总则立法背景与观点全集》，法律出版社 2017 年版，第 5 页。

② 参见王歌雅：《民法典婚姻家庭编的价值阐释与制度修为》，载《东方法学》2020 年第 4 期。

③ 参见［日］加藤雅信等编：《民法学说百年史：日本民法施行 100 年纪念》，牟宪魁等译，商务印书馆 2017 年版，第 20～21 页。

④ 李拥军：《民法典时代的婚姻家庭立法的突破与局限》，载《法制与社会发展》2020 年第 4 期。

此为基础讨论其在民法典体系中的表达方式以及实践运用的基本途径,为《民法典》第1043条的准确适用提供解释论上的支持。

二、孝道在当代民事司法实践中的具体运用

在我国传统社会中,孝道最初是调整父母子女关系的家庭伦理,其主要内涵是善待父母。[①] 这可以从早期的典籍记载中看出来,例如,《尔雅·释训》认为"善父母为孝",《论语·学而》中坚持"其为人也孝弟"(宋代朱熹注曰:善事父母为孝,善事兄长为悌)的观点。[②]《说文解字》将"孝"解释为:"孝,善事父母者,从老省、从子,子承老也。"但是,随着孝道在传统社会生活、政治统治以及法制实践中地位的确定与稳步提高,孝道作为一种行为规范,其调整对象也逐渐得以扩大,父系尊卑亲属之间甚至夫妻之间原则上都可以适用孝的标准来调整,有时也扩展到兄、姊以及外祖父母等层面。例如,南北朝之后的法典基本上都沿袭了《北齐律》对于不孝的严厉制裁立场,将不孝的行为分别归入"恶逆""不孝""不睦"等重罪当中,并列入"重罪十条"或"十恶"内,且其通常不在议、赦、赎之列。[③] 在这一时期,行为人与祖父母、父母、伯叔父母、姑、兄、姊、外祖父母等之间的关系,通常都在孝道规范的调整范围内。[④] 可以看到,在这一历史时期,实践中孝道的调整对象非常广泛。当代社会背景下孝道入法的社会基础在于,孝道理念能够满足具体的人基于现实需要而对法提出的正当性要求;司法实践中法院通过引入孝道适当扩展了制定法规则的适用范围并予以证立。

(一)孝道适用的法律关系

1. 当然发生作用的领域

法院在裁判文书的法律论证中通过孝道进行说理时,原则上仍将之适用于父母子女关系的处理上。这与传统法律实践的惯常做法相一致。在当代的司法实践中,法律上的父母子女关系既包括生父母子女关系、养父母子女关系、继父母子女关系,有时也包括那些并未形成法律上父母子女关系的继父母子女关系。[⑤] 至于传统社会中的伯叔父母、姑、兄、姊等与行为人之间适用孝道规范进行调整的做法,则

---

① 参见林明:《传统法制中的孝道文化因素释义》,载《法学论坛》2011年第6期。

② 参见夏征农、陈至立主编:《辞海》(第6版),上海辞书出版社2010年版,第2095页。

③ 参见龙大轩:《孝道:中国传统法律的核心价值》,载《法学研究》2015年第3期。

④ 参见杨鸿烈:《中国法律发达史》,中国政法大学出版社2009年版,第262页。

⑤ 参见陈甲与俞甲、陈乙法定继承纠纷案,上海市高级人民法院(2015)沪高民一(民)再提字第3号民事判决书。

很少出现在当代司法实践的裁判文书中。之所以如此的主要原因有：其一，经济社会变革导致核心家庭成为我国当代社会的主流家庭模式，家庭结构以及家庭关系变得相对简单。① 其二，亲属关系不再是传统社会的亲族或宗族关系，不再具备控制和支配个人的权力。② 其三，个人从家庭中解放出来而获得了自由和独立，家庭之于个人的意义不再如传统社会那样重要。③

除了父母子女关系外，传统社会中强调的对尊长应予孝敬的观念，在当前的司法实践中亦获得了普遍承认。换言之，孙子女/外孙子女无论对祖父母/外祖父母是否负有法律上的赡养义务，都应孝敬老人。换言之，此种情形下二者之间的关系依然在孝道涵摄的范围内。④

2. 扩展适用的领域

传统社会男尊女卑并将孝道适用的对象主要限定为父系卑亲的观念，⑤在当前的司法实践中仍有一定的影响力。法院在判决书中仍普遍承认丧偶儿媳应对公婆恪尽孝道，对此的常见表述是：作为儿媳，虽然丈夫已逝，但为人儿媳之基本孝心不能失，日常生活需谨记谦和、克制，凡事以宽容、善待老人为宗旨。⑥ 与此同时，男女平等观念的深入人心和独生子女政策导致的家庭结构的显著变化等，使孝道的调整对象亦扩展到女婿与岳父母的关系上，即女婿也要和孝敬父母一样孝敬岳父母，做到尊老、敬老、养老，安排好老人的生养死葬。⑦ 这与传统社会的实践立场并不完全相同，因为传统社会以父系为尊，儿媳当然要向公婆尽孝，而翁婿关系中仅有入赘女方家庭的女婿应向岳父母尽孝，受传统孝道规范约束。⑧ 当代司法实践之所以

---

① 参见周福林：《我国家庭结构变迁的社会影响与政策建议》，载《中州学刊》2014 年第 9 期。

② 参见唐灿、陈午晴：《中国城市家庭的亲属关系——基于五城市家庭结构与家庭关系调查》，载《江苏社会科学》2012 年第 2 期。

③ 参见顾辉：《当前家庭面临的挑战与选择》，载《学术界》2011 年第 9 期。

④ 参见山西智丰贸易有限责任公司诉中国民生银行股份有限公司苏州分行等票据利益返还请求权纠纷案，中华人民共和国最高人民法院(2015)民申字第 1759 号民事裁定书；邝某显、张某兰等与项城市人民政府行政纠纷案，河南省高级人民法院(2016)豫行终 821 号行政裁定书；冯某俭与冯某龙房屋买卖合同纠纷案，青海省高级人民法院(2015)青民提字第 49 号民事判决书。

⑤ 参见李汉武：《中国古代社会的家庭结构及其对社会政治思想的影响》，载《史学理论研究》1997 年第 2 期。

⑥ 参见何某甲等与袁某等分家析产纠纷案，湖北省荆门市中级人民法院(2015)鄂荆门民一终字第 00049 号民事判决书。

⑦ 参见石某某与宋某某等婚姻家庭纠纷案，山东省济南市中级人民法院(2015)济民五终字第 462 号民事判决书。

⑧ 关于招赘婚，传统法律实践中要求写婚书，约定必须居于妻家，负担养老义务等内容，这与以孝为核心的传统礼法相悖。相关论述参见杜正贞、王云婷：《民国的招赘婚书与招赘婚诉讼——以龙泉司法档案为中心的研究》，载《政法论坛》2014 年第 3 期。

如此,既有男女平等思想深入人心的缘故,也离不开女性经济社会地位提高的支持。① 法院认为,女婿对岳父母理应孝敬关爱,平等相处,建立和睦的家庭关系。② 基于这种立场,法院通常会将女儿女婿视为一体并通过引入孝道规范来表明其应履行赡养义务的正当性基础:羊有跪乳之恩,鸦有反哺之义。正所谓骨肉之情,无绝也。父亲已是鲐背之年,望女儿女婿能够体谅父亲的处境,继续支持、关爱父亲,令他能安享晚年,尽为人子女之责任。③ 相应地,如果儿媳、女婿未能向老人尽孝而生养死葬老人,自然不能主张相应的请求权。④

事实上,民法典草案学者建议稿均注意到这一点并给予了特别关注。如梁慧星主持的《民法典(草案建议稿)》第1723条规定:"亲属分为配偶、血亲、姻亲。"第1725条第1款规定:"血亲,是指因自然的血缘联系,或者因法律拟制的扶养关系而产生的亲属关系。"第1727条第2款规定:"姻亲,是以血亲的婚姻为中介形成的亲属。"⑤王利明主持编写的草案建议稿第393条同样也规定:"亲属包括配偶,血亲和姻亲。拟制血亲的权利和义务,适用有关自然血亲的规定。"第394条规定:"己身所从出或从己身所出的血亲,是直系血亲。与己身出于同源的血亲,除直系血亲外都是旁系血亲。姻亲包括配偶的血亲、血亲的配偶。配偶的长辈直系血亲、晚辈直系血亲的配偶,是己身的直系姻亲。配偶的旁系血亲、旁系血亲的配偶是己身的旁系血亲。"⑥只是这些观点未被《民法典》接受。

3. 类推适用的领域

与传统社会中的主流家庭伦理观不同,在中国当代社会生活中,妻子在丈夫死亡后有权自主选择其他生活方式,如寡居、改嫁或与他人同居而不登记结婚。妻子在丈夫去世后与他人同居的,若其与前夫所生之子女和同居者以父子相称且父慈子孝的,那么法院对此亦肯定为人子者的孝行。实践中有法院通过把这里的孝行纳入公序良俗范畴而将之适用于因同居关系所生之民事关系的处理上。⑦ 这实质

---

① 参见李佳伦:《民法典编纂中遗产酌给请求权的制度重构》,载《法学评论》2017年第3期。

② 参见山西省长治市中级人民法院民事判决书,(2015)长民终字第00246号。

③ 参见尹某建与尹某宁、彭某贵返还原物纠纷案,广西壮族自治区桂林市中级人民法院(2016)桂03民终165号民事判决书。

④ 参见陕西省安康市中级人民法院民事判决书,(2013)安民终字第00369号。

⑤ 梁慧星编:《中国民法典草案建议稿附理由:亲属编》,法律出版社2013年版,第19、28页。

⑥ 王利明等撰稿:《中国民法典学者建议稿及立法理由:人格权编·婚姻家庭编·继承编》,法律出版社2005年版,第207~208页。

⑦ 参见唐某娥、曹某国等与何某焕、吴某贵等共有物分割纠纷案,江苏省如东县人民法院(2015)东民初字第00598号民事判决书。

上已经突破了传统家庭伦理观中对孝道的理解，[①]是对我国社会主义法治理念所强调的人格尊严、人格自由、人格独立价值的具体践行。因为在现代社会，从家庭中独立出来的个人，有权在不影响他人合法权益的前提下依据自主意志选择生活方式，而经由婚姻建立的狭义上的家庭生活仅是众多可供选择的生活方式中的一种，除此之外还有独居生活、同居生活、同性伴侣生活等。[②]

4. 例外情形下可予适用的领域

孝道规范在例外情形下亦可对特定家庭成员或亲属关系之外的第三人发生效力。因为当代司法实践在公序良俗的范畴内理解孝道，所以孝道规范的适用范围并不限于特定的家庭伦理关系，只要共同体中行为人违反公序良俗原则并影响他人尽孝，原则上都会受《民法典》第 8 条公序良俗原则的调整，产生诸如承担或减免侵权责任、违约责任等法律效果。[③] 这实质上也是对传统孝道理念的突破，丰富了孝道的内涵。因为在义务本位的传统社会中，作为家庭伦理的孝道虽然因道德法律化而在制定法中居重要位置，但其主要还是对特定家庭或者亲属关系中的人产生约束力；而在当代民事法律实践中，立法既非以往的义务本位，亦非单纯的权利本位，而是社会本位。法律在合乎现代法治基本理念的前提下，使人负担特定法律义务，限制或剥夺某种权利，以增进社会共同生活之福祉。[④] 由于孝道内含的合理成分在当代依然具备维系家庭和睦、促进人际关系和谐的功能，将之适用于特定家庭关系之外的第三人，也存在充分的正当性基础。

（二）孝道内含的主要权利义务

当代司法实践普遍承认，孝道是中华民族的传统美德。[⑤] 但此种美德在法律意义上的内涵如何，却值得仔细斟酌。[⑥] 因为孝道的内涵并非固定不变，其一直随着时代背景变化而处于一种变动不居的状态中。

从文化视角来看，以孝道为核心的儒家文化是中华民族有别于世界其他民族

---

① 参见汤一介：《"孝"作为家庭伦理的意义》，载《北京大学学报（哲学社会科学版）》2009 年第 4 期。

② 参见朱晓峰：《同性伴侣与婚姻缔结权：荷兰婚姻法的重要变革》，载梁慧星主编：《民商法论丛》第 53 卷，法律出版社 2013 年版，第 70 ~ 71 页。

③ 参见杨某甲、杨某乙等与杨某丁分家析产纠纷案，河南省高级人民法院（2014）豫法民提字第 00007 号民事判决书；永信电子（惠州）有限公司与张某颖劳动合同纠纷案，广东省高级人民法院（2016）粤民申 1797 号民事裁定书；王某一与闫某英、王某二等共有纠纷案，陕西省宝鸡市中级人民法院（2016）陕 03 民终 1467 号民事判决书；张某刚等诉张某军等健康权纠纷案，河南省济源中级人民法院（2014）济中民三终字第 411 号民事判决书。

④ 参见梁慧星：《民法总论》（第 6 版），法律出版社 2021 年版，第 42 页。

⑤ 参见黄源盛：《中国法史导论》（简体版），广西师范大学出版社 2014 年版，第 90 页。

⑥ 参见陈壁生：《从家国结构论孝的公共性》，载《船山学刊》2021 年第 2 期。

的核心特征之一。此种文化在中华民族的早期夏、商、周时代,主要表现为一种对祖先的崇拜观念,其核心功能在于维系宗族和睦、促进人际关系和谐。春秋诸侯变乱、礼崩乐坏之后,儒家的代表人物孔子以重建礼乐秩序为目的,重新诠释了孝道,赋予了其新的内涵,将其从礼敬祖先的宗教伦理演绎为家族/家庭生活的家庭伦理。① 显然,儒家思想中的孝道有其产生的特定社会背景。在“礼乐征伐自诸侯出”的王室衰而诸侯兴的春秋时期,儒家主张的孝道观对于当时作为生活规范的情、理、法的有机协调互补,“德主刑辅”“明德慎罚”的秩序重构和“修身、齐家、治国、平天下”的人和政治法律观具有铺垫作用。② 秦汉以后,随着儒家思想成为官方哲学,官方宣称“以孝治天下”,孝道理念又演变为一种国家政治伦理。③ 尤为重要的是,孝道由此进入了制定法,从单纯的道德规范变为法律规范,具有了强制性效力。

经过孔子改造并为其他儒家学者持续完善的孝道,终我国传统社会之世而一直是社会主流思想的核心构成要素,影响着人的日常行为。这种孝道内涵丰富,包括了“尊敬安乐父母、服从父母、和颜对待父母、守身不辱父母、陪伴父母、扬名以显父母、思慕父母、不干涉父母、劝谏父母”等多种因素。④ 但是,就孝道的精神内核而言,其集中在对父母的“敬”“养”两个层面。⑤ 其中,“养”为客观方面的要求,主要通过孝行来彰显和体现;“敬”是主观方面的要求,从孝感方面要求孝心和孝行二者表里如一。就二者的关系而言,前者构成孝道的存在基础,为最低要求;后者是孝道的精神实质,是较高层次的要求。儒家经典对这二者的关系有清晰表述,如《论语》中:“孟懿子问孝。子曰:无违。樊迟御,子告之曰:孟孙问孝于我,我对曰:无违。樊迟曰:何谓也?子曰:生,事之以礼;死,葬之以礼,祭之以礼。孟武伯问孝。子曰:父母唯其疾之忧。子游问孝。子曰:今之孝者,是谓能养。至于犬马,皆能有养;不敬,何以别乎?子夏问孝。子曰:色难。有事,弟子服其劳;有酒食,先生馔;曾是以为孝乎?”⑥孔子的这种观点被后来的儒家接受并进一步明确化。例如,曾子曰:“大孝尊亲,其次弗辱,其下能养。”⑦孟子曰:“孝子之至,莫大乎尊亲。”⑧在儒家

---

① 参见郭杰:《孔孟“孝”论的历史渊源和伦理内涵》,载《中国文化研究》2019 年第 4 期。

② 参见蔡薇:《儒家仁孝观及其法律意义》,载《社会科学家》2022 年第 2 期。

③ 参见张践:《儒家孝道观的形成与演变》,载《中国哲学史》2000 年第 3 期。

④ 参见葛枭语:《孝的多维心理结构:取向之异与古今之变》,载《心理学报》2021 年第 3 期。

⑤ 参见粟丹:《“孝道”视角下我国养老立法的要求及完善路径——以“精神赡养”条款为中心》,载《浙江学刊》2017 年第 2 期。

⑥ 《论语·为政》。

⑦ 《礼记·祭义》。

⑧ 《孟子·万章上》。

看来,那些仅在物质上满足父母要求的并不符合孝道的本质,对此孟子明确指出:“食而弗爱,豕交之也;爱而不敬,兽畜之也。”①

儒家重视孝道并从“敬”“养”两个方面对孝道的践行提出要求,这种立场深刻影响了传统社会的法律实践。一方面,宗法制下的君主宣称自己具有国家元首和最高家长双重身份,提倡“以孝治天下”,各种以孝为本的法律规则层出不穷,如亲亲得相首匿、犯罪存留养亲、子孙不得别籍异财等均为示例。② 另一方面,将作为道德规范的孝道法律化,超出了法律实际上能够奏效的范围,因为法律仅能调整行为而无法作用于人之内心世界,它限制甚至取消了道德所立足的自由前提,“原心定罪”,使法律虚无化。③

尽管我国当代法律实践已不同于往昔义务本位的法律实践,但传统孝道的影响在当代法律实践中依然存在。传统孝道内含的养、敬要求,在当代司法实践中亦有体现。我国当代司法实践中的孝道亦主要在养老送终即生养死葬两个方面对义务人提出要求。④ 法院通常认为:“父母对子女有抚养教育的义务,子女对父母有赡养的义务,尤其是子女对父母生养老、死安葬更是我国自古以来的优良传统和民间习俗。”⑤当然,需要明确的是,当代司法实践中法院认定的孝道与传统法律实践中的孝道既有联系,亦有显著不同。⑥

1.生养

司法实践中,法院在裁判文书中明确承认,所谓“孝有三:大孝尊亲,其次不辱,其下能养”⑦。对老人而言,当其在世时,最基础的莫过于“能养”。当前司法实践主要从三个方面来认定“能养”。

(1)充分合理地给付

司法实践普遍承认孝道要求的给付内容主要包括经济供养、生活照料、精神慰

① 《孟子·尽心上》。

② 参见黄源盛:《中国法史导论》(简体版),广西师范大学出版社2014年版,第90页。

③ 参见梁治平:《寻求自然秩序中的和谐》,中国政法大学出版社2002年版,第284~285页。

④ 参见刘某某5等与忠县汝溪镇三河村村民委员会等一般人格权纠纷申请案,重庆市高级人民法院(2012)渝高法民提字第218号民事判决书。

⑤ 高某滨与高某辉追索丧葬费纠纷案,江苏省南京市中级人民法院(2015)宁民终字第2975号民事判决书。

⑥ 参见侯欣一:《孝与汉代法制》,载《法学研究》1998年第4期;肖群忠:《“夫孝,德之本也”——论孝道的伦理精神本质》,载《西北师大学报(社会科学版)》1997年第1期;龙大轩:《孝道:中国传统法律的核心价值》,载《法学研究》2015年第3期。

⑦ 杨某某诉王某甲等赡养纠纷案,四川省梓潼县人民法院(2016)川0725民初963号民事判决书。

藉以及患病老人的医疗四个方面。[①]

第一,经济供养。这里主要涉及的是对年老体弱而无经济来源的老人提供金钱等物质支持。[②] 在法院看来,对父母孝以钱财使其衣食无忧,[③]保证老人居者有其屋使其安享晚年生活[④]等,是子女孝敬父母及履行赡养义务的当然之理。即使子女属于低保对象而经济困难,收入不高[⑤]或身患疾病,[⑥]也不能当然免于承担此种义务,因为赡养父母系法定义务,亦是社会伦理道德的基本要求。[⑦] 当然,如果子女确实存在经济困难等客观情况,法院一般亦会根据实际情况酌情减轻其供养负担。[⑧]另外,经济供养应是合理的,即考虑老人的实际需要而能满足其正常生活之需,[⑨]一般以当地平均生活水平为准。[⑩] 老人主张的数额巨大的赡养费,一般不会获得支持。[⑪]

第二,生活照料。这里主要是指对生活不能自理的老年人的照顾。实践中的法院一般认为,老年人因年事已高、体弱多病等生活不能自理的,赡养人应对老人

---

① 参见毕某珍等诉张某英等赡养纠纷案,河北省高级人民法院(2016)冀民申 4413 号民事裁定书。

② 参见王某甲与王某乙解除收养关系纠纷案,河南省三门峡市中级人民法院(2014)三民终字第 813 号民事判决书;王某甲诉王某乙赡养费纠纷案,安徽省颍上县人民法院(2014)颍民一初字第 03610 号民事判决书。

③ 参见刘某 1 与王某等赡养费纠纷案,北京市第三中级人民法院(2014)三中民终字第 14609 号民事判决书;高某某诉杨某一等赡养纠纷案,山西省平遥县人民法院(2015)平民初字第 1225 号民事判决书。

④ 参见冯某俭与冯某龙房屋买卖合同纠纷案,青海省高级人民法院(2015)青民提字第 49 号民事判决书;李某 6 等与李某 8 等所有权确认纠纷案,北京市第三中级人民法院(2014)三中民终字第 05009 号民事判决书;徐某与曹某华排除妨碍纠纷案,江苏省常州市中级人民法院(2015)常民终字第 2187 号民事判决书。

⑤ 参见徐某某与张某赡养纠纷案,上海市第二中级人民法院(2021)沪 02 民终 8637 号民事判决书。

⑥ 参见赵某 1、赵某 2 等赡养费纠纷案,吉林省白城市中级人民法院(2021)吉 08 民终 841 号民事判决书。

⑦ 参见王某义与汪某花等赡养费纠纷案,安徽省池州市中级人民法院(2015)池民一终字第 00379 号民事判决书;刘某与王某赡养费纠纷案,辽宁省大连市中级人民法院(2015)大民一终字第 1565 号民事判决书。

⑧ 参见梁某与梁某生等赡养费纠纷案,甘肃省陇南市中级人民法院(2015)陇民一终字第 153 号民事判决书。

⑨ 参见高某 1、刘某等赡养费纠纷案,辽宁省营口市中级人民法院(2022)辽 08 民终 1213 号民事判决书;黄某清等与吴某德等赡养纠纷案,重庆市第五中级人民法院(2015)渝五中法民终字第 00394 号民事判决书;陈某玲与林某宜赡养费纠纷案,重庆市第五中级人民法院(2015)渝五中法民终字第 00387 号民事判决书。

⑩ 参见朱某甲等与朱某丁等赡养费纠纷案,江苏省南通市中级人民法院(2014)通中民终字第 1913 号民事判决书。

⑪ 参见陈某玲与林某宜赡养费纠纷案,重庆市第五中级人民法院(2015)渝五中法民终字第 00387 号民事判决书。

承担照料责任。[①] 在不违背公序良俗且老人同意的前提下，原则上要求赡养人亲自照料。[②] 若有数个赡养人，可以采取轮换方式亲自照料。[③] 轮换照料必须取得老人同意，否则不被法院支持。[④] 不能亲自照料的，应按照老人的意愿选择具体的照料方式，如委托他人或养老机构照料。[⑤] 另外，有疾在身的子女并不因此当然免除照料父母的义务，若子女有疾病但未丧失劳动能力，法院一般仍坚持认为其应孝敬赡养父母。[⑥] 对照顾和护理老人较多的子女，法院一般会肯定行为人发扬了中华民族孝老敬亲的传统美德，并在言辞上给予鼓励。[⑦]

第三，精神慰藉。法院普遍重视精神慰藉的重要意义，并会在法律论证中强调这一点。[⑧] 对此的通常表述是：对老人顺以脸色以使其心情愉悦，[⑨]应多探望、关心父母，[⑩]对父母应当嘘寒问暖让其心中宽慰，[⑪]关爱和呵护父母以让其颐养天年[⑫]等。法院亦普遍承认能达到慰藉父母精神的“亲情关怀发自肺腑，非外力强制可以

---

① 参见李某玉与李某忠赠与合同纠纷案，山西省阳泉市中级人民法院(2022)晋03民终180号民事判决书；刘某1与王某等赡养费纠纷案，北京市第三中级人民法院(2014)三中民终字第14609号民事判决书；吴一某与吴二某解除收养关系纠纷案，天津市第二中级人民法院(2014)二中民一终字第0090号民事判决书；王某甲与王某乙解除收养关系纠纷案，河南省三门峡市中级人民法院(2014)三民终字第813号民事判决书；刘某等与刘某雷赡养纠纷案，河北省正定县人民法院(2015)正民新初字第00417号民事判决书。

② 参见史某1等与郭某赡养费纠纷案，北京市第三中级人民法院(2017)京03民终6413号民事判决书。

③ 参见翟某甲与翟某乙等赡养纠纷案，河南省许昌市中级人民法院(2015)许民终字第284号民事判决书。

④ 参见朱某甲等与朱某丁等赡养费纠纷案，江苏省南通市中级人民法院(2014)通中民终字第1913号民事判决书。

⑤ 参见黄某清等与吴某德等赡养纠纷案，重庆市第五中级人民法院(2015)渝五中法民终字第00394号民事判决书；朱某甲等与朱某丁等赡养费纠纷案，江苏省南通市中级人民法院(2014)通中民终字第1913号民事判决书；刘某甲与张某等赡养纠纷案，河北省唐山市中级人民法院(2014)唐民一终字第623号民事判决书。

⑥ 参见王某一与闫某英、王某二等共有纠纷案，陕西省宝鸡市中级人民法院(2016)陕03民终1467号民事判决书。

⑦ 参见毕某珍等诉张某英等赡养纠纷案，河北省高级人民法院(2016)冀民申4413号民事裁定书。

⑧ 参见李某1、李某2解除收养关系纠纷案，广东省广州市中级人民法院(2022)粤01民终4012号民事判决书；胡某法与商某珍赡养纠纷案，浙江省绍兴市中级人民法院(2013)浙绍民终字第683号民事判决书；毕某珍等诉张某英等赡养纠纷案，河北省高级人民法院(2016)冀民申4413号民事裁定书；王某甲诉王某乙赡养费纠纷案，安徽省颍上县人民法院(2014)颍民一初字第03610号民事判决书；刘某等与刘某雷赡养纠纷案，河北省正定县人民法院(2015)正民新初字第00417号民事判决书。

⑨ 参见高某某诉杨某一等赡养纠纷案，山西省平遥县人民法院(2015)平民初字第1225号民事判决书。

⑩ 参见杨某1与杨某2等所有权确认纠纷案，北京市第二中级人民法院(2015)二中民终字第06836号民事判决书。

⑪ 参见杨某某诉王某甲等赡养纠纷案，四川省梓潼县人民法院(2016)川0725民初963号民事判决书。

⑫ 参见刘某1与王某等赡养费纠纷案，北京市第三中级人民法院(2014)三中民终字第14609号民事判决书。

实现”。[①] 因此，法院多会强调子女尽孝的自觉性和主动性。[②] 实践中有老人要求子女每月给其打电话一次的请求，未被法院支持。但法院在判决书的论证中却殷殷期望子女能从遵循孝道、增进父母子女间感情的角度出发，经常与父母电话联系，对其精神予以慰藉。[③] 当然，也有法院以子女应当重视对年迈父母精神上的慰藉为由而支持父母要求子女回家看望的请求。[④] 对常年不回家看望父母的，法院指出此举有违孝道，违反了做人的基本准则。[⑤]

另外，法院还要求子女通过顺从老人意愿来慰藉老人的精神。法院在法律论证中清楚地表明：“孝是中华传统文化提倡的行为，指儿女的行为不应该违背父母、家里的长辈以及先人的心意，是一种稳定伦常关系的表现……孝的一般表现为孝顺、孝敬等。孝顺指为了回报父母的养育，而对父母权威的肯定，从而遵从父母的指点和命令，按照父母的意愿行事。”[⑥]在有的案例中，父母因长年卧病在床并已习惯了某特定子女的照顾而不愿意其他子女到其身边照顾的，法院认为其他子女应顺从老人意愿，从而拒绝了相应的照顾请求。[⑦] 若老人愿意在养老院养老，在不违背公序良俗的前提下，子女亦应尊重老人意愿。[⑧] 在法院看来，体谅并理解老人的情绪，是慰藉其精神并给其创造安详幸福之晚年生活的重要内容。[⑨] 特别是在老人的婚姻自主问题上，子女应当尊重老人的意愿，不能干涉父母的婚姻自由，亦不能

---

① 俞甲与俞乙等赡养纠纷案，浙江省绍兴市中级人民法院(2010)浙绍民终字第255号民事判决书。

② 参见王某甲与王某乙解除收养关系纠纷案，河南省三门峡市中级人民法院(2014)三民终字第813号民事判决书；俞甲与俞乙等赡养纠纷案，浙江省绍兴市中级人民法院(2010)浙绍民终字第255号民事判决书。

③ 参见陈某玲与林某宜赡养费纠纷案，重庆市第五中级人民法院(2015)渝五中法民终字第00387号民事判决书。

④ 参见陈某某赡养费纠纷案，该案为最高人民法院发布的人民法院老年人权益保护十大典型案例之一。参见孙航：《首次发布！以司法案例引导老年人权益保护——最高法发布老年人权益保护十大典型案例》，载中国法院网2021年2月24日，https://www.chinacourt.org/article/detail/2021/02/id/5820416.shtml；袁某甲与袁某乙赡养纠纷案，上海市浦东新区人民法院(2016)沪0115民初48993号民事判决书。

⑤ 参见刘某等与刘某雷赡养纠纷案，河北省正定县人民法院(2015)正民新初字第00417号民事判决书。

⑥ 艾某某1、袁某与艾某某2等赡养费纠纷案，湖南省临湘市人民法院(2016)湘0682民初92号民事判决书。

⑦ 参见张某1、张某2等赡养费纠纷案，河南省信阳市中级人民法院(2022)豫15民终1490号民事判决书；刘某甲与张某等赡养纠纷案，河北省唐山市中级人民法院(2014)唐民一终字第623号民事判决书。

⑧ 参见史某1等诉郭某等赡养费纠纷案，北京市第三中级人民法院(2017)京03民终6413号民事判决书；朱某甲等与朱某丁等赡养费纠纷上诉案，江苏省南通市中级人民法院(2014)通中民终字第1913号民事判决书。

⑨ 参见杨某花与郝某宝赠与合同纠纷案，北京市朝阳区人民法院(2013)朝民初字第25597号民事判决书。

因老年人再婚而不履行赡养义务。[①] 事实上，司法实践所重视的顺从老人意愿、尊重老人选择的视角，正是传统孝道关于"无违"的集中体现。在《论语》中，针对孟懿子问孝，孔子告以"无违"，后又有孟武伯、子游、子夏问孝，孔子分别予以了针对性的回答。对此，从后来的儒家学者朱熹的解读来看，"无违"贯穿孔子孝论之始终，是儒家所论之"孝"得以实现的方法论基础，体现出了儒家孝论独有的实践智慧。[②]

第四，患病老人的医疗。法院普遍将患病老人的治疗与护理理解为子女除经济供养、生活照料与精神慰藉之外的独立赡养内容。[③] 从对患病老人治疗、护理的具体内容看，虽然其主要内容亦为其他三种类型所涵盖，但其也有独立存在的必要。首先，患病具有突发性，区别于其他三种常规性的赡养内容，要求对患病老人的及时治疗和护理。[④] 其次，对老年人而言，患病尤其具有严重性，更要求子女积极救治，悉心护理。[⑤] 再次，对子女而言，在父母患病时尽孝尤其具有迫切性。由于患病之于老年人的严重性，法院在裁判文书的说理部分通常用"树欲静而风不止，子欲孝而亲不待"的古谚来强调子女在父母患病时尤其要及时表达自己的孝心。[⑥] 最后，对子女而言，患病老人的医疗与护理可能会使其赡养义务加重。[⑦] 在此情形下，司法实践通常要结合具体案件中的实际情况来确定子女尽孝的方式与履行标准。[⑧]

在实践中，若无特殊约定或其他证据证明，子女为父母支付医药费一般被认为是子女恪尽孝道的行为，并不当然会被认为是由子女垫付而能产生嗣后父母向子女偿还的法律效果。[⑨]

---

① 参见庞某某诉张某某等二人赡养费纠纷案，该案为最高人民法院发布的老年人权益保护第二批典型案例之一。参见《最高法发布老年人权益保护第二批典型案例》，载中华人民共和国最高人民法院网 2022 年 4 月 8 日，https://www.court.gov.cn/zixun-xiangqing-354121.html。

② 参见冯兵、张晓丹：《"无违"：儒家孝论的实践智慧——以朱熹为中心的探究》，载《社会科学战线》2021 年第 10 期。

③ 参见毕某珍等诉张某英等赡养纠纷案，河北省高级人民法院(2016)冀民申 4413 号民事裁定书。

④ 参见黄某清等与吴某德等赡养纠纷案，重庆市第五中级人民法院(2015)渝五中法民终字第 00394 号民事判决书。

⑤ 参见杨某某诉王某甲等赡养纠纷案，四川省梓潼县人民法院(2016)川 0725 民初 963 号民事判决书。

⑥ 参见杨某某诉王某甲等赡养纠纷案，四川省梓潼县人民法院(2016)川 0725 民初 963 号民事判决书。

⑦ 参见沈某珍与沈某钢等排除妨害纠纷案，上海市第一中级人民法院(2014)沪一中民二(民)终字第 794 号民事判决书。

⑧ 参见黄某清等与吴某德等赡养纠纷案，重庆市第五中级人民法院(2015)渝五中法民终字第 00394 号民事判决书；刘某 1 与王某等赡养费纠纷案，北京市第三中级人民法院(2014)三中民终字第 14609 号民事判决书；刘某甲与张某等赡养纠纷案，河北省唐山市中级人民法院(2014)唐民一终字第 623 号民事判决书。

⑨ 参见徐某光、徐某红与张某英、原审第三人何巧某、何美某法定继承纠纷案，广东省珠海市中级人民法院(2014)珠中法民一终字第 40 号民事判决书。

(2)及时自愿地给付

法院普遍强调子女对老人尽孝应自愿且及时。一般而言，法院作出的判决书说理部分对此的表述都极具人情味，说教意味浓重。常见表述包括但不限于：子欲孝而亲不在；①人生买不到回头票，孝敬父母不能等；②孝是稍纵即逝的眷恋，孝是难以重现的温馨，孝是一种美德，尽孝时机一旦失去就难以挽回；③等等。因此，在涉及对老人的经济支持时，法院一般认为子女应自觉及时地支付赡养费而不得拖延，裁判文书中也会确定费用支付的具体期间。④ 在涉及生活照料时，法院一般会强调子女照顾的充分及时以及对老人特殊需要的满足等。⑤ 在涉及精神慰藉时，法院一般会承认精神赡养在实践中难以强制执行而强调子女平时应自愿及时地慰藉父母。⑥ 在涉及患病老人的医疗时，法院普遍强调子女应使老人得到及时的治疗与护理。⑦ 当然，对于老人医疗费用的负担中的给付及时并不意味着提前预支，实践中一般要求此等费用的主张以实际发生且老人无力负担为必要，否则相应费用的给付请求权不会获得法院的支持。⑧

(3)无条件给付与回馈

当代司法实践一般也会强调对老人尽孝的无条件性。在法院看来：百善孝为先，孝顺老人是中华民族的传统美德，是做人之根本、为人之本分，是个人修身立志

---

① 参见刘某与王某赡养费纠纷案，辽宁省大连市中级人民法院(2015)大民一终字第1565号民事判决书；曹某1与曹某2等赡养纠纷案，吉林省辽源市中级人民法院(2017)吉04民终172号民事判决书；苏某与刘某甲等赡养纠纷上诉案，河北省石家庄市中级人民法院(2015)石民二终字第00717号民事判决书；张某甲诉张某乙等赡养纠纷案，河北省石家庄市中级人民法院(2015)石民二终字第00552号民事判决书。

② 参见王某军与王某耿赠与合同纠纷案，河北省石家庄市中级人民法院(2014)石民二终字第00682号民事判决书；闫某甲等诉闫某乙分家析产纠纷案，河北省石家庄市中级人民法院(2014)石民二终字第01105号民事判决书。

③ 参见何某某、余某某与何某甲赡养纠纷案，江西省奉新县人民法院(2016)赣0921民初420号民事判决书。

④ 参见王某甲与贾某某等赡养纠纷案，河南省许昌市中级人民法院(2014)许民终字第1243号民事判决书；胡某法与商某珍赡养纠纷案，浙江省绍兴市中级人民法院(2013)浙绍民终字第683号民事判决书。

⑤ 参见张某甲诉张某乙等赡养纠纷案，河北省石家庄市中级人民法院(2015)石民二终字第00552号民事判决书；何某某、余某某与何某甲赡养纠纷案，江西省奉新县人民法院(2016)赣0921民初420号民事判决书。

⑥ 参见陈某玲与林某宜赡养费纠纷案，重庆市第五中级人民法院(2015)渝五中法民终字第00387号民事判决书；俞甲与俞乙等赡养纠纷案，浙江省绍兴市中级人民法院(2010)浙绍民终字第255号民事判决书。

⑦ 参见黄某清等与吴某德等赡养纠纷案，重庆市第五中级人民法院(2015)渝五中法民终字第00394号民事判决书；杨某某诉王某甲等赡养纠纷案，四川省梓潼县人民法院(2016)川0725民初963号民事判决书。

⑧ 参见钱某与陈某甲、陈某乙等赡养费纠纷案，江苏省常州市新北区人民法院(2015)新民初字第2732号民事判决书；陈某玲与林某宜赡养费纠纷案，重庆市第五中级人民法院(2015)渝五中法民终字第00387号民事判决书。

的首选，无论条件，也不求报答。[①] 对老人尽孝，应不受自己与老人之间是否存在经济纠纷、诉讼纷争之影响，[②]亦不受老人是否将其所有之财产处分给自己的影响。[③] 有法院认为：子不言父之过，即使供养子女成人的父母曾经存在过错行为，但在其年老无助时，成年子女亦应对之恪守孝道。[④]

法院强调的尽孝的无条件性实际上与赡养义务的法定性密切相关，而法定赡养义务存在的正当性基础恰恰又在于我国传统家庭伦理观中存在所谓的反馈模式，即中国家庭是“甲代抚育乙代，乙代赡养甲代，乙代抚育丙代，丙代又赡养乙代”，这有别于西方的接力模式。[⑤] 从当代司法实践中法院所持立场观察，这种反馈模式也获得了普遍认同。对此，法院在论证中的表述有：羊有跪乳之恩，鸦有反哺之义，人何以堪。[⑥] 老年人为社会辛勤劳动，贡献毕生的精力，为子女操劳终身，为家庭做出贡献。在他们年老体弱时，丧失劳动能力时，理应得到社会和子孙们的尊敬、关怀，子女应给予其生活上的帮助，使他们安度晚年。[⑦] 百善孝为先，为人子女，应当报答父母的养育之恩；[⑧]百善孝为先，父母含辛茹苦，理应得到儿女的孝敬。[⑨] 父母养我小，我养父母老。时代在发展，生活在改变，但老年人受尊敬的地位不能变。父母养育子女含辛茹苦，日夜操劳，子女成年后，当思鸟兽反哺之情。[⑩] 父母倾心养育子女成人，付出的情感、金钱、精力不可估量，其有权利获得子女的感恩及必

---

① 参见台某叶与马某海赡养纠纷案，山东省临沭县人民法院(2016)鲁1329民初2900号民事判决书。

② 参见杨某1与杨某2等所有权确认纠纷案，北京市第二中级人民法院(2015)二中民终字第06836号民事判决书；李某甲与李某乙等赡养费纠纷申请再审案，山西省高级人民法院(2010)晋民申字第575号民事裁定书。

③ 参见金某燕诉金某伟等遗嘱继承纠纷案，北京市西城区人民法院(2015)西民初字第02790号民事判决书。

④ 参见杨某某诉王某甲等赡养纠纷案，四川省梓潼县人民法院(2016)川0725民初963号民事判决书。

⑤ 参见费孝通：《家庭结构变动中的老年赡养问题——再论中国家庭结构的变动》，载《北京大学学报(哲学社会科学版)》1983年第3期。

⑥ 钱某与陈某甲、陈某乙等赡养费纠纷案，江苏省常州市新北区人民法院(2015)新民初字第2732号民事判决书。

⑦ 参见王某义与汪某花等赡养费纠纷案，安徽省池州市中级人民法院(2015)池民一终字第00379号民事判决书。

⑧ 参见袁某甲与袁某乙赡养纠纷案，上海市浦东新区人民法院(2016)沪0115民初48993号民事判决书。

⑨ 王某军与王某耿赠与合同纠纷案，河北省石家庄市中级人民法院(2014)石民二终字第00682号民事判决书；闫某甲等诉闫某乙分家析产纠纷案，河北省石家庄市中级人民法院(2014)石民二终字第01105号民事判决书。

⑩ 何某某、余某某与何某甲赡养纠纷案，江西省奉新县人民法院(2016)赣0921民初420号民事判决书。

要回馈。[①] 当然，此处的反馈并不单指父母抚育年幼子女、子女成年后赡养老迈的父母，[②]也包括其他公序良俗范畴内的情形，如父母将自己的房屋全部赠与子女，子女亦应在父母年老时保证其居者有其屋。[③]

当然，被当代法律实践认可的无条件性应区别于传统孝道所坚持的子女应当绝对服从父母的律令。[④] 法院普遍认为，在家庭关系中，“不仅是子女必须孝顺父母，老人亦应善待子女”，[⑤]体谅子女生活艰难。[⑥] 在法院看来，父母子女关系的理想模式是双方互相体恤，共建和睦家庭，传承良好家风：作为父母，不妨以德报怨、海纳百川；作为子女，应恪尽孝道，努力让父母安度幸福晚年。[⑦] 法院的这种立场实际上是新时代背景下法律基于人之尊严以及人格自由独立等现代法治原则对孝之内涵的修正，符合社会主义法治理念的基本要求。

2. 死葬

在传统私法的视野里，私法是活着的人的法。[⑧] 私法对死者能做得最多的也仅是为其提供一个体面的葬礼。[⑨] 但在孝道中，死葬并不简单地体现为对于死者的尊重，而是体现为人伦道德对父母祖先之永恒性的深切关怀，这种关怀主要通过子女应尽的义务体现出来。

（1）安葬的法律属性

在父母去世后将之妥善安葬，是子女孝敬父母及履行法定赡养义务的必然要求，司法实践对此亦明确予以肯定。[⑩] 有法院在判决书中明确表示：孝敬老人是我

---

① 参见于某某与王某某赡养费纠纷案，黑龙江省哈尔滨市南岗区人民法院（2016）黑0103民初2576号民事判决书。

② 参见钱某与陈某甲、陈某乙等赡养费纠纷案，江苏省常州市新北区人民法院（2015）新民初字第2732号民事判决书。

③ 参见李某6等与李某8等所有权确认纠纷案，北京市第三中级人民法院（2014）三中民终字第05009号民事判决书。

④ 参见瞿同祖：《瞿同祖法学论著集》，中国政法大学出版社2004年版，第51页。

⑤ 索某甲与索某乙、索某丙、索某丁赡养纠纷案，四川省广元市中级人民法院（2015）广民终字第438号民事判决书。

⑥ 参见俞甲与俞乙等赡养纠纷案，浙江省绍兴市中级人民法院（2010）浙绍民终字第255号民事判决书。

⑦ 参见张某娇诉武汉市洪兴公证处等司法行政管理案，湖北省高级人民法院（2016）鄂民申2275号民事裁定书；徐某1与徐某2法定继承纠纷案，北京市第三中级人民法院（2021）京03民终20419号民事判决书。

⑧ 参见［日］星野英一：《民法劝学》，张立艳译，北京大学出版社2006年版，第153页。

⑨ 参见朱晓峰：《侵权可赔损害类型论》，法律出版社2017年版，第443页。

⑩ 参见戴某甲等诉戴某丙等继承纠纷案，广西壮族自治区高级人民法院（2014）桂民申字第851号民事裁定书。

国的传统美德,对老人的生养死葬是其重要内容,若他人违反公序良俗致死者不能被正常安葬,则会被认定构成对死者之近亲属人格权益的侵犯,需要依法承担法律责任。①

(2)安葬义务人

在死者有多个子女时,应由谁安葬父母?有法院依据孝道认为:父母死亡后,由子女负责丧葬事宜并分担相关费用是我国的民间习俗,也是我国文化中子女的孝道之一,是子女对父母养育之恩的回报。② 因此,若其中某个子女在丧事结束后向其他子女主张返还其已支付的丧葬费用,会被认为是"有违社会常理",不会获得法院的支持。③ 亦有法院认为,葬丧费包括父母在世时子女为父母购置墓地所支出的费用,应由负有赡养义务的子女分担,一方出资购买而他人未反对的,购买方在安置父母后有权向其他人主张相应费用的返还。④ 当然,若死者与安葬者之间仅存在事实上的父母子女关系而没有法律上的父母子女关系时,即便安葬者为尽孝道而支付了安葬费用,其也有权向负有法律上安葬义务的主体主张费用返还。⑤

(3)安葬中的特殊事宜处理

第一,骨灰的处理。法院认为:"骨灰保管、处理,均应包括在老人去世后的'后事'范围之内。"老人去世后,入土前,"对骨灰的处理应在法律范围内,首先要考虑到死者的生前愿望,其次要考虑到在世配偶的愿望和子女的愿望。这也本是中华民族子女对父母'孝'的应有之义"。⑥

第二,丧葬费的给付。老人因侵害行为致死的场合,对于丧葬费,虽然学理上有观点认为,丧葬费是法律为人之尊严而在其死亡后为其提供的体面葬礼而设,⑦但司法实践并不认为丧葬费是对死亡本身的赔偿,而是对与死者有特定法律关系

---

① 参见刘某某5等与忠县汝溪镇三河村村民委员会等一般人格权纠纷申请案,重庆市高级人民法院(2012)渝高法民提字第218号民事判决书。

② 参见刘某芽赡养纠纷案,该案为最高人民法院发布的人民法院老年人权益保护十大典型案例之一。参见孙航:《首次发布!以司法案例引导老年人权益保护》,载中国法院网2021年2月24日,https://www.chinacourt.org/article/detail/2021/02/id/5820416.shtml。

③ 参见赵某荣与赵某译所有权纠纷案,上海市第二中级人民法院(2015)沪二中民一(民)终字第344号民事判决书。

④ 参见高某滨与高某辉追索丧葬费纠纷案,江苏省南京市中级人民法院(2015)宁民终字第2975号民事判决书。

⑤ 参见唐某娥、曹某国等与何某焕、吴某贵等共有物分割纠纷案,江苏省如东县人民法院(2015)东民初字第00598号民事判决书。

⑥ 参见袁某祥等诉曹某年所有权确认纠纷案,江苏省高级人民法院(2015)苏审三民申字第00118号民事裁定书。

⑦ 参见朱晓峰:《侵权可赔损害类型论》,法律出版社2017年版,第443页。

的人所遭受的财产损失的赔偿；因此，法院普遍认为该项费用的请求权不属于死者本人。这也就意味着，与死者没有亲属关系的民政局等即使安葬了死者，也不得主张此项费用的给付。[①] 另外，对尚未死亡的人而言，其死后才发生的丧葬费用，在其生前自无须确定子女对该项费用的负担，若其请求法院为子女确定其去世后丧葬费的负担，则不会获得法院支持。[②]

第三，死亡赔偿金的归属。与死者没有法律上亲属关系的人，即使确已向死者尽孝，对死者生养死葬，但依然不能依据尽孝这一事实本身主张只有死者近亲属才有权主张的损害赔偿，如交通事故中的死亡赔偿金。法院认为，死亡赔偿金形成于死亡之后，并非死者遗留的个人合法财产，也不是基于自然人死亡前设定的民事法律行为所形成的请求权，该赔偿金的权利人是死者近亲属而非死者本人。但对于非近亲属已实际支出的合理费用如丧葬费、处理交通事故人员的交通费以及误工费等，行为人有权向死者近亲属主张返还。[③]

（三）孝道入法的主要法律效果

由于不同社会背景所关注的孝道内涵以及相应的政治、社会功能有所不同，孝道适用的相应法律效果也存在显著差异。例如，在极端重视孝道理念的传统社会，孝道适用的法律效果在范围上表现得非常广泛，并且法律效果也呈现异常显著的特征。

就孝道适用的消极效果而言，在家庭关系内部，《唐律疏议》规定："诸詈祖父母、父母者，绞；殴者，斩；过失杀者，流三千里；伤者，徒三年……诸妻妾詈夫之祖父母、父母者，徒三年；须舅姑告，乃坐。殴者，绞；伤者，皆斩；过失杀者徒三年，伤者徒二年半……诸妻妾殴、詈故夫之祖父母、父母者，各减殴、詈舅姑二等；折伤者，加役流；死者，斩；过失杀伤者，依凡论。"在家庭关系外部，汉律规定："教人不孝，黥为城旦舂"[④]"教人不孝，次不孝之律。不孝者弃市，弃市之次，黥为城旦舂"。[⑤] 对此，评论者中肯地评论道，"子孙有心干犯逞凶，自属罪有应得，便是无心误伤误杀，也

---

① 参见高淳县民政局诉王某胜、吕某、天安保险江苏分公司交通事故人身损害赔偿纠纷案，《中华人民共和国最高人民法院公报》2007 年第 6 期；《最高人民法院关于侵权行为导致流浪乞讨人员死亡，无赔偿权利人或者赔偿权利人不明的，民政部门能否提起民事诉讼的复函》（〔2010〕民一他字第 23 号）。

② 参见胡某法与商某珍赡养纠纷案，浙江省绍兴市中级人民法院（2013）浙绍民终字第 683 号民事判决书。

③ 参见唐某娥、曹某国等与何某焕、吴某贵等共有物分割纠纷案，江苏省如东县人民法院（2015）东民初字第 00598 号民事判决书。

④ 《张家山汉简·二年律令·贼律》。

⑤ 《张家山汉简·奏谳书》。

与故意杀害同罪，甚至父母一时心狭自寻短见或自行跌伤，只要父母的死伤因子而起，不问谁是谁非，也不问有心无心，或意料所及否，便逃不了杀伤父母的罪名，按服制重办。虽然司法官吏有时也明知子女情有可原，并没有什么过失，而父母真有愚昧无知，不可理喻的，也因服纪攸关，不能不按律办理，将违反教令致父母于死的罪名加在子孙的头上，认为子当有顺无违，天下无不是的父母"①。中国传统社会违反孝道理念的刑事制裁之严苛，由此可见一斑。

就孝道适用的积极效果而言，一方面，由于孝敬父母是子女应尽之法定义务，为其分内之事，子女依据孝道而全面履行义务，属当然之理，在父母子女之间原则上当然并无积极效果可言；另一方面，传统社会中的孝道并非单纯的家庭伦理和行为准则，其在家国一体的社会背景下亦是一种政治伦理，基于政治统治需要，国家和社会常常表彰孝行以表明激励、倡导之的立场。② 例如，赏赐孝子以功名爵位、③授予官职、④免除徭役、⑤赐予孝子以吃穿用度、⑥旌表⑦等以给予荣誉等，或者因为孝道而使某些行为免予或减轻刑事制裁，如亲属容隐、⑧存留养亲、⑨亲属复仇⑩等。

与民刑不分的传统法制不同，当代法律实践严格区分公法和私法，并且在我国当代社会背景下，孝道实现了从政治制度与社会纲纪中解绑，重新回归家庭并复归为个体间的情感表达与价值寄托。⑪ 因此，可以将孝道理念在法制实践中的效果区

---

① 瞿同祖：《瞿同祖法学论著集》，中国政法大学出版社2004年版，第51页。

② 参见王跃生：《历史上家庭养老功能的维护研究——以法律和政策为中心》，载《山东社会科学》2015年第5期。

③ 正史中关于此种激励方式的记载屡见不鲜。例如，西汉成帝建始三年春三月，赦天下徒，赐孝弟、力田爵二级（《汉书·成帝纪》）；东汉明帝永平二年下诏：三老、孝悌、力田人三级（《后汉书·光武帝纪》）；南北朝刘宋时，孝子、顺孙、义夫、悌弟，赐爵一级（《宋书·孝武帝纪》）等：皆为示例。

④ 史书记载：初置孝弟力田二千石者一人（《汉书·高后纪》）；其有孝弟闻于郡邑，力田推于邻里，两事兼著，状迹殊尤者，委所由长官，特以名荐，朕当别有处分，更不须随考试例申送（《全唐文·玄宗纪》）；孝子顺孙堪从政者，量才任之（《元史·成宗纪》）。

⑤ 史书记载曰：有品爵及孝子顺孙义夫节妇，并免课役（《隋书·食货志》）；若孝子顺孙、义夫节妇志行闻于乡闾者，州县申省奏闻，而表其门闾，同籍悉免课役（《旧唐书·职官》）。

⑥ 史书记载：孝子顺孙义夫节妇粟帛各有差（《南齐书·武帝纪》）；赐孝义之家粟五斛（《新唐书·太宗纪》）；赐资州孝子支渐粟帛（《宋史·神宗纪》）；各处孝子顺孙义夫节妇曾经旌表者，所司各赐米一石，布一匹（《皇明诏令》卷一八）。

⑦ 史书中记载曰：凡有孝子顺孙，贞女义妇，让财救患，及学士为民法式者，皆扁表其门，以兴善行（《后汉书·百官志》）；孝子顺孙，义夫节妇，精诚感通，志行闻于乡闾者，亦具以申奏，表其门闾（《旧唐书·职官》）；有孝悌行义闻于乡闾者，具事实上于州，激劝以励风俗（《宋史·职官》）等。

⑧ 参见《汉书·宣帝纪》。

⑨ 参见《魏书·刑法志》。

⑩ 参见《周礼·秋官司寇》；《周礼·地官司徒》；《元史·刑法志二》。

⑪ 参见陈鹏：《先秦儒家孝理念的情感根据、价值困境与现实出路》，载《湖南社会科学》2019年第6期。

分为公法和私法两个领域来观察。

1. 公法领域内孝道入法的主要法律效果

孝道在公法领域的法律效果集中体现在刑法领域。由于刑法关注的焦点是国家、社会和个人之间的关系，所以发生在个人之间因犯罪行为引发的关系在刑法的评价视野里原则上并无不同，如子女杀伤父母与陌生人之间的杀伤在刑法上的评价或说法律效果原则上是一致的。法律实践之所以持此立场的核心在于，当代法律重视人人平等以及保护个人意志、自由和权利等，所以传统法律实践中基于孝道规范而在子女杀伤父母时对其予以严厉制裁的做法原则上不再被认可。[①] 例如，在杜某宏故意杀人案中，法院在判决书中写到：杜某宏实施弑母、分尸、抛尸的行为，手段残忍，有违人伦，性质恶劣，情节严重，依法应予严惩。杜某宏认罪、悔罪态度较好；依据其犯罪事实、情节、危害后果等，以被告人犯故意杀人罪，判处其死刑，缓期 2 年执行，剥夺政治权利终身。[②] 该案审理法院尽管认定行为人作为人子而残杀母亲的行为残忍、恶劣且有违人伦，但依然在量刑上依法从宽处理，并没有对违反孝道人伦的行为人处以极刑。该法院所坚持的基本立场在我国当前的司法实践中获得了普遍认同。例如，在王某财故意杀人案中，王某财因不满母亲在家长期吵闹，在遭到母亲不停责骂时，持锄头朝其母亲头部连续打击，致其母亲死亡。审理法院对此认为，王某财犯故意杀人罪，情节恶劣，后果严重，依法应当予以严惩。鉴于王某财行凶打死其母亲，是因受到其母亲不当言行的刺激，且行为人有自首情节和悔罪表现，能取得亲属的谅解，具有从轻情节，故法院据此没有对王某财处以极刑。[③] 同样地，在范某文故意杀人案中，行为人在饮酒后未冷静处理家庭关系，用捂口鼻的方式将母亲杀害，审理法院认为本案也是因家庭矛盾激化引发，行为人符合激情杀人等从宽处罚情节，进而认为判处行为人死刑，缓期 2 年执行，罚当其罪。[④]

当然，处于特定家庭关系内的个体之间的关系相较于一般人之间的关系而言，在伦理道德上有其特殊性。当这种特殊性构成刑法的关注焦点后，家庭关系内部的个人之间的伤害行为引发的刑法评价会产生其特殊性，例如《刑法》第 260 条的虐待罪和第 261 条的遗弃罪。法律实践之所以如此处理，主要是考虑到家庭成员之间的特殊伦理关系，法律需要在保护受害人诉权、尊重受害人诉讼意愿以及维护共

---

① 参见龙大轩：《孝道：中国传统法律的核心价值》，载《法学研究》2015 年第 3 期。

② 参见杜某宏故意杀人案，甘肃省高级人民法院（2016）甘刑核 15052303 号刑事裁定书。

③ 参见王某财故意杀人案，湖南省高级人民法院（2015）湘高法刑三终字第 116 号刑事判决书。

④ 参见范某文故意杀人案，云南省高级人民法院（2016）云刑终 1386 号刑事裁定书。

同体社会秩序三者之间寻得平衡。①

除《刑法》第260条、第261条的特别规定外，当前司法实践在例外情形下也认可违反孝道构成特定罪行量刑之加重情节。例如，在王某柏故意杀人案中，法院在判决书中表示：王某柏违背人伦，动辄打骂父母，致其老父厌世无奈服毒后，又对善意规劝的堂兄挥刀行凶，且为害乡里，致民怨大，反映出其主观恶性极深，人身危险性极大，对其依法应当严惩。王某柏经常打骂父母，不尽孝道，并且为害乡里，被害人作为其亲属，劝王某柏善待父母合情合理，王某柏不听劝告，反而报复杀人，手段极其残忍，罪行极其严重，依法应予严惩。② 行为人不尽孝道致父亲自杀，后又杀死规劝其善待父母的堂兄，这在法院看来属于违背人伦而应予以严惩的重要考量因素。

司法实践中还有法院将行为人是否恪守孝道作为减刑之重要考量依据。例如，在白某胜故意杀人案中，对于申请减刑的行为人，法院在刑事裁定书中认为，行为人自"入狱服刑以来，虽受表扬1次，记功1次的奖励，但其不孝敬生病之父，持棍将其父殴打致死，主观恶性和后果严重"，故最后法院综合行为人原判情况和改造表现，认定行为人尚不能被认定为确有悔改表现，并裁定不予减刑。③ 从法院所持之基本立场可以发现，罪犯减刑之申请是否被准许，在特定案件中受其是否践行孝道之影响。

入选最高人民法院指导案例的于某故意伤害案，也深刻反映了我国当代社会背景下孝道之于法律实践的影响。

2. 私法领域内孝道入法的主要法律效果

在传统社会，义务本位的法制环境使关于孝道的法律实践多从不孝的制裁中体现出来，孝道的法律效果一般而言也是消极性的。④ 与此不同，当代法律实践中孝道入法的私法效果则要丰富得多。

(1)对于继承权得丧与遗产分配的影响

根据《民法典》第1129条、第1130条及相应司法解释的规定：如果丧偶儿媳对公、婆，丧偶女婿对岳父、岳母尽了主要赡养义务，则其应作为第一顺序继承人；对被继承人尽了主要扶养义务或者与被继承人共同生活的继承人在分配遗产时，可以多分；继承人虐待被继承人情节严重或故意杀害被继承人的，均丧失继承权。这

---

① 参见高铭暄、李彦峰：《虐待罪"告诉才处理"除外规定的司法适用》，载《法学》2016年第11期。

② 参见王某柏故意杀人案，山东省高级人民法院(2015)鲁刑三终字第11号刑事裁定书。

③ 参见白某胜故意杀人案，河南省高级人民法院(2015)豫法刑执字第00543号刑事裁定书。

④ 参见范忠信：《"亲亲尊尊"与亲属相犯：中外刑法的暗合》，载《法学研究》1997年第3期。

表明，是否对老人尽孝，在特定情形下影响继承权的取得和遗产的分配。实践中有法院认为，孝老敬亲并较多承担照顾和护理老人的行为，属于应予鼓励和支持的美德。[①] 对此，当前司法实践亦普遍对其予以认同。[②]

关于影响程度，由法院在具体案件中依据个案情形自由衡量，对此并无客观统一的判断标准。例如，对虐待被继承人情节是否严重的判断，法院主要从实施虐待行为的时间、手段、后果和社会影响等方面予以认定。在王某甲与王某乙等法定继承纠纷案中，两个被继承人生前与王某乙共同生活，且两个被继承人年老多病，其中之一常年瘫痪在床，均由王某乙夫妻照顾直至养老送终。王某甲在两个被继承人生前所尽赡养义务较少，且两次以书面形式向两个被继承人明确表示，要求不尽或少尽赡养义务，并以断绝书方式要求脱离与父母、兄弟的关系。审理法院认为，王某甲的行为严重伤害了被继承人的感情，有违孝道，但法院同时又以王某乙认可王某甲作为家中长子，被继承人生前一直挂念并期盼儿子回家看望，王某甲与父母之间存在客观血缘关系等为由，承认了王某甲的继承权而仅在分配遗产时对其适当减少了份额。[③]

另外，在涉及抚恤金的分配问题上，行为人是否在死者生前尽孝，也构成法院决定分配份额的重要考量因素。法院认为，抚恤金系对死者亲属的精神抚慰和经济补助，在分配时，应考虑家属和死者生前的关系及其是否尽到了应尽的扶养义务等。对于不孝顺、不关心被继承人的子女，在抚恤金的分配数额上应适当减少。[④]

当行为人自始即不存在继承权或虽有继承权但继承顺位靠后的，若不存在法律规定的特别情形，如丧偶儿媳/女婿对公婆/岳父母尽了主要赡养义务，或者养祖父母/外祖父母与养孙子女/外孙子女的关系被视为养父母与养子女关系的，即使

---

① 参见毕某珍等诉张某英等赡养纠纷案，河北省高级人民法院(2016)冀民申4413号民事裁定书。

② 参见贾某诉李某某继承纠纷案，该案为最高人民法院发布的老年人权益保护十大典型案例之一。参见孙航：《首次发布！以司法案例引导老年人权益保护——最高法发布老年人权益保护十大典型案例》，载中国法院网2021年2月24日，https://www.chinacourt.org/article/detail/2021/02/id/5820416.shtml；马某国、马某健等共有物分割纠纷案，河北省保定市中级人民法院(2021)冀06民终4635号民事判决书；李某甲、李某乙、李某丙与赵某、李某丁、李某戊、李某己、武汉市昌茂房屋拆迁有限公司继承纠纷案，湖北省武汉市中级人民法院(2014)鄂武汉中民终字第01125号民事判决书；颜某甲等诉张某等继承纠纷案，山东省枣庄市中级人民法院(2014)枣民一终字第95号民事判决书。

③ 参见王某甲与王某乙等法定继承纠纷案，辽宁省大连市中级人民法院(2014)大民一终字第1319号民事判决书。

④ 参见王某豪诉王某华财产所有权纠纷案，四川省高级人民法院(2015)川民申字第809号民事裁定书。

行为人对与其有特定亲属关系的老人尽孝，也不会对继承权和遗产的分配产生影响。[①]

在遗嘱继承场合，行为人是否向老人尽孝原则上并不影响遗嘱对遗产的处分。在金某一与金某二等遗嘱继承纠纷案中，虽然金某二及其配偶孝敬、赡养母亲的行为被法院肯定，但法院仍坚持认为，《民法典》第1130条第3款（原《继承法》第13条第3款）规定的“对被继承人尽了主要扶养义务……的继承人，分配遗产时，可以多分”应在法定继承下适用，由于本案被继承人在生前已通过公证遗嘱的方式将财产指定由原告之外的其他子女继承，所以尽管金某二及其配偶在被继承人去世前几年确实尽了主要赡养义务，但本案被继承人之遗产的分配应以尊重被继承人之遗嘱意愿为先。[②]

（2）影响民事行为的法律效力

司法实践中有法院将孝道纳入公序良俗的范畴进行理解并确定相应行为的法律效果。依据《民法典》第8条及第153条第2款的规定，违反公序良俗的民事行为无效。因此，在符合其他有效要件的前提下，相应行为若符合孝道，则产生法律上的效力而受法律保护，否则即为无效，不受法律保护。例如，在杨某甲、杨某乙、杨某丙与杨某丁分家析产纠纷案中，由于杨某丁长期随父母生活且对父母孝敬照顾较多，所以父母将其所有的房屋赠与杨某丁。法院认为，这种父慈子孝的行为符合善良的社会风俗和道德风尚，应受法律保护，杨某丁不得主张对已因有效赠与而发生物权变动的房屋的继承权。[③] 在王某一与闫某英、王某二等共有纠纷案中，对于王某一主张的其已将与父母共有的房屋出租给父母而向对方收取租金的请求，法院认为，不向父母尽孝反而向其收取租金的行为违反公序良俗，因此驳回了其请求父母支付租金的主张。[④]

另外，子女是否尽孝、善待老人，也会对家庭关系之外的第三人对该子女所为之民事行为产生法律上的影响。例如，前文提到的在永信电子（惠州）有限公司与

---

① 参见山西智丰贸易有限责任公司诉中国民生银行股份有限公司苏州分行等票据利益返还请求权纠纷案，中华人民共和国最高人民法院（2015）民申字第1759号民事裁定书。

② 参见金某燕诉金某伟等遗嘱继承纠纷案，北京市西城区人民法院（2015）西民初字第02790号民事判决书。

③ 参见杨某甲、杨某乙等与杨某丁分家析产纠纷案，河南省高级人民法院（2014）豫法民提字第00007号民事判决书。

④ 参见王某一与闫某英、王某二等共有纠纷案，陕西省宝鸡市中级人民法院（2016）陕03民终1467号民事判决书。

张某颖劳动合同纠纷案。[①]

(3)构成侵权责任的减免事由

由于子女向老人尽孝被法院普遍认为是子女负担的义务,在子女应当尽孝而没有尽孝时,他人采取其他手段惩戒不孝子女即使构成侵权,在承担侵权责任时,法院也会考虑受害人的不孝行为而适当减轻或免除侵权人的责任。在张某刚等诉张某军等健康权纠纷案中,由于张某军未尽孝道,疏于照顾其智力存在障碍并因伤住院的母亲,张某军的舅舅张某刚出于气愤殴打张某军并致其身体受伤。法院在判决书中表示:虽然侵权人进行了不当劝诫,行为不当,但如果张某军不存在对其母亲疏于照顾的行为,也不会发生此事件。法院最后判决:受害人对本次事故的发生存在过错,诱发了本次事件,故受害人对自身的损失应承担40%的责任,侵权人承担60%的赔偿责任。[②]

在于某故意伤害案中,尽管于某防卫过当造成1人死亡、2人重伤、1人轻伤的严重后果,但二审法院在认定刑事责任和民事责任时充分考虑了"被害人实施严重贬损他人人格尊严或者亵渎人伦的不法侵害"情节,[③]作出了于某应负刑事责任,但应当减轻处罚的判决;而对于相应的民事责任,法院则是肯定了四名受害人的物质损害赔偿请求权,但拒绝了其死亡赔偿金、被扶养人生活费的赔偿请求。这一立场亦被最高人民法院所支持。这意味着,在民事责任领域,亦可以通过引入作为人伦基础的孝道来作为行为人是否承担侵权责任以及如何减免责任的正当性考量依据。

(4)民事程序领域的影响

虽然当代法律实践基本完全抛弃了传统理念所坚持的子女原则上不得对父母提起诉讼的做法,实践中父子相告的案件屡见不鲜,法院并不会因为子告父而违背事实与法律作出不利于原告的判决[④],但在情理上,司法实践仍不提倡父子相告,这实质上仍然反映为孝道观念对当代司法实践的潜在影响。在朱某桂、朱某军等排除妨害纠纷案中,法院即表明,希望双方当事人能够互念亲情,本着互谅互让的

---

① 参见永信电子(惠州)有限公司与张某颖劳动合同纠纷案,广东省高级人民法院(2016)粤民申1797号民事裁定书。

② 参见张某刚等诉张某军等健康权纠纷案,河南省济源中级人民法院(2014)济中民三终字第411号民事判决书。

③ 参见于某故意伤害案,山东省高级人民法院(2017)鲁刑终151号刑事附带民事判决书。

④ 在传统法律实践中,子女原则上不得对父母提起诉讼,否则,其诉讼主张不但不会被支持,相反还会因为起诉父母而遭受法律的严厉制裁。参见范忠信:《"亲亲尊尊"与亲属相犯:中外刑法的暗合》,载《法学研究》1997年第3期。

精神处理家庭成员之间的纠纷，特别是子女不宜轻易对父亲提起诉讼，缠讼不仅不利于家庭矛盾的彻底解决，也与我们中华民族尊老爱幼、孝顺父母的优良传统相违背。[①] 当然，也有法院表示出了对子告父的明显情感倾向，在法律论证中所使用的措辞也更激烈。在单某与单某四等赠与合同纠纷案中，审理法院明确表示：单某四为了达到及时过户房屋的目的，竟不顾其父亲的内心感受和身体上的病痛向法院提起诉讼，与自己的父母对簿公堂，这本身就与我国传统的公序良俗相悖。[②]

（四）孝道在当代民事司法实践中适用的主要启示

我国当前的民事司法实践经验表明，即使制定法中不规定孝道概念，孝道依然可以通过其他途径在我国当代的法律实践中潜滋暗长。这种现象的存在实际上取决于这样一个现实，即传统社会中形成的孝道理念深刻影响并塑造了中国人的民族精神或者说国民性，[③]这种民族精神绵延不绝地流淌在普通民众的日常生活观念中。即使自晚清以来我国社会历经了天翻地覆的变革，但这些深入民族精神内部的生活法则，仍能再次浮出水面并现出勃勃生机来。孝道理念成为我国民族精神之有机构成的现实，是孝道在当代社会生活中仍广泛发挥作用的基础，更是影响一般民众价值判断与生活方式的渊源。借助历史法学派的基本立场可以分析得出，对于制定法而言，其首先是通过习俗和民众的信仰，然后是通过法学而形成，也即制定法中充斥着内在的、潜移默化的力量。[④] 在任何时候，若能找出民众心中怀有的一种确定无疑、值得褒扬的倾向，那么这种倾向也许可以通过立法被予以承认或者保存，但却绝不能由立法者凭空制造出来。也就是说，法在民众信念中产生、变化，存在于民众信念或民族精神中。[⑤] 这就要求，当代法律实践必须妥善处理法与孝道的关系。这种妥善处理既是对指导案例93号裁判要旨中提出来的“确保司法裁判既经得起法律检验，也符合社会公平正义观念”之要求的回应，也是对作为正式法律规范的赡养规则与非正式法律规范的孝道二者之间规范关系的观照。这有助于通过非正式法律规范进一步夯实正式法律规范的正当性基础，并为正式法律

---

① 参见朱某桂、朱某军等排除妨害纠纷案，浙江省高级人民法院（2016）浙民申3534号民事裁定书。

② 参见单某与单某四等赠与合同纠纷案，辽宁省高级人民法院（2015）辽审一民抗字第69号民事判决书。

③ 参见肖群忠：《孝与中国国民性》，载《哲学研究》2000年第7期。

④ 参见［德］弗里德里希·卡尔·冯·萨维尼：《历史法学派的基本思想：（1814—1840年）》，郑永流译，法律出版社2009年版，第8页。

⑤ 参见［德］霍尔斯特·海因里希·雅科布斯：《十九世纪德国民法科学与立法》，王娜译，法律出版社2003年版，第19页。

规范的实践运用提供让社会信服和接受的说理基础,最终助益于法所追求的和谐有序的目的的实现。对此,结合《民法典》“婚姻家庭编”第1043条第1款的规定,孝道为当代民事法律实践提供的主要启示包括以下几个方面。

1. 家庭关系的法律调整应具有开放性

孝道的内涵具有开放性,[①]须因时代背景变化而更新,能适应新时代背景下现实中的人的具体需求。孝道之所以能在以平等、自由、独立、尊严为核心的现代法治体系下具有容身之地,在于其能及时摒弃那些与现代法治理念相违背的不合时宜的因素,[②]并能在发展变化了的时代背景下不断修正自己的内涵以满足实践需要。孝道的此种特性决定了其在当代法治实践中依然能继续作为一种行为规范的伦理价值基础来指导相应行为规则的解释适用。也就是说,当代社会背景下的孝道在摒弃绝对忠顺、服从等内涵的同时,充分吸收了现代法治精神所要求的平等、自由、独立和尊严等,并用其规范指导家庭关系中的人之交互行为。这意味着,子女对父母尽孝并不意味着其必须放弃自由、独立与尊严。[③] 受孝道调整的父母子女关系应以平等关系为基础,父母仅得在法定条件具备时才能向子女主张特定给付,子女的对待给付亦应合乎法律规定及公序良俗。

2. 判决结果之正当性论证可以具有多元性

法官的裁判过程是一个证立的过程。证立一个决定意味着证成它,合理化它,证立者应向其他人证成其决定。[④] 法官只有证立其判决才能说服当事人接受判决。法官证立其判决的行为即为法律论证,法官要通过论证表明其判决的合法性、正当性基础。在制定法未明确规定孝道概念的背景下,法官应通过证立行为向当事人表明,判决并非单单从法律中推导出来,法官可以依据其保留的“法律适用”的权力来确定什么结果是遵循法律规则且正确的。[⑤] 法官的论证是否成功,直接决定了其所作出的判决是否具有可反驳性且是否能经受得住反驳。从当前民事司法实践中法院的论证经验来看,孝道入法的合法性、正当性基础论证,主要是通过法官在具体的案件审理中通过法律解释方法将孝道引入制定法所确定的具体规则来实现的。法官在具体判决的说理部分,普遍将孝道作为理解和适用《民法典》第8条、第

---

① 参见冯兵:《朱子论“孝”》,载《哲学研究》2021年第1期。

② 参见田丰:《论仁孝二本》,载《哲学研究》2020年第11期。

③ 参见王健崭、杨明:《儒家“孝”之伦理困境及其解决方式——基于道德哲学的深层追问》,载《江苏行政学院学报》2019年第6期;朱勇、成亚平:《冲突与统一——中国古代社会中的亲情义务与法律义务》,载《中国社会科学》1996年第1期。

④ 参见[德]乌尔弗里德·诺依曼:《法律论证学》,张青波译,法律出版社2014年版,第9页。

⑤ 参见崔建远:《合同解释辨》,载《财经法学》2018年第4期。

1067 条第 2 款以及《老年人权益保障法》(2018 年修正)第 14 条等一般原则和具体规定的正当性基础。[①] 这使民法中父母子女关系所内含的赡养对象、赡养内容以及赡养义务是否履行导致的法律效果等,更具有中国的民族性特点,更符合一般人的社会生活观念,并且也丰富了作为民法一般原则的公序良俗原则的内涵。法官通过引入孝道正当化其法律效果的评价过程与结果,可以使判决更容易被当事人、社会所接受,有助于当前司法实践所普遍强调的司法的社会效果的实现。

3. 调整家庭关系的法律规范应注重层次性

传统孝道是道德规范,在整体构造上有利亲、善事、慎终三个层次,[②]主要是由爱心、敬意、忠德和顺行构成。其中,爱、敬、忠、顺是孝道的伦理精神本质,[③]其一致要求子女善待父母,养亲、尊亲。[④] 在具体内容上,孝道包括:谨身节用,敬养父母;父母有疾,精心侍奉;家庭和睦,累世同居;容隐父母之过;父母丧而哀伤不已;延续家族,继承父志;为亲复仇;等等。[⑤] 这些内容在具体适用上亦极具我国传统社会的时代特色:一方面,道德法律化使作为道德规范的孝敬老人成为家庭关系中卑亲属对尊亲属尤其是子女对父母应尽的法定义务。[⑥] 另一方面,家国一体化使调整家庭关系的孝道既在家庭内部关系的规范处理上具有绝对支配力量,“父为子纲”“子当有顺无违,天下无不是的父母”等成为约束家庭成员的教条,又对家庭关系之外的第三人产生相当约束力,第三人的行为不得影响孝道的践行。[⑦] 但在当代,法律是道德的最低要求;部分孝道理念通过法律解释的方法进入法律实践,影响法律规则的解释与适用。民事司法实践主要关注并承认孝道要求的第一层次即“能养”对成年子女的约束,第二层次的“不辱”部分则交由公法调整,其他部分以及最高层次的“尊亲”则主要交由道德规范调整,在私法领域内效果并不显著,并且子女违反此等

---

① 参见林某 1、林某 2 等赡养费纠纷案,广东省汕尾市中级人民法院(2022)粤 15 民终 270 号民事判决书。

② 参见龙大轩:《孝道:中国传统法律的核心价值》,载《法学研究》2015 年第 3 期。

③ 参见肖群忠:《“夫孝,德之本也”——论孝道的伦理精神本质》,载《西北师大学报(社会科学版)》1997 年第 1 期。

④ 参见何九盈:《辞源》,商务印书馆 2015 年版,第 1062 页;《辞海》,上海辞书出版社 2009 年版,第 2095 页。

⑤ 参见侯欣一:《孝与汉代法制》,载《法学研究》1998 年第 4 期。

⑥ 参见梁治平:《寻求自然秩序中的和谐》,中国政法大学出版社 2002 年版,第 266 页。

⑦ 参见张中秋:《传统中国国家观新探——兼及对当代中国政治法律的意义》,载《法学》2014 年第 5 期;马克垚:《论家国一体问题》,载《史学理论研究》2012 年第 2 期;侯欣一:《孝与汉代法制》,载《法学研究》1998 年第 4 期;瞿同祖:《瞿同祖法学论著集》,中国政法大学出版社 2004 年版,第 51 页。

孝道的行为原则上也不会再像传统社会那样招致法律责任甚至严厉的刑事制裁。[①]这种处理是孝道基于现代法治精神的要求所作出的积极调适，有助于孝道在现代法体系中继续发挥积极作用。

4. 法律规范应确保赡养义务的可操作性

在当代社会，善侍父母依然是孝道理念的核心，其部分内容亦为当代制定法规定的赡养义务吸收并成为成年子女所负担的法定义务。传统孝道中的"善侍"在法律层面上主要包括生养、死葬两方面。在内涵上，善侍区别于西方传统民法所强调的赡养，其不仅强调善侍的对象即老人的外在物质需求，也关注对其内在精神的慰藉。相应地，子女既要从外在行为上满足老人的正当需求，亦应使自己内心的意思与老人的意思在法律允许的范围内协调一致。对此，法院结合老人的现实需求提出了经济供养、生活照料、精神慰藉和患病老人医疗等内容的具体行为要求和履行标准，明确了丧葬的法律性质、义务人及相关事宜的解决方案等。对此之外的传统孝道内涵的家庭和睦等理念，法律实践则将之视为婚姻家庭法的价值追求，仅予以提倡而未作明确要求；对于累世同居，容隐父母之过，父母丧而哀伤不已及延续家族，继承父志等传统孝道的内涵，法律则不再作强制要求。这种区分处理使孝道作为行为规范具有可操作性，有助于其内含的积极价值的实现。

5. 法律的价值目标应理性回应现实生活的实践需求

法不只是出自存在于社会中的伦理、法或者政治信念，也出自现实生活的需要。[②] 我国传统孝道内含的人际关系和谐要求，仍然对家庭内外的法律关系产生积极影响。"孝，礼之始也。"（《左传·文公·文公二年》）"乐者为同，礼者为异。"（《礼记·乐记》）礼强调个人承担的义务由其所处的社会地位决定，是一种几乎囊括所有社会生活领域的行为规范。经由礼而实现的统一、和谐的秩序，显著区别于西方社会屡见不鲜的社会不同阶层的对抗、竞争与革命情形。[③] 经由孝道而成的礼以及由此构筑起来的规范体系，为我国传统社会家庭关系的有序调整以及共同体秩序的稳定维持提供了重要的制度保障。[④] 虽然我国当代法律实践贯彻平等、自由的法治理念，传统社会上下有等，贵贱有差的礼法理念被抛弃，但礼强调的经由孝

① 参见范忠信、尤陈俊、翟文喆校编：《中国文化与中国法系——陈顾远法律史论集》，中国政法大学出版社2006年版，第208页。

② 参见[德]霍尔斯特·海因里希·雅科布斯：《十九世纪德国民法科学与立法》，王娜译，法律出版社2003年版，第27页。

③ 参见梁治平：《寻求自然秩序中的和谐》，中国政法大学出版社2002年版，第27～29页。

④ 参见黄源盛：《中国法史导论》（简体版），广西师范大学出版社2014年版，第90页。

调整人际关系并臻于和谐的理念依旧被当代政治法律实践所认同,如党的十八大报告即提出了内含和谐要求的社会主义核心价值观,而《民法典》则进一步将弘扬社会主义核心价值观作为立法目的加以规定。从当前民事司法实践的经验看,法院在家庭内部关系的处理上,既要求行为合乎法理人情,也直指人心,要求行为人"善侍"的主动性、自愿性,以实现家庭关系内在的和睦,而非经由斗争实现外在的平衡。在家庭外部关系的处理上,当第三人对他人践行孝道产生影响并影响共同体欲求的和谐秩序的生成时,法院亦在法律解释允许的范围内对相应行为进行评价,以支持孝道理念的践行。

三、孝道入法的基础论证

在传统法律实践中,道德法律化,孝道理念直接被制定法承认并通过具体法律规则确定下来,调整与此相关的社会行为。[①] 例如,汉律明确规定:"子贼杀伤父母,奴婢贼杀伤主、主父母妻子,皆枭其首市;子牧杀父母,殴詈泰父母、父母、假大母、主母、后母,及父母告子不孝,皆弃市;贼杀伤父母,牧杀父母,殴詈父母,父母告子不孝,其妻子为收者,皆锢,令毋得以爵偿、免除及赎。"[②]唐律基本上承袭了秦汉以来关于孝道理念的实践立场并进一步予以强化,"一准乎礼"。其规定的"十恶"重罪中,有三类与孝相关:"恶逆谓殴及谋杀祖父母、父母,杀伯叔父母、姑、兄、姊、外祖父母、夫、夫之祖父母、父母者。不孝谓告言诅詈祖父母父母;父母在别籍异财;若供养有缺。居父母丧身自嫁娶;若作乐释服从吉;闻祖父母父母丧,匿不举哀;诈称祖父母父母死。"[③]若行为人违反因孝道所生的法定义务,势必遭受来自法律的严惩。

当代司法实践与传统有别的一个显著特征是依法裁判,任何具体判决的作出都必须以有效的法律规则、原则为依据,一般不得直接以价值理念、伦理道德等为裁判依据。[④] 但这并不意味着司法实践不关注人伦道德。最高人民法院在指导案例93号中强调,法院在具体的司法裁判中应充分关注和考虑人格尊严或包含孝道在内的人伦道德,"以确保司法裁判既经得起法律检验,也符合社会公平正义观

---

① 参见蒋月:《20世纪婚姻家庭法:从传统到现代化》,中国社会科学出版社2015年版,第97页。

② 《张家山汉简·二年律令·贼律》。

③ 杨鸿烈:《中国法律发达史》,中国政法大学出版社2009年版,第262页。

④ 参见孙海波:《疑难案件否定法治吗——依法裁判立场之重申》,载《政治与法律》2017年第5期。对此,学理上仍存在不同意见。相关论点参见[美]杰弗里·布兰德:《法治的界限:越法裁判的伦理》,娄曲亢译,中国人民大学出版社2016年版,第100~101页。

念”。在此情形下,作为人伦道德的孝道究竟如何作用于民事司法裁判？其作用于司法裁判的正当性基础究竟为何？

(一)孝道入法的合法性基础

现行制定法并没有直接规定孝道的具体法律规则与原则。为应对现实生活中人的正当需求,当前司法实践中法院往往通过对可能内含孝道理念的法律规则加以解释并援引为法律论证的规范依据,来支持孝道对现实生活的规范指引。①

对此,《民法典》第 1067 条第 2 款[原《婚姻法》(2001 年修正)第 21 条第 1 款第 2 分句和第 3 款]、《老年人权益保障法》(2018 年修正)第 13 条至第 26 条尤其是第 14 条,在涉及孝道的民事判决中尤其被作为裁判依据而广泛运用。② 其中,《婚姻法》第 21 条第 1 款第 2 分句规定了“子女对父母有赡养扶助的义务”,第 3 款规定了“子女不履行赡养义务时,无劳动能力的或生活困难的父母,有要求子女付给赡养费的权利”;《老年人权益保障法》第 14 条具体规定:“赡养人应当履行对老年人经济上供养、生活上照料和精神上慰藉的义务,照顾老年人的特殊需要。赡养人是指老年人的子女以及其他依法负有赡养义务的人。赡养人的配偶应当协助赡养人履行赡养义务。”

以这些具体法律规则为基础,实践中法院所作判决的论证通常采用的表述方式是:孝道是中华民族的传统美德,所谓百善孝为先,为人子女不尽赡养义务,不仅不为法律所允许亦不为道德所容。被告某某等子女今后均应积极履行赡养义务,保障原告某某老人安享晚年。依照原《婚姻法》第 21 条(《民法典》第 1067 条第 2 款),《老年人权益保障法》第 14 条之规定,判决……③学理上亦将此视为当代法律实践“对传统孝道文化的正面呼应,也是对传统法律价值的回归”。④ 司法实践对此所坚持的基本立场以及与之呼应的理论观点,实质上就是将原《婚姻法》第 21 条(《民法典》第 1067 条第 2 款)和《老年人权益保障法》第 14 条等视为孝道在当代法

---

① 参见朱晓峰:《孝道理念与民法典编纂》,载《法律科学》2019 年第 1 期。

② 参见徐某 1 赡养纠纷申诉、申请案,北京市高级人民法院(2016)京民申 27 号民事裁定书;毕某珍等诉张某英等赡养纠纷案,河北省高级人民法院(2016)冀民申 4413 号民事裁定书;胡某法与商某珍赡养纠纷案,浙江省绍兴市中级人民法院(2013)浙绍民终字第 683 号民事判决书;黄某清等与吴某德等赡养纠纷上诉案,重庆市第五中级人民法院(2015)渝五中法民终字第 00394 号民事判决书。

③ 参见胡某法与商某珍赡养纠纷案,浙江省绍兴市中级人民法院(2013)浙绍民终字第 683 号民事判决书;王某军与王某耿赠与合同纠纷案,河北省石家庄市中级人民法院(2014)石民二终字第 00682 号民事判决书;刘某甲与张某等赡养纠纷案,河北省唐山市中级人民法院(2014)唐民一终字第 623 号民事判决书;索某甲与索某乙、索某丙、索某丁赡养纠纷案,四川省广元市中级人民法院(2015)广民终字第 438 号民事判决书;王某义与汪某花等赡养费纠纷案,安徽省池州市中级人民法院(2015)池民一终字第 00379 号民事判决书。

④ 龙大轩:《孝道:中国传统法律的核心价值》,载《法学研究》2015 年第 3 期。

律实践中的制度载体，孝道可以通过这些具体规则进入现行法律体系，并对当代社会背景下的家庭纠纷解决产生实质影响。此外，将制定法中的具体规定作为传统人伦道德的核心即孝道的制度载体，有助于防止学者所担忧的法官以社会效果为由而通过宏观的政策、理念、原则甚至口号枉法或违法裁判所致的社会效果异化现象的发生，[①]殊值肯定。

传统法律中的孝道理念之所以会与《民法典》《老年人权益保障法》等制定法在老年人赡养问题上无缝对接，实质上与法律规则赖以生发和运行的特定社会现实密不可分。这种关系主要表现为以下两个方面：

一方面，无论是作为传统法律制度之重要构成的孝道还是现代家庭法律制度中的赡养制度，都要解决老年人的赡养问题，二者的调整对象具有同一性。具体而言，传统社会中的老年人赡养完全是经由家庭实现的，在此背景下，孝道得以入法并成为当时法律制度的核心构成；[②]而在现代社会，老年人赡养不再由家庭一力承担，社会保障制度的出现与完善逐渐为家庭之外的养老提供了现实基础。但即便如此，家庭养老的功能依然被《老年人权益保障法》明确承认，孝道依然是理解当代中国社会结构的一个重要视角，其作为当代家庭伦理的重要构成而在代际关系的调整中发挥重要作用。[③]《民法典》《老年人权益保障法》等规定的父母子女关系中的赡养义务，亦可经由孝道而展开正当性论证。[④]

另一方面，现代社会背景下调整对象具有同一性的孝道和赡养制度发生作用的机制并不完全相同。[⑤] 对于孝道而言，作为一种非正式法律规范的孝道，仍然是当代中国家庭情感实践中最具原生力的行为动机而首先在家庭伦理道德层面产生约束人之行为的效力，使行为人在家庭生活中能自发地履行赡养老人的义务。对于作为正式法律规范的制定法而言，这种非正式法律规范的孝道发生作用的基础与积极意义在于：由于在以孝帅法的传统法律制度的运行中，通过孝道调整家庭关系的正当性论证不断加强，相应的社会实践逐渐浸入并且实质性地塑造了我国社会家庭关系的伦理道德和精神气质，因此即使在现代社会孝道因法律制度的剧变而丧失了赖以存在的制度基础之后，其依然可以作为现代制定法中规定的父母子

① 参见焦和平：《法律之内实现社会效果的合理路径——社会学解释方法的司法适用》，载《河北法学》2013 年第 6 期。

② 参见朱晓峰：《孝道理念与民法典编纂》，载《法律科学（西北政法大学学报）》2019 年第 1 期。

③ 参见胡安宁：《老龄化背景下子女对父母的多样化支持：观念与行为》，载《中国社会科学》2017 年第 3 期。

④ 参见郑玉双：《孝道与法治的司法调和》，载《清华法学》2019 年第 4 期。

⑤ 参见龙大轩：《新时代“德法合治”方略的哲理思考》，载《中国法学》2019 年第 1 期。

女关系中的赡养义务的正当性基础而发挥作用。

因此整体来看,在当代中国社会背景下,作为正式法律规范的赡养制度和非正式法律规范的孝道理念因为具有同一性的调整对象而在当代的家庭法律实践中再次紧密结合了起来。这种结合的内在机理在于,作为正式法律规范的赡养制度为孝道理念的入法提供了制度载体,而作为非正式法律规范的孝道理念则为赡养制度的实践运用提供了正当性论证基础,二者的结合强化了法律论证的效果。在《民法典》“婚姻家庭编”第 1043 条第 1 款明确规定“家庭应当树立优良家风,弘扬家庭美德,重视家庭文明建设”的背景下,孝道理念作为论证赡养制度正当性基础的一般法律思想的价值,就显得更为突出了。

(二)孝道的法律属性

以制定法的具体规定为孝道的制度载体,解决的是孝道入法的合法性基础问题,对此司法实践中法院的立场基本一致。与此不同,对于孝道的法律属性,实践中法院的理解并不一致,主要表现为如下四种基本立场。

1. 道德义务论

该观点将制定法上规定的赡养义务的履行与一般社会生活观念中的孝敬或者孝顺行为相区别。持这种观点的法院普遍认为:赡养父母是子女应尽的法定义务,而孝敬或者孝顺父母是中华民族的传统美德,①是为人的本性和起码的道德及社会伦理道德的基本要求,②是社会主义精神文明建设的重要组成部分;③孝敬父母是中华民族世代相传的传统美德,赡养老人是我国法律明文规定的法律义务④等。从法院法律论证时的修辞来看,该观点并没有将孝道内含的照顾、探望父母等要求当然与制定法上的赡养义务等而视之。⑤ 这也意味着,向父母尽孝并不当然发生赡养义务履行的法律效果。例如,对于继子在生母去世后仍探望照顾继父的行为,在法院看来,此举是儿女应尽的孝行,不是法律意义上的扶养行为,不能认定其系制定法所规定的继承人以外的对被继承人扶养较多的人,其要求继承继父的遗产亦不应

---

① 参见翟某甲与翟某等赡养纠纷案,河南省许昌市中级人民法院(2015)许民终字第 284 号民事判决书。

② 参见王某义与汪某花等赡养费纠纷上诉案,安徽省池州市中级人民法院(2015)池民一终字第 00379 号民事判决书。

③ 参见杨某 1 与杨某 2 等所有权确认纠纷案,北京市第二中级人民法院(2015)二中民终字第 06836 号民事判决书。

④ 参见高某 1、刘某等赡养费纠纷案,辽宁省营口市中级人民法院(2022)辽 08 民终 1213 号民事判决书;史某乙、钱某与史某甲赡养费纠纷案,江苏省常州市中级人民法院(2016)苏 04 民终 2425 号民事判决书;李某与刘某甲、刘某乙赡养纠纷案,湖南省长沙市中级人民法院(2015)长中民一终字第 07437 号民事判决书。

⑤ 参见王某 1、王某 2 等继承纠纷案,天津市第三中级人民法院(2022)津 03 民终 1774 号民事判决书。

被支持。[①]

当然,坚持孝敬或孝顺老人以尽孝道属于道德义务这一立场的司法实践并未完全切断孝道与法律的联系。有法院在判决书中表明:孝敬父母、诚实守信是中华民族的传统美德,法律的实施本身就具有普及并弘扬美德的作用。[②] 所以法院通常会在判决书中对孝敬或孝顺行为予以褒扬[③],甚至有法院将孝道作为判定法律行为效力[④]、遗产分割数额[⑤]、责任轻重及减免[⑥]的重要考量依据。

2. 双重属性论

关于赡养与孝敬或者孝顺的规范关系,有法院在判决书中将之表述为:孝敬父母,为父母养老送终是每一个儿女应尽的法定义务。[⑦] 当然,也有法院将二者的关系表述为:子女赡养父母既是道德上应该遵守的孝敬行为,也是法定的义务;[⑧]赡养父母、孝敬父母是中华民族的传统美德,也是子女应尽的法定义务;[⑨]孝敬父母是中华民族的传统美德,赡养父母是子女应尽的义务;[⑩]等等。事实上,法院无论是将赡养与孝敬并列以观,还是将赡养视为孝敬的种概念或将孝敬视为赡养的种概念,实质上都在孝道与现行法规定的赡养义务之间建立起了规范关系,使孝道因此具备了法律与道德的双重属性。基于此,有法院在判决书的说理部分表示:赡养父母是

---

① 参见陈甲与俞甲、陈乙法定继承纠纷案,上海市高级人民法院(2015)沪高民一(民)再提字第3号民事判决书。

② 参见于某哲诉于某芳等民间借贷纠纷案,吉林省高级人民法院(2016)吉民申2204号民事裁定书。

③ 参见山西智丰贸易有限责任公司诉中国民生银行股份有限公司苏州分行等票据利益返还请求权纠纷案,中华人民共和国最高人民法院(2015)民申字第1759号民事裁定书;毕某珍等诉张某英等赡养纠纷案,河北省高级人民法院(2016)冀民申4413号民事裁定书。

④ 参见杨某甲、杨某乙等与杨某丁分家析产纠纷案,河南省高级人民法院(2014)豫法民提字第00007号民事判决书。

⑤ 参见王某甲与王某乙等法定继承纠纷案,辽宁省大连市中级人民法院(2014)大民一终字第1319号民事判决书;李某甲、李某乙、李某丙与赵某、李某丁、李某戊、李某己、武汉市昌茂房屋拆迁有限公司继承纠纷案,湖北省武汉市中级人民法院(2014)鄂武汉中民终字第01125号民事判决书。

⑥ 参见白某胜故意杀人案,河南省高级人民法院(2015)豫法刑执字第00543号刑事裁定书;王某柏故意杀人案,山东省高级人民法院(2015)鲁刑三终字第11号刑事裁定书。

⑦ 参见庞某某诉张某某等二人赡养费纠纷案,该案为最高人民法院发布的老年人权益保护第二批典型案例之一。《最高法发布老年人权益保护第二批典型案例》,载中华人民共和国最高人民法院网2022年4月8日,https://www.court.gov.cn/zixun-xiangqing-354121.html;戴某甲等诉戴某丙等继承纠纷案,广西壮族自治区高级人民法院(2014)桂民申字第851号民事裁定书。

⑧ 参见何某1与何某2赡养费纠纷案,上海市第二中级人民法院(2021)沪02民终11596号民事判决书;李某均、张某香与李某兰3、蒲某秋、李某兰4、李某珍2、李某兰1、李某珍5赡养费纠纷案,湖南省芷江侗族自治县人民法院(2015)芷民一初字第627号民事判决书。

⑨ 参见孟某1、孟某2等赡养纠纷案,山东省济南市中级人民法院(2022)鲁01民终6047号民事判决书;陕西省安康市中级人民法院(2013)安民终字第00369号民事判决书。

⑩ 参见丁某1、张某赡养费纠纷案,山东省潍坊市中级人民法院(2022)鲁07民终2573号民事判决书。

中华民族的美德,百善孝为先,作为人子,理应承担孝顺父母的义务与责任,①或者“尊敬老人、爱护老人、孝顺老人是中华民族传统美德,也是做儿女应尽的责任和义务”。② 如果为人子女不尽赡养义务,不仅不为法律所允许,亦不为道德所容。③

既然孝敬老人是子女应尽的法定义务,那么其履行该法定义务当然不能期望从中获益。例如,对于以“照顾母亲,为母亲送终做了主要工作”为由而主张多分遗产的,法院会以“孝敬父母,为父母养老送终是每一个儿女应尽的法定义务”为由,拒绝行为人提出的多分一份遗产的请求。④ 在不具备法律承认的能产生第一顺位继承人法律效果的祖父母/外祖父母与孙子女/外孙子女关系中,对于孙子女/外孙子女代替父母照顾赡养祖父母/外祖父母的,法院还认为,这种孝敬祖父母/外祖父母的行为是人之常情,行为人不能以此为由主张遗产分割请求权。⑤

3. 人格利益论

持此观点的法院在判决书中表示,孝敬老人是我国的传统美德,对老人的生养死葬是其重要内容,在老人去世后,子女按照习俗进行安葬是其作为死者近亲属的人格利益。依据该观点,近亲属按照习俗安葬老人是与其人身不能分离的固有人格利益,该人格利益为最高人民法院《关于确定民事侵权精神损害赔偿责任若干问题的解释》(2001 年,已修改)第 1 条第 2 款规定的“其他人格利益”,属于法律保护的民事权益。若他人违反社会公德侵犯该人格利益,应当承担相应的法律责任。例如,在某案例中,刘某某等人的父亲死亡后,其亲朋好友从各方到其家中参加葬礼,但三河村村民委员会堵断公路不让治丧车辆通行,对此法院认为该行为有悖社会公德,侵犯了刘某某等人的按照习俗进行安葬老人这一“其他人格利益”,判决行为人承担侵权责任。⑥

当然,老人的近亲属基于孝敬老人而享有的人格利益在与老人的自由意志产生冲突时,根据孝道的基本内涵,近亲属的人格利益应让位于老人意志自由的保

---

① 参见王某甲诉王某乙赡养费纠纷案,安徽省颍上县人民法院(2014)颍民一初字第 03610 号民事判决书。

② 刘某等与刘某雷赡养纠纷案,河北省正定县人民法院(2015)正民新初字第 00417 号民事判决书。

③ 参见胡某法与商某珍赡养纠纷案,浙江省绍兴市中级人民法院(2013)浙绍民终字第 683 号民事判决书。

④ 参见戴某甲等诉戴某丙等继承纠纷案,广西壮族自治区高级人民法院(2014)桂民申字第 851 号民事裁定书。

⑤ 参见山西智丰贸易有限责任公司诉中国民生银行股份有限公司苏州分行等票据利益返还请求权纠纷案,中华人民共和国最高人民法院(2015)民申字第 1759 号民事裁定书。

⑥ 参见刘某某 5 等与忠县汝溪镇三河村村民委员会等一般人格权纠纷申请案,重庆市高级人民法院(2012)渝高法民提字第 218 号民事判决书。

护。例如，对于请求亲自照顾母亲张某的刘某甲，法院认为，此种想尽孝的诚心应予肯定，但百善孝为先的孝不仅应体现在对父母的孝敬即尊敬方面，还应体现在孝顺即顺从老人的意愿方面，现在张某因长年卧病在床并已经习惯了刘某乙夫妻的照顾，不愿意刘某甲到其身边照顾，所以应尊重张某的意愿，据此驳回了刘某甲的诉讼请求。① 法院在此所持的立场反映了孝道内涵的基本价值观，即孝是中华传统文化提倡的行为，指儿女的行为不应违背父母、家里的长辈以及先人的心意，是一种稳定伦常关系的表现。孝的一般表现为孝顺、孝敬等。孝顺指为了回报父母的养育，而对父母权威的肯定，从而遵从父母的指点和命令，按照父母的意愿行事。②在不违背子女平等、自由与尊严的前提下，法院的这种观点原则上应予赞同。

4. 公序良俗论

依据公序良俗的通行界定标准，被当前司法实践普遍承认的作为中华民族之传统美德且为百善之首的孝，若对其违反则具有较强的反社会性，故其当然属于公序良俗的涵摄范畴。③ 对此，实践中亦有法院在判决书中明确表示，"孝敬老人是中华民族优良传统，赡养义务是法定义务，属于公序良俗的范畴"。④ 然而不论是传统的孝道观念还是当代司法实践所奉行的孝道的一般准则，原则上都是将孝道理解为家庭关系中长幼亲属之间的行为准则，孝道所调整的对象原则上是此类亲属之间的家庭关系，而不调整非亲属之间的关系。⑤因此存在的疑问是，孝道是否当然不能作用于没有亲属关系或家庭关系的人之间？

实践中有法院对此予以否定性回答。在唐某娥、曹某国等与何某焕、吴某贵等共有物分割纠纷案中，唐某娥在前夫去世后，于2001年和死者何某焕约定结为夫妻并共同生活，但期间一直未办理结婚登记，曹某国等系唐某娥与其前夫所生，于2001年后一直随母亲与何某焕共同生活，在何某焕去世前孝敬二老，家庭和睦，在何某焕因交通事故去世后又将死者妥善安葬。审理法院认为：生养死葬是中华民族的传统美德，曹某国等基于双方约定及农村风俗对死者进行生养死葬，是值得赞

① 参见刘某甲与张某等赡养纠纷案，河北省唐山市中级人民法院（2014）唐民一终字第623号民事判决书。

② 参见艾某某1、袁某与艾某某2等赡养费纠纷案，湖南省临湘市人民法院（2016）湘0682民初92号民事判决书。

③ 参见于飞：《公序良俗原则与诚实信用原则的区分》，载《中国社会科学》2015年第11期。

④ 徐某1赡养纠纷案，北京市高级人民法院（2016）京民申27号民事裁定书。

⑤ 参见汤一介：《"孝"作为家庭伦理的意义》，载《北京大学学报（哲学社会科学版）》2009年第4期。

颂的社会良俗。[①] 也就是说,此处的孝行属于公序良俗的范畴,这本质上是在道德义务论视角下对公序良俗范畴的积极扩展。这也就意味着,依据类推解释规则,即使行为人与死者之间并未形成法律意义上的父母子女关系,也可以适用内含孝道的公序良俗来调整相应的纠纷。[②]

另外,若子女违反孝道而未对父母生养死葬,法院亦会视之为对公序良俗原则的违反。例如,在黎某胜与黎某宽等共有纠纷案中,法院即在判决书中明确表示:原告作为儿子,理应孝顺、善待其父母,但其在母亲病重住院时甚少过问,在母亲去世之时也未前来料理后事及祭拜,其行为不仅违反法律规定,而且违反社会道德及公序良俗。[③] 甚至还有法院在法律文书中将子女不顾父母内心感受和身体上的病痛而向法院提起诉讼,与自己的父母对簿公堂的行为视为对我国传统公序良俗的违反。[④]

事实上,孝道在我国传统伦理规范中具有双重功能,既是公共生活的规范,也是家庭生活中的个人美德。作为公共规范的孝道,往往意味着公共生活中的政治品格和家庭伦理生活的顺从关系被统治者所关注、被舆论所监督、被公权力所保障;由此,人们在日常生活中落实孝道就可能演化为一种道德表演。作为私人美德的孝道,立基于家庭成员的互爱,它出于个体的意志自由和道德自愿,更加具有真实性,体现了血缘之亲和家庭之爱。因此现代意义上的孝道有必要弱化孝的公共规范色彩,并提升作为一种个人美德的意义,提倡从意志自由和情感自愿的角度去维护家庭成员之间的平等关系及互爱关系。[⑤]

5. 小结

在传统法律实践中,孝道当然内含卑亲属对尊亲属尤其是子女对父母承担的法定义务。[⑥] 与此不同,要在制定法未明确规定孝道概念的当代法律体系中引入孝道,势必要解决其入法的合法性与正当性问题。当前司法实践中法院通过对理性的运用,巧妙地解决了这一问题。尽管对于孝道的法律属性存在分歧,但此种分歧

---

① 参见唐某娥、曹某国等与何某焕、吴某贵等共有物分割纠纷案,江苏省如东县人民法院(2015)东民初字第00598号民事判决书。

② 参见徐某与曹某华排除妨害纠纷案,江苏省常州市中级人民法院(2015)常民终字第2187号民事判决书。

③ 参见黎某胜与黎某宽等共有纠纷案,海南省三亚市中级人民法院(2014)三亚民一终字第337号民事判决书。

④ 参见单某与单某四等赠与合同纠纷案,辽宁省高级人民法院(2015)辽审一民抗字第69号民事判决书。

⑤ 参见朱承:《"孝"是公共规范还是个人美德》,载《道德与文明》2019年第6期。

⑥ 参见林明:《传统法制中的孝道文化因素释义》,载《法学论坛》2011年第6期。

并不影响孝道作为人伦道德之核心对制定法的规则适用产生实质性的影响。在当代中国的社会背景下，法院在法律论证中引入孝道，可以对当事人不接受判决构成实质性的反驳。法院通过引入孝道展开论证会使当事人明白，判决并非单单直接从法律中推导出来。[①] 在《民法典》"婚姻家庭编"第1043条规定"家庭应当树立优良家风，弘扬家庭美德，重视家庭文明建设"的背景下，司法实践通过引入孝道来增强个案审判中判决的说理效果，令正当性基础与合法性基础更为充分。

(三)孝道作为现行法秩序的构成部分

在法学方法的一般理论中，彰显一般法律思想或价值理念的法律原则通过内在的阶层秩序构成法的内在体系：部分法律原则或被明确地规定在制定法中，或通过整体类推、回溯至法律理由等方式从法律规定中推知；部分法律原则初始仅被规定用于通过其他方式无法解决的特定事件，嗣后因在法学理论或司法裁判中首次被发现或宣示，并因其内在的信服力而在一般的法理念中被贯彻，获得普遍的适用性。[②] 对于孝道而言，虽然当代制定法中并没有关于它的明确表述，但司法实务承认的孝道内含的价值因与当前民法内在体系彰显的一般法律思想相吻合而内化为现行法秩序内在体系的构成部分，可以通过整体类推、回溯至法律理由等方法从具体法律规定中推论出内含此等价值理念或法律思想的原则，从而获得支配和指导相应规则、原则解释与适用的正当性与合法性基础，并避免出现学理上所担忧的枉法裁判等异化现象。[③]

在我国现行民事法律体系中，经《民法典》等明确宣示以彰显一般法律思想或价值理念的基本原则包括合法权益受保护原则、平等原则、自愿原则、公平原则、诚实信用原则、合法原则、公序良俗原则、绿色原则等。[④] 非为法律所明确宣示但能依据法律解释方法从已有的法律规定中推论出来的人格尊严、人格自由以及人与人、人与自然和谐共存等，亦属于构成民法内在体系的基本原则。[⑤] 从当前司法实务中的普遍观点来看：

一方面，部分民法基本原则所内含的基本价值或一般法律思想与孝道的内涵存在交集，孝道可以通过此等基本原则外显出来，指导相应法律规则的解释与适

---

① 参见[德]乌尔弗里德·诺依曼：《法律论证学》，张青波译，法律出版社2014年版，第9页。

② Vgl. Karl Larenz, Methodenlehre der Rechtswissenschaft, Springer Verlag 1991, S. 474－475.

③ 参见焦和平：《法律之内实现社会效果的合理路径——社会学解释方法的司法适用》，载《河北法学》2013年第6期。

④ 参见于飞：《民法基本原则：理论反思与法典表达》，载《法学研究》2016年第3期。

⑤ 参见张新宝：《〈中华人民共和国民法总则〉释义》，中国人民大学出版社2017年版，第215页。

用。已被司法实务在裁判文书中广泛运用的公序良俗原则、和谐/和睦原则即为示例。例如，有法院在判决书的裁判理由部分经由公序良俗原则展示和表达孝道，如“孝敬老人是中华民族优良传统，赡养义务是法定义务，属于公序良俗的范畴”。[①]亦有法院在裁判理由部分认为孝道是实现家庭和谐的理想途径，法院在作出相应法律效果评价时所持的立场是：双方应互相体恤，共建和睦家庭，传承良好家风：作为父母，不妨以德报怨、海纳百川；作为子女，应恪尽孝道，努力让父母安度幸福晚年。[②] 于此显现出来的图景是，孝道内含的价值理念与相应的民事法律基本原则所体现的思想理念融贯为了一体。[③]

另一方面，部分民法基本原则内含的价值或思想理念构成对孝道的反向制约。因为构成民法内在体系的诸项基本原则可能因内含不同的价值或思想理念而彼此存在矛盾冲突，在此情形下，每一原则均应在法益阶层的体系下依法益衡量而确保各方都可以得到最佳的实现。[④] 例如，司法实务中所呈现的在平等原则、自愿原则、自由原则、人格尊严原则等内含的价值理念与孝道相遇时，基本原则彰显的价值理念的内在阶层秩序，决定了孝道不得违反处于较高位阶的人格尊严、自由、平等理念，并清楚显现其效力范围及意义，避免价值评价矛盾的情形。例如，尽管法院也承认“孝是中华传统文化提倡的行为，指儿女的行为不应该违背父母、家里的长辈以及先人的心意……遵从父母的指点和命令，按照父母的意愿行事”，[⑤]但是如果子女违背父母的意愿而不履行其承担的精神赡养义务，那么法院基于子女人格尊严以及行为自由的保护，原则上也不会强制其探望父母或给父母打电话。[⑥] 对此，学理上也存在极为清晰的认知：“只有凭借交互补充和相互限制的协作方式，才能得到原则本来的意义内涵。”[⑦]

当代司法实践中法院的一般经验表明，孝道能够内化为民法的一般法律思想并通过基本原则外显出来，成为民法内部体系的构成部分。于此场合，孝道内含的

---

① 徐某1赡养纠纷案，北京市高级人民法院(2016)京民申27号民事裁定书。

② 参见张某娇诉武汉市洪兴公证处等司法行政管理案，湖北省高级人民法院(2016)鄂民申2275号民事裁定书。

③ 参见朱晓峰：《民法一般人格权的价值基础与表达方式》，载《比较法研究》2019年第2期。

④ Vgl. Karl Larenz, Methodenlehre der Rechtswissenschaft, Springer Verlag 1991, S. 475.

⑤ 艾某某1、袁某与艾某某2等赡养费纠纷案，湖南省临湘市人民法院(2016)湘0682民初92号民事判决书。

⑥ 参见陈某玲与林某宜赡养费纠纷案，重庆市第五中级人民法院(2015)渝五中法民终字第00387号民事判决书；俞甲与俞乙等赡养纠纷案，浙江省绍兴市中级人民法院(2010)浙绍民终字第255号民事判决书。

⑦ Claus-Wolhelm Canaris, Systemdenken und Systembegriff in der Jurisprudenz: entwickelt am Beispiel des deutschen Privatrechts, Duncker & Humblot 1983, S. 57.

一般法律思想或价值理念的核心功能包括以下几个方面。

1. 制定法规则解释适用的正当性依据

孝道作为一般法律思想可以使法秩序中的具体法律规则在涉及价值判断时凭借此种价值理念而正当化和一体化，并因此避免抽象概念及由此构成的具体规则彼此之间的矛盾。[①] 例如，对于因照顾病危的父亲而违反用人单位管理规章的员工，用人单位可否解除劳动合同并且拒绝支付赔偿金？[②] 第三人惩戒违反赡养义务的子女并导致其人身伤害的，在侵权责任的成立和负担上应如何确定？[③] 子女拒绝打电话、[④]经常不回家[⑤]的，老人可否请求法院判决子女主动打电话给父母或常回家看看？这些行为的法律效果评价实际上都涉及对《民法典》第 26 条第 2 款、第 1067 条第 2 款及《老年人权益保障法》第 14 条、第 15 条等与《中华人民共和国劳动合同法》（以下简称《劳动合同法》）（2012 年修正）第 39 条第 2 项、《民法典》第 1165 条、第 1173 条等具体条款之间内在紧张关系的规范处理。《民法典》中内含孝道要求的基本原则如公序良俗原则等，可以为此等具体规则的解释提供正当性说明，避免分歧和矛盾，保持法律规则适用的统一性和协调性。[⑥]

2. 司法实践法律续造的价值基础

孝道作为一般法律思想通过民法基本原则彰显出来，在法律规则存在漏洞或制度缺位时，可助益法官通过解释这一途径在法律内或者超越法律进行法律续造，从而达到缓和制定法的安定性和向社会现实需求开放性之间的紧张关系的目的。[⑦] 例如，典型家庭关系外的其他生活关系如同居关系、生活伴侣关系等中，对于一方当事人的成年子女因与另外一方当事人共同生活而形成的关系，法律应否调整以及如何调整？[⑧] 对被继承人尽了主要赡养义务的非第一顺位的法定继承人包括未

---

① Vgl. Karl Larenz, Methodenlehre der Rechtswissenschaft, Springer Verlag 1991, S. 435.

② 参见永信电子（惠州）有限公司与张某颖劳动合同纠纷案，广东省高级人民法院（2016）粤民申 1797 号民事裁定书。

③ 参见张某刚等诉张某军等健康权纠纷案，河南省济源中级人民法院（2014）济中民三终字第 411 号民事判决书。

④ 参见陈某珍与林某宜赡养费纠纷案，重庆市第五中级人民法院（2015）渝五中法民终字第 00387 号民事判决书。

⑤ 参见袁某甲与袁某乙赡养纠纷案，上海市浦东新区人民法院（2016）沪 0115 民初 48993 号民事判决书；刘某等与刘某雷赡养纠纷案，河北省正定县人民法院（2015）正民新初字第 00417 号民事判决书。

⑥ 参见朱晓峰：《孝道理念与民法典编纂》，载《法律科学（西北政法大学学报）》2019 年第 1 期。

⑦ Vgl. Karl Larenz, Methodenlehre der Rechtswissenschaft, Springer Verlag 1991, S. 435.

⑧ 参见唐某娥、曹某国等与何某焕、吴某贵等共有物分割纠纷案，江苏省如东县人民法院（2015）东民初字第 00598 号民事判决书。

被视为第一顺位的法定继承人，是否可以分割遗产？[①] 遗嘱继承人拒绝或者未尽主要赡养义务但又不符合继承权丧失条件的，尽了主要赡养义务的法定继承人或其他人可否分割遗产？[②] 其中存在的主要问题是，以亲属关系存在为前提的关于家庭成员之间权利义务关系的规定，如《民法典》第26条第2款、第1067条第2款、《老年人权益保障法》第13条至第26条等，可否类推适用于同居关系、同性生活伴侣关系等？[③] 对于过于僵化和狭窄的《民法典》第1123条、第1125条、第1127条、第1129条、第1130条等，可否对其予以适当扩展？对此，孝道可以在法律解释时提供正当性说明，以促成合乎现实需要的法的形成。

孝道作为法秩序内部体系构成部分的价值基础或思想来源，其发挥作用的前提在于，立法者是人而非神，其依据形式逻辑规则建构的法的抽象概念体系即外部体系是不完美的。这种不完美性既体现在法律规则彼此之间可能存在的形式逻辑、价值评价体系的分歧和冲突上，也体现在法律规则本身的固有漏洞中。这种漏洞因立法者的有限理性，[④]或在法律制定时即先天存在，或因时代背景的变化而逐渐被发现。因此，法秩序内部体系内含并彰显的一般法律思想或价值理念可以为外在体系之构成部分的矛盾、漏洞的克服提供指引，以此沟通内部体系和外部体系，实现外部体系之抽象概念的正当化、一体化，并使法秩序形神合一、内外一致。这也是民法典追求的科学性、体系性的题中之义。[⑤] 也正是在此意义上，为当代司法实务所广泛使用的孝道在《民法典》相应规则的具体理解适用中仍有其发挥作用的空间。

四、孝道成为民法典内在体系构成部分的途径与表述

《民法典》内在体系由内含一般法律思想或价值理念的基本原则依一定阶层秩序相互协作而构成。这些基本原则要么由《民法典》直接明确宣示出来，要么从法律规定中推知，要么经由学理或司法实务而从特别规定中发现或宣示并获得一般

---

① 参见山西智丰贸易有限责任公司诉中国民生银行股份有限公司苏州分行等票据利益返还请求权纠纷案，中华人民共和国最高人民法院（2015）民申字第1759号民事裁定书。

② 参见金某燕诉金某伟等遗嘱继承纠纷案，北京市西城区人民法院（2015）西民初字第02790号民事判决书。

③ 参见夏吟兰：《民法分则婚姻家庭编立法研究》，载《中国法学》2017年第3期。

④ 参见方新军：《内在体系外显与民法典体系融贯性的实现　对〈民法总则〉基本原则规定的评论》，载《中外法学》2017年第3期。

⑤ 参见孙宪忠：《我国民法立法的体系化与科学化问题》，载《清华法学》2012年第6期。

性适用。① 要理解孝道在现行司法实践中发挥作用的具体路径,还应将其在现行法中的表达机制结合起来判断。

(一)孝道成为民法典一般法律思想的基本途径

首先应予排除的是经由学理或司法实务而从特别规定中发现或宣示作为一般法律思想的孝道并予以一般性适用这种途径。这主要是因为孝道并非新鲜事物,其本为我国传统法制实践所固有的内容。我国当代法律实践虽然未在制定法中明确规定孝道,但孝道因能反映并满足当代社会现实需求而得以隐匿于既有法律体系的具体规定之中,并深刻影响和指导这些具体规定的解释适用。如前所述,在将《民法典》第 1067 条第 2 款(原《婚姻法》第 21 条)以及《老年人权益保障法》第 14 条作为裁判依据时,法院作出相应法律效果评价的通常论证方式是:孝道是中华民族的传统美德,所谓百善孝为先,为人子女不尽赡养义务,不仅不为法律所允许亦不为道德所容。被告等作为子女今后应积极履行赡养义务,保障老人安享晚年。依照原《婚姻法》第 21 条,《老年人权益保障法》第 14 条之规定,判决……②因此,孝道并不是被首次发现或宣示而以其内在的信服力获得贯彻的,而是其本就内存于制定法的具体规定中,由法院通过这些具体规定及其彼此间的规范关系,借助整体类推和回归法律目的的方式获得的。

(二)孝道在民法典中的表现形式

在民法典编纂过程中,对于究竟是在民法典中明确规定孝道为基本原则,③还是如司法实践中法院通常所做的那样,继续坚持运用法律论证的一般方法而从具体法律规定中推知内含孝道的原则,学理上存在分歧。从法的安定性和制定法规则的可预见性角度出发,在民法典中明确规定内含孝道的基本原则,似乎有助于前述目的的实现,但问题显然并非如此简单。

首先,民法典编纂的科学性、体系性要求,进入民法典的抽象概念应当具备相对的确定性和周延性。因为只有作为民法典砖石基础的抽象概念能够满足形式逻辑上的这些基本要求时,由其构筑起来的民法典体系才可能符合科学性和体系性的应然要求。从孝道这一抽象概念的历史发展演进看:一方面,孝道本身的内涵异

---

① Vgl. Karl Larenz, Methodenlehre der Rechtswissenschaft, Springer Verlag 1991, S. 474 – 475.

② 参见索某甲与索某乙、索某丙、索某丁赡养纠纷案,四川省广元市中级人民法院(2015)广民终字第 438 号民事判决书;王某义与汪某花等赡养费纠纷案,安徽省池州市中级人民法院(2015)池民一终字第 00379 号民事判决书。

③ 参见梁慧星编:《中国民法典草案建议稿附理由:亲属编》,法律出版社 2013 年版,第 254 页。

常丰富,对其难以周延界定而仅能以类型化方式把握。① 另一方面,孝道的内涵因时代背景的变化而时常处于一种变动不居的状态,这种状态加剧了准确把握其内涵的难度。② 以一个自身本就面临形式逻辑上的质疑和认识论上诘难的不确定概念来构筑体系严谨、内容科学的法典,无异于缘木求鱼。

其次,若将孝道作为法秩序的一般法律思想而明确规定在民法典中,那么随之而来的问题就是,民法典在形式体系上应当如何妥善安置孝道?若将孝道置于民法典"婚姻家庭编"以规范指导家庭法领域尤其是父母子女关系的处理,那么将之适用于其他为司法实务所承认的合同法、侵权法、劳动法等领域,即存在解释、适用上的难题;若采取提公因式法而将孝道置于民法典"总则编",即可能面临法律道德化的诘难,也会导致其与其他和这一原则存在交集之基本原则的区分界定难题。

基于此,结合司法实践中的已有经验,在民法典中不明确规定孝道,而是通过内含孝道的一般规定并借助整体类推和回归法律目的的方式推导彰显孝道价值理念的基本原则,由此既能避免前述法典体系难以妥善处理问题的产生,亦能及时涵摄案件事实以满足现实需求,助益民法典在安定性和向社会生活开放之间寻得妥当的平衡点。事实上,从《民法典》第 1043 条的具体表述上看,立法者正是在这一意义上来安置作为家庭伦理的孝道问题的,值得肯定。

五、孝道作为法秩序内在体系构成部分对外在体系的塑造

民法典能够彰显孝道价值理念并将之外显为法律基本原则,本质在于法典各编的具体规定及彼此间的规范关系。作为民法典外在体系构成部分的抽象概念所构筑起来的具体规定,应当规整,彼此之间应契合形式逻辑,经受得住价值评判且彼此无矛盾之虞。也就是说,这些具体规定能够满足民法典编纂的体系性、科学性要求。对此,当前司法实务中法院在运用孝道进行法律效果评价的论证时,是通过孝道来梳理相关规定彼此之间的关系并阐明其得以适用的正当性基础的。通过总结法院在此过程中所得出的有益经验,可以将孝道作为法秩序内在体系的构成部分在塑造外在体系的过程中呈现出来。

(一)合理确定法律原则彼此间的关系

民法典体系内的诸项原则,无论是基于何种方式外显出来的,均应依价值位阶排序且合逻辑地共存于法典体系当中,同一价值序列的原则还应通过法益权衡规

---

① 参见侯欣一:《孝与汉代法制》,载《法学研究》1998 年第 4 期。
② 参见朱晓峰:《孝道理念与民法典编纂》,载《法律科学(西北政法大学学报)》2019 年第 1 期。

则来确定彼此之间的界限。

第一,诸项基本原则并不是孤立的,其彼此之间可能存在交集或有意义的脉络,对此可以通过交互澄清的方式来确定彼此的内涵,从而助益基本原则各自规范功能的实现。

第二,诸项基本原则之间可能存在矛盾,对此应当依价值位阶排序以使民法典体系内无论是基于何种方式外显出来的诸项原则,合形式逻辑地共存于法典体系中,同一价值序列的原则还应通过法益权衡来确定彼此间的界限。

在此意义上,民法典承认通过对具体规定进行整体类推等而外显出来的孝道并非没有意义。司法实务中的已有经验表明,孝道在与其他基本原则如公序良俗原则、和谐/和睦原则等存在交集时,可以通过交互澄清的方式而丰满并确定公序良俗等原则的内涵,使这些原则得以适用的正当性基础更加坚实;而孝道在与其他基本原则如人格尊严、自由、平等、合法权益受保护等相矛盾时,通过基本原则内含的一般法律思想的价值序列及法益权衡等方式在诸项原则之间划定界限,能彰显民法典的一般法律思想或价值理念彼此之间的整体协调性。在此基础上,体现这些不同价值理念的抽象概念以及具体规则亦即民法典外在体系的诸成分之间,才会在价值评价上相互协调,这也是民法典表里如一或融贯性的关键所在。①

(二)厘清具体规则之间的脉络并消弭彼此间的矛盾

从司法实践中法院所作判决的论证经验来看,外显为民法典基本原则的孝道与民法典其他基本原则能够合体系性地共存于民法典之中,并且可以共同作用于外在体系之构成部分彼此之间规范关系的妥善处理上,助益民法典体系性、科学性的实现。

1. 家庭法领域内的影响

此种效果首先表现在孝道主要发挥作用的家庭法领域内,尤其是家庭关系中赡养关系的规范处理上。当代民法体系中调整此种关系的具体规则,依据其内含的一般法律思想或者价值理念的不同而主要分为两种:一种是反映平等、自由、独立、尊严等现代法治思想理念的规则,其反映的价值观是双向的,权利和义务是对等的,行为人享有权利的同时也承担与之相对的义务,典型的如《民法典》第 1041 条第 2 款、第 1042 条第 1 款、第 1055 条、第 1056 条、第 1068 条、第 1069 条等;另一种是反映孝道、和睦等传统家庭伦理的规则,其反映的价值观是单向的,一方主要

---

① 参见方新军:《内在体系外显与民法典体系融贯性的实现　对〈民法总则〉基本原则规定的评论》,载《中外法学》2017 年第 3 期。

享有权利,另一方主要承担义务,如《民法典》第 26 条、第 1067 条、第 1069 条、第 1074 条、第 1075 条及《老年人权益保障法》第 13 ~ 24 条等。① 在具体的案件处理中,法院在作出判决的论证过程中,对体现不同价值理念的具体规则,可依据价值位阶和利益权衡规则进行处理,从而正当化其法律效果评价的过程和结果,增强判决的可反驳性和可接受性。例如:对于赡养义务的履行,如果父母年老体弱多病并且没有收入来源,法院在作出判决时当然应以老人生命尊严的维持与保护为首要考量要素而认定子女应当尽孝道并履行赡养义务;即使子女有疾在身或缺乏经济供养能力,亦不能免于承担赡养义务。② 如果老人明确表示不想让某子女照顾,此种场合法院会在老人的自由意志与子女遵循的孝道之间进行利益权衡,原则上优先保护老人的自由意志。③ 但在精神赡养问题上,法院则会考虑优先保护子女的尊严、自由,并不必然强制子女为特定行为以满足老人的要求。④ 可以发现,在民法典体系中融入孝道,将其作为一般法律思想的来源并外显为基本原则,可以为法院所作判决提供更充分的正当性考量依据。

2. 家庭法领域外的影响

由于人的社会性使然,奉行孝道理念而确定行为准则的人,在特定情形下势必会超越家庭关系而与那些依据其他价值理念如诚实信用、合法权益受保护等确定行为准则的人产生利益上的冲突,引发家事法与其他民法分则领域内之具体法律规则的适用难题。例如,《民法典》第 26 条第 2 款、第 1067 条第 2 款以及《老年人权益保障法》第 14 条、第 15 条等与《劳动合同法》第 39 条第 2 项、《民法典》"侵权责任编"第 1165 条、第 1173 条等。也就是说,法院在具体案件的处理中,在对特定行为作出相应的法律效果评价时,对于具体规则因内含的一般法律思想的不同而生的分歧和矛盾,可以通过这些价值排序和利益权衡规则来处理,从而使法律效果评价过程和结果更具有说服力。对于公司员工因照顾患病的父亲而违反公司管理

---

① 参见蒋月:《20 世纪婚姻家庭法:从传统到现代化》,中国社会科学出版社 2015 年版,第 105 页。

② 参见王某一与闫某英、王某二等共有纠纷案,陕西省宝鸡市中级人民法院(2016)陕 03 民终 1467 号民事判决书。

③ 参见艾某某 1、袁某与艾某某 2 等赡养费纠纷案,湖南省临湘市人民法院(2016)湘 0682 民初 92 号民事判决书。

④ 参见陈某玲与林某宜赡养费纠纷案,重庆市第五中级人民法院(2015)渝五中法民终字第 00387 号民事判决书。

规定、[1]儿子虐待母亲被舅舅殴打,[2]或儿子在母亲被他人肆意凌辱而奋起反击并致损害发生[3]的情形,法院在所作判决的具体论证中,通过引入内含孝道的公序良俗与合法权益受法律保护等基本原则进行权衡,从而在彼此价值冲突的具体规则之间确定何者应予适用,何者应予排除,使判决“既经得起法律检验,也符合社会公平正义观念”。

虽然法官在法律规则适用过程中有权依其保留的“法律适用”的权力来确定什么结果是依据法律规则且是正确的,[4]但法官的相应法律效果评价过程和结果必须能够被证立,其论证不能基于法官个人的、可能影响判决的同情或者反感,而是应当展现裁判背后的、合理的、原则上能被大众的自然情感所接受的实质视角。[5] 在此意义上,孝道作为通过民法基本原则而外显出来的一般法律思想或价值理念,无论是在家庭法领域内,还是在家庭法与其他民法典的构成部分之间,都可以作为相应具体规则解释适用的正当化理由,进而促成民法典外在体系的一体化。

(三)完善民法典体系以保持其对现实生活的涵摄力

人之理性的有限性决定了制定法规则的有限性,此种有限性既包括法律规则彼此之间的矛盾分歧,也包括规则本身的固有漏洞及其随着时间的推移而逐渐变得不合时宜。鉴于此,民法典内含的一般法律思想或价值理念及反映相应法律思想的基本原则,构成法律规则漏洞填补和法律创制的一般性依据和正当性基础。司法实践中法院的经验表明,孝道作为基本原则的一般法律思想来源,可通过两种途径为民法典外在体系的完善提供帮助。

1. 解释论上的展开依据

孝道因符合社会生活的现实需要而得以通过法官的理性运用指导具体规则的解释适用,从而使相应具体规则能够完成对现实生活的涵摄。对此,无须再通过立法程序修改具体法律规则以完善民法典的外在体系以达到节约立法资源的目的。例如,以孝道为基本价值导向,通过《老年人权益保障法》第 13 条并结合《民法典》第 26 条第 2 款、第 1067 条第 2 款和《老年人权益保障法》第 14 条等,法院将成年子

---

① 参见永信电子(惠州)有限公司与张某颖劳动合同纠纷案,广东省高级人民法院(2016)粤民申 1797 号民事裁定书。

② 参见张某刚等诉张某军等健康权纠纷案,河南省济源中级人民法院(2014)济中民三终字第 411 号民事判决书。

③ 参见于某故意伤害案,山东省高级人民法院(2017)鲁刑终 151 号刑事附带民事判决。

④ 参见崔建远:《合同解释辨》,载《财经法学》2018 年第 4 期。

⑤ 参见[德]乌尔弗里德·诺依曼:《法律论证学》,张青波译,法律出版社 2014 年版,第 5 页。

女对父母的赡养义务类推适用于儿媳与公婆、[①]女婿与岳父母[②]之间的关系处理上,合乎法理人情,依此作出的相应法律效果评价,在合法性、正当性论证上更为妥帖。另外,法院通过对孝道的理性运用来解释《民法典》第 26 条第 2 款、第 1067 条第 2 款关于赡养父母的一般规定而确定赡养的具体内容,[③]无须再通过立法将这里的一般规定具体化,这样可以保持民法典体系的开放性以应对变化着的实践需要。

2. 立法论上的证立依据

外显为法律原则的孝道可以在外在体系存在漏洞时为某特定规则类推适用于相近或类似事实提供正当性论证,但此种解决方案并非放之四海而皆准,实践中亦存在难以通过类推解释解决的难题。例如,制定法在被制定时即明确将特定规则适用于某种情形以表明自己支持或反对的立场,若通过法律原则内含的一般法律思想或价值将此类规则类推适用于立法者故意留白的空间,将会导致当时被立法者以高度区分的方式所确定的各种生活模式彼此之间的保护界限被掩盖。这实质上构成对制定法目的的违反。例如,将《民法典》第 1043 条以及《老年人权益保障法》第 13 条所明确宣示的仅适用于家庭关系的赡养义务经由内含孝道理念的一般原则,类推适用于现行法家庭关系之外的非婚同居关系、同性生活伴侣关系等当中,事实上会因不符合《民法典》"婚姻家庭编"的立法目的而缺乏合法性基础;同样地,在行为人尽了主要赡养义务但被继承人已将全部遗产通过遗嘱处分给其他人的场合,[④]由于《民法典》"继承编"未在法定继承和遗嘱继承之间规定沟通二者关系的特留份制度,司法实践中法院通过孝道修正制定法缺漏的行为虽然在正当性上无虞,但欠缺合法性基础。在此意义上,经由《民法典》第 1043 条表达的家庭伦理道德规范,可以使通过孝道填补法律漏洞的行为更具合法性基础,同时也表明了司法对立法不足的补阙,而这恰恰是为部分学者坚持认为的孝道的公共道德属性的应然要求。[⑤]

---

① 参见何某甲等与袁某等分家析产纠纷案,湖北省荆门市中级人民法院(2015)鄂荆门民一终字第 00049 号民事判决书。

② 参见石某某与宋某某等婚姻家庭纠纷案,山东省济南市中级人民法院(2015)济民五终字第 462 号民事判决书。

③ 参见刘某某 5 等与忠县汝溪镇三河村村民委员会等一般人格权纠纷申请案,重庆市高级人民法院(2012)渝高法民提字第 218 号民事判决书。

④ 参见金某燕诉金某伟等遗嘱继承纠纷案,北京市西城区人民法院(2015)西民初字第 02790 号民事判决书。

⑤ 参见郑玉双:《孝道与法治的司法调合》,载《清华法学》2019 年第 4 期。

六、本章结论

孝道作为人伦道德的核心而能在我国当代法律实践中发挥作用,本质在于这种浸入了民族精神深处的人伦道德能够作为法院法律论证的正当性基础而被运用。法官通过理性地发掘存在于孝道中契合社会主义法治精神的合理因子并适当扩展其内涵外延,使孝道与制定法的具体规定能在具体案件的处理中互相补充,相得益彰,从而可以增强相关法律效果评价过程和结论的可反驳性,有助于当事人接受判决,进而直接促成纠纷的顺利解决。事实上,法官对此的论证策略隐然与理性的裁判模式相吻合。理性的裁判模式要求,正确的判决要兼具充分的合法性与正当性基础。其中,合法性意味着法官的判决取决于法律,正当性意味着判决并非由法律确定的决定,合法性与正当性的要求决定了法官所作的判决不仅要遵循法律的尺度,而且也要根据公正、理性的要求来衡量决定。法官在具体判决中证立的可接受性影响了裁判的可接受性①,而将符合当代中国社会背景下人之普遍情感的孝道融入判决的说理部分,恰是增强裁判可接受性的有效论证策略。就此而言,民事司法裁判在孝道可以发挥作用的空间范围内理性地引入孝道,使之作为相关法律效果评价的正当性基础,可以助益指导案例 93 号裁判要旨强调的"确保司法裁判既经得起法律检验,也符合社会公平正义观念"这一目标的实现。②

另外,正如日本民法学者加藤雅信教授所讲的,维护自己祖祖辈辈传下来的生活方式以及认为好的道德观、生活观,可以说是国民很自然的情感。③ 对各国的法律实践而言,应当遵循和保护民众的这种自然情感而非违背或破坏它,否则会像贝卡利亚所预言的那样:"一切违背人的自然感情的法律的命运,就同一座直接横断河流的堤坝一样,或者被立即冲垮和淹没,或者被自己造成的漩涡所侵蚀,并逐渐地溃灭。"④以此为基点,对作为中华传统美德的孝道而言,当代中国的法律实践表明,虽然其因时代变革而在当代的制定法中不再像传统法律实践中那样风光无限,但其仍能通过法官在裁判文书中的理性运用与规范解释,继续顽强地在私法领域产生影响。之所以如此的原因在于,孝道所内含的那些反映家庭生活伦理的基本价值要求和调整家庭关系的实践规则,在剔除与现代法治要求相悖的成分后,仍能

① 参见[德]乌尔弗里德·诺依曼:《法律论证学》,张青波译,法律出版社 2014 年版,第 6~7 页。

② 参见于某故意伤害案,最高人民法院指导案例 93 号(2018 年)。

③ 参见[日]加藤雅信等编:《民法学说百年史》,牟宪魁等译,商务印书馆 2017 年版,第 20~21 页。

④ See Beccaria, *On Crimes and Punishments and Other Writings*, China University of Political Science and Law Press, 2003, p. 47.

满足当代中国社会的现实需求。在此意义上,《民法典》第 1043 条可以被视为立法者在审慎对待司法实务取得的经验并发现其中的问题的基础上所作出的及时回应,由此《民法典》“婚姻家庭编”能够在内外在体系上满足社会生活对于制定法规则的现实需求。

结 论

亲子关系、婚姻关系、夫妻关系、赡养关系等家庭关系涉及个人生存发展的核心利益,成为法律的永恒关注之处。在现代社会,对家庭关系的法律调整:一方面要反映现实生活中的人的现实需求,以充分尊重和保护人格尊严、人格自由等基本价值;另一方面也要在保护个人利益的同时兼顾社会利益,彰显国家、社会在家庭生活方式和家庭保护领域的核心价值引领功能,使对家庭关系的法律调整能促进社会共同体的稳定、健康运行和持续发展。在此意义上,《民法典》第1041 条与第 1043 条分别从现代和传统两个角度对家庭关系的法律调整作出了原则性规定:前者明确了中国特色社会主义法治体系下调整家庭关系的基本原则,彰显了权利本位与保护弱者的时代主旨。后者是对浸入民族精神深处而被当代社会生活所普遍认同的家庭伦理规范的承认;传统家庭伦理规范的合理成分在经社会主义法治精神检验后可以作为调整当代家庭关系的倡导性规范,从而在家庭生活和与之相关的司法实践领域发挥作用。由此显现出来的图景是,《民法典》在家庭关系的法律调整上整体采取了一种比较开放的态度,从而能够在社会生活的急剧变迁中为个人的家庭生活的规范调整提供更及时充分的正当性、合法性论证基础。

围绕《民法典》第 1041 条与第 1043 条确立的基本原则及精神主旨,对于家庭关系传承与变革中所涉及的民法问题的处理:一方面当然应该承认社会变革所导致的个人生活方式的变化对家庭关系的规范调整所提出的满足个人在新时代背景下对美好生活的诉求,保护个人在参与和创建家庭关系时的人格尊严、人格自由，从而使其在家庭关系中仍是独立、自由、有尊严的人。因此，无论是婚姻关系和夫妻关系，还是亲子关系和赡养关系，相应家庭关系中的权利义务构造都应在尊重个人的基础上展开。即使传统家庭伦理规范通过《民法典》第 1043 条进入家庭生活和司法实践领域，亦应以对《民法典》第 1041 条确立的基本原则及其内含的内在精神的尊重为前提，无论如何都不能否定或漠视对家庭关系中个人权利和弱者的保护，尤其不能因为对传统家庭伦理规范的墨守而牺牲新时代背景下个人在不侵害他人合法利益和社会公共利益的前提下对新生活方式的自主选择与决定权。另一方面也要承认存在于家庭关系中的个人作为家庭成员本身对家庭应承担的义务，该义务的履行是家庭和以之为基础构建起来的社会共同体的存续发展所不可或缺的，构成对个人权利享有与行使的限制。对此，《民法典》第 1041 条第 1 款规定的婚姻家庭受国家保护本身即内含对个人权利的必要限制，而通过《民法典》第 1043 条进入家庭关系调整领域的伦理规范，即使能与社会主义法治精神兼容并作为家庭生活的倡导性规范发挥作用，通常也是作为义务性规范而发挥作用，强调家庭成员在家庭生活中的付出、奉献、宽容、礼让、谦恭、克己等，这实际上与《民法典》第 1041 条第 1 款规定的婚姻家庭受国家保护在内在精神上具有一致性，二者可以共同作用于个人利益、家庭利益和社会利益冲突时的平衡处理，助益国家保护婚姻家庭这一立法目的的实现。因此，对于因时代背景变化和个人生活方式改变等引发的诸如家庭本身在法律上的界定问题，婚姻缔结主体的性别要求问题，夫妻关系中的忠实义务履行、生育权行使及共同债务认定问题，亲子关系中的抚养权归属问题与赡养关系中孝敬老人的限度问题等，应在保护以人格尊严、人格自由为价值基础的个人合法利益的基础上兼顾家庭利益、社会公共利益，避免“一刀切”的绝对主义立场所导致的利益保护失衡问题。

在人类生活的历史长河中，对于家庭关系的构成性要素而言，其既有源于历史深处的枝枝蔓蔓，也有在流淌中渐次汇入的新鲜血液，因此对其规范调整既不能完全斩断来自历史深处并始终流淌在民族精神血液中的传统家庭生活观念与伦理价值坚守，也不能忽视新时代背景下生长出来的新型生活方式及与之相适应的生活观念与价值追求，而是应在传统与变革中寻求维系个人、家庭、社会三方利益的恰当平衡点。《民法典》第 1041 条与第 1043 条分别规定的基本原则和倡导性规范为这种平衡点的寻找提供了规范基础并明确了围绕该平衡点构造相应具体法律规范体系应遵循的一般法律思想，有助于调整家庭关系的法律规范体系在内外在体系上实现融贯。同时，由于家庭关系在人类社会变迁中始终处于变动不居的状态，围绕个人、家庭、社会三方利益的平衡所构造起来的家庭关系规范调整体系在内外在体系上当然也不能僵化保守而不知变通,而是应始终关注变化的时代背景并适时作出调整。在此意义上,本书对于家庭概念的界定以及在该家庭概念的基础上对同性缔结婚姻关系问题、夫妻关系中的人身关系和财产关系处理问题、亲子关系中未成年子女最大利益原则的确定问题以及老年人的赡养问题等所做的研究亦仅是阶段性的工作。若其能对家庭关系传承与变革中的法律问题的理解与解决有所助益,那将胜过一切嘉言!

参考文献

一、中文专著

（一）专著

1. 曹贤余：《儿童最大利益原则下的亲子法研究》，群众出版社2015年版。

2. 范忠信、尤陈俊、翟文喆编校：《中国文化与中国法系——陈顾远法律史论集》，中国政法大学出版社2006年版。

3. 陈苇：《中国婚姻家庭法立法研究》，群众出版社2010年版。

4. 程啸：《人格权研究》，中国人民大学出版社2022年版。

5. 段匡：《日本的民法解释学》，复旦大学出版社2005年版。

6. 费孝通：《江村农民生活及其变迁》，敦煌文艺出版社1997年版。

7. 费孝通：《乡土中国　生育制度》，北京大学出版社1998年版。

8. 何海澜：《善待儿童：儿童最大利益原则及其在教育、家庭、刑事制度中的运用》，中国法制出版社2016年版。

9. 黄源盛：《中国法史导论》（简体版），广西师范大学出版社2014年版。

10. 蒋月：《20世纪婚姻家庭法：从传统到现代化》，中国社会科学出版社2015年版。

11. 蒋月：《婚姻家庭法前沿导论》，法律出版社2016年版。

12. 林端：《儒家伦理与法律文化：社会学观点的探索》，中国政法大学出版社2002年版。

13. 林秀雄：《亲属法讲义》2021年最新版，2012年自版发行。

14. 梁慧星：《裁判的方法》（第4版），法律出版社2021年版。

15. 梁上上：《利益衡量论》，法律出版社2016年版。

16. 梁治平：《寻求自然秩序中的和谐》，中国政法大学出版社2002

年版。

17. 瞿同祖:《瞿同祖法学论著集》,中国政法大学出版社 2004 年版。

18. 冉克平:《夫妻团体法:法理与规范》,北京大学出版社 2022 年版。

19. 沈崇麟、杨善华主编:《当代中国城市家庭研究》,中国社会科学出版社 1995 年版。

20. 王威:《性的历程:从两宋到明清》,湖北人民出版社 2011 年版。

21. 王泽鉴:《人格权法:法释义学、比较法、案例研究》,北京大学出版社 2013 年版。

22. 吴鹏飞:《儿童权利一般理论研究》,中国政法大学出版社 2013 年版。

23. 夏吟兰、薛宁兰主编:《民法典之婚姻家庭编立法研究》,北京大学出版社 2016 年版。

24. 姚辉:《人格权法论》,中国人民大学出版社 2011 年版。

25. 杨鸿烈:《中国法律发达史》,中国政法大学出版社 2009 年版。

26. 张晋藩:《中国法律的传统与近代转型》(第 4 版),法律出版社 2019 年版。

27. 朱庆育:《民法总论》,北京大学出版社 2016 年版。

28. 朱晓峰:《侵权可赔损害类型论》,法律出版社 2017 年版。

29. 朱晓峰:《生育中人格权益的民法保护》,经济科学出版社 2019 年版。

30. 朱亚非、陈福广、李俊颖:《以孝律人——孝与古代法律》,中国国际广播出版社 2014 年版。

(二)体系书

1. 梁慧星:《民法总论》(第 6 版),法律出版社 2021 年版。

2. 崔建远:《物权法》(第 5 版),中国人民大学出版社 2021 年版。

3. 梁慧星、陈华彬:《物权法》(第 7 版),法律出版社 2020 年版。

4. 龙卫球:《民法总论》(第 2 版),中国法制出版社 2002 年版。

5. 孙宪忠:《中国物权法总论》,法律出版社 2014 年版。

6. 王歌雅主编:《婚姻家庭继承法学》,中国人民大学出版社 2013 年版。

7. 王利明:《民法总则》(第 2 版),中国人民大学出版社 2020 年版。

8. 王利明:《物权法》(第 2 版),中国人民大学出版社 2021 年版。

9. 王利明等:《民法学》(第 6 版),法律出版社 2020 年版。

10. 王泽鉴:《民法概要》,北京大学出版社 2011 年版。

11. 魏振瀛主编:《民法》(第 8 版),北京大学出版社、高等教育出版社 2021 年版。

12. 巫昌祯、夏吟兰主编:《婚姻家庭法学》,中国政法大学出版社 2016 年版。

13. 杨大文、龙翼飞主编:《婚姻家庭法》(第 8 版),中国人民大学出版社 2020 年版。

14. 杨立新:《人格权法》,法律出版社 2020 年版。

(三)法律评注与立法资料

1. 何勤华、李秀清、陈颐编:《新中国民法典草案总览(增订本)》(续编),北京大学出版社 2020 年版。

2. 黄薇主编:《中华人民共和国民法典总则编解读》,中国法制出版社 2020 年版。

3. 黄薇主编:《中华人民共和国民法典婚姻家庭编解读》,中国法制出版社 2020 年版。

4. 梁慧星主编:《中国民法典草案建议稿附理由:亲属编》,法律出版社 2013 年版。

5.《民法总则立法背景与观点全集》编写组编:《民法总则立法背景与观点全集》,法律出版社 2017 年版。

6.《民法典立法背景与观点全集》编写组编:《民法典立法背景与观点全集》,法律出版社 2020 年版。

7. 全国人大常委会法制工作委员会民法室编:《中华人民共和国物权法条文说明、立法理由及相关规定》,北京大学出版社 2007 年版。

8. 王利明主编:《中国民法典学者建议稿及立法理由:人格权编·婚姻家庭编·继承编》,法律出版社 2005 年版。

9. 王林青、杨心忠:《侵权纠纷裁判标准与规范》,北京大学出版社 2014 年版。

10. 夏吟兰主编:《中华人民共和国婚姻法评注:总则》,厦门大学出版社 2016 年版。

11. 张新宝:《〈中华人民共和国民法总则〉释义》,中国人民大学出版社 2017 年版。

12. 最高人民法院民法典贯彻实施工作领导小组主编:《中华人民共和国民法典总则编理解与适用》(上册、下册),人民法院出版社 2020 年版。

13. 最高人民法院民法典贯彻实施工作领导小组主编:《中华人民共和国民法典婚姻家庭编继承编理解与适用》,人民法院出版社 2020 年版。

二、中文论文

1. 拜合提亚尔·吐尔逊:《现代农村维吾尔族家庭规模与结构、家庭关系及家庭功能初探》,载《西域研究》2005 年第 3 期。

2. 白彤东:《儒家如何认可同性婚姻?——兼与张祥龙教授商榷》,载《中国人民大学学报》2020 年第 2 期。

3. 包冰锋、訾培玉:《侵权纠纷夫妻共同债务认定的现实困境及其应对》,载《河北法学》2021 年第 3 期。

4. 鲍海君、吴次芳:《论失地农民社会保障体系建设》,载《管理世界》2002 年第 10 期。

5. 蔡立东、杨柳:《侵权纠纷中夫妻共同债务认定的困境与立法回应——以机动车交通事故责任纠纷为研究对象》,载《法学论坛》2020 年第 3 期。

6. 蔡薇:《儒家仁孝观及其法律意义》,载《社会科学家》2022 年第 2 期。

7. 曹玉娟、张文霞:《独身女性无伴侣生育的社会困境——辅助生殖技术应用与社会需求的契合问题探究》,载《科学与社会》2014 年第 3 期。

8. 陈壁生:《从家国结构论孝的公共性》,载《船山学刊》2021 年第 2 期。

9. 陈凌云;《夫妻共同债务认定规则中的伪命题:共同生产经营》,载《当代法学》2020 年第

2 期。

10. 陈鹏:《先秦儒家孝理念的情感根据、价值困境与现实出路》,载《湖南社会科学》2019 年第 6 期。

11. 陈苇、张鑫:《我国内地离婚损害赔偿制度存废论》,载《河北法学》2015 年第 6 期。

12. 陈文军:《丈夫废弃冷冻胚胎案件中的侵权责任认定》,载《法律适用》2018 年第 9 期。

13. 陈雅凌:《夫妻生育权冲突之对策研究》,载《中国社会科学院研究生院学报》2021 年第 1 期。

14. 程新文、刘敏、方芳等:《〈关于审理涉及夫妻债务纠纷案件适用法律有关问题的解释〉的理解与适用》,载《人民司法(应用)》2018 年第 4 期。

15. 戴激涛:《儿童最大利益原则的司法适用难题及其破解——从查理·加德案和阿尔菲·埃文斯案说起》,载《人权研究》2021 年第 1 期。

16. 戴孟勇:《论公序良俗的判断标准》,载《法制与社会发展》2006 年第 3 期。

17. 刀洁:《金平县普耳寨傣人的家庭结构和社会生活》,载《学术探索》2002 年第 4 期。

18. 邓慧娟:《生育权:夫妻共同享有的权利》,载《中国律师》1998 年第 7 期。

19. 丁春艳:《"错误出生案件"之损害赔偿责任研究》,载《中外法学》2007 年第 6 期。

20. 丁伟利、李兵:《〈李某、郭某阳诉郭某和、童某某继承纠纷案〉的理解与参照——双方同意人工授精所生子女视为婚生子女》,载《人民司法(案例)》2016 年第 26 期。

21. 丁依然、董晨宇:《制造夫妻:中国形婚群体的剧班协作、达标表演与身份失调》,载《妇女研究论丛》2021 年第 6 期。

22. 董晓波:《裕固族乡村家庭变迁调查——以肃南县红石窝乡巴音村为例》,载《民族研究》2006 年第 4 期。

23. 董筱丹、温铁军:《宏观经济波动与农村"治理危机"——关于改革以来"三农"与"三治"问题相关性的实证分析》,载《管理世界》2008 年第 9 期。

24. 杜晓明:《同性伴侣关系在德国宪法法院、欧盟法院与欧洲人权法院司法实践中的变迁》,载梁慧星主编:《民商法论丛》第 53 卷,法律出版社 2013 年版。

25. 杜正贞、王云婷:《民国的招赘婚书与招赘婚诉讼——以龙泉司法档案为中心的研究》,载《政法论坛》2014 年第 3 期。

26. 樊林:《生育权探析》,载《法学》2000 年第 9 期。

27. 范忠信:《"亲亲尊尊"与亲属相犯:中外刑法的暗合》,载《法学研究》1997 年第 3 期。

28. 方乐:《法律实践如何面对"家庭"?》,载《法制与社会发展》2011 年第 4 期。

29. 房绍坤、郑倩:《关于继父母子女之间继承权的合理性思考》,载《社会科学战线》2014 年第 6 期。

30. 方新军:《内在体系外显与民法典体系融贯性的实现 对〈民法总则〉基本原则规定的评论》,载《中外法学》2017 年第 3 期。

31. 方兴:《完善单身女性"冻卵"规范浅析——基于传统伦理与生育自主决定权博弈的视

角》,载《医学与哲学》2020 年第 23 期。

32. 费孝通:《家庭结构变动中的老年赡养问题——再论中国家庭结构的变动》,载《北京大学学报(哲学社会科学版)》1983 年第 3 期。

33. 冯兵:《朱子论"孝"》,载《哲学研究》2021 年第 1 期。

34. 冯兵、张晓丹:《"无违":儒家孝论的实践智慧——以朱熹为中心的探究》,载《社会科学战线》2021 年第 10 期。

35. 冯雨瑶、包爱民:《从脑科学角度看待同性恋》,载《浙江大学学报(人文社会科学版)》2019 年第 2 期。

36. 冯源:《儿童监护事务的国家干预标准——以儿童最大利益原则为基础》,载《北京社会科学》2016 年第 3 期。

37. 付翠英、李建红:《生育权本质论点梳理与分析》,载《法学杂志》2008 年第 2 期。

38. 高铭暄、李彦峰:《虐待罪"告诉才处理"除外规定的司法适用》,载《法学》2016 年第 11 期。

39. 高永久:《对撒拉族家庭的民族社会学考察》,载《西北民族研究》2002 年第 1 期。

40. 葛枭语:《孝的多维心理结构:取向之异与古今之变》,载《心理学报》2021 年第 3 期。

41. 耿卓:《家户视角下的妇女土地权利保护》,载《法学》2016 年第 1 期。

42. 顾辉:《当前家庭面临的挑战与选择》,载《学术界》2011 年第 9 期。

43. 顾薛磊、张婷婷:《论我国继父母子女形成抚养关系的认定标准》,载《青少年犯罪问题》2014 年第 4 期。

44. 郭杰:《孔孟"孝"论的历史渊源和伦理内涵》,载《中国文化研究》2019 年第 4 期。

45. 郭松义:《从赘婿地位看入赘婚的家庭关系——以清代为例》,载《清史研究》2002 年第 4 期。

46. 韩跃红:《生命伦理学语境中人的尊严》,载《伦理学研究》2015 年第 1 期。

47. 贺剑:《论婚姻法回归民法的基本思路　以法定夫妻财产制为重点》,载《中外法学》2014 年第 6 期。

48. 贺剑:《〈民法典〉第 1060 条(日常家事代理)评注》,载《南京大学学报(哲学・人文科学・社会科学)》2021 年第 4 期。

49. 和少英:《东巴教圣地纳西族的家庭结构与社会生活——中甸县白地水甲村的田野调查报告》,载《云南民族学院学报(哲学社会科学版)》2000 年第 6 期。

50. 侯欣一:《孝与汉代法制》,载《法学研究》1998 年第 4 期。

51. 胡安宁:《老龄化背景下子女对父母的多样化支持:观念与行为》,载《中国社会科学》2017 年第 3 期。

52. 胡苷用:《夫妻共同债务的界定及其推定规则》,载《重庆社会科学》2010 年第 2 期。

53. 胡洁人、王婷:《夫妻忠实义务之"精神考量"》,载《法律适用》2020 年第 11 期。

54. 胡湛、彭希哲:《中国当代家庭户变动的趋势分析——基于人口普查数据的考察》,载《社会学研究》2014 年第 3 期。

55. 郝力挥、刘杰:《家庭职能与离婚立法》,载《政法论坛》1986 年第 6 期。

56. 黄佩芳:《嬗变中的东部发达地区农村人口性别比例及家庭结构和婚姻圈——以浙江省萧山后坛村为例》,载《中华女子学院学报》2004 年第 2 期。

57. 黄向梅:《家庭人口规模和代际结构变动研究——基于江苏省"五普"、"六普"数据》,载《中共南京市委党校学报》2014 年第 4 期。

58. 季红明:《论夫妻共同财产制体系中的管理权模式及其对债务形态的影响——以〈中华人民共和国民法典〉(草案)的完善为中心》,载《上海政法学院学报(法治论丛)》2020 年第 1 期。

59. 江钦辉:《离婚案件未成年子女直接抚养人酌定之考量因素检视——以 H 州 S 市法院近 5 年(2015—2019 年)离婚纠纷判例为分析样本》,载《新疆社会科学》2020 年第 4 期。

60. 姜玉梅:《生育权辨析》,载《西南民族学院学报(哲学社会科学版)》2002 年第 S4 期。

61. 焦和平:《法律之内实现社会效果的合理路径——社会学解释方法的司法适用》,载《河北法学》2013 年第 6 期。

62. 金香兰:《当代朝鲜族家庭结构及其伦理的嬗变》,载《延边大学学报(社会科学版)》2006 年第 4 期。

63. 孔德猛:《妊娠型代孕的伦理正当性研究》,载《自然辩证法通讯》2016 年第 6 期。

64. 匡凯:《亲子法理念变迁下代孕子女监护权归属问题研究》,载《湖南大学学报(社会科学版)》2022 年第 1 期。

65. 蓝仕明:《白裤瑶族婚姻家庭形态述议》,载《广西民族研究》1995 年第 2 期。

66. 雷磊:《法律推理基本形式的结构分析》,载《法学研究》2009 年第 4 期。

67. 雷磊:《法律概念是重要的吗?》,载《法学研究》2017 年第 4 期。

68. 雷磊:《定义论及其在法典编纂中的应用》,载《财经法学》2019 年第 1 期。

69. 李春成:《公共利益的概念建构评析——行政伦理学的视角》,载《复旦学报(社会科学版)》2003 年第 1 期。

70. 李贝:《夫妻共同债务的立法困局与出路——以"新解释"为考察对象》,载《东方法学》2019 年第 1 期。

71. 李贝:《〈民法典〉夫妻债务认定规则中的"合意型共债"——兼论〈民法典〉第 1064 条的体系解读》,载《交大法学》2021 年第 1 期。

72. 李国强、孙伟良:《民法冲突解决中的利益衡量——从民法方法论的进化到解释规则的形成》,载《法制与社会发展》2012 年第 1 期。

73. 李汉武:《中国古代社会的家庭结构及其对社会政治思想的影响》,载《史学理论研究》1997 年第 2 期。

74. 李红玲:《论夫妻单方举债的定性规则——析〈婚姻法解释(二)〉第 24 条》,载《政治与法律》2010 年第 2 期。

75. 李洪祥:《我国夫妻共同债务构成依据的反思》,载《江汉论坛》2018 年第 7 期。

76. 李洪祥:《论日常家事代理权视角下的夫妻共同债务构成》,载《当代法学》2020 年第 5 期。

77. 李洪祥:《〈民法典〉夫妻共同债务构成法理基础论》,载《政法论丛》2021 年第 1 期。

78. 李景义、焦雪梅:《生育权的性质及法律规制》,载《甘肃社会科学》2014 年第 3 期。

79. 李倩、张建文:《后民法典时代生育权的人格权地位证成》,载《重庆大学学报(社会科学版)》2021 年第 5 期。

80. 李亭慧:《权利正当性视野下代孕合法化的三重条件》,载《财经法学》2022 年第 1 期。

81. 李晓霞:《维吾尔族家庭规模初探》,载《新疆社会经济》1993 年第 3 期。

82. 李新、余响铃:《刑事法中"家庭成员"之界定》,载《人民检察》2015 年第 12 期。

83. 李燕:《不当怀孕损害赔偿研究——从上海"绝育手术不绝育索赔案"说起》,载《东岳论丛》2009 年第 10 期。

84. 李勇:《独身女性生育权的证成及其实现路径》,载《山东女子学院学报》2022 年第 1 期。

85. 李拥军:《民法典时代的婚姻家庭立法的突破与局限》,载《法制与社会发展》2020 年第 4 期。

86. 李志强:《代孕生育的民法调整》,载《山西师大学报(社会科学版)》2011 年第 3 期。

87. 梁根林:《罪刑法定视域中的刑法适用解释》,载《中国法学》2004 年第 3 期。

88. 梁慧星:《市场经济与公序良俗原则》,载《中国社会科学院研究生院学报》1993 年第 6 期。

89. 梁茂信:《权力与权利的博弈:美国同性婚姻的合法化及其悖论思考》,载《吉林大学社会科学学报》2020 年第 3 期。

90. 梁上上:《异质利益衡量的公度性难题及其求解——以法律适用为场域展开》,载《政法论坛》2014 年第 4 期。

91. 林明:《传统法制中的孝道文化因素释义》,载《法学论坛》2011 年第 6 期。

92. 刘昂、陈成建:《错误出生损害责任下救济制度的建构——基于 50 件生效裁判文书的实证分析》,载《法律适用》2020 年第 18 期。

93. 刘长秋:《人类辅助生殖现象的伦理判定与法律裁度》,载《人民司法》2014 年第 14 期。

94. 刘长秋:《代孕立法规制的基点与路径——兼论〈人口与计划生育法〉为何删除"禁止代孕条款"》,载《浙江学刊》2020 年第 3 期。

95. 刘长秋:《论我国立法规制代孕的价值及其方向》,载《南通大学学报(社会科学版)》2021 年第 3 期。

96. 刘杰勇:《〈民法典〉中共同生产经营型夫妻共债的认定——兼论第 1064 条第 2 款与第 56 条第 1 款的关系》,载《大连海事大学学报(社会科学版)》2021 年第 2 期。

97. 刘士国:《中国胚胎诉讼第一案评析及立法建议》,载《当代法学》2016 年第 2 期。

98. 刘士国、聂含秋、徐瑜璐:《非代孕自行人工授精生殖行为的法律问题》,载《烟台大学学报(哲学社会科学版)》2020 年第 2 期。

99. 刘文勇:《〈民法典·婚姻家庭编〉夫妻共同债务的认定——兼论夫妻共同债务证明责任的分配》,载《妇女研究论丛》2021 年第 3 期。

100. 刘引玲:《论生育权的法律限制》,载《甘肃政法学院学报》2005 年第 6 期。

101. 刘征峰:《夫妻债务规范的层次互动体系——以连带债务方案为中心》,载《法学》2019 年第 6 期。

102. 刘征峰:《共同意思表示型夫妻共同债务的认定》,载《法学》2021 年第 11 期。

103. 娄银生:《被撤销的父母监护权——全国首例由民政部门申请撤销监护人资格的案件审理纪实》,载《法庭内外》2015 年第 4 期。

104. 刘颖:《论民法中的国家政策——以〈民法通则〉第 6 条为中心》,载《华东政法大学学报》2014 年第 6 期。

105. 刘志刚:《单身女性生育权的合法性——兼与汤擎同志商榷》,载《法学》2003 年第 2 期。

106. 龙大轩:《孝道:中国传统法律的核心价值》,载《法学研究》2015 年第 3 期。

107. 龙大轩:《新时代"德法合治"方略的哲理思考》,载《中国法学》2019 年第 1 期。

108. 龙翼飞:《民法典婚姻家庭编的制度创新与适用》,载《人民检察》2020 年第 21 期。

109. 鲁晓明:《从家户并立到家庭统摄——我国民事法上家户制度的问题与出路》,载《法商研究》2018 年第 5 期。

110. 路正:《论夫妻生育权的性别分离》,载《山东青年政治学院学报》2021 年第 3 期。

111. 马付才:《妻子拒绝生育被丈夫索要精神赔偿》,载《民主与法制时报》2022 年 1 月 7 日,第 4 版。

112. 马克垚:《论家国一体问题》,载《史学理论研究》2012 年第 2 期。

113. 马龙倩:《国内代孕乱象及其规制路径》,载《东南大学学报(哲学社会科学版)》2021 年第 S2 期。

114. 马强:《论生育权——以侵害生育权的民法保护为中心》,载《政治与法律》2013 年第 6 期。

115. 马忆南:《夫妻生育权冲突解决模式》,载《法学》2010 年第 12 期。

116. 缪宇:《走出夫妻共同债务的误区　以〈婚姻法司法解释(二)〉第 24 条为分析对象》,载《中外法学》2018 年第 1 期。

117. 宁清同:《家庭的民事主体地位》,载《现代法学》2004 年第 6 期。

118. 潘皞宇:《以生育权冲突理论为基础探寻夫妻间生育权的共有属性——兼评"婚姻法解释(三)"第九条》,载《法学评论》2012 年第 1 期。

119. 裴桦:《〈民法典〉夫妻债务条款的不足与应对》,载《交大法学》2021 年第 1 期。

120. 彭诚信:《论民法典中的道德思维与法律思维》,载《东方法学》2020 年第 4 期。

121. 朴婷姬:《朝鲜族社会家庭结构变迁与性别平等研究》,载《东疆学刊》2006 年第 4 期。

122. 乔亨瑞:《云南少数民族婚姻家庭的变迁——以傣族、彝族、纳西族为例》,载《学术探索》1999 年第 4 期。

123. 秋实:《丈夫亡故后的“夫妻辅助生育权”》,载《检察风云》2022 年第 6 期。

124. 曲超彦、裴桦:《论我国夫妻债务推定规则》,载《求是学刊》2017 年第 3 期。

125. 冉克平:《夫妻团体债务的认定及清偿》,载《中国法学》2017 年第 5 期。

126. 冉克平:《论因“家庭日常生活需要”引起的夫妻共同债务》,载《江汉论坛》2018 年第 7 期。

127. 冉克平:《夫妻财产制度的双重结构及其体系化释论》,载《中国法学》2020 年第 6 期。

128. 冉克平:《论第三人侵害夫妻身份权的民事责任》,载《华中科技大学学报(社会科学版)》2020 年第 1 期。

129. 冉启玉:《我国未来民法典中的家庭》,载《中华女子学院学报》2017 年第 1 期。

130. 沙彦奋:《经济文化类型变迁对哈萨克族婚姻家庭结构的影响——基于伊犁 ZKT 村落的调查》,载《北方民族大学学报(哲学社会科学版)》2013 年第 4 期。

131. 史浩明:《论除斥期间》,载《法学杂志》2004 年第 4 期。

132. 宋健:《“四二一”结构形成及其发展趋势》,载《中国人口科学》2000 年第 2 期。

133. 石碧波:《民法上的“家”——兼论我国民法上“家”的二元结构》,载《当代法学》2003 年第 7 期。

134. 粟丹:《“孝道”视角下我国养老立法的要求及完善路径——以“精神赡养”条款为中心》,载《浙江学刊》2017 年第 2 期。

135. 苏力:《解释的难题:对几种法律文本解释方法的追问》,载《中国社会科学》1997 年第 4 期。

136. 苏娜、万小艳:《中国城市家庭结构变迁及其对婚姻家庭的影响》,载《人口学刊》1998 年第 6 期。

137. 孙冬旭、王岳:《从冻卵看单身女性生育权的保护问题》,载《中国卫生法制》2020 年第 6 期。

138. 孙海波:《疑难案件否定法治吗——依法裁判立场之重申》,载《政治与法律》2017 年第 5 期。

139. 孙若军:《父母离婚后的子女监护问题研究》,载《法学家》2005 年第 6 期。

140. 孙维飞:《通奸与干扰婚姻关系之损害赔偿——以英美法为视角》,载《华东政法大学学报》2013 年第 3 期。

141. 孙宪忠:《我国民法立法的体系化与科学化问题》,载《清华法学》2012 年第 6 期。

142. 孙宪忠:《防止立法碎片化、尽快出台民法典》,载《中国政法大学学报》2013 年第 1 期。

143. 谭桂珍:《论“生育权”及其救济》,载《湘潭大学社会科学学报》2003 年第 2 期。

144. 唐灿:《家庭现代化理论及其发展的回顾与评述》,载《社会学研究》2010 年第 3 期。

145. 唐灿、陈午晴:《中国城市家庭的亲属关系——基于五城市家庭结构与家庭关系调查》,载《江苏社会科学》2012 年第 2 期。

146. 汤一介:《“孝”作为家庭伦理的意义》,载《北京大学学报(哲学社会科学版)》2009 年第

4 期。

147. 田丰:《论仁孝二本》,载《哲学研究》2020 年第 11 期。

148. 田宏杰:《代孕治理的时代之问与应然选择》,载《中国应用法学》2021 年第 6 期。

149. 王葆莳:《“儿童最大利益原则”在德国家庭法中的实现》,载《德国研究》2013 年第 4 期。

150. 王德志、王必行:《“儿童最大利益”原则的司法实证研究——从国际公约原则到裁判规范构建》,载《人权》2021 年第 6 期。

151. 王福玲:《“人是目的”的限度——生命伦理学视域的考察》,载《中国人民大学学报》2017 年第 6 期。

152. 王歌雅:《民法典婚姻家庭编的价值阐释与制度修为》,载《东方法学》2020 年第 4 期。

153. 王歌雅、张小余:《生育利益私法保护的权利基础与规制范式》,载《思想战线》2021 年第 1 期。

154. 王贵松:《行政法上不确定法律概念的具体化》,载《政治与法律》2016 年第 1 期。

155. 王虹霞:《司法裁判中法官利益衡量的展开——普通法系下的实践及其启示》,载《环球法律评论》2016 年第 3 期。

156. 汪家元:《我国民法典夫妻共同债务规则评析》,载《东方法学》2020 年第 5 期。

157. 王健崭、杨明:《儒家“孝”之伦理困境及其解决方式——基于道德哲学的深层追问》,载《江苏行政学院学报》2019 年第 6 期。

158. 汪金兰:《跨国代孕儿童身份权的保护:以亲子关系确立为中心》,载《中国青年社会科学》2021 年第 5 期。

159. 王平:《西北城镇回族聚居区婚姻家庭结构的变迁——以甘肃省临夏市八坊地区为个案》,载《青海民族大学学报(社会科学版)》2012 年第 1 期。

160. 王世贤:《生育权之检讨》,载《河北师范大学学报(哲学社会科学版)》2006 年第 3 期。

161. 王晓燕、洪洁:《中国西南地区家庭规模和结构的定量研究》,载《湖北社会科学》2013 年第 8 期。

162. 汪洋:《夫妻债务的基本类型、责任基础与责任财产——最高人民法院〈夫妻债务解释〉实体法评析》,载《当代法学》2019 年第 3 期。

163. 王轶、包丁裕睿:《夫妻共同债务的认定与清偿规则实证研究》,载《华东政法大学学报》2021 年第 1 期。

164. 王玉波:《中国家庭史研究刍议》,载《历史研究》2000 年第 3 期。

165. 王跃龙:《无偿保证所生之债务不应认定为夫妻共同债务》,载《法学》2008 年第 10 期。

166. 王跃生:《当代中国家庭结构变动分析》,载《中国社会科学》2006 年第 1 期。

167. 王跃生:《中国城乡家庭结构变动分析——基于 2010 年人口普查数据》,载《中国社会科学》2013 年第 12 期。

168. 王跃生:《五个民族自治区家庭结构分析——基于 2000、2010 人口普查数据》,载《广西民族研究》2014 年第 6 期。

169. 王跃生:《当代家庭结构区域比较分析——以2010人口普查数据为基础》,载《人口与经济》2015年第1期。

170. 王跃生:《历史上家庭养老功能的维护研究——以法律和政策为中心》,载《山东社会科学》2015年第5期。

171. 王跃生:《中国当代家庭、家户和家的"分"与"合"》,载《中国社会科学》2016年第4期。

172. 王战涛:《日常家事代理之批判》,载《法学家》2019年第3期。

173. 文化:《甘肃穆斯林家庭结构解析》,载《西北民族大学学报(哲学社会科学版)》2007年第1期。

174. 温蓉:《社会变迁中的东乡族家庭——结构、功能及家庭成员关系》,载《社科纵横》2007年第4期。

175. 吴梓源:《打破"分娩者为母"的主导格局——新时代〈民法典〉妊娠代孕亲子关系的"开放包容式"认定》,载《河北法学》2021年第7期。

176. 吴至诚:《夫妻债务的英美法系功能比较研究——以不采行夫妻共同财产制的模式为中心》,载《华东政法大学学报》2021年第1期。

177. 袭开国、殷飞:《江苏农村地区家庭结构现状及区域差异》,载《南京人口管理干部学院学报》2007年第2期。

178. 夏吟兰:《民法典体系下婚姻家庭法之基本架构与逻辑体例》,载《政法论坛》2014年第5期。

179. 夏吟兰:《论婚姻家庭法在民法典体系中的相对独立性》,载《法学论坛》2014年第4期。

180. 夏吟兰:《民法分则婚姻家庭编立法研究》,载《中国法学》2017年第3期。

181. 夏吟兰:《婚姻家庭编的创新和发展》,载《中国法学》2020年第4期。

182. 肖群忠:《"夫孝,德之本也"——论孝道的伦理精神本质》,载《西北师大学报(社会科学版)》1997年第1期。

183. 肖群忠:《孝与中国国民性》,载《哲学研究》2000年第7期。

184. 解亘:《第三人干扰婚姻关系的民事责任——以日本法为素材》,载《华东政法大学学报》2013年第3期。

185. 解亘、班天可:《被误解和被高估的动态体系论》,载《法学研究》2017年第2期。

186. 邢玉霞:《从民事权利的角度辨析生育权的性质》,载《东岳论丛》2012年第3期。

187. 熊丙万:《私法的基础:从个人主义走向合作主义》,载《中国法学》2014年第3期。

188. 熊进光:《对生育权的法律思考》,载《甘肃政法学院学报》2002年第6期。

189. 徐娟、卢康颖:《单身女性生育权的确认及其制度化保障》,载《南海法学》2021年第2期。

190. 许莉:《供精人工授精生育的若干法律问题》,载《华东政法学院学报》1999年第4期。

191. 徐庆凯:《定义五问》,载《辞书研究》2007年第4期。

192. 徐园红、羊海燕:《我国合法代孕类型化界定路径探析》,载《中国卫生法制》2021年第

1 期。

193. 薛军:《人的保护:中国民法典编撰的价值基础》,载《中国社会科学》2006 年第 4 期。

194. 薛军:《干扰婚姻关系的损害赔偿:意大利的法理与判例》,载《华东政法大学学报》2013 年第 3 期。

195. 薛宁兰:《中国民法典夫妻债务制度研究——基于财产权平等保护的讨论》,载《妇女研究论丛》2018 年第 3 期。

196. 薛英杰:《反同性恋立场:西方明清男风研究中的文化误读》,载《文史哲》2020 年第 1 期。

197. 杨际平:《秦汉户籍管理制度研究》,载《中华文史论丛》2007 年第 1 期。

198. 杨力:《基于利益衡量的裁判规则之形成》,载《法商研究》2012 年第 1 期。

199. 杨立新:《一份标志人伦与情理胜诉的民事判决——人的体外胚胎权属争议案二审判决释评》,载《法律适用》2014 年第 11 期。

200. 杨琳琳:《从家庭照顾迈向社会照顾:德国和日本儿童照顾政策及其启示》,载《理论月刊》2022 年第 3 期。

201. 阳平、杜强强:《生育权之概念分析》,载《法律适用》2003 年第 10 期。

202. 杨善华、贺常梅:《责任伦理与城市居民的家庭养老——以"北京市老年人需求调查"为例》,载《北京大学学报(哲学社会科学版)》2004 年第 1 期。

203. 杨晓蓉、吴艳:《夫妻共同债务的认定标准和责任范围——以夫妻一方经营性负债为研究重点》,载《法律适用》2015 年第 9 期。

204. 言咏:《保障单身女性平等生育权不能再搁置》,载《经济观察报》2022 年 3 月 14 日,第 8 版。

205. 姚毅奇、冯源:《论国家对父母监护人资格的干预——以剥夺监护权第一案为例》,载《海峡法学》2015 年第 3 期。

206. 叶名怡:《法国法上通奸第三者的侵权责任》,载《华东政法大学学报》2013 年第 3 期。

207. 叶名怡:《"共债共签"原则应写入〈民法典〉》,载《东方法学》2019 年第 1 期。

208. 尹建国:《不确定法律概念具体化的说明理由》,载《中外法学》2010 年第 5 期。

209. 于飞:《侵权法中权利与利益的区分方法》,载《法学研究》2011 年第 4 期。

210. 于飞:《公序良俗原则与诚实信用原则的区分》,载《中国社会科学》2015 年第 11 期。

211. 余飞跃:《家庭养老的困境与出路——兼论孝与不孝的理性》,载《重庆大学学报(社会科学版)》2011 年第 5 期。

212. 余厚宏:《冻卵女性的未来生育权:力度与限度》,载《医学与哲学》2021 年第 21 期。

213. 于晶:《单身女性生育权问题探讨》,载《中国政法大学学报》2021 年第 1 期。

214. 于晓:《论干扰婚姻关系的侵害客体》,载《山东社会科学》2011 年第 1 期。

215. 曾培芳、王冀:《议"家庭"概念的重构——兼论家庭法学体系的完善》,载《南京社会科学》2008 年第 11 期。

216. 曾祥生:《日常家事代理制度研究》,载《江西社会科学》2020 年第 11 期。

217. 湛中乐、谢珂珺:《论生育自由及其限制》,载《人口研究》2009 年第 5 期。

218. 张红:《错误出生的损害赔偿责任》,载《法学家》2011 年第 6 期。

219. 张红:《论国家政策作为民法法源》,载《中国社会科学》2015 年第 12 期。

220. 张红:《道德义务法律化　非同居婚外关系所导致之侵权责任》,载《中外法学》2016 年第 1 期。

221. 张鸿巍:《儿童福利视野下的少年司法路径选择》,载《河北法学》2011 年第 12 期。

222. 张继承:《生育权若干争议问题研究》,载《南昌大学学报(人文社会科学版)》2008 年第 1 期。

223. 章家好:《单身女性生育权问题与对策》,载《西部学刊》2019 年第 2 期。

224. 张践:《儒家孝道观的形成与演变》,载《中国哲学史》2000 年第 3 期。

225. 张力:《我国〈民法典〉中优良家风条款的规范效力》,载《暨南学报(哲学社会科学版)》2022 年第 3 期。

226. 张力:《男性的生育权应如何保护》,载《方圆》2020 年第 10 期。

227. 张力、李倩:《夫妻共同债务认定中的用途规则——兼论最高人民法院法释〔2018〕2 号的体系融入》,载《江西师范大学学报(哲学社会科学版)》2019 年第 3 期。

228. 张学军:《夫妻一方"一般侵权行为""赔偿损失"债务属性的立法研究》,载《社会科学战线》2019 年第 12 期。

229. 张龑:《论我国法律体系中的家与个体自由原则》,载《中外法学》2013 年第 4 期。

230. 张燕玲:《生育自由及其保障范围——兼论人工生殖的理论基础》,载《中南民族大学学报(人文社会科学版)》2007 年第 5 期。

231. 张翔:《论家庭身份的私法人格底蕴及其历史演变》,载《法律科学(西北政法大学学报)》2011 年第 2 期。

232. 张祥龙:《儒家会如何看待同性婚姻的合法化?》,载《中国人民大学学报》2016 年第 1 期。

233. 张晓冰:《我国青年同性恋群体的尴尬处境:传统与自我的对抗》,载《中国青年研究》2018 年第 10 期。

234. 张家骥、缪宇:《夫妻忠实义务的准债务探析》,载《华中师范大学学报(人文社会科学版)》2019 年第 3 期。

235. 张学军:《试论继父母子女关系》,载《吉林大学社会科学学报》2002 年第 3 期。

236. 张莹莹:《中国有限放开代孕之法律伦理证成及其规制》,载《新疆社会科学》2021 年第 6 期。

237. 张中秋:《传统中国国家观新探——兼及对当代中国政治法律的意义》,载《法学》2014 年第 5 期。

238. 张作华、徐小娟:《生育权的性别冲突与男性生育权的实现》,载《法律科学(西北政法学院学报)》2007 年第 2 期。

239.《第三人侵扰婚姻关系法律问题的比较研究》,载《华东政法大学学报》2013 年第 3 期。

240. 郑净方:《人工生殖技术下夫妻生育权的契合与冲突》,载《河北法学》2012 年第 5 期。

241. 郑尚元:《宅基地使用权性质及农民居住权利之保障》,载《中国法学》2014 年第 2 期。

242. 郑玉双:《孝道与法治的司法调和》,载《清华法学》2019 年第 4 期。

243. 周福林:《我国家庭结构变迁的社会影响与政策建议》,载《中州学刊》2014 年第 9 期。

244. 周鸿燕:《论女性作为生育权的主体》,载《华南师范大学学报(社会科学版)》2003 年第 6 期。

245. 周丽华:《论代孕亲子关系的认定规则》,载《法律适用》2022 年第 3 期。

246. 周平:《配偶间生育权冲突之法律规制》,载《中南民族大学学报(人文社会科学版)》2011 年第 6 期。

247. 周双海、卞佳颖:《上海家庭结构特征分析》,载《科学发展》2014 年第 1 期。

248. 朱川、谢建平:《代孕子女身份的法律认定》,载《科技与法律》2001 年第 3 期。

249. 朱承:《"孝"是公共规范还是个人美德》,载《道德与文明》2019 年第 6 期。

250. 朱虎:《夫妻债务的具体类型和责任承担》,载《法学评论》2019 年第 5 期。

251. 朱苏力:《用法的观点看婚姻》,载《法制资讯》2014 年第 5 期。

252. 朱晓飞:《性别公正的公益法实践——以"单身女性生育权"事件为例》,载《中华女子学院学报》2018 年第 5 期。

253. 朱晓峰:《同性伴侣与婚姻缔结权:荷兰婚姻法的重要变革》,载梁慧星主编:《民商法论丛》第 53 卷,法律出版社 2013 年版。

254. 朱晓峰:《论德国收养法上的最大利益标准与同性伴侣的共同收养》,载梁慧星主编:《民商法论丛》第 53 卷,法律出版社 2013 年版。

255. 朱晓峰:《作为一般人格权的人格尊严权——以德国侵权法中的一般人格权为参照》,载《清华法学》2014 年第 1 期。

256. 朱晓峰:《论德国未成年人收养最大利益原则及界定标准》,载《预防青少年犯罪研究》2014 年第 2 期。

257. 朱晓峰:《民法典编纂视野下胎儿利益的民法规范——兼评五部民法典建议稿胎儿利益保护条款》,载《法学评论》2016 年第 1 期。

258. 朱晓峰:《普遍主义共同法实现视野下的域外法学方法论》,载《澳门法政学刊》2016 年第 4 期。

259. 朱晓峰:《非法代孕与未成年人最大利益原则的实现——全国首例非法代孕监护权纠纷案评释》,载《清华法学》2017 年第 1 期。

260. 朱晓峰:《孝道理念与民法典编纂》,载《法律科学(西北政法大学学报)》2019 年第 1 期。

261. 朱晓峰:《民法一般人格权的价值基础与表达方式》,载《比较法研究》2019 年第 2 期。

262. 朱晓峰:《人类基因编辑研究自由的法律界限与责任》,载《武汉大学学报(哲学社会科学版)》2019 年第 4 期。

263. 朱晓峰:《孝道在民法典婚姻家庭编的表达及适用》,载梁慧星主编:《民商法论丛》第 72 卷,社会科学文献出版社 2021 年版。

264. 朱晓喆、徐刚:《民法上生育权的表象与本质——对我国司法实务案例的解构研究》,载《法学研究》2010 年第 5 期。

265. 朱贻庭:《现代家庭伦理与传统亲子、夫妻伦理的现代价值》,载《华东师范大学学报(哲学社会科学版)》1998 年第 2 期。

266. 朱勇、成亚平:《冲突与统一——中国古代社会中的亲情义务与法律义务》,载《中国社会科学》1996 年第 1 期。

267. 朱振:《妊娠女性的生育权及其行使的限度——以〈婚姻法〉司法解释(三)第 9 条为主线的分析》,载《法商研究》2016 年第 6 期。

268. 最高人民法院民一庭:《为婚外情调查合同支出的费用不属于婚姻法第 46 条规定的"损害赔偿"范畴》,载中华人民共和国最高人民法院民事审判第一庭编:《民事审判指导与参考》第 36 集,法律出版社 2009 年版。

三、外文译著

1. [德]卡尔·拉伦茨:《法学方法论》,陈爱娥译,商务印书馆 2003 年版。

2. [美]凯特·斯丹德利:《家庭法》,屈广清译,中国政法大学出版社 2004 年版。

3. [德]迪特尔·施瓦布:《德国家庭法》,王葆莳译,法律出版社 2010 年版

4. [德]罗伯特·阿列克西:《法　理性　商谈:法哲学研究》,朱光、雷磊译,中国法制出版社 2011 年版。

5. [德]弗里德里希·恩格斯:《家庭、私有制和国家的起源》,载《马克思恩格斯选集》第 4 卷,中共中央马克思恩格斯列宁斯大林著作编译局译,人民出版社 1972 年版。

6. [法]弗洛朗斯·塔玛涅:《欧洲同性恋史》,周莽译,商务印书馆 2009 年版。

7. [英]约翰·密尔,《论自由》,许宝骙译,商务印书馆 1959 年版。

8. [日]五十岚清:《人格权法》,[日]铃木贤、葛敏译,北京大学出版社 2009 年版。

9. [德]乌尔弗里德·诺依曼:《法律论证学》,张青波译,法律出版社 2014 年版。

10. [日]加藤雅信等编:《民法学说百年史:日本民法施行 100 年纪念》,牟宪魁等译,商务印书馆 2017 年版。

11. [德]弗里德里希·卡尔·冯·萨维尼:《历史法学派的基本思想(1814—1840 年)》,郑永流译,法律出版社 2009 年版。

12. [德]霍尔斯特·海因里希·雅科布斯:《十九世纪德国民法科学与立法》,王娜译,法律

出版社 2003 年版。

13. [美]杰弗里·布兰德:《法治的界限:越法裁判的伦理》,娄曲亢译,中国人民大学出版社 2016 年版。

14. [英]哈特:《法律的概念》,许家馨、李冠宜译,法律出版社 2018 年版。

15.《菲律宾民法典》,蒋军洲译,厦门大学出版社 2011 年版。

16.《奥地利普通民法典》,戴永盛译,中国政法大学出版社 2016 年版。

17.《意大利民法典》,费安玲等译,中国政法大学出版社 2004 年版。

18.《瑞士民法典:修订截至 2016 年 1 月 1 日》,戴永盛译,中国政法大学出版社 2016 年版。

四、外文专著与法典评注

1. Beccaria, *On Crimes and Punishments and Other Writings*, China University of Political Science and Law Press, 2003, p. 47.

2. Christa Spilling-Nöker, Wir lassen Dich nicht, Du segnest uns denn, LIT Verlag, 2006, S. 1 – 37.

3. Christian Starck, Das Bonner Grundgesetz Kommentar(Bd. 1), Franz Valen, 1999, S. 767.

4. Christian v. Bar, Gemeineuropäisches Deliktsrecht(Bd. 2), C. H. Beck, 1999, S. 126 f.

5. Claus-Wolhelm Canaris, Systemdenken und Systembegriff in der Jurisprudenz: entwickelt am Beispiel des deutschen Privatrechts, Duncker & Humblot, 1983, S. 57.

6. Dieter Schwab Hrsg., Bürgerlichen Gesetzbuch, Band 8, Familienrecht Ⅱ: § § 1589 – 1921, C. H. Beck, 2008, S. 1339.

7. Dominique Jakob, Die eingetragene Lebenspartnerschaft im internationalen Privatrecht, Dr. Otto Schmidt KG. 2002, S. 33. 35. 38ff.

8. Franz Jürgen Säcker & Roland Rixecker Hrsg., Münchener Kommentar zum Bürgerliches Gesetzbuch: Schuldrecht Besonderer Teil Ⅲ, Band 5, C. H. Beck, 2009, S. 1816.

9. Franz Wieacker, Privatrechtsgeschichte der Neuzeit: Unter besonderer Berücksichtigung der deutschen Entwicklung, Vandenhoeck & Ruprecht, 1996, S. 345.

10. Hans-Martin Pawlowski, Methodenlehre für Juristen, C. F. Müller Verlag, 1999, Rn. 230ff.

11. Karl Larenz, Methodenlehre der Rechtswissenschaft, Springer Verlag, 1991, S. 435, 474f.

12. Kent D. Lerch, Lesarten des Rechts: Sprache und Medien der Jurisprudenz, Avinus-Verlag, 2008, S. 19.

13. Martina Renate Deckert, Folgenorientierung in der Rechtsanwendung, C. H. Beck, 1995, S. 76.

14. Harm Peter Westermann, Barbara Grunewald & Georg Maier-Reimer Hrsg., Erman BGB,

Dr. Otto Schmidt, 2011, S. 4439.

15. Niklas Luhmann, Rechtssoziologie. 2. Aufl. , Westdeutscher Verlag, 1983, S. 141.

16. Nina Dethloff, Familienrecht, C. H. Beck, 2009, S. 234, 462.

17. Rainer Frank, J. von Staudingers Kommentar zum Bürgerliches Gesetzbuch: mit Einführungsgesetz und Nebengesetzen, Buch 4. Familienrecht § § 1741 – 1772, Sellier de Gruyter, 2001, S. 62f.

18. Rudolf Westerhoff, Die Elemente des Beweglichen Systems, Dunker & Humblot, 1991, S. 15, 16f, 21, 23ff, 67f, 79ff.

19. Sanford Katz, John Eekelaar, Mavis Maclean. *Cross Currents-Family Law and Policy in the United States and England*, Oxford University Press, 2000, p. 435.

20. Thomas A. Brandt, Die Adoption durch eingetragene Lebenspartner im internationalen Privat- und Verfahrensrecht, Lang Verlag, 2004, S. 30, 33f, 36f, 39f.

21. Ulfrid Neumann, Juristische Argumentationslehre, Wissenschaftliche Buchgesellschaft, 1986, S. 1f.

22. Witgar Oeschger, Die Pflege-und Adoptivkinderversorgung: Eine psychologisch-heilpädagogische Studie, Schweiz Unversitätsverlag, 1957, S. 74f.

五、外文论文

1. Andreas Wacke, Die Registrierung homosexueller Partnerschaften in Dänermark, FamRZ 4 (1990), S. 9.

2. Enrique H. Ceballos, *The Concept of Family in Spanish Law*, 5 International Journal of the Jurisprudence of the Family 145(2014).

3. Frank O. Fischer, Das Bewegliche System als Ausweg aus der dogmatischen Krise in der Rechtspraxis, *AcP* 197(1997), S. 603f.

4. Ian Sumner, *Going Dutch-A Comparative Analysis and Assessment of the Gradual Recognition of Homosexuality with respect to the Netherlands and England*, 9 Maastricht Journal of European and Comparative Law 29(2002).

5. Ioana Nicolae & Georgeta-Bianca Spirchez, *The Legal Concept of Family: Topical Issues of the ECHR Case Law and European Union Law*, 1 Pandectele Romane 80(2017).

6. Julie E. Artis, *Judging the Best Interests of the Child: Judges' Accounts of the Tender Years Doctrine*, 38 Law & Society Review 769(2004).

7. Katharina Boele-Woelki, *Family Law: The Legal Recognition of Same-Sex Relationships Within the European Union*, 82 Tulane Law Review 1949(2008).

8. Kees Waaldijk, *Others May Follow: The Introduction of Marriage, Quasi-Marriage, and*

Semi-Marriage for Same-Sex Couples in European Countries, 38 New England Law Review 569 (2003－2004).

9. Larry D. Barnett & Pietro Saitta, *Societal Properties and Law on Same-Sex Non-Marital Partnerschips and Same-Sex Marriage in European Union Nations*, 25 Journal of Civil Rights and Economic Development 639(2010－2011).

10. Laurence D. Houlgate, *Must the Personal Be Political-Family Law and the Concept of Family*, 12 International Journal of Law, Policy and the Family 107(1998).

11. Leslie J. Harris, *Same-Sex Unions Around the World: Marriage, Civil Unions, Registered Partnerships-What are the Differences and why do They Matter*, 19 Probate and Property 31(2005).

12. Linda Nielsen, *Family Rights and the "Registered Partnership" in Denmark*, 4 International Journal of Law and the Family 297(1990).

13. Margaret Somerville, *Is the Family a Natural Reality or Just a Cultural Concept*, 4 International Journal of the Jurisprudence of the Family 435(2013).

14. Martin Lohnig, *The Evolution of the Concept of Family and the Special Protection of Family and Marriage in German Law*, 4 Journal on European History of Law 9(2013).

15. Mathew Adler, *Law and Incommensurability: Introduction*, 146 University of Pennsylvania Law Review 1169(1998).

16. Michael Bogdan, *Private International Law Aspects of the Introduction of Same-Sex Marriages in Sweden*, 78 Nordic Journal of International Law 253(2009).

17. Mirela Zupan, *The Family Concept in European International Family Law: Do Human Rights Influence the Change in Approach*, 24 Pravni Vjesnik 141(2008).

18. Nancy G. Maxwell, *Opening Civil Marriage to Same-Gender Couples: A Netherlands-United States Comparison*, 18 Arizona Journal of International and Comparative Law 143(2001).

19. Olivia Egdell-Page, *The Concept of Family Law: Understanding the Relationship between Law and Families*, 3 North East Law Review 68(2015).

20. Shirley C. Ogata, *Are Wedding Bells Ringing for Same-Sex Marriages? The Legal Trends and Social Perspectives of Europe, Canada and the United States*, 6 European Journal of Law Reform 181 (2006).

21. Wendy M. Schrama, *Registered Partnership in The Netherlands*, 13 International Journal of Law, Policy and the Family 315 (1999).

22. Xiaofeng Zhu, *Schadensersatz bei Ehebruch in Deutschland und China*, Recht Als Kultur 12 (2016), S. 169, 176, 179.

六、司法裁判文书

1. 余某松等与林某兰等民间借贷纠纷案，最高人民法院(2019)最高法民申 1432 号民事裁定书。

2. 崔某花与杨某义等民间借贷纠纷案，最高人民法院（2018）最高法民申 634 号民事裁定书。

3. 冯某、周某东民间借贷纠纷案，最高人民法院（2018）最高法民申 3235 号民事裁定书。

4. 刁某、袁某民间借贷纠纷案，最高人民法院（2018）最高法民申 3893 号民事裁定书。

5. 高某江等与李某志民间借贷纠纷再审案，最高人民法院（2018）最高法民申 5410 号民事裁定书。

6. 山西智丰贸易有限责任公司诉中国民生银行股份有限公司苏州分行等票据利益返还请求权纠纷案，中华人民共和国最高人民法院（2015）民申字第 1759 号民事裁定书。

7. 高淳县民政局诉王某胜、吕某、天安保险江苏分公司交通事故人身损害赔偿纠纷案，载《最高人民法院公报》2007 年第 6 期。

8. 李某花、范某诉范某业、滕某继承纠纷案，载《最高人民法院公报》2006 年第 7 期。

9. 李某、郭某阳诉郭某和、童某某继承纠纷案，最高人民法院指导案例 50 号（2015 年）。

10. 陆某荣道交纠纷案，安徽省合肥市中级人民法院（2020）皖 01 民终 1359 号民事判决书。

11. 马某梅、汪某民间借贷纠纷案，安徽省高级人民法院（2020）皖民申 614 号民事判决书。

12. 马某奎、李某艳、合肥友好医院等医疗损害责任纠纷案，安徽省合肥市中级人民法院（2020）皖 01 民终 1449 号民事判决书。

13. 胡某乙与胡某甲变更抚养关系纠纷案，安徽省黄山市中级人民法院（2016）皖 10 民终 170 号民事判决书。

14. 王某义与汪某花等赡养费纠纷案，安徽省池州市中级人民法院（2015）池民一终字第 00379 号民事判决书。

15. 王某故意杀人案，安徽省高级人民法院（2015）皖刑终字第 00077 号刑事裁定书。

16. 马某甲与黄某甲离婚纠纷案，安徽省广德县人民法院（2014）广民一初字第 02423 号民事判决书。

17. 王某甲与王某乙赡养费纠纷案，安徽省颍上县人民法院（2014）颍民一初字第 03610 号民事判决书。

18. 杨某甲与张某甲变更抚养关系纠纷案，安徽省合肥市中级人民法院（2014）合民一终字第 00418 号民事判决书。

19. 刘某某与刘某甲离婚纠纷案，安徽省霍邱县人民法院（2013）霍民一初字第 02055 号民事判决书。

20. 黄某与周某抚养纠纷再审审查与审判监督案，北京市高级人民法院（2022）京民申 1656 号民事裁定书。

21. 曾某 1 分家析产纠纷案，北京市第二中级人民法院（2022）京 02 民终 1762 号民事判决书。

22. 赖某功与朱某鹏等民间借贷纠纷案，北京市高级人民法院（2021）京民申 4974 号民事裁定书。

23. 朱某东与张某民间借贷纠纷案,北京市高级人民法院(2021)京民申 7535 号民事裁定书。

24. 赵某与韩某合同纠纷案,北京市第一中级人民法院(2021)京 01 民终 1433 号民事判决书。

25. 徐某 1 与徐某 2 法定继承纠纷案,北京市第三中级人民法院(2021)京 03 民终 20419 号民事判决书。

26. 孙某与徐某离婚纠纷案,北京市朝阳区人民法院(2021)京 0105 民初 33497 号民事判决书。

27. 张某伟与金某寿等民间借贷纠纷案,北京市高级人民法院(2019)京民申 305 号民事裁定书。

28. 牟某等与珠海金宝汇丰盈投资中心(有限合伙)股权转让纠纷案,北京市高级人民法院(2019)京民终 1463 号民事判决书。

29. 王某红等与苏某合同纠纷案,北京市高级人民法院(2018)京民申 4853 号民事裁定书。

30. 王某某与马某离婚纠纷案,北京市第三中级人民法院(2018)京三中民终字第 5013 号民事判决书。

31. 史某 1 等与郭某赡养费纠纷案,北京市第三中级人民法院(2017)京 03 民终 6413 号民事判决书。

32. 徐某 1 赡养纠纷申诉、申请案,北京市高级人民法院(2016)京民申 27 号民事裁定书。

33. 蒋某与李某一般人格权纠纷案,北京市第二中级人民法院(2016)京 02 民终字第 11106 号民事判决书。

34. 王某某与马某离婚纠纷案,北京市朝阳区人民法院(2016)京 0105 民初 49381 号民事判决书。

35. 许某与隗某离婚纠纷案,北京市第二中级人民法院(2015)二中民终字第 00764 号民事判决书。

36. 王某等离婚纠纷案,北京市第二中级人民法院(2015)二中民终字第 02363 号民事判决书。

37. 杨某 1 与杨某 2 等所有权确认纠纷案,北京市第二中级人民法院(2015)二中民终字第 06836 号民事判决书。

38. 蔡某等离婚纠纷案,北京市第二中级人民法院(2015)二中民终字第 10801 号民事判决书。

39. 刘某 1 与冯某离婚纠纷案,北京市第二中级人民法院(2015)二中民终字第 12469 号民事判决书。

40. 孙某 1 等与苑某 1 等婚姻家庭、继承纠纷案,北京市第三中级人民法院(2015)三中民终字第 04361 号民事判决书。

41. 侯某与董某离婚后财产纠纷案,北京市第三中级人民法院(2015)三中民终字第 13889 号民事判决书。

42. 刘某与丁某婚姻家庭纠纷案,北京市怀柔区人民法院(2015)怀民初字第01237号民事判决书。

43. 王某与阎某变更抚养关系纠纷案,北京市昌平区人民法院(2015)昌民初字第6490号民事判决书。

44. 金某燕与金某伟等遗嘱继承纠纷案,北京市西城区人民法院(2015)西民初字第02790号民事判决书。

45. 张某民与罗某波等机动车交通事故责任纠纷案,北京市延庆区人民法院(2015)延民初字第06940号民事判决书。

46. 徐某等离婚纠纷案,北京市第一中级人民法院(2014)一中民终字第3455号民事判决书。

47. 孔某与王某离婚纠纷案,北京市第一中级人民法院(2014)一中民终字第09836号民事判决书。

48. 尹某与康某离婚纠纷案,北京市第二中级人民法院(2014)二中民终字第04725号民事判决书。

49. 李某等离婚纠纷案,北京市第二中级人民法院(2014)二中民终字第10092号民事判决书。

50. 李某6等与李某8等继承纠纷案,北京市第三中级人民法院(2014)三中民终字第05009号民事判决书。

51. 刘某1与王某等赡养费纠纷案,北京市第三中级人民法院(2014)三中民终字第14609号民事判决书。

52. 申某与杨某离婚纠纷案,北京市顺义区人民法院(2014)顺民初字第04896号民事判决书。

53. 赵某与王某离婚纠纷案,北京市西城区人民法院(2014)西民初字第01568号民事判决书。

54. 梁某与王某离婚纠纷案,北京市西城区人民法院(2014)西民初字第13924号民事判决书。

55. 陈某与刘某离婚纠纷案,北京市通州区人民法院(2014)通民初字第07428号民事判决书。

56. 阎某与吴某离婚纠纷案,北京市海淀区人民法院(2014)海民初字第21446号民事判决书。

57. 陈某与张某离婚纠纷案,北京市丰台区人民法院(2014)丰民初字第03935号民事判决书。

58. 傅某嘉与赵某平一般人格权纠纷案,北京市石景山区人民法院(2014)石民初字第9030号民事判决书。

59. 张某与徐某抚养费纠纷案,北京市海淀区人民法院(2013)海民初字第23318号民事判决书。

60. 郭某庆与王某艳离婚纠纷案,北京市丰台区人民法院(2013)丰民初字第15473号民事判决书。

61. 侯某与高某离婚后损害责任纠纷案,北京市通州区人民法院(2013)通民初字第13520号民事判决书。

62. 杨某花与郝某宝赠与合同纠纷案,北京市朝阳区人民法院(2013)朝民初字第25597号民事判决书。

63. 袁某媚与余某添、胡某艳民间借贷纠纷案,重庆市高级人民法院(2018)渝民终382号民事判决书。

64. 何某惠、瞿某明与杨某1、杨某2等民间借贷纠纷案,重庆市高级人民法院(2018)渝民申2030号民事裁定书。

65. 陈某玲与林某宜赡养费纠纷案,重庆市第五中级人民法院(2015)渝五中法民终字第00387号民事判决书。

66. 黄某清等与吴某德等赡养纠纷案,重庆市第五中级人民法院(2015)渝五中法民终字第00394号民事判决书。

67. 黄某甲与田某变更抚养关系纠纷案,重庆市第五中级人民法院(2015)渝五中法少民终字第07041号民事判决书。

68. 龚某甲等与罗某甲继承纠纷案,重庆市第五中级人民法院(2014)渝五中法民申字第199号民事裁定书。

69. 张某甲与张某乙继承纠纷案,重庆市第一中级人民法院(2014)渝一中法民终字第00423号民事判决书。

70. 姚某某与唐某甲离婚纠纷案,重庆市第五中级人民法院(2014)渝五中法少民终字第05039号民事判决书。

71. 刘某某5等与忠县汝溪镇三河村村民委员会等一般人格权纠纷申请案,重庆市高级人民法院(2012)渝高法民提字第218号民事判决书。

72. 王某明与王某翔变更抚养权纠纷案,重庆市第四中级人民法院(2010)渝四中法民终字第518号民事判决书。

73. 田某与王某某一般人格权纠纷案,重庆市沙坪坝区人民法院(2010)沙法民初字第7148号民事判决书。

74. 王某思、谢某同居关系子女抚养纠纷案,福建省南平市中级人民法院(2021)闽07民终2107号民事判决书。

75. 王某萍、王某园民间借贷纠纷案,福建省高级人民法院(2018)闽民终1529号民事判决书。

76. 陈某铭、刘某民间借贷纠纷案,福建省高级人民法院(2018)闽民申3612号民事裁定书。

77. 陈某甲与陈某乙变更抚养权纠纷案,福建省福州市中级人民法院(2016)闽01民终425号民事判决书。

78. 唐某甲与唐某乙离婚纠纷案，福建省福州市中级人民法院（2014）榕民终字第 2536 号民事判决书。

79. 戴某某与陈某某变更子女抚养权纠纷案，福建省龙岩市中级人民法院（2014）岩民终字第 564 号民事判决书。

80. 杨某、陈某抚养纠纷案，甘肃省平凉市中级人民法院（2022）甘 08 民终 150 号民事判决书。

81. 焦某、王某抚养纠纷案，甘肃省平凉市中级人民法院（2022）甘 08 民终 219 号民事判决书。

82. 甘肃永昌农村商业银行股份有限公司、李某等金融借款合同纠纷案，甘肃省高级人民法院（2021）甘民终 724 号民事判决书。

83. 闫某、常某 1 等提供劳务者受害责任纠纷案，甘肃省高级人民法院（2021）甘民申 2743 号民事裁定书。

84. 李某 1、祝某等金融借款合同纠纷案，甘肃省高级人民法院（2021）甘民申 3263 号民事裁定书。

85. 姬某、孙某等民间借贷纠纷案，甘肃省高级人民法院（2021）甘民申 3351 号民事裁定书。

86. 张某、景某同居关系子女抚养纠纷案，甘肃省平凉市中级人民法院（2021）甘 08 民终 1441 号民事判决书。

87. 马某么、马某力同居关系子女抚养纠纷案，甘肃省兰州市中级人民法院（2021）甘 01 民终 5369 号民事判决书。

88. 张某琴与白银市第一人民医院医疗损害责任纠纷案，甘肃省白银市中级人民法院（2020）甘 04 民终 992 号民事判决书。

89. 范某志与刘某卫、王某阳等民间借贷纠纷案，甘肃省高级人民法院（2018）甘民终 815 号民事判决书。

90. 梁某与梁某生等赡养费纠纷案，甘肃省陇南市中级人民法院（2015）陇民一终字第 153 号民事判决书。

91. 赵某琴与高某发变更抚养权纠纷案，甘肃省庆阳市中级人民法院（2014）庆中民终字第 486 号民事判决书。

92. 李某 1、李某 2 解除收养关系纠纷案，广东省广州市中级人民法院（2022）粤 01 民终 4012 号民事判决书。

93. 林某 1、林某 2 等赡养费纠纷案，广东省汕尾市中级人民法院（2022）粤 15 民终 270 号民事判决书。

94. 吴某、深圳市泰德佳儿健康管理有限公司合同纠纷案，广东省深圳市中级人民法院（2021）粤 03 民终 21066 号民事判决书。

95. 金某 1、吕某离婚后财产纠纷案，广东省广州市中级人民法院（2021）粤 01 民终 4681 号民事判决书。

96. 梁某1、冯某婚姻家庭纠纷案，广东省广州市中级人民法院（2021）粤01民终9145号民事判决书。

97. 张某、美泰海外医疗旅游集团有限公司合同纠纷案，广东省广州市中级人民法院（2020）粤01民终16040号民事判决书。

98. 周某唤、位某下与惠阳三和医院（有限合伙）医疗损害责任纠纷案，广东省惠州市中级人民法院（2020）粤13民终2284号民事判决书。

99. 梁某、邓某丽、连州市人民医院与医疗损害责任纠纷案，广东省清远市中级人民法院（2020）粤18民终1276号民事判决书。

100. 莫某东、何某华民间借贷纠纷案，广东省高级人民法院（2018）粤民申8787号民事裁定书。

101. 周某、珠海华润银行股份有限公司中山分行金融借款合同纠纷案，广东省高级人民法院（2018）粤民申8681号民事裁定书。

102. 深圳西尔斯国际商务咨询有限公司与孙某服务合同纠纷案，广东省深圳前海合作区人民法院（2017）粤0391民初1893号民事判决书；孙某与深圳西尔斯国际商务咨询有限公司服务合同纠纷案，广东省深圳市中级人民法院（2018）粤03民终9212号民事判决书。

103. 齐某君、银鲲鹏集团有限公司民间借贷纠纷案，广东省高级人民法院（2017）粤民终118号民事判决书。

104. 永信电子（惠州）有限公司与张某颖劳动合同纠纷案，广东省高级人民法院（2016）粤民申1797号民事裁定书。

105. 秦某、耿某1抚养纠纷案，广东省广州市中级人民法院（2016）粤01民再131号民事判决书。

106. 胡某与刘某抚养纠纷案，广东省深圳市中级人民法院（2016）粤03民终552号民事判决书。

107. 肖某某与谢某甲变更抚养关系纠纷案，广东省河源市中级人民法院（2015）河中法民一终字第697号民事判决书。

108. 王某、林某英与邹某英变更抚养关系纠纷案，广东省湛江市中级人民法院（2015）湛中法民一终字第742号民事判决书。

109. 翟某与罗某某变更抚养关系纠纷案，广东省惠州市中级人民法院（2015）惠中法民一终字第483号民事判决书。

110. 魏某莲与王某军、师某征等法定继承纠纷案，广东省广州市中级人民法院（2015）穗中法民一终字第6014号民事判决书。

111. 曾某某与郭某某离婚纠纷案，广东省佛山市中级人民法院（2015）佛中法民一终字第490号民事判决书。

112. 陈某甲与胡某变更抚养关系纠纷案，广东省鹤山市人民法院（2015）江鹤法民二初字第12号民事判决书。

113. 徐某、陈某离婚纠纷案，广东省深圳市中级人民法院（2014）深中法民终字第 2171 号民事判决书。

114. 钟某梅与黄某全变更抚养关系纠纷案，广东省梅州市中级人民法院（2014）梅中法民一终字第 320 号民事判决书。

115. 刘某与何某等法定继承纠纷案，广东省广州市中级人民法院（2014）穗中法民一终字第 2810 号民事判决书。

116. 周某旋、庞某汾与抚养费纠纷案，广东省佛山市中级人民法院（2014）佛中法民一终字第 3012 号民事判决书。

117. 徐某光、徐某红与张某英、原审第三人何某玲 1、何某玲法定继承纠纷案，广东省珠海市中级人民法院（2014）珠中法民一终字第 40 号民事判决书。

118. 佘某某与苏某某离婚纠纷案，广东省潮州市湘桥区人民法院（2014）潮湘法民一初字第 502 号民事判决书。

119. 赵某兰故意伤害案，广东省高级人民法院（2013）粤高法刑四终字第 105 号刑事裁定书。

120. 廖某玲与廖某炜一般人格权纠纷案，广东省佛山市顺德区人民法院（2013）佛顺法勒民初字第 703 号民事判决书。

121. 吴某某等与霍某某抚养权纠纷上诉案，广东省佛山市中级人民法院（2006）佛中法民一终字第 808 号民事判决书。

122. 邓某某与谈某某抚养权纠纷上诉案，广东省佛山市中级人民法院（2004）佛中法民一终字第 778 号民事判决书。

123. 李某、涂某栋等不当得利纠纷案，广西壮族自治区桂林市中级人民法院（2021）桂 03 民终 3875 号民事判决书。

124. 阳某峰、左某蓓生命权、健康权、身体权纠纷案，广西壮族自治区桂林市象山区人民法院（2019）桂 0304 民初 1908 号民事判决书。

125. 谢某瑗与唐某健康权纠纷案，广西壮族自治区玉林市福绵区人民法院（2018）桂 0903 民初字第 596 号民事判决书。

126. 晏某、邹某辉同居关系子女抚养纠纷案，广西壮族自治区玉林市中级人民法院（2017）桂 09 民终 53 号民事判决书。

127. 赵某杰故意杀人案，广西壮族自治区高级人民法院（2016）桂刑终 107 号刑事裁定书。

128. 尹某建与尹某宁、彭某贵返还原物纠纷案，广西壮族自治区桂林市中级人民法院（2016）桂 03 民终 165 号民事判决书。

129. 邹某辉与晏某同居关系纠纷案，广西壮族自治区玉林市玉州区人民法院（2016）桂 0902 民初 2875 号民事判决书。

130. 戴某甲等诉戴某丙等继承纠纷案，广西壮族自治区高级人民法院（2014）桂民申字第 851 号民事裁定书。

131. 韦某某与蓝某某变更抚养权纠纷案，广西壮族自治区南宁市中级人民法院（2014）南市民一终字第1101号民事判决书。

132. 陆某甲与龚某离婚纠纷案，广西壮族自治区桂林市象山区人民法院(2012)象民初字第348号民事判决书。

133. 杨某苔、吴某显同居关系子女抚养纠纷案，贵州省黔东南苗族侗族自治州中级人民法院(2022)黔26民终315号民事判决书。

134. 韦某艳、王某文同居关系子女抚养纠纷案，贵州省黔南布依族苗族自治州中级人民法院(2021)黔27民终5211号民事判决书。

135. 陈某远、王某群等民间借贷纠纷案，贵州省遵义市中级人民法院(2021)黔03民终7921号民事判决书。

136. 李某、寇某离婚后损害责任纠纷案，贵州省贵阳市中级人民法院(2021)黔01民终585号民事判决书。

137. 贵州省红十字会妇、岳某民医疗损害责任纠纷案，贵州省贵阳市中级人民法院(2020)黔01民终6910号民事判决书。

138. 胡某、罗某民间借贷纠纷案，贵州省高级人民法院(2018)黔民终1046号民事判决书。

139. 江某、段某变更抚养关系纠纷案，贵州省黔西南布依族苗族自治州中级人民法院(2017)黔23民终594号民事判决书。

140. 雷某珍等与惠水县仁爱医院医疗损害责任纠纷案，贵州省惠水县人民法院(2017)黔2731民初1088号民事判决书。

141. 孙某与田某离婚纠纷案，贵州省贵阳市中级人民法院(2015)筑民三终字第267号民事判决书。

142. 闪某与张某莹、唐某策等民间借贷纠纷案，海南省高级人民法院(2019)琼民申107号民事裁定书。

143. 黎某胜与黎某宽等共有纠纷案，海南省三亚市中级人民法院(2014)三亚民一终字第337号民事判决书。

144. 朱某、王某3同居关系子女抚养纠纷案，河北省承德市中级人民法院(2022)冀08民终1190号民事判决书。

145. 马某国、马某健等共有物分割纠纷案，河北省保定市中级人民法院(2021)冀06民终4635号民事判决书。

146. 毕某珍等与张某英等赡养纠纷案，河北省高级人民法院(2016)冀民申4413号民事裁定书。

147. 齐某与宋某抚养纠纷案，河北省沧州市中级人民法院(2016)冀09民终3716号民事判决书。

148. 张某甲与张某乙等赡养纠纷案，河北省石家庄市中级人民法院(2015)石民二终字第00552号民事判决书。

149. 苏某与刘某甲等赡养纠纷案，河北省石家庄市中级人民法院(2015)石民二终字第

00717 号民事判决书。

150. 徐某与杨某离婚后财产纠纷案,河北省石家庄市中级人民法院(2015)石民二终字第 00919 号民事判决书。

151. 刘某等与刘某雷赡养纠纷案,河北省正定县人民法院(2015)正民新初字第 00417 号民事判决书。

152. 闫某甲等与闫某乙分家析产纠纷案,河北省石家庄市中级人民法院(2014)石民二终字第 01105 号民事判决书。

153. 王某军与王某耿赠与合同纠纷案,河北省石家庄市中级人民法院(2014)石民二终字第 00682 号民事判决书。

154. 刘某甲与张某等赡养纠纷案,河北省唐山市中级人民法院(2014)唐民一终字第 623 号民事判决书。

155. 王某甲与王某乙离婚纠纷案,河北省唐山市丰南区人民法院(2014)丰民初字第 2092 号民事判决书。

156. 封某某、张某某离婚案,河北省石家庄市中级人民法院(2013)石民一终字第 00249 号民事判决书。

157. 张某变更抚养权纠纷案,河北省邯郸市中级人民法院(2013)邯市民一终字第 25 号民事判决书。

158. 黄某玮与张家口市南小区小学、贾某鹏侵权责任纠纷案,河北省高级人民法院(2013)冀民申字第 1219 号民事裁定书。

159. 张某 1、张某 2 等赡养费纠纷案,河南省信阳市中级人民法院(2022)豫 15 民终 1490 号民事判决书。

160. 祁某梅、高某铭等追偿权纠纷案,河南省高级人民法院(2021)豫民申 9878 号民事裁定书。

161. 钱某、胡某东同居关系子女抚养纠纷案,河南省周口市中级人民法院(2021)豫 16 民终 6396 号民事判决书。

162. 徐某珍、蔡某发民间借贷纠纷案,河南省平顶山市中级人民法院(2020)豫 04 民终 1576 号民事判决书。

163. 王某、龚某臣民间借贷纠纷案,河南省平顶山市中级人民法院(2020)豫 04 民终 1383 号民事判决书。

164. 宋某 1 与刘某 1 离婚纠纷案,河南省上蔡县人民法院(2020)豫 1722 民初 5900 号民事判决书。

165. 刘某某与郑州大学第三附属医院医疗损害责任纠纷案,河南省郑州市中级人民法院(2017)豫 01 民终 173 号民事判决书。

166. 邝某显、张某兰等与项城市人民政府行政纠纷案,河南省高级人民法院(2016)豫行终 821 号行政裁定书。

167. 祝某与杨某甲抚养纠纷案，河南省南阳市中级人民法院（2016）豫13民终66号民事判决书。

168. 杜某某与郝某甲离婚纠纷案，河南省平顶山市中级人民法院（2016）豫04民终537号民事判决书。

169. 易某与任某甲变更抚养权纠纷案，河南省信阳市中级人民法院（2016）豫15民终517号民事判决书。

170. 白某胜故意杀人案，河南省高级人民法院（2015）豫法刑执字第00543号刑事裁定书。

171. 刘某与李某离婚纠纷案，河南省新乡市中级人民法院（2015）新中民四终字第236号民事判决书。

172. 李某午与李某成等赡养纠纷案，河南省焦作市中级人民法院（2015）焦民三终字第00346号民事判决书。

173. 翟某甲与翟某等赡养纠纷案，河南省许昌市中级人民法院（2015）许民终字第284号民事判决书。

174. 易某甲与任某甲变更抚养关系纠纷案，河南省光山县人民法院（2015）光民初字第01679号民事判决书。

175. 杨某丽与杨某伟变更子女抚养权纠纷案，周口市中级人民法院（2014）周民终字第1880号民事判决书。

176. 贾某芳与李某灵同居关系子女抚养权纠纷案，河南省郑州市中级人民法院（2014）郑民一终字第1412号民事判决书。

177. 王某甲与贾某某等赡养纠纷案，河南省许昌市中级人民法院（2014）许民终字第1243号民事判决书。

178. 王某甲与王某乙解除收养关系纠纷案，河南省三门峡市中级人民法院（2014）三民终字第813号民事判决书。

179. 张某刚等与张某军等健康权纠纷案，河南省济源中级人民法院（2014）济中民三终字第411号民事判决书。

180. 崔某甲与周某为离婚纠纷案，河南省唐河县人民法院（2014）唐民一初字第1700号民事判决书。

181. 岳某与李某同居关系子女抚养权纠纷案，河南省信阳市中级人民法院（2013）信中法民终字第1646号民事判决书。

182. 崔某风与张某子女抚养纠纷案，周口市中级人民法院（2013）周民终字第1053号民事判决书。

183. 鲁某妮与李某福、李某丽确认合同无效案，河南省郑州市中级人民法院（2013）郑民四终字第2205号民事判决书。

184. 贾某某与李某某同居关系子女抚养权纠纷案，河南省荥阳市人民法院（2013）荥崔民初字第2号民事判决书。

185. 闫某与齐某变更抚养权纠纷案，河南省商丘市中级人民法院（2011）商民终字第 109 号民事判决书。

186. 赵某丽与蔡某伟变更抚养权纠纷案，河南省漯河市舞阳县人民法院（2011）舞民初字第 600 号民事判决书。

187. 孔某某与黄某飞同居关系子女抚养权纠纷案，河南省安阳市中级人民法院（2010）安民一终字第 582 号民事判决书。

188. 吴某甲与吴某乙变更抚养权纠纷上诉案，河南省安阳市中级人民法院（2009）安民二终字第 296 号民事判决书。

189. 李某某等与洛阳市中心医院医疗服务合同纠纷案，河南省洛阳市西工区人民法院（2009）西民初字第 1587 号民事判决书。

190. 郝某 2 与张某子女抚养及返还彩礼纠纷上诉案，河南省焦作市中级人民法院（2008）焦民终字第 1213 号民事判决书。

191. 吴某华、由某香民间借贷纠纷案，黑龙江省高级人民法院（2018）黑民申 2950 号民事裁定书。

192. 邢某、赵某慧变更抚养关系纠纷案，黑龙江省齐齐哈尔市中级人民法院（2017）黑 02 民终 2452 号民事判决书。

193. 孟甲与孟乙变更抚养关系纠纷案，黑龙江省伊春市中级人民法院（2016）黑 07 民终 27 号民事判决书。

194. 于某某与王某某赡养费纠纷案，黑龙江省哈尔滨市南岗区人民法院（2016）黑 0103 民初 2576 号民事判决书。

195. 林某与杜某变更抚养关系纠纷案，黑龙江省哈尔滨市中级人民法院（2015）哈民二民终字第 689 号民事判决书。

196. 程某、刘某凤同居关系子女抚养纠纷案，湖北省高级人民法院（2021）鄂民申 4239 号民事裁定书。

197. 夏某书、常某民间借贷纠纷案，湖北省高级人民法院（2021）鄂民申 4860 号民事裁定书。

198. 孙某辉、曹某等房屋租赁合同纠纷案，湖北省高级人民法院（2021）鄂民申 6091 号民事裁定书。

199. 罗某春、梁某兰等民间借贷纠纷案，湖北省高级人民法院（2021）鄂民申 6470 号民事裁定书。

200. 周某、周某秋等民间借贷纠纷案，湖北省高级人民法院（2021）鄂民申 6705 号民事裁定书。

201. 倪某博、苏某妃等一般人格权纠纷案，湖北省汉川市人民法院（2021）鄂 0984 民初 2258 号民事判决书。

202. 丁某、李某梅金融借款合同纠纷案，湖北省高级人民法院（2019）鄂民终 16 号民事判决书。

203. 娄某、郭某祥民间借贷纠纷案，湖北省高级人民法院(2019)鄂民申 1098 号民事裁定书。

204. 上海浦东发展银行股份有限公司武汉分行、武汉钢铁集团鄂城钢铁有限责任公司金融借款合同纠纷案，湖北省高级人民法院(2018)鄂民终 1091 号民事判决书。

205. 董某、宋某娟民间借贷纠纷案，湖北省高级人民法院(2018)鄂民申 3278 号民事裁定书。

206. 张某娇诉武汉市洪兴公证处等司法行政管理案，湖北省高级人民法院(2016)鄂民申 2275 号民事裁定书。

207. 姜某与庹某变更抚养关系纠纷案，湖北省十堰市中级人民法院(2016)鄂 03 民终 1129 号民事判决书。

208. 郭某莉与刘某敏、董某民间借贷纠纷案，湖北省十堰市张湾区人民法院(2016)鄂 0303 民初 1292 号民事判决书。

209. 何某甲等与袁某等分家析产纠纷案，湖北省荆门市中级人民法院(2015)鄂荆门民一终字第 00049 号民事判决书。

210. 聂某与席某甲变更抚养关系纠纷，湖北省荆门市中级人民法院(2015)鄂荆门中民一终字第 00263 号民事判决书。

211. 万某甲与刘某某赡养纠纷案，湖北省襄阳市中级人民法院(2015)鄂襄阳中民一终字第 00546 号民事判决书。

212. 黄某与雷某变更抚养关系纠纷案，湖北省随州市中级人民法院(2015)鄂随州中民一终字第 00279 号民事判决书。

213. 刘某甲与武某甲离婚纠纷案，湖北省高级人民法院(2014)鄂民监二再终字第 00024 号民事判决书。

214. 万某与曾某甲抚养纠纷案，湖北省孝感市中级人民法院(2014)鄂孝感中民一终字第 00255 号民事判决书。

215. 李某甲、李某乙、李某丙与赵某、李某丁、李某戊、李某己、武汉市昌茂房屋拆迁有限公司继承纠纷案，湖北省武汉市中级人民法院(2014)鄂武汉中民终字第 01125 号民事判决书。

216. 余某辉与方某平同居关系子女抚养纠纷案，湖南省岳阳市中级人民法院(2022)湘 06 民终 815 号民事判决书。

217. 曾某、李某同居关系子女抚养纠纷案，湖南省娄底市中级人民法院(2022)湘 13 民终 633 号民事判决书。

218. 钟某 1、陈某等离婚后损害责任纠纷案，湖南省炎陵县人民法院(2021)湘 0225 民初 960 号民事判决书。

219. 曾某 1 与卢某婚姻家庭纠纷案，湖南省新化县人民法院(2021)湘 1322 民初 1798 号民事判决书。

220. 胡某、王某江运输合同纠纷案，湖南省株洲市中级人民法院(2020)湘 02 民终 2270 号民事判决书。

221. 胡某云、周某良民间借贷纠纷案，湖南省高级人民法院(2018)湘民再 562 号民事判决书。

222. 龙某某与龙某甲变更抚养权纠纷案，湖南省湘西土家族苗族自治州中级人民法院（2017）湘31民终671号民事判决书。

223. 田某海诉彭某保一般人格权纠纷案，湖南省邵阳市隆回县人民法院（2017）湘0524民初字第2158号民事判决书。

224. 同性婚姻登记案，湖南省长沙市中级人民法院（2016）湘01行终452号行政判决书。

225. 艾某某1、袁某与艾某某2等赡养费纠纷案，湖南省临湘市人民法院（2016）湘0682民初92号民事判决书。

226. 王某财故意杀人案，湖南省高级人民法院（2015）湘高法刑三终字第116号刑事裁定书。

227. 张某与姚某甲离婚纠纷案，湖南省岳阳市中级人民法院（2015）岳中民一终字第100号民事判决书。

228. 石某某诉刘某某离婚纠纷案，湖南省常德市中级人民法院（2015）常民一终字第479号民事判决书。

229. 翟某林与何某抚养权纠纷案，湖南省永州市中级人民法院（2015）永中法民二终字第100号民事判决书。

230. 陈某墙、陈某英与张某明、张某辉等共有物分割纠纷案，湖南省长沙市中级人民法院（2015）长中民一终字第03045号民事判决书。

231. 阳某龙与袁某秀变更抚养权纠纷案，湖南省长沙市中级人民法院（2015）长中民未终字第06552号民事判决书。

232. 李某与刘某甲、刘某乙赡养纠纷案，湖南省长沙市中级人民法院（2015）长中民一终字第07437号民事判决书。

233. 杨某甲、杨某乙与瞿某抚养纠纷案，湖南省怀化市中级人民法院（2015）怀中民一终字第638号民事判决书。

234. 李某均、张某香与李某兰3、蒲某秋、李某兰4、李某珍2、李某兰1、李某珍5赡养费纠纷案，湖南省芷江侗族自治县人民法院（2015）芷民一初字第627号民事判决书。

235. 陈某诉林某甲离婚纠纷案，湖南省株洲县人民法院（2015）株县法民一初字第228号民事判决书。

236. 李某某、唐某甲与罗某某、唐某乙、罗某法定继承纠纷案，湖南省永州市中级人民法院（2014）永中法民一终字第239号民事判决书。

237. 刘某某与唐某某离婚纠纷案，湖南省新宁县人民法院（2014）宁民一初字第1207号民事判决书。

238. 祝某某与李某某离婚后损害赔偿纠纷案，湖南省永州市冷水滩区人民法院（2014）永冷民初字第657号民事判决书。

239. 王某某与刘某变更抚养权纠纷上诉案，湖南省衡阳市中级人民法院（2011）衡中法民一终字第442号民事判决书。

240. 盛某、吉林大学第二医院医疗损害责任纠纷案，吉林省高级人民法院（2021）吉民申1273号民事裁定书。

241. 赵某1、赵某2等赡养费纠纷案，吉林省白城市中级人民法院（2021）吉08民终841号民事判决书。

242. 长春竭诚会务有限公司与邵某绪、马某民间借贷纠纷案，吉林省高级人民法院（2018）吉民再251号民事判决书。

243. 刘某会与孙某栓及宫某中民间借贷纠纷案，吉林省高级人民法院（2018）吉民再274号民事判决书。

244. 曹某1与曹某2等赡养纠纷案，吉林省辽源市中级人民法院（2017）吉04民终172号民事判决书。

245. 李某艳与娄某平变更抚养关系纠纷案，吉林省白山市中级人民法院（2016）吉06民终106号民事判决书。

246. 任某甲与付某某变更抚养权纠纷案，延边朝鲜族自治州中级人民法院（2016）吉24民终110号民事判决书。

247. 于某哲诉于某芳等民间借贷纠纷案，吉林省高级人民法院（2016）吉民申2204号民事裁定书。

248. 马某辉与曹某萍变更抚养权纠纷案，吉林省吉林市中级人民法院（2014）吉中民一终字第502号民事判决书。

249. 华某与施某刚、徐某民间借贷纠纷案，江苏省南京市中级人民法院（2020）苏01民终2359号民事判决书。

250. 赵某与姜某物权确认纠纷案，江苏省高级人民法院（2019）苏民申7886号民事裁定书。

251. 丈夫废弃冷冻胚胎案，江苏省南京市玄武区人民法院（2017）苏0102民初4549号民事判决书。

252. 白某与孙某甲同居关系子女抚养纠纷案，江苏省苏州市中级人民法院（2015）苏中少民终字第00008号民事判决书。

253. 黄某与罗某1离婚纠纷案，江苏省无锡市中级人民法院（2017）苏02民终3978号民事判决书。

254. 王某与朱某甲抚养纠纷案，江苏省泰州市中级人民法院（2016）苏12民终1042号民事判决书。

255. 史某乙、钱某与史某甲赡养费纠纷案，江苏省常州市中级人民法院（2016）苏04民终2425号民事判决书。

256. 袁某祥等诉曹某年所有权确认纠纷案，江苏省高级人民法院（2015）苏审三民申字第00118号民事裁定书。

257. 白某与孙某甲同居关系子女抚养纠纷案，江苏省苏州市中级人民法院（2015）苏中少民终字第00008号民事判决书。

258. 刘某与房某抚养纠纷案，江苏省连云港市中级人民法院(2015)连少民终字第 00161 号民事判决书。

259. 赵某与薛某离婚纠纷案，江苏省淮安市中级人民法院(2015)淮中民终字第 00602 号民事判决书。

260. 徐某与曹某华排除妨碍纠纷案，江苏省常州市中级人民法院(2015)常民终字第 2187 号民事判决书。

261. 高某滨与高某辉追索丧葬费纠纷案，江苏省南京市中级人民法院(2015)宁民终字第 2975 号民事判决书。

262. 唐某娥、曹某国等与何某焕、吴某贵等共有物分割纠纷案，江苏省如东县人民法院(2015)东民初字第 00598 号民事判决书。

263. 钱某与陈某甲、陈某乙等赡养费纠纷案，江苏省常州市新北区人民法院(2015)新民初字第 2732 号民事判决书。

264. 花某与周某甲变更抚养关系纠纷案，江苏省无锡市中级人民法院(2014)锡民终字第 2011 号民事判决书。

265. 王某与李某甲等继承纠纷案，江苏省连云港市中级人民法院(2014)连民申字第 0004 号民事判决书。

266. 于某甲与于某乙赡养纠纷案，江苏省苏州市中级人民法院(2014)苏中民终字第 3714 号民事判决书。

267. 朱某甲等与朱某丁等赡养费纠纷案，江苏省南通市中级人民法院(2014)通中民终字第 1913 号民事判决书。

268. 沈某南等与刘某法等监管权和处置权纠纷案，江苏省无锡市中级人民法院(2014)锡民终字第 01235 号民事判决书。

269. 赵某甲与周某离婚纠纷案，江苏省常熟市人民法院(2014)熟虞少民初字第 0027 号民事判决书。

270. 陈某燕等决定并实施切除智障少女子宫故意伤害案，江苏省南通市崇川区人民法院(2005)崇刑初字第 179 号刑事判决书；江苏省南通市中级人民法院(2006)通中刑一终字第 0068 号刑事裁定书。

271. 周某诉王某等确认生身父母纠纷案，江苏省南京市六合县人民法院(2000)六民初字第 731 号民事判决书。

272. 胡某慧、张某玉同居关系子女抚养纠纷案，江西省抚州市中级人民法院(2021)赣 10 民终 1762 号民事判决书。

273. 何某清、翁某火合伙协议纠纷案，江西省高级人民法院(2019)赣民终 227 号民事判决书。

274. 胡某德、陈某萍民间借贷纠纷案，江西省高级人民法院(2019)赣民终 508 号民事判决书。

275. 何某某、余某某与何某甲赡养纠纷案，江西省奉新县人民法院（2016）赣 0921 民初 420 号民事判决书。

276. 孙某桂故意杀人案，江西省高级人民法院（2015）赣刑一抗字第 5 号刑事裁定书。

277. 王某与章某侵权赔偿纠纷上诉案，江西省赣州市章贡区初级人民法院（2008）章民三初字第 580 号民事判决书；江西省赣州市中级人民法院（2008）赣中民三终字第 314 号民事判决书。

278. 穆某甲、杨某某与仁某某抚养权纠纷案，青海省西宁市中级人民法院（2016）青 01 民终 298 号民事判决书。

279. 冯某俭与冯某龙房屋买卖合同纠纷案，青海省高级人民法院（2015）青民提字第 49 号民事判决书。

280. 高某 1、刘某等赡养费纠纷案，辽宁省营口市中级人民法院（2022）辽 08 民终 1213 号民事判决书。

281. 王某胤、陈某等民间借贷纠纷案，辽宁省高级人民法院（2021）辽民申 5598 号民事裁定书。

282. 邹某娟、王某政等委托合同纠纷案，辽宁省高级人民法院（2021）辽民申 6078 号民事裁定书。

283. 崔某、朱某婚约财产纠纷案，辽宁省大连市中级人民法院（2020）辽 02 民终 645 号民事判决书。

284. 建平县叶柏寿街道王某凯诊所、赵某宇医疗损害责任纠纷案，辽宁省朝阳市中级人民法院（2020）辽 13 民终 1797 号民事判决书。

285. 张某与代某某变更抚养权纠纷案，辽宁省铁岭市中级人民法院（2016）辽 12 民终 336 号民事判决书。

286. 单某与单某四等赠与合同纠纷案，辽宁省高级人民法院（2015）辽审一民抗字第 69 号民事判决书。

287. 刘某与王某赡养费纠纷案，辽宁省大连市中级人民法院（2015）大民一终字第 1565 号民事判决书。

288. 周某 1 等与张某吉等继承纠纷案，辽宁省沈阳市中级人民法院（2015）沈中少民终字第 00033 号民事判决书。

289. 赵某甲与蔡某离婚纠纷案，辽宁省大连市中级人民法院（2015）大民一终字第 468 号民事判决书。

290. 曹某与汪某变更抚养关系纠纷案，辽宁省丹东市中级人民法院（2015）丹民一终字第 00389 号民事判决书。

291. 代某某诉张某变更抚养关系纠纷案，辽宁省开原市人民法院（2015）开老民三初字第 00073 号民事判决书。

292. 郑某林与周某云变更抚养权纠纷案，辽宁省沈阳市中级人民法院（2014）沈中少民终字第 00116 号民事判决书。

293. 田某某与翟某变更抚养权纠纷案，辽宁省本溪市中级人民法院(2014)本民三终字第00110号民事判决书。

294. 王某甲与王某乙等法定继承纠纷案，辽宁省大连市中级人民法院(2014)大民一终字第1319号民事判决书。

295. 郑某某与周某某变更抚养权纠纷案，沈阳市铁西区人民法院(2014)沈铁西少民初字第102号民事判决书。

296. 高某、王某等民间借贷纠纷案，内蒙古自治区高级人民法院(2021)内民再235号民事裁定书。

297. 高某晶、王某华民间借贷纠纷案，内蒙古自治区高级人民法院(2021)内民再237号民事裁定书。

298. 杨某超、郝某等民间借贷纠纷案，内蒙古自治区高级人民法院(2021)内民申3957号民事裁定书。

299. 刘某峰与王某洁变更抚养关系纠纷案，宁夏回族自治区银川市中级人民法院(2017)宁01民终1706号民事判决书。

300. 顾某丽、雍某会等赠与合同纠纷案，四川省泸州市中级人民法院(2021)川05民终1645号民事判决书。

301. 张某、蒲某离婚后损害责任纠纷案，四川省巴中市巴州区人民法院(2021)川1902民初2644号民事判决书。

302. 袁某1、陶某离婚后损害责任纠纷案，四川省盐亭县人民法院(2021)川0723民初689号民事判决书。

303. 陈某、罗某医疗损害责任纠纷案，四川省南充市中级人民法院(2020)川13民终893号民事判决书。

304. 成都西囡妇科医院有限公司、吴某宝返还原物纠纷案，四川省成都市中级人民法院(2020)川01民终13880号民事判决书。

305. 何某芳、罗某元民间借贷纠纷案，四川省广元市中级人民法院(2020)川08民终700号民事判决书。

306. 赵某德、闫某北居间合同纠纷案，四川省高级人民法院(2018)川民终1156号民事判决书。

307. 杨某某诉王某甲等赡养纠纷案，四川省梓潼县人民法院(2016)川0725民初963号民事判决书。

308. 王某豪诉王某华财产所有权纠纷案，四川省高级人民法院(2015)川民申字第809号民事裁定书。

309. 索某甲与索某乙、索某丙、索某丁赡养纠纷案，四川省广元市中级人民法院(2015)广民终字第438号民事判决书。

310. 邓某兰与杨某户变更抚养权纠纷案，四川省绵阳市中级人民法院(2015)绵民终字第

2565 号民事判决书。

311. 邓某甲与杨某某变更抚养权纠纷案，四川省梓潼县人民法院(2015)梓民初字第 1324 号民事判决书。

312. 王某某与樊某某法定继承纠纷上诉案，四川省成都市中级人民法院(2013)成民终字第 3997 号民事判决书。

313. 日照联汇建材有限公司、王某花等买卖合同纠纷案，山东省高级人民法院(2022)鲁民申 701 号民事裁定书。

314. 孟某 1、孟某 2 等赡养纠纷案，山东省济南市中级人民法院(2022)鲁 01 民终 6047 号民事判决书。

315. 丁某 1、张某赡养费纠纷案，山东省潍坊市中级人民法院(2022)鲁 07 民终 2573 号民事判决书。

316. 孟某祥、薛某同居关系子女抚养纠纷案，山东省临沂市中级人民法院(2022)鲁 13 民终 414 号民事判决书。

317. 刘某珊、宗某源同居关系子女抚养纠纷案，山东省临沂市中级人民法院(2022)鲁 13 民终 309 号民事判决书。

318. 张某 1、孙某变更抚养关系纠纷案，山东省日照市中级人民法院(2021)鲁 11 民终 3020 号民事判决书。

319. 郭某利、王某荣否认亲子关系纠纷案，山东省费县人民法院(2021)鲁 1325 民初 4590 号民事判决书。

320. 景县妇幼保健院、孙某医疗损害责任纠纷案，山东省德州市中级人民法院(2020)鲁 14 民终 1278 号民事判决书。

321. 东平县人民医院、赵某会医疗损害责任纠纷案，山东省泰安市中级人民法院(2020)鲁 09 民终 1986 号民事判决书。

322. 丁某艳、华仁世纪集团有限公司民间借贷纠纷案，山东省青岛市中级人民法院(2018)鲁 02 民终 7203 号民事判决书。

323. 吴某高诉刘某荣一般人格权纠纷案，山东省聊城市中级人民法院(2018)鲁 15 民终字第 309 号民事判决书。

324. 于某故意伤害案，山东省高级人民法院(2017)鲁刑终 151 号刑事判决书附带民事判决书。

325. 安某某诉刘某某同居关系子女抚养纠纷案，山东省济南市市中区人民法院(2017)鲁 0103 民初字第 6942 号民事判决书。

326. 张某 1、康某变更抚养关系纠纷案，山东省德州市中级人民法院(2017)鲁 14 民终 1570 号民事判决书。

327. 崔某 1、王某变更抚养关系纠纷案，山东省德州市中级人民法院(2017)鲁 14 民终 1579 号民事判决书。

328. 高某与李某等委托合同纠纷案,山东省德州市中级人民法院(2017)鲁 14 民终 1863 号民事判决书。

329. 王某与陈某祥、赵某等民间借贷纠纷案,山东省高级人民法院(2016)鲁民终 1171 号民事判决书。

330. 李某甲与刘某离婚纠纷案,山东省滨州市中级人民法院(2016)鲁 16 民终 610 号民事判决书。

331. 于某故意伤害案,山东省聊城市中级人民法院(2016)鲁 15 刑初 33 号刑事判决书附带民事判决书。

332. 台某叶与马某海赡养纠纷案,山东省临沭县人民法院(2016)鲁 1329 民初 2900 号民事判决书。

333. 张某华故意杀人案,山东省高级人民法院(2015)鲁刑四复字第 14 号刑事裁定书。

334. 郭某新故意杀人案,山东省高级人民法院(2015)鲁刑四终字第 55 号刑事裁定书。

335. 徐某甲与徐某乙变更抚养关系纠纷案,山东省济南市中级人民法院(2015)济少民终字第 138 号民事判决书。

336. 石某某与宋某某等婚姻家庭纠纷案,山东省济南市中级人民法院(2015)济民五终字第 462 号民事判决书。

337. 王某与杜某某离婚纠纷案,山东省胶州市人民法院(2015)胶少民初字第 152 号民事判决书。

338. 赵某与张某一般人格权纠纷案,山东省青岛市中级人民法院(2015)青民五终字第 1962 号民事判决书。

339. 彭某、赵某与田某抚养纠纷案,山东省菏泽市中级人民法院(2015)菏少民终字第 23 号民事判决书。

340. 王某甲、王某乙等与王某丁、王某戊继承纠纷案,山东省日照市中级人民法院(2015)日民一终字第 392 号民事判决书。

341. 朱某林与路某兰变更抚养关系纠纷案,山东省济南市中级人民法院(2014)济民五终字第 78 号民事判决书。

342. 王某某与矫某变更抚养关系纠纷案,山东省青岛市中级人民法院(2014)青少民终字第 45 号民事判决书。

343. 李某与宋某变更抚养关系纠纷案,山东省临沂市中级人民法院(2014)临民一终字第 351 号民事判决书。

344. 颜某甲诉张某等继承纠纷案,山东省枣庄市中级人民法院(2014)枣民一终字第 95 号民事判决书。

345. 李某诉王某离婚纠纷案,山东省高唐县人民法院(2014)高民一初字第 1145 号民事判决书。

346. 孙某伦等与烟台市芝罘区人力资源和社会保障局发放抚恤金案,山东省烟台市中级人民法院(2013)烟行终字第 5 号行政判决书。

347. 李某玉与李某忠赠与合同纠纷案,山西省阳泉市中级人民法院(2022)晋 03 民终 180 号民事判决书。

348. 刘某 1、刘某 2 抚养纠纷案,山西省高级人民法院(2021)晋民申 1224 号民事裁定书。

349. 赵某青与中国建设银行股份有限公司山西省分行、朱某宏金融借款合同纠纷案,山西省高级人民法院(2019)晋民申 42 号民事裁定书。

350. 郝某顺、李某梅与张某平民间借贷纠纷案,山西省高级人民法院(2018)晋民终 717 号民事判决书。

351. 马某甲与袁某变更抚养关系纠纷案,山西省吕梁市中级人民法院(2015)吕民一终字第 1044 号民事判决书。

352. 王某与薛某文变更抚养关系纠纷案,山西省运城市中级人民法院(2015)运中民终字第 2075 号民事判决书。

353. 高某某诉杨某一等赡养纠纷案,山西省平遥县人民法院(2015)平民初字第 1225 号民事判决书。

354. 王某喜、支某玉离婚纠纷案,陕西省高级人民法院(2022)陕民申 338 号民事裁定书。

355. 段某玲、王某平等民间借贷纠纷案,陕西省高级人民法院(2021)陕民申 4124 号民事裁定书。

356. 曾某靖、蔡某侠、陕西省国际信托股份有限公司与庄某、余某凤营业信托纠纷案,陕西省高级人民法院(2019)陕民终 699 号民事判决书。

357. 彭某与毛某、师某荣、陕西鼎诚融资担保有限公司民间借贷纠纷案,陕西省高级人民法院(2018)陕民申 2766 号民事裁定书。

358. 白某某与华某变更抚养权纠纷案,陕西省榆林市中级人民法院(2014)榆中民一终字第 00062 号民事判决书。

359. 王某一与闫某英、王某二等共有纠纷案,陕西省宝鸡市中级人民法院(2016)陕 03 民终 1467 号民事判决书。

360. 金某某与蓝田县焦岱中心卫生院、蓝田县焦岱镇人民政府等医疗损害责任纠纷案,陕西省西安市中级人民法院(2009)西民二终字第 00330 号民事判决书。

361. 何某 1 与何某 2 赡养费纠纷案,上海市第二中级人民法院(2021)沪 02 民终 11596 号民事判决书。

362. 徐某某与张某赡养纠纷案,上海市第二中级人民法院(2021)沪 02 民终 8637 号民事判决书。

363. 孙某亮与上海市普陀区民政局结婚登记案,上海市第三中级人民法院(2020)沪 03 行终 456 号行政判决书。

364. 袁某甲与袁某乙赡养纠纷案,上海市浦东新区人民法院(2016)沪 0115 民初 48993 号民事判决书。

365. 陈甲与俞甲、陈乙法定继承纠纷案,上海市高级人民法院(2015)沪高民一(民)再提字第3号民事判决书。

366. 陈某诉罗某耕、谢某某监护权纠纷案,上海市第一中级人民法院(2015)沪一中少民终字第56号民事判决书。

367. 张甲与唐某某变更抚养关系纠纷案,上海市第二中级人民法院(2015)沪二中少民终字第37号民事判决书。

368. 赵某荣与赵某译所有权纠纷案,上海市第二中级人民法院(2015)沪二中民一(民)终字第344号民事判决书。

369. 沈某珍与沈某钢等排除妨害纠纷案,上海市第一中级人民法院(2014)沪一中民二(民)终字第794号民事判决书。

370. 王某甲与董某一般人格权纠纷上诉案,上海市第二中级人民法院(2010)沪二中民一(民)终字第1730号民事判决书。

371. 王某1、王某2等继承纠纷案,天津市第三中级人民法院(2022)津03民终1774号民事判决书。

372. 杨某某与高某某离婚纠纷案,天津市第二中级人民法院(2015)二中民一终字第1128号民事判决书。

373. 吴一某与吴二某解除收养关系纠纷案,天津市第二中级人民法院(2014)二中民一终字第0090号民事判决书。

374. 王某、陈某等民间借贷纠纷案,新疆维吾尔自治区高级人民法院(2022)新民申118号民事裁定书。

375. 马某、新疆嘉华亿家房地产经纪有限公司等民间借贷纠纷案,新疆维吾尔自治区高级人民法院(2022)新民申584号民事裁定书。

376. 刘某军与陈某离婚纠纷案,新疆维吾尔自治区克拉玛依市中级人民法院(2015)克中法民申字第7号民事裁定书。

377. 张某跃与韩某变更抚养权纠纷案,新疆生产建设兵团第八师中级人民法院(2015)兵八民一终字第521号民事判决书。

378. 马某与李某1离婚后损害责任纠纷案,云南省昆明市西山区人民法院(2020)云0112民初16249号民事判决书。

379. 程某、赵某萍民间借贷纠纷案,云南省高级人民法院(2019)云民终1373号民事判决书。

380. 蒋某某、姚某某医疗损害责任纠纷案,云南省西双版纳傣族自治州中级人民法院(2019)云28民终754号民事判决书。

381. 交通银行股份有限公司云南省分行与昆明祥龙纪元经贸有限公司、昆明安宁永昌物资经贸集团有限公司金融借款合同纠纷案,云南省高级人民法院(2018)云民初70号民事判决书。

382. 郑某某、春某某与温某某法定继承纠纷案,云南省昆明市中级人民法院(2014)昆民二终字第1374号民事判决书。

383. 龚某、郑某抚养纠纷案，浙江省宁波市中级人民法院（2021）浙 02 民终 5920 号民事判决书。

384. 储某、赵某离婚后财产纠纷案，浙江省杭州市萧山区人民法院（2020）浙 0109 民初 11279 号民事判决书。

385. 季某玲、周某明民间借贷纠纷案，浙江省高级人民法院（2018）浙民申 4488 号民事裁定书。

386. 朱某桂、朱某军等排除妨害纠纷案，浙江省高级人民法院（2016）浙民申 3534 号民事裁定书。

387. 邬某华诉王某平等民间借贷纠纷案，浙江省高级人民法院（2015）浙民申字第 1987 号民事裁定书。

388. 郭某忠诉郭某红等共有物分割纠纷案，浙江省绍兴市中级人民法院（2015）浙绍民终字第 2023 号民事判决书。

389. 陆某甲与童某离婚纠纷案，浙江省东阳市人民法院（2015）东民初字第 197 号民事判决书。

390. 冯某与汪某甲抚养权纠纷案，浙江省金华市中级人民法院（2014）浙金民终字第 1392 号民事判决书。

391. 沈汪某龙与张某凤案，浙江省杭州市中级人民法院（2014）浙杭民终字第 39 号民事判决书。

392. 胡某甲与刘某离婚纠纷案，浙江省温州市中级人民法院（2014）浙温民终字第 1632 号民事判决书。

393. 胡某法与商某珍赡养纠纷案，浙江省绍兴市中级人民法院（2013）浙绍民终字第 683 号民事判决书。

394. 钱某红诉赵某明、王某谊共同共有纠纷案，浙江省嘉兴市中级人民法院（2011）浙嘉民终字第 42 号民事判决书。

395. 王某甲诉俞某、朱某离婚后损害责任纠纷案，浙江省杭州市萧山区人民法院（2010）杭萧义民初字第 2 号民事判决书。

396. 俞甲与俞乙等赡养纠纷案，浙江省绍兴市中级人民法院（2010）浙绍民终字第 255 号民事判决书。

397. 周某与杨某甲离婚纠纷案，浙江省绍兴市中级人民法院（2010）浙绍民终字第 917 号民事判决书。

398. 张某诉李某一般人格权纠纷案，浙江省宁波市中级人民法院（2009）浙甬民一终字第 760 号民事判决书。